普通高等教育“十一五”国家级规划教材

经济地理学——原理、方法与应用

（第二版）

刘艳芳 等　编著

科学出版社
北　京

内 容 简 介

本书分四篇共15章，以经济活动地理空间组织（决策）为主线，围绕经济活动系统与地理环境系统相结合的环境、状态、结构和过程，以及和谐相宜结合的特征、方式和标准，系统地探讨了经济活动地理空间组织的基本原理、方法和应用，重点讨论了经济活动地理空间组织（决策）的两类组织方式，即经济活动个体的地理空间组织和区域整体的经济活动系统的地理空间组织；强调了对经济活动地理空间组织的空间特性（位置、强度与关系）和系统性（关联性、开放性、层次性和动态性等）的把握；突出了经济活动地理空间组织原理和方法在区域发展决策中的应用，即区域农业布局、区域工业布局、旅游资源开发、基础设施建设、城镇体系规划和环境规划等。

本书可作为高等院校地理、规划、经济、管理等相关专业本科生的教材和参考用书，也可供区域经济发展、企业发展规划、资源环境利用与管理等方面的决策者和研究人员参考。

图书在版编目(CIP)数据

经济地理学：原理、方法与应用/刘艳芳等编著.—2版.—北京：科学出版社，2017.3

普通高等教育“十一五”国家级规划教材

ISBN 978-7-03-052222-1

Ⅰ.①经… Ⅱ.①刘… Ⅲ.①经济地理学-高等学校-教材 Ⅳ.①F119.9

中国版本图书馆CIP数据核字（2017）第054224号

责任编辑：文 杨/责任校对：王 瑞
责任印制：张 伟/封面设计：迷底书装

科学出版社出版
北京东黄城根北街16号
邮政编码：100717
http://www.sciencep.com

北京建宏印刷有限公司印刷

科学出版社发行 各地新华书店经销

*

2016年3月第 一 版 开本：787×1092 1/16
2017年3月第 二 版 印张：24 1/4
2023年2月第三次印刷 字数：456 000

定价：59.00元

（如有印装质量问题，我社负责调换）

第二版前言

《经济地理学——原理、方法与应用》第一版自2006年出版至今，历经十一次印刷，在包括武汉大学在内的全国多所高校中，作为经济地理、城乡规划等相关专业的教材使用，受到了一致好评。10年来，经济地理学快速发展，其理论与方法不断完善，应用领域不断拓展，应读者的要求，作者对原书进行了系统的修改和整理，吸收了经济地理学最新的理论发展和应用研究成果，补充了新的内容，归并了原有的一些章节，建立了逻辑更加紧凑和清晰的框架结构，使书稿更加完善。相比第一版内容，本版（第二版）各章节主要做了如下修改。

在第1章绪论中，阐述了作为经济地理学的基本特性的地理性。第2章增加了区域经济系统一节，概述了区域经济系统的活动主体、特征与演化。第3章经济活动区位条件中，对区位条件基本特征中的系统性做了完善（融入了主导性的概念）。第4章经济活动地理空间组织的基本原理中，对"因地制宜""集聚和分散""地区专门化"做了进一步的描述和解释，从统筹人与自然和谐发展、统筹区域发展、统筹经济与社会发展和统筹国内发展与对外开放这四个方面详细阐述了"统筹兼顾与综合平衡相结合"的思想。第5章对经济活动区位选择指标体系进行了完善。第6章多部门企业区位选择中，在公司总部的区位选择一节增加了总部经济对区域经济发展的作用及总部经济在我国的发展实践。第7章区域经济活动地理空间组织方式中，重新梳理了区域经济活动地理空间组织决策的方法，增加了地理信息技术支撑下的区域经济活动地理空间组织决策的实现过程。第8章"区域经济系统分析"为本书新增章节，从区域经济系统运行分析、区域经济差异分析、区域产业结构分析及区域空间经济联系分析四个方面出发，对其基本概念进行了阐述，重点对其定量分析方法与测度指标进行了解释，可为区域经济系统的定量分析提供重要参考。第9章区域经济地理空间组织优化中，增加了子系统状态评价与系统耦合评价，重点突出了区域经济地理空间组织规划整合方式，强调构建面向优化平衡的地理空间组织优化决策体系。第11章区域工业布局中，增加了相应的产业结构优化的做法和生态工业园案例。第12章增加了国家A级景区的评价指标体系，更新了区域旅游发展规划的相关管理办法等文件及法规。第13章增加了"交通运输规划中的几个问题"的内容。第14章在"城镇发展的基础条件分析"中增加了"城镇联系"与"城镇特色"分析，更新了城镇体系等级规模结构划分的相关标准，并增加了"城镇化水平"测量的相关方法和"城镇体系的空间结构规划"内容。第15章删除了环境功能综合分区的划分方法、分区经济活动控制与环境保护等内容，增加了与宏观环境规划密切相关的其他宏观规划（主体功能区规划、生态功能区划与生态红线划定）的介绍。

本书修改完善的过程中，何建华老师、孔雪松老师和银超慧、张玲玉及田雅丝3名博士研究生投入了大量精力和卓有成效的工作。在此，对他们表示真挚的感谢。由于编者水平有限，不妥和错漏之处在所难免，敬请专家和读者批评指正。

作　者

2016年10月

第一版前言

经济地理学是研究经济活动与地理环境相结合的科学，换句话说，是研究经济活动的地理空间组织（决策）的科学。经济地理学的原理在经济活动和区域、资源、环境、地理空间的发展决策中得到了越来越广泛的应用，发挥着越来越重要的作用。

经济地理学是地理学的重要分支，是地理学本科三个专业的主干课程之一，同时也是土地资源管理、测绘工程、经济学、物流管理等专业的必（选）修课。为突出经济地理学决策原理的应用性，武汉大学将该课程名称确定为“经济地理学与区域规划”，直接释义出学生所学的原理（知识）和具有的应用能力，为学术界、更为应用部门和社会所认同和理解。

作为教材，本书以原理、方法与应用为主线，突出经济地理学决策原理的应用性和可操作性，强调运用系统的观点，包括整体观点、结构观点、状态观点、过程观点、环境观点、功能观点、演变观点等来分析问题、说明问题和解决问题，特别是配置有注释专栏、分章小结、思考题、案例集、专有名词中英文对照，更有利于开展研讨型、合作型、互动型学习和双语教学，有利于全面培养学生理论联系实际、分析问题和解决问题的综合能力。此外，本书还配有教学演示版的多媒体电子课件，方便从事经济地理学教学的教师使用*。

2003 年在武汉全国地理学术年会期间，作者曾就本书的内容结构、应用侧重点和突出地理空间分析与规划决策的可操作性等方面请教了中国地理学会理事长陆大道院士，并得到了陆院士的首肯和鼓励；同时就经济地理学主要应用领域——区域规划问题与中国地理学会经济地理学专业委员会主任委员樊杰教授进行了交流，也得到了樊教授的理解和鼓励。

全书分 4 篇共 14 章。各章节的编写分工如下：第 1 章、第 4 章、第 10 章、第 11 章、第 12 章由刘艳芳编写；第 2 章、第 3 章、第 7 章、第 14 章由何建华编写；第 5 章、第 6 章由李全编写；第 8 章由刘艳芳、何建华、梁勤欧编写；第 9 章由焦利民编写；第 13 章、案例集由罗志军编写。全书由刘艳芳统稿。庞刚、位欣、陈翠芳、刘行健等同学参与了案例收集、专有名词英译和文稿录入等工作。多媒体电子课件由何建华制作。对于他们的支持和帮助，深表谢意。

本书在编写过程中引用和参阅了国内外学者的相关著作和论文，主要部分已列入书后

---

* 如有需要，请与科学出版社高教地学编辑部联系：010-64033634；dx@ mail. sciencep. com。

参考文献中，在此一并表示诚挚的谢意。

由于编者水平有限，书中不妥和错漏之处在所难免，敬请专家和读者批评指正。

作　者

2006 年 1 月于武汉大学

目　　录

第三篇　区域经济系统地理空间组织原理与方法

第四篇　原理应用与区域经济发展决策

第一篇 总　论

第1章 绪　　论

1.1 经济地理学的研究对象与特性

1.1.1 研究对象

关于地理学的研究对象，国内外说法很多，主题不外乎是研究地理环境在空间上的变化发展规律及人类活动与地理环境（地理空间）的关系，这是比较公认的看法。地理环境指包括大气圈、水圈、岩石圈、生物圈等4个圈层的地球表面或地球外壳。由于科学技术的进步，这个人类活动的地球外壳空间的上限与下限都在不断扩展。人类活动是多种形式的，包括生产活动、政治活动、文化活动、军事活动、商业与消费活动等。人口数量的变化，人口分布的疏密，民族的产生、融合与消亡等，也是人类活动的反映。而这些人类活动，都与地理环境有不同程度的密切关系。同时，人类社会不停地向前发展，为了生存，不断地扩大、加深改造和利用地理环境，增强适应地理环境的能力，改变地理环境的面貌。为回应地理学是一门“大杂烩”的质疑，帕蒂森（Pattison）探讨了地理学的本质，提出了地理学的四大传统，包括空间传统（spatial tradition）、区域研究传统（area studies tradition）、人地关系传统（man-land tradition）与地球科学传统（earth science tradition）。仔细分析不难发现，空间传统更像是描述方法论，区域研究传统更像是对研究对象、范围和尺度的界定，人地关系传统与地球科学传统则更多表述的是地理学的哲学层面。自然地理学研究的是与人类活动紧密相关的（自然）地理环境，它是研究地理环境各要素及自然地域综合体的形成、发展和分布规律的科学。研究人类各种活动与地理环境关系的学科是人文地理学，而经济地理学则以人类经济活动与地理环境相互关系为研究对象，它是人文地理学的重要分支。

从上述基本观点出发，总结地理学的发展史，可以看出地理学的存在是因为其有着特殊的矛盾对象，即人类活动（包括经济活动、政治活动、社会文化活动等）和地理环境的关系，或简称为“人地关系”。它是属于人与自然关系系统内的一门重要学科。地理学的中心任务，就是要研究在空间上不同地域的人与自然之间的物质交换。而地理学分支学科的发展，都是以“人地关系”为基础的。

由此可见，经济地理学是研究经济活动/经济活动系统与地理环境（地理空间）相结合关系的学科，主要包括以下三方面的内容。

1）研究经济活动/经济活动系统与地理环境相结合的规律。

2）研究经济活动/经济活动系统与地理环境相结合的两种基本形态：①经济活动及经济活动系统与地理环境区位相结合；②经济活动系统与一定区域（整体）地理环境相结合（图1.1）。

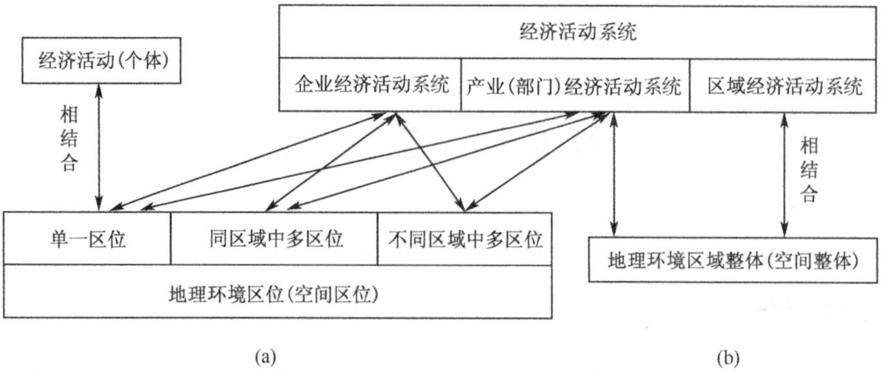

图 1.1　经济活动/经济活动系统与地理环境相结合的两种基本形态

3）既研究经济活动/经济活动系统与地理环境相结合的状态（形式、静态、特征），也研究其形成、变化、发展过程（方式、动态、特征）的规律。

研究经济活动/经济活动系统与地理环境相结合规律的目的在于运用这个规律来指导社会实践，不仅要回答经济活动/经济活动系统及各要素在地理空间中是怎样分布的、为什么这样分布、它们在空间是怎样关联的、经济过程的空间作用如何，更重要的是要回答经济活动/经济活动系统应该怎样再分布（布局决策），其依据和趋势是什么，从而更好地协调和促进经济发展，促进经济和环境协调发展。因此，经济地理学的研究内容也可概括为以下四方面。

1）研究经济活动/经济活动系统的地理空间组织的原理，即经济活动/经济活动系统地理空间组织应遵循的带有普遍意义的、最基本的规律。

2）研究经济活动/经济活动系统地理空间组织的两类组织（决策）方式：①经济活动的地理空间组织，多表现为企业经济活动或个体经济活动的地理空间组织决策；②一定区域（整体）经济活动系统的地理空间组织，多表现为代表区域整体的政府进行的区域经济地理空间组织决策。

3）既研究经济活动/经济活动系统地理空间组织的状态（形式/特征），特别是合理性特征和标准，也研究经济活动/经济活动系统地理空间组织的过程（方式/关系）及变化发展规律。

4）既要分别针对不同的经济活动（包括工业活动、农业活动、交通运输业活动等各种生产活动、消费活动）、经济活动个体、经济活动系统，来讨论其与地理环境的结合；也要分别针对不同尺度的地理空间和不同特征的地理空间（包括不同的自然特征和不同的社会经济特征）来讨论经济活动/经济活动系统的地理空间的组织；还要分别讨论经济活动个体的地理空间组织方式和区域整体经济体系的地理空间组织；更要讨论区域系统内部、同等级区域系统间，以及不同等级区域系统间的经济活动地理空间组织方式。

经济地理学表述为研究经济活动/经济活动系统的地理空间组织的学科（这里“组织”一词取其动词含义，即安排事物使其具有一定的系统性和有序性，其同义词有“安排”“配置”“布局”等，但“组织”一词更为贴切）。这样的表述更能明确体现经济地理学理论的决策原理特征，强调的是组织（决策）的原理、过程和方式。将经济活动/经济活动系统组织落实到地理空间中，就是确定经济活动/经济活动系统在地理空间中的位置、强度和关系。

1）位置指的是经济活动实体/经济活动系统在地理空间中占据的位置（position/location/territory），这里所说的位置可以是空间中的某个地点，也可以是人们日常活动和交往的背景和场所，具有形状大小各异、充满物质、非均质的特点。

2）强度指的是经济活动实体/经济活动系统在地理空间分布的范围大小和对地理环境的利用强度（area/shape/intensity），包括密度，适度规模的经济活动/经济活动系统地理空间组织可获得较高的经济收益。

3）关系指的是经济活动/经济活动系统与地理环境及各要素（包括自然环境要素和社会经济环境要素）的关系（distance/relationship/flow/network），不同的经济活动/经济活动系统在地理空间中有各种相互作用关系（吸引、竞争、排斥等），且经济活动/经济活动系统等要素会因为地域差异在地理空间环境中相互流动，从而产生空间作用。

总的来说，经济活动/经济活动系统地理空间组织，就是在地理空间中对经济活动/经济活动系统要素的位置、强度、关系进行安排、配置和布局。通过调整经济活动/经济活动系统在地理空间中的位置、强度和关系来达到最优。

注释专栏1 关于经济地理学研究对象的观点

主要观点	学者及出处
1. 经济地理学集中研究生产、批发和消费活动的分布。	惠勒（J. O. Wheeler）和穆勒（P. O. Muller），《经济地理学》第二版（1986年）
2. 经济地理学是关于人类生存的社会和物质条件的利用和再生产的学科，它强调人类生存的环境和技术条件的产生与利用。	李（R. Lee），《人文地理学辞典》第二版（1986年）
3. 经济地理学专门研究经济系统的空间方面。	史密斯（D. M. Smith），《产业区位：经济地理分析》第二版（1981年）
4. 经济地理学关注经济系统的空间组织，即经济系统的不同要素位于何处？它们如何联为一体？经济过程的空间影响如何？	迪肯（P. Dicken）和劳埃德（P. Lloyd），《空间区位：经济地理的理论透视》第三版（1990年）
5. 经济地理学主要研究经济区位、经济系统的空间组织及其发展，以及人类对地球资源的利用和滥用。	贝里（B. Berry）、康克林（E. C. Conkling）和雷（D. M. Ray），《全球经济：资源利用、区位选择和国际贸易》，原《经济地理学》第三版（1993年）
6. 经济地理学集中研究在地方、国家和世界尺度上的经济活动区位。研究生产、交换和销售货物及服务在地球表面的空间差异。	哈特向（T. A. Hartshorn）和亚历山大（J. W. Alexander），《经济地理学》第三版（1988年）
7. 经济地理学研究经济活动的空间组织分布，世界资源的利用，以及世界经济分布和扩张。	迪·苏扎（A. R. de Souza）和施图茨（F. P. Stutz），《世界经济：资源、区位和发展》第二版（1994年）

续表

主要观点	学者及出处
8. 经济地理学是研究经济活动区位、空间组织及其与地理环境相互关系的学科。	李小建,《经济地理学》第一版（1999 年）
9. 经济地理学是研究经济发展过程、商品链、跨国企业、集聚现象等的学科。	科（Neil M. Coe），凯利（Philip F. Kelly），杨（Henry W. C. Yeung），《经济地理学》（2007 年）
10. 经济地理学是尝试揭示经济活动过程（包括商品和服务的生产、流动和消费）的空间配置的学科。	威廉·安德森（William P. Anderson）《经济地理学》第一版（2012 年）

改自：李小建，覃成林，曾刚，等．1999．经济地理学．北京：高等教育出版社

1.1.2　特性

经济地理学的特性，指的是经济地理学研究对象本身所固有的特殊性质。在经济地理学理论研究与实践过程中，把握住特性，就可以明确方向，就可以有正确的结论，就能够在社会实践中正确发挥经济地理学的特殊作用，促进人类经济活动与地理环境的协调发展，从而促进经济地理学的发展。

地理性与系统性是地理学的基本属性，也是经济地理学的根本特性。

1. 地理性

地理性具体包括以下三个特性。

（1）空间性

空间性（space）的概念是在 20 世纪 50 ~60 年代随着区位论的提出而进入学者视线中的。空间性指的是任何一种经济活动都是依托空间发生、进行，不同的经济活动之间往往存在着一定的距离。脱离了空间，谈论人类活动、自然环境的物质循环和能量流动都是没有意义的。因此，研究经济活动/经济活动系统的空间性就要从经济活动/经济活动系统在空间中所占据的面积（地域）及其相互之间的距离来入手。空间性包括以下五个基本元素。

1）地域性（territoriality）。地域指的是地表空间。地理学，无论是自然地理学或经济地理学，所研究的自然现象或经济现象，都必然与一定的地表空间相结合，都必须落实到一定的地表空间上，即落实到地域上，这就是地域性。许多自然科学与经济科学，它们研究自然规律与经济规律时，不一定非与地域条件结合，或者主要不是研究与地域条件结合。地理学必须与地域条件结合，研究各种现象的地域分异规律，这是地理学的灵魂，离开了地域性或地域性不强，实际上是失去了地理性，或是地理性不强。

经济地理学的地域性，核心问题是地域分异规律。无论是研究区域经济系统的地理空间组织，还是经济活动的地理空间组织，都必须回答地域分异问题，回答经济活动/经济活动系统与地域条件（地理环境）结合的同质性问题和异质性问题，经济活动/经济活动

系统的区位（用地）选择、活动（功能）分区、区域分工与协作、不平衡区域发展模式，都是体现地域分异的，即体现地域性。研究经济地理学，就在于它通过研究经济活动/经济活动系统在空间的合理布局，来推动经济发展。研究一定地域范围内经济系统布局（区域经济空间格局）的经济地理学，就是运用区域的观点，研究各个地区的地域条件、特点及其经济空间格局形成发展规律，并运用这个规律对区域经济发展作出正确的决策，从而充分体现出经济地理学的地域性特点。

2）形式（form/area/shape/volume/intensity）。经济活动/经济活动系统在空间中占据的空间形式对经济活动/经济活动系统的开展非常重要。不同的经济活动/经济活动系统在空间中的形式表现为占据不同的面积大小、具有不同的形状和呈现不同的利用强度与格局。

不同的国家有不同的疆域，不同的行政区也形状各异，不同空间形式中的经济活动类型占据不同的空间范围且强度各异：面积较大的区域拥有较为广阔的自然资源，充足的后备资源是经济活动开展的保障；形状规则的地域比较容易开展经济活动而不受地理因素的制约；充分挖掘地理环境优势，如利用沿海、交通枢纽等地理区位优势，在提高土地利用强度的基础上，以节约集约为目标，可获得经济活动/经济活动系统的最大效益。

以我国最大的平原——东北平原为例，面积达35万km^2，区域内土壤肥沃、气候适宜，农业机械化程度高，是最重要的粮食产区，宽广平坦的东北平原区因丰富的农产品资源、优良的生态环境、完备的基础设施成为极具农牧开发潜力和工业发展潜力的富饶之地。我国西南的云贵高原和青藏高原区地形复杂，地势起伏较大，聚落多分布于山间盆地或谷地等相对平坦的地区，分布较为分散且规模较小，与地域形状规则的地区相比，区域经济发展和城市扩张明显受限。而长江三角洲和珠江三角洲地处长江、珠江入海口，交通便捷，经济发达，区位优势明显，土地利用强度大，对周边区域有较强的辐射带动作用。

3）位置/区位（position/location）。当提及经济活动/经济活动系统或地理空间环境中的任何事物时，首先关注的问题就是“它在哪儿”，也就是经济活动/经济活动系统或地理空间环境中的事物的地理位置/区位。地理位置/区位一般用来描述地理事物时间和空间关系。按照地理位置的功能性质，可划分为自然地理位置/区位、经济地理位置/区位、人文地理位置/区位、政治地理位置/区位、军事地理位置/区位等不同的功能性位置。

自然地理位置是指地理事物在地球表面本来就存在的时空关系，是原本的自然存在状态，是客观存在的不以人的意志为转移的地理位置。这种地理位置可以从定性和定量角度来进行刻画。地理学中对地理位置/区位的描述通常用相对地理位置和绝对地理位置的概念来表达。相对地理位置是以其参考点的周围事物进行确定，它一般是对地理事物的时空关系作定性描述，主要用于揭示其天然的比较优势特点，通常用海陆位置、相邻位置来表达。而绝对地理位置是以整个地球为参考系，以经纬度为度量标准对地理事物的特殊性或者唯一性进行定量刻画。任一地理事物的位置/区位都由确定的经纬网坐标系值来表达，地球上每个地方都有唯一的经纬度值。

不同的地理位置/区位拥有不同的自然环境条件、经济基础、社会风俗及政策等。对“位置/区位”一词的理解，严格地说还应包括以下两个方面：①它不仅表示一个位置，还表示放置某事物或为特定目标而标定的一个地区、范围；②包括人类对某事物占据位置的设计、规划。可以说，人类在地理空间上的每一个行为都可以视为是一次区位选择活动，如农业生产中农作物种的选择与农业用地的选择，工厂的区位选择，公路、铁路、航道等路线的选线与规划，城市功能区（商业区、工业区、生活区、文化区等）的设置与划分，国家各项设施的选址等。

4）距离（distance）。距离通常用来表达空间和时间上相隔。地理空间环境中的任何事物都占据一定的地理空间位置/区位，不同的地理空间位置/区位决定了经济活动/经济活动系统之间具有一定的距离，也就是说经济活动/经济活动系统与经济活动/经济活动系统之间的联系要靠经济要素（人流、物流、信息流）发生位移才能实现。通常，地理距离越近，经济活动/经济活动系统之间越容易产生联系，发生位移的成本越低，越容易形成空间作用。地理距离越远，运输成本和信息成本等越高（经济活动要素产生位移的成本越高），发生联系的概率会随之降低。

然而，由于科学技术的飞速发展，特别是互联网在各个领域的普及，全球进入信息流引导和整合各种空间形态的新时期。计算机网络技术几乎完全克服了空间距离导致的时滞和成本，使经济活动/经济活动系统之间的物质交换、信息交流等不再受地理距离的影响。也就是说，经济活动/经济活动系统之间不必地理邻接即可实现要素流动和空间作用。

5）关系/流（relationship/flow/network）。贫乏的资源禀赋，低效的生产力，高频的自然灾害，严峻的环境恶化，基础设施落后，人口过度增长，政府的不力作为，这些都是导致经济落后的原因，但如果忽视了经济体与外部经济联系的重要性，问题的根源就不会得到解决。因此，经济活动不仅受空间中的地域、形式、位置的限制，其内部经济活动的运行方式，以及该经济体与其他经济体的联系也对研究经济活动的空间性至关重要。

空间相互作用其实也是地理学的经典研究问题之一，早在1956年，美国学者厄尔曼（E. L. Ullman）就提出互补性、中介机会与可运输性是产生空间相互作用的条件。根据传递的三种方式，把空间相互作用的形式分为对流、传导和辐射三种类型：第一类，以物质和人的移动为特征，如产品、原材料在生产地和消费地之间的运输，邮件和包裹的输送及人口的移动等。第二类，指各种各样的交易过程，其特点是不通过具体的物质流动来实现，而只是通过簿记程序来完成，表现为货币流。第三类，指信息的流动和创新（新思维、新技术）的扩散等。从某种意义上说，流和空间相互作用是统一的，空间相互作用的表现形式甚至本质便是流，只不过有些流是有形的，而有些流则是无形的。此处所说的经济活动的流，主要指的是人流、物流、信息流。流的产生离不开起点与终点，也离不开传播途径；不会仅仅发生在二者之间，而将发生在多者之间。

在经济全球化的大背景下，空间形态从“地方空间”向“流动空间”转换。随着产业分工的不断深入和专业化，以及信息革命的到来，地区间的交流与合作的空间范围不断扩大且流动方式多样化，通信技术的发展使得地区间的部分联系摆脱了地域空间的限制，信息可以实现瞬时全球范围内的有效流动，一定区域内的城市之间可以同时进行各种有形与无形的、物质与非物质的交流与联系（艾少伟和苗长虹，2010）。不同地域空间的物流、人流、信息流交织在一起，将这些“流”要素抽象成节点与线，逐渐形成复杂的网络结构。按照不同的要素可以区分为城镇网络体系、产业网络体系、区域网络体系等。

(2) 地方性

地理性的第二个方面就是地方性（place），指的是特定地方的特异性。简单来说，一系列的政治、经济、社会、文化、环境等因素，随着时间慢慢建立和完善起来的排列组合构成了一个地方的特色。任何空间都是充满物质的，不同的空间范围里充满的物质也各不相同。不同空间占据的地理位置不同，面积范围不一，形状大小各异，空间内人流、物流、信息流的强度方向也差异很多。因此，空间性的不同是地方性的基础。以我国旅游胜地丽江古城为例：坐落于玉龙雪山下的丽江古城是国家级历史文化名城，它以充分体现人与自然和谐统一、多元融合的文化为特点，是以平民化、世俗化的百姓古雅民居为主体的“建筑群”类型的世界文化遗产。依托三山而建的古城，与大自然产生了有机的统一，是古城风貌整体保存完好的典范（自然地方性）。丽江古城有别于中国任何一座王城，丽江古城未受“方九里，旁三门，国中九经九纬，经途九轨”的中原建城影响（规划地方性）。其民居在布局、结构和造型方面按自身的具体条件和传统生活习惯，结合汉族及白族、藏族民居的传统，形成了独特的风格（民居地方性）。丽江古城已有800多年的历史，不论是古城的街道、广场牌坊、水系、桥梁，还是民居装饰、庭院小品等，都渗透着当地人的文化修养和审美情趣，展现了历史文化的丰富内容，并已逐渐成为滇西北经济文化中心，是研究人类文化发展的重要史料（文化地方性）。

(3) 尺度

简单来说，尺度（scale）就是用来衡量一个量的标准。广义来讲，尺度是在研究某一物体或现象时所采用的时间或空间单位，又可指某一现象或过程在空间和时间上所涉及的范围和发生的频率。尺度可分为空间尺度和时间尺度。在地理学研究中尺度概念有两方面的含义：一是粒度（grain size）或空间分辨率（spatial resolution），表示测量的最小单位；二是范围（extent），表示研究区域的大小（O'Neill，1986）。空间粒度指地理环境中最小可辨识单元所代表的特征长度、面积或体积；时间粒度指某一现象或事件发生的频率或时间间隔。在地理学中，任何研究都与尺度相关，尺度暗示着对事物细节的了解程度，通常在一定尺度下空间变异的噪声（noise）成分，可在另一个较小尺度下表现为结构性成分（Burrough，1983）。

地图是地理性最重要的表达语言。地图比例尺表示地图上的线段长度与实地相应线段长度之比。不同的比例尺通过符号、数字和语言刻画了一定区域的空间范围，可以是全球（宏观尺度）、国家（中观尺度）、区域（微观尺度）等。例如1∶10万，即图上1cm长度相当于实地10万cm（即1000m）。一般来讲，大比例尺地图，内容详细，几何精度高，可用于图上测量；小比例尺地图，内容概括性强，不宜于进行图上测量。我国基本地图的比例尺应为1∶500、1∶1000、1∶2000、1∶5000、1∶1万、1∶2.5万、1∶5万、1∶10万、1∶25万、1∶50万、1∶100万。不同规模的经济活动/经济活动系统在不同尺度的空间中担任不同的角色，并参与其他经济活动/经济活动系统的协作。研究经济活动/经济活动系统的地理空间组织时，不同的尺度下有不同的研究方法、研究内容及分辨率。选择合适的尺度对经济活动/经济活动系统地理空间组织的开展至关重要。

2. 系统性

传统地理学除了“地域性”外还有其“综合性”，今天的综合性演变为系统性，其他学科也讲综合性，地理学区分于它们的基点在于一开始就面对系统。

(1) 系统的本质

系统是由两个或两个以上相互联系、相互制约、相互作用的事物和过程组成的具有整体功能和综合行为的统一体。组分（元素）、结构、状态、过程称为系统构成的四要素。

元素是构成系统的最小部分或基本单元。

广义地讲，元素之间一切联系方式的总和，称为系统的结构；把所有的联系都考虑进去，既无必要，也无可能，因此把结构看作元素之间相对稳定的、有一定规则的联系方式的总和。

系统的产生、发展、演化、消亡都是作为过程而展开的，一切结构都是某种潜在或显在过程的表现。

系统持续运行中表现出来的状况或态势，称为系统的状态，系统状态可用一组称为状态量的参量来表征（特征量）。研究系统，主要关心其所处的状态，状态的可能变化、不同状态之间的转移等。一般情况下，系统的状态转移明显呈现为一种过程，状态量是时间的函数。

一个系统之外的一切事物或系统的总和，称为该系统的环境。环境具有客观普遍性，一切系统都在一定的环境中形成、运行、演变。每个具体的系统都有元素或子系统与外部直接联系，更有系统作为整体与外部的联系。外部的变化或多或少会影响甚至改变组分本身。

系统在内部联系和外部联系中表现出来的特性和能力，称为系统的性能。系统的功能是指系统能引起环境中某些事物有益变化的作用，是系统的特殊性能。可以流动是水的重要性能，利用它输送木材是河水的功能。一切现实存在的系统都是环境的组成部分，影响着环境的形成和保持，这就是功能。系统的元素、结构和环境三者共同决定系统的功能。从系统本身看，元素性能太差，不论结构如何优化，都造不出高效可靠的机器，但同样相近的元素，按不同结构组织起来，系统的功能则有高低优劣之分，甚至会产生性质不同的功能。环境的不同，意味着系统运行的条件、气氛等的不同，可能对系统发挥功能产生有利或不利的影响。

(2) 经济地理学的系统性

经济地理学的系统性集中表现为研究对象的系统性，即整体性、结构性、功能性、环境性、状态性及过程性的集成。

在地球表层中，经济活动及系统和地理环境系统、自然系统（要素）和社会经济系统（要素）之间发生相互的联系，结合为一个整体——自然社会经济地域综合体（系统），这是由各种关系（相互作用）将各个组成部分（子系统）联系起来的地域经济整体（系统），表现为具有自然-社会-经济技术相结合的多元性、相关性和统一性，地域经济整体组分、子系统之间的数量关系、质量关系、空间关系等的总和构成了这个整体（系统）的结构，这点对具有一定地域范围的区域整体而言特别重要，主要包括区域产业结构，有针对数量关系的产业规模结构，也有针对质量关系的产业规模结构，主要包括生产、技术、经济、发展趋势等方面的联系的产业资源结构、技术结构、劳动结构等，以及针对空间关系的产业空间结构，如区域产业（经济）的核心、外围、网络关系的总和。区域经济系统的结构，连同其组分和环境一起直接关系着区域经济的发展，决定着区域经济系统功能的发挥。在元素和环境给定的情况下，人们可以在优化结构上下功夫，这对建立区域经济系统和发挥区域经济系统的功能尤为重要。

经济活动及系统和地理环境系统（区位或区域整体）的结合受到本地域系统环境和更大地域系统环境的影响，包括所有自然环境和社会经济环境因素的影响。与其他区域系统在经济、生产、技术上有着协作与分工，是一个与外界环境有着物质、能量、信息的交换与交流的开放系统。

经济活动的地理空间组织系统是一个以经济活动与地理空间相结合状态变化的延续性为特征的过程系统，有着形成、变化及发展的过程，是一个人类可调节改变其状态的可控系统。人们既关心相结合状态的特征，特别是相宜、合理的特征及标准，也关心相结合的过程，更明白相结合的过程同时也是相结合状态变化的过程，因此，要特别把握其中的方式和方法，使相结合状态持续稳定地相宜、合理。

在进行经济活动的地理空间组织决策时，要充分认识经济地理学研究对象的系统性，把握好决策的三个重要环节。

1）分析背景。分析决策的背景，即测度与评价所有影响决策的因素（环境），涉及经济活动系统和地理环境系统的所有方面，包括自然环境因素和社会经济环境因素，要注意把握这些因素之间是相互联系、相互作用的（关联性），是随着时间不断发展变化的（动态性），并且受到更大系统环境的影响（开放性）。

2）排列组合，即排列组合出两者结合的可能方案。经济活动系统与地理环境系统的结合，可呈现出许许多多的供选择的方案，从理论上讲，只要经济活动系统中任一组成活动在地理空间中位置、强度、关系上有变化（不同），就表现为一种不同的经济活动地理空间组织决策方案，因而排列组合出的“相结合”的方案是无数的，但实际上是在尽可能综合全面分析的基础上，抓住主要的影响因素和主要的经济活动在地理空间中的位置、强度、关系上的主要差别，排列组合出若干主要的可供选择的决策方案。

3）评价决策，即在评价的基础上，测度与评价所有排列组合决策方案，优选出合理可行的方案。根据两个系统结合“相宜、合理”的标准，即通常所说的持续稳定的良好的经济效益、生态效益和社会效益标准，对所有参选方案进行“相宜、合理”程度上，或“三大效益”高低程度上的综合评价，最后优选确定初始及实施方案。这三个重要的决策环节也正是经济地理学应用研究的重点和难点。

由此可见，经济活动/经济活动系统地理空间组织决策的关键环节是如何定量测度与评价经济活动/经济活动系统地理空间组织的地理性和如何定量测度与评价这两者相结合的地理性，只有客观正确地把握这些关键环节，才能做出有利于经济活动/经济活动系统的开展，有利于地理环境自身的更新变化，有利于形成经济活动/经济活动系统与地理环境协调可持续发展的格局的决策。

1.2　经济地理学的学科体系

学科体系，是指一学科的各分支学科相联系构成的整体。经济地理学在百余年的发展过程中，形成了自身的学科体系。根据研究对象的不同，可区分出不同经济活动系统的地理空间组织，包括企业经济活动系统、产业（部门）经济活动系统和区域经济活动系统（图 1.1），经济地理学可区分出如下分支学科（图 1.2）。

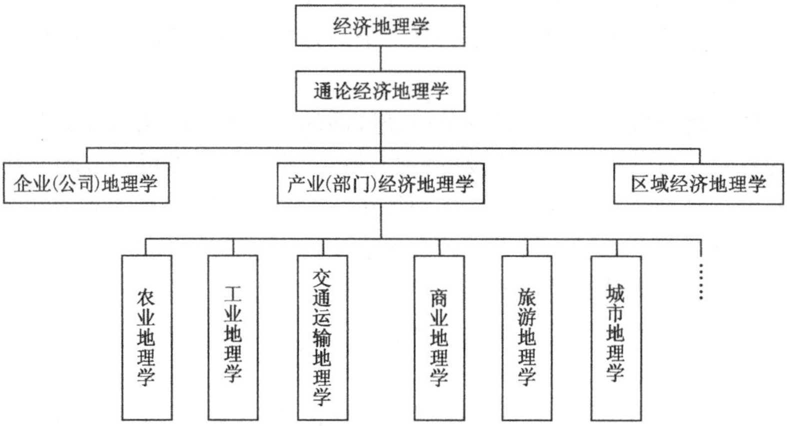

图 1.2　经济地理学学科体系

1. 通论经济地理学

通论经济地理学是经济地理学理论层次最高的一个分支。它是经济地理学理论与方法的高度综合和概括，是在经济地理学各分支学科深入发展的基础上逐步成熟和完善起来的。它研究经济活动地理空间组织的一般原理，既讨论经济活动的区位选择，也探讨区域整体经济活动系统的地理空间组织，还包括经济地理学研究的思维方式和技术方法，经济地理学的性质、任务及发展趋势等。

2. 企业（公司）地理学

企业（公司）地理学是针对一类特殊的经济活动系统与地理环境的结合来讨论的，它着重研究企业增长与空间扩张、企业经济活动系统与空间结构、企业区位选择和区域企业经济活动与区域发展等问题。随着大型企业、跨国公司在经济活动和区域发展中的地位迅速提升，以及公司内部组织结构和决策过程的复杂化，该分支研究得以不断发展。我国学者从20世纪90年代初期开始，结合我国国情，围绕农村工业企业、国有企业、外资企业、高新技术企业进行系统研究，也丰富了企业地理学的研究内容。

3. 产业（部门）经济地理学

产业（部门）经济地理学是研究产业经济活动系统的地理空间组织的分支学科。根据经济活动的产业（部门）划分，产业（部门）经济地理学主要包括以下主要分支学科。

1）农业地理学。农业地理学是经济地理学最早的分支之一。1826年杜能(J. H. V. Thunen)提出的农业区位论，开创经济地理规范区位研究之先河。它既研究农业经济活动，主要是农业生产活动（包括农、林、牧、副、渔等）与地理环境的结合，也研究以区域为整体的农业经济活动系统的地理空间组织，侧重于农业区位选择和农业土地利用、农业经济生态系统（农业生产地域综合体）形成与发展、区域农业经济结构和区域农业经济活动分区（功能分区）等方面。

2）工业地理学。由于工业在国民经济发展中的特殊作用，工业地理学是经济地理学最重要的分支之一。它既研究工业经济活动，包括各类采掘工业、原材料加工工业和制造工业等的地理空间组织，也研究区域整体的工业布局，侧重于工业区位、工业成组布局与工业区、区域工业生产综合体与区域工业发展和工业布局与环境保护等方面。

3）交通运输地理学。交通运输联结各类经济活动的生产与消费，是国民经济体系中为社会生产和再生产、为经济发展提供一般条件的一个产业部门，交通运输地理学既研究各类交通运输，包括铁路、公路、水运、航运和管理运输的地理空间组织，也研究区域交通运输空间格局的形成、变化和发展，对交通运输、网络及网络节点——城市交通枢纽给予特别的关注。

4）商业地理学。商业地理学是经济地理学的前驱。商业又称贸易，是以专门从事商品流通而获取经济回报的国民经济部门，属于第三产业的重点行业。商业地理学主要研究商业活动的地理空间组织，与其他产业经济地理学一样，商业经济与地理环境相结合的两种基本形态都属其研究范畴。针对商业活动的供需特点，它主要研究商业网点布局及商品（物源）分布、商业流和居民购物的空间行为等方面。

5）旅游地理学。旅游地理学是一门新兴的分支。20世纪60年代以来，国际旅游事业突破国家界限，迅速发展，成为一个新的经济部门。旅游业的发展，促进了包括旅游地理学在内的许多学科的兴起。旅游地理学主要研究旅游活动的地理空间组织，针对旅游活动供需特点，既研究旅游资源调查评价与开发利用，旅游点、旅游区的布局，居民旅游消费的空间行为，也研究区域旅游业发展等方面。

6）城市地理学。城市地理学是经济地理学的特殊分支，是当代地理学研究中最活跃的领域。关于城市地理学在地理科学体系中的地位，有人认为是人文地理学的分支，也有人认为是人口地理学或居民地理学的分支，还有人认为是地理学与城市规划之间的边缘科学。但是，从经济地理学研究的客观对象来看，城市是产业地理空间组织的形态。它是工业分布的集中点，交通运输的集中点，工农业产品流通交换的集中点，是地域生产综合体的核心，是经济区域的象征与标志。因此，城市地理学作为经济地理学的重要分支是理所当然的。国内外广大经济地理工作者积极参与城市规划工作，也是这种客观性的反映。当然，这并不排除把城市的形态作为聚落地理的研究内容。

城市地理学作为经济地理学的分支学科，是研究城市形成发展的地域条件和城镇的体系、结构与布局的一门学科。它也具有经济地理学的综合性与地域性的特点，也属于产业布局特殊形态。它可以运用产业布局的理论、自然地理的基本知识、区域研究的观点，以及综合分析、方案比较和技术经济论证等研究方法，分析城市发展与区域经济发展的关系，产业布局与城镇布局及建立城镇体系的关系，自然条件与城市布局和城市建设的关系，研究城市各组成要素的条件和技术经济依据，以及城市内部的功能分区，为城镇布局确定城镇性质、发展规模、发展方向，为城市用地选择、保护和改善城市环境等方面提供科学依据。

4. 区域经济地理学

区域经济地理学是经济地理学发展历史最悠久的分支。记述阶段的经济地理，多以一个区域为整体或论述经济活动与地理环境相结合的特征及规律。区域经济地理学以明确的区域整体为单位，研究其经济发展条件和经济活动系统的地理空间组织，侧重于区域内外的分工与协作、区域经济结构、地域生产综合体（系统）的形成与发展和区域经济发展战略等方面。

1.3 经济地理学与相邻学科的关系

正如前面所指出的，经济地理学的研究对象，决定了该学科具有自然-社会经济-技术相结合的整体性特征，使经济地理学与地理学的各分支学科、经济科学、社会科学、自然科学、技术科学有着自然、广泛的联系。对经济活动的地理空间组织的研究，既要把握经济活动规律，又要把握地理环境，包括自然环境和社会经济环境的状态和过程规律，更要把握两者相宜和谐结合，促进经济和环境协调发展的规律。因此要运用相邻学科的理论与方法，吸取相邻学科的研究成果，特别是关于空间信息技术科学的理论与方法，定性、定量、定位、定时地获取、分析、处理、表达和运用地理空间信息、地理环境信息、自然-社会经济-技术地域（空间）系统信息，科学合理地进行经济活动的地理空间组织（决策），不断发展和提高经济地理学的理论和实践水平。

1.3.1 地理学科体系中的经济地理学

地理学是介于自然科学和社会科学之间的一门科学。在地理学的科学体系中，首先可以分为区域地理学和系统地理学两大分支；而在系统地理学中，根据地理学的研究对象，又可分为自然地理学和人文地理学两个分支。在自然地理学中，又可分为地貌学、气候学、土壤地理学、水文地理学、植物地理学和动物地理学等。在人文地理学中，又可分为经济地理学、人口地理学、政治地理学、历史地理学等。由于中国的特殊国情，在相当长的一段时间内，经济地理之外的其他人文地理学分支学科处于停滞状态，经济地理学实际上成为与自然地理学相对应的地理学分支学科。直到 20 世纪 80 年代，其他人文地理学科才得以发展。所以，经济地理学在中国地理学中有着十分独特的历史地位。更由于经济地理学理论的经济发展决策原理特性，而广泛应用于国民经济发展决策中，使得经济地理学一直是人文地理学中最活跃而成熟的分支。

1.3.2 经济地理学与地球空间信息技术科学

地球空间信息科学是以地球空间系统为对象，研究具有时空特征的地球空间信息的获取、存储、处理、分析、显示、表达及传输的技术和方法的学科。地球空间信息技术是传统的测绘技术，包括大地测量、摄影测量和地图制图等技术与3S新技术，包括全球导航卫星系统（global navigation satellite system，GNSS）、遥感(remote sensing，RS)和地理信息系统（geographic information system，GIS）技术的集成和融合（图1.3），它能系统地揭示地球空间信息的数量、质量、空间和时间特征。

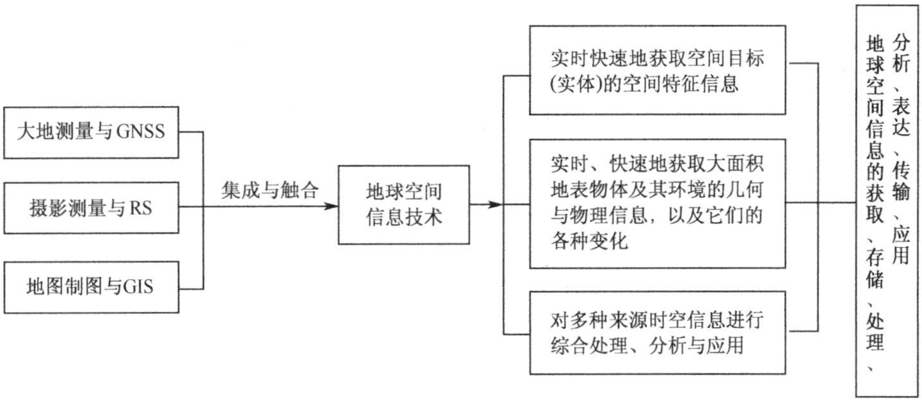

图1.3 地球空间信息技术体系

运用这些能揭示地球系统各组成部分之间的相互作用、时空特征和形成、变化、发展规律的技术方法，有利于客观正确地把握地理环境的时空特征，把握经济活动与地理环境相结合的时空特征，因地制宜地进行经济活动的地理空间组织。从空间信息角度来看，经济地理学实质上是研究根据经济活动和地理环境（空间）的数量、质量、空间、时间特征(信息特征)，将经济活动与地理环境相结合或将经济活动组织落实到地理空间中的决策过程。由此可见，决策所需信息的正确把握是关键、是基础、是前提，决策结果（信息）的表达、存储、传输和运用对决策及决策实施来说也是非常重要的。

1.3.3 经济地理学与经济科学

在经济科学体系中，与经济地理学关系密切的学科包括经济学、区域经济学、政治经济学和发展经济学。

经济学揭示了经济系统运行的基本规律。其中，微观经济学研究单个经济决策单位(如消费者、厂商和资源所有者）的经济行为，所考察的内容之一是消费者对各种商品的需求与生产者对市场的供给的相互关系的一般规律；宏观经济学研究国民经济总量变动及其与就业、通货膨胀等的关系规律。经济地理学的研究，试图寻求经济活动的区位和空间组织的一般规律，而这种空间分异规律形成的关键因素是经济规律的作用。所以，掌握经济学相关知识对经济地理学研究具有重要意义。反过来，由于资源在空间上分布不均衡，考虑经济活动与环境的关系对于经济学的资源有效配置也具有重要意义。

因此，在发达的市场经济国家，经济地理学与经济学的关系得到地理学家和经济学家的关注。20世纪60年代，在一些地理学家企图弄清经济学空间含义的同时，经济学家则关注空间现象的经济意义。针对这种现象，英国地理学家马西指出，空间和社会是两个不可分割的领域，离开任一领域孤立地理解和分析另一领域均是不可能的。

区域经济学即空间经济学，是一门研究“哪里有什么，为什么，又该怎么办”的学科。可以看出，其研究对象与经济地理学十分接近。经济地理学的发展中借用了不少区域经济学的研究成果，如区位论、空间价格、区域成长、空间扩散等理论，经济基础分析、区域投入产出分析、区域经济计量模型、引力模型等研究方法。

政治经济学是研究人类社会经济关系（生产关系）发展规律的科学。按照政治经济学观点，生产关系（国家制度等）和生产力（经济活动）互为影响。经济地理学家在研究经济活动区位、空间组织时，应该考虑国家制度等生产关系的影响。例如，马西曾提出空间化社会关系概念，分析区域之间的控制与被控制、影响与被影响问题。马克思主义的劳动分工学说和剩余价值学说，也被经济地理学家用于揭示资本主义国家内区域之间和发达国家与发展中国家之间的经济关系问题。

发展经济学是第二次世界大战后逐渐形成的一门新兴的综合性学科。它的研究对象是发展中国家的经济发展，它所讨论的是资本如何积累，人力资源如何开发，工业化与农业化如何进行，对外贸易如何开展，国外资源如何利用，发展的优先次序如何选择等有关经济发展的问题。这些问题都是一切发展中国家为谋求经济发展所必须通盘考虑的。

1.3.4 经济地理学与自然科学

自然地理环境和自然资源对于经济活动的地理空间组织有着重要影响。由于某些经济活动，如农业、采掘业是直接利用一定的自然物来进行的，自然地理环境和自然资源对经济活动的制约作用是不言而喻的。运用相关自然科学，包括自然资源学、地质学、气象学、生物学、生态学、土壤学等学科的理论和方法，更好地把握经济活动与地理环境的关系，有利于和谐相宜地将经济活动组织落实到地理空间中，促进区域经济发展。

1.3.5 经济地理学与技术科学

技术条件是影响经济活动地理空间组织的最积极活跃的因素。技术水平的提高是经济活动布局演变的直接动力之一。例如，适应不同水热条件的农作物新品种育成、农业工厂化和耕作技术的改进，均可改变作物的地理格局；新材料的引进、制造技术的革新（如使用某种材料比例的下降）、精益生产方式对大宗生产的替代等均会引起制造业区位的变化；电气机车和大型船舶的使用、航空技术的进步、信息技术的发展，在改变交通运输空间格局的同时，也对工业和第三产业的区位变化产生重要影响。因此，经济地理工作者必须掌握这些相关技术领域知识，把握经济活动对地理环境的要求，以及对地理环境利用方式、强度等的变化，更好地把握经济活动与地理环境的结合。

1.4 本书结构

1.4.1 本书编写的基本点

本书在内容选取、详略配置、章节安排、文字图表搭配、章节小结、思考题设计等的组织过程中，始终注意把握以下两个基本点。

1. 注重反映经济地理学学科特性

在全书内容组织和章节安排中，注意反映经济地理学学科的特性，瞄准经济活动地理空间组织（决策）系统，突出经济地理学决策原理的应用性和可操作性，突出经济活动地理空间组织（决策）系统状态与系统过程研究并重的特色；注重理论联系实际，注重原理应用的方式方法，突出两大应用——经济活动个体地理空间组织决策应用和区域经济发展决策应用（图1.4）。

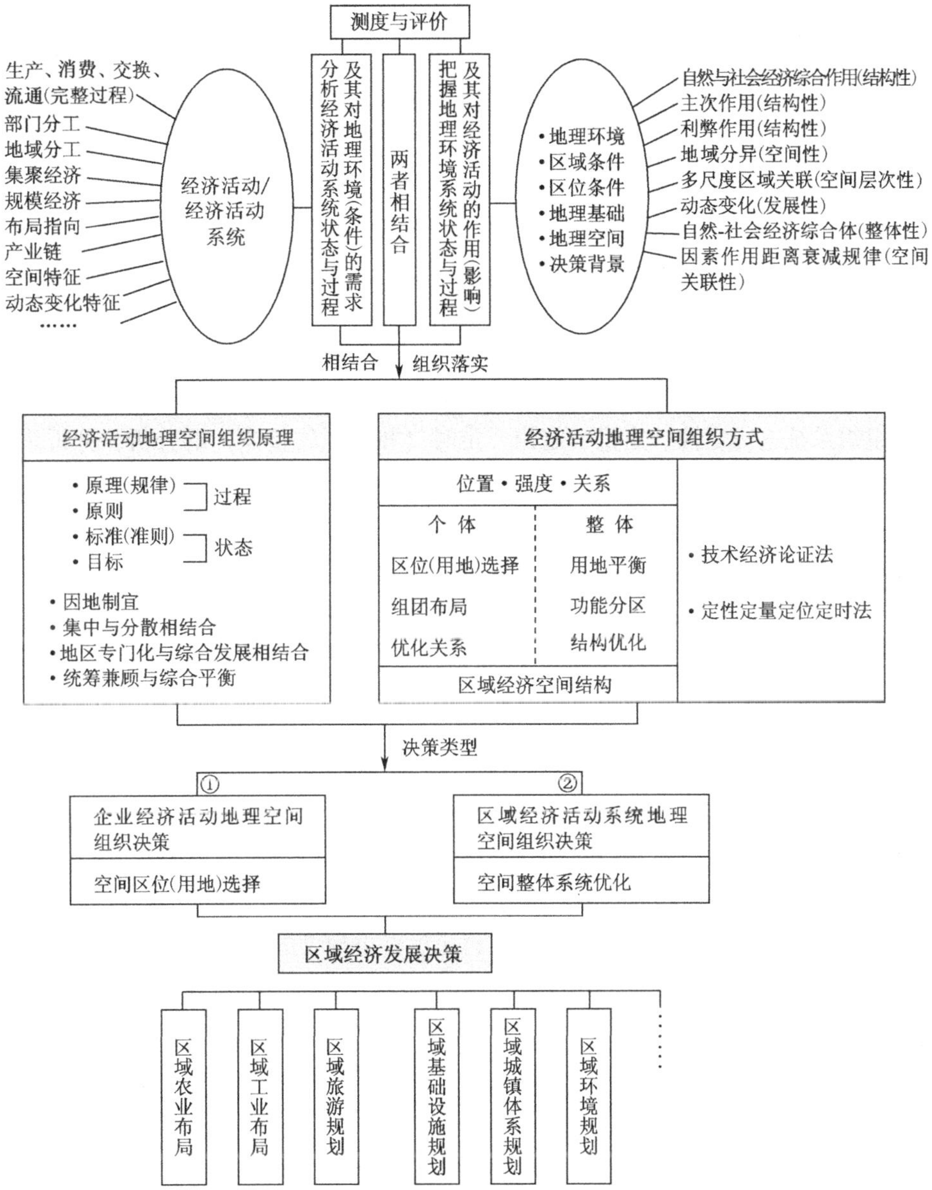

图1.4　经济活动地理空间组织（决策）系统

2. 注重运用多种形式培养学生运用系统学观点分析问题和解决问题的能力

全书内容设计，包括图表搭配、注释专栏、案例集、小结、思考题及附录配置，注意突出运用系统的观点，包括整体观点、结构观点、状态观点、过程观点、环境观点、功能观点、演变观点等来分析问题、说明问题和解决问题，培养学生全面综合、客观正确地把握实质的能力。

经济地理学直接面对的是经济活动系统、地理环境系统、两者结合的自然-社会经济地域综合体（系统），要研究这个系统的要素（组成）、环境、状态、结构和过程，既要分析经济活动的状态，也要分析地理环境的状态，包括特征及其各要素（部分）相互作用，更要分析两者相结合的状态，特别是和谐相宜的状态特征（标准），同时还要把握经济活动与地理环境的形成、变化和发展过程，特别是将经济活动组织落实到地理空间的过程，两者相结合的形成、变化、发展过程，包括方式方法。

要把握经济活动地理空间组织的核心问题：把什么样的经济活动安排到什么样的地理空间（区域）中（状态），怎样将经济活动组织落实到地理空间中（过程），将经济活动组织落实到地理空间中显现出的状态（特征）是什么，即怎样才算是将经济活动组织落实到地理空间中了，和谐相宜的状态（标准）是什么等。

要把握问题的整体：将经济活动组织落实到地理空间中，就是要确定经济活动实体在地理空间中的位置、强度和关系（相联系的整体）；要对经济活动、地理环境、经济活动地理空间组织系统进行定性、定量、定位、定时（相联系的整体）的分析，分析系统的数量、质量、空间、时间（相互关系的整体）特征，分析各要素（组成）之间的数量、质量、空间、时间联系（相联系的整体）；要分析地理环境、区位条件的有利与不利、优势与劣势、主要与次要（相联系的整体），也要分析经济活动地理空间组织的相宜与不相宜、合理与不合理；要把握经济活动地理空间组织的集中与分散、平衡与不平衡、区内与区外的分工与协作的规律；更要把握地理分析、经济活动地理空间组织决策过程中地理空间信息技术应用的全过程，包括信息获取、存储、处理、分析、表达和传输。

1.4.2 本书结构

全书分四篇 15 章。第一篇总论，讨论经济地理学的基本问题和基本原理；第二篇经济活动区位选择原理与方法，讨论经济活动最基本单元——企业的地理空间组织问题；第三篇区域经济系统地理空间组织原理与方法，讨论区域整体的经济活动系统的地理空间组织；第四篇原理应用与区域经济发展决策，讨论经济地理学的原理在区域经济发展中的应用问题。

第一篇分 4 章。第 1 章，主要讨论经济地理学的研究对象、学科体系及其与其他学科的关系；第 2 章，主要讨论经济活动的分类、联系及区域经济系统环境（条件）的需求；第 3 章，主要讨论经济活动区位条件的构成与影响、基本特征与规律经济活动的区位条评价；第 4 章，主要讨论将经济活动地理空间的基本原理。

第二篇分 2 章。第 5 章和第 6 章，分别讨论经济活动区位选择和多部门企业区位选择。

第三篇分 3 章。第 7 章主要讨论区域经济活动地理空间组织方式（过程和状态）；第 8 章主要讨论区域经济系统；第 9 章主要讨论区域经济地理空间组织优化。

第四篇分 6 章，即第 10 章、第 11 章、第 12 章、第 13 章、第 14 章、第 15 章，分别讨论经济地理学原理在区域农业布局、工业布局、旅游规划、基础设施规划、城镇体系规划、环境规划等方面的应用（图 1.5）。

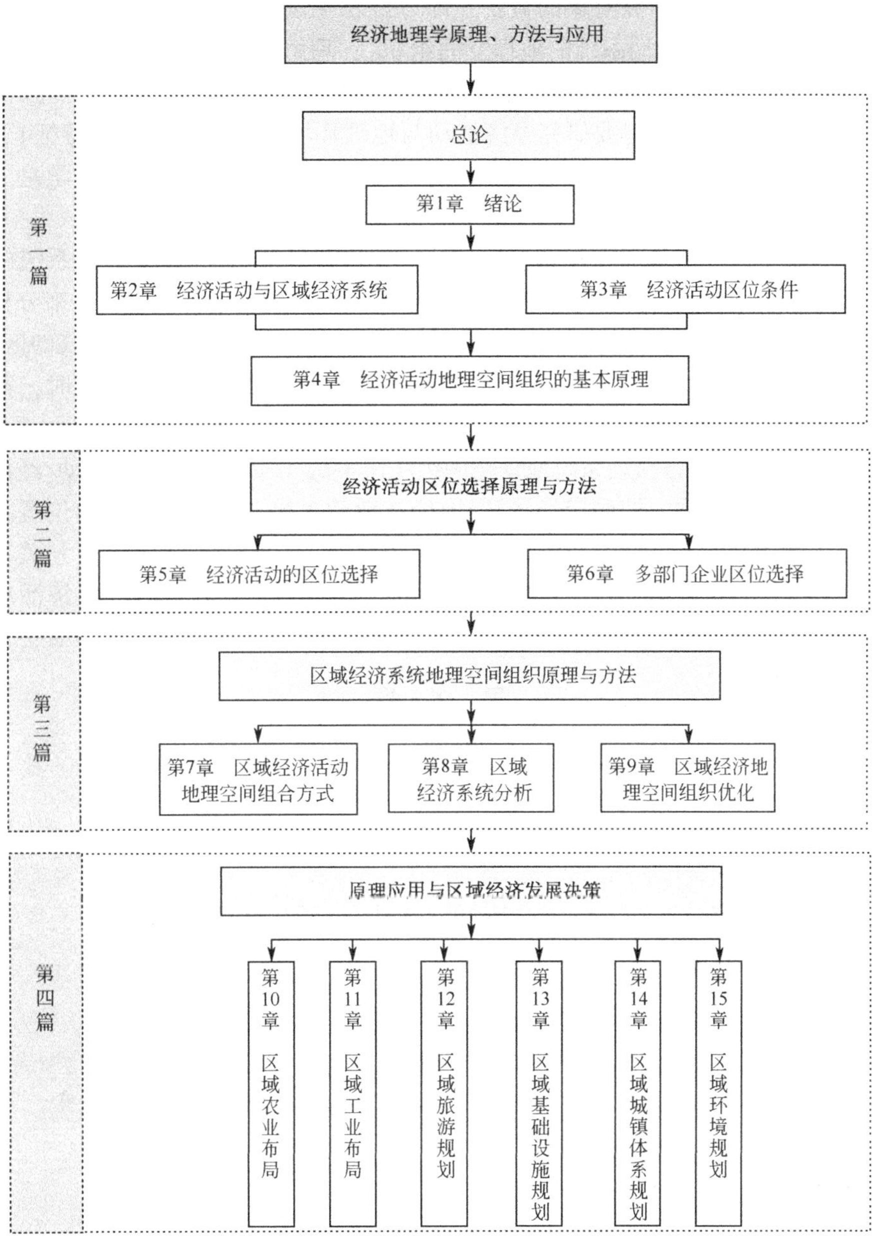

图 1.5 本书的内容结构

小　　结

本章重点讨论了经济地理学的研究对象与特性，介绍了经济地理学的学科体系及其与相邻学科的关系。

本章重点要掌握的是经济地理学的研究对象及研究内容和经济地理学的特性。要理解从两个角度对经济地理学研究对象的概括，即“经济活动/经济活动系统与地理环境相结合”和“经济活动/经济活动系统的地理空间组织”；理解经济活动/经济活动系统与地理环境相结合的两种基本形态和经济活动/经济活动系统地理空间组织的两类组织（决策）方式；弄清楚经济地理学不单要研究经济活动与地理环境相结合的静态（特征），也要研究它的动态，即形成、变化、发展过程（方式）。从应用角度看，经济地理学是关于地区经济发展决策的理论。

要把握经济地理学的地理性和系统性特征。在进行经济活动/经济活动系统的地理空间组织决策时，特别是在把握决策的三个重要环节时，要注意运用系统观点来分析问题和解决问题。无论是分析经济活动系统内在联系，还是经济活动/经济活动系统的区位条件、区位优势或劣势，或经济活动/经济活动系统与地理环境相结合的合理程度时，都要把握住所有影响因素（环境或背景）的关联性、动态性和开放性。

要把握经济活动/经济活动系统地理空间组织决策的实质就是将经济活动/经济活动系统组织落实到地理空间中，即确定经济活动/经济活动系统在地理空间中的位置、强度和关系。因此，如何确定经济活动/经济活动系统在地理空间中的位置、强度和关系，包括采用什么方式来确定，根据什么原理原则来确定一系列问题是经济活动/经济活动系统地理空间组织决策的核心问题和关键所在，也是经济地理学原理应用的重点和难点。

思　考　题

1. 如何理解从两个角度对经济地理学研究对象的概括？
2. 结合图 1.1，理解经济活动与地理环境相结合的两种基本形态。
3. 结合图 1.4，理解经济活动地理空间组织的两类组织（决策）方式。
4. 围绕“经济活动的地理空间组织”这个核心问题，思考以下问题：为什么要进行经济活动的地理空间组织（作用和前提）？如何进行经济活动的地理空间组织（方式和依据）？怎样组织才是正确合理的决策（标准和特征）？如何保证正确合理的组织决策（原理、规律和原则）？
5. 结合你所学的专业，思考为什么要学习经济地理学和如何学习经济地理学。
6. 如何把握经济活动地理空间组织过程中的地理性？
7. 在经济活动的地理空间组织决策中，如何把握经济活动在地理空间中的位置、强度和关系？
8. 如何理解正确把握决策信息的所有特征是经济活动地理空间组织决策的基础和前提？

第 2 章　经济活动与区域经济系统

经济地理学的一个主要研究视角就是从地理空间组织的角度考虑分散在地理空间上的各种资源和要素，是如何结合在一起形成各种各样的经济活动过程，并通过对这些过程和规律的认识，指导和调节经济活动的布局和发展，实现经济的可持续发展。因此研究经济活动的基本特征，把握其空间经济联系和区位条件需求，同时掌握区域经济系统的特征及演化规律，是进行经济活动地理空间组织决策的基础。

2.1　经济活动概述

以生产为主体的人类经济活动，包括生产、流通、交换和消费的整个过程，是由物质流、商品流、人口流和信息流把农场、矿场、工厂、乡村和城镇居民点、交通运输站点、商业服务设施及金融等经济中心连接在一起而组成的一个经济活动系统。这一系列经济活动都是在具体的区域内进行的，因此，研究各种尺度下区域内经济活动、经济活动系统及其运动发展过程，便成为经济地理学研究的特定领域。

2.1.1　经济活动基本概念

人类活动多种多样，包括经济活动、政治活动、社会活动和文化活动等，其中经济活动是人类最重要的一项活动。随着人类社会的发展，人类经济活动经历了三次社会大分工和三次科学技术革命，出现了四次产业。人类文明从采猎文明进入农业文明、工业文明和信息文明，人类经济形态从农业经济、工业经济向知识经济迈进；形成当今时代农业经济、工业经济和知识经济并存，并以农业经济为主的时代。

经济活动在现代经济学中被划分为微观和宏观两个层次。微观经济活动是指以个体价格、市场为约束，以特定资源具体利用为特征的经济活动。宏观经济活动则是国民收入、总资源利用和总价格指数决定构成的过程。经济地理学将同时面对这两种经济过程，地方政府监管的区域经济活动系统的建立与优化属于宏观经济过程，而经济活动个体的地理空间组织属于微观经济过程。

2.1.2　经济活动过程

经济活动的一般过程包括四个阶段，即生产、流通、交换和消费，四个阶段相连接构成完整的经济循环（图 2.1）。无论是一个企业、一个地区，还是农业部门、工业部门，甚至整个国民经济都以这种循环，日复一日、年复一年地运行着。在这个过程中，首要的环节是生产，生产的要素主要包括劳动、资本和资源。资源作为经济过程的操作对象，资本用以购买设备和原料，而劳动者的劳动则把原料加工成产品。经过利益分配后各得其所，资本获得利息，资源得到加工，劳动者获得工资，而企业所有者取得利润。产品经过流通进入市场，通过购买（包括国家购买、企业购买和个人购买）转入消费，从而完成经济循环。围绕这一循环过程，出现了多种经济活动过程的解释，例如传统工业社会的经济被理解为一种物质单向流动的线性经济活动形式，其特征为"资源—生产—流通—交换—消费—废弃物排放"，经济增长主要依靠高强度地开采和资源的消费获得；近年来，随着可持续发展战略的提出，传统的单向物质流动的线性经济活动逐渐被一种循环经济所替代，其特征是将人类经济活动组织成为"资源—生产—流通—交换—消费—再生资源"的反馈式流程，实现"低开采、高利用、低排放"，最大限度地利用进入生产和消费系统的物质和能量，提高经济运行的质量和效益，达到经济发展与资源、环境保护相协调并且符合可持续发展战略的目标。

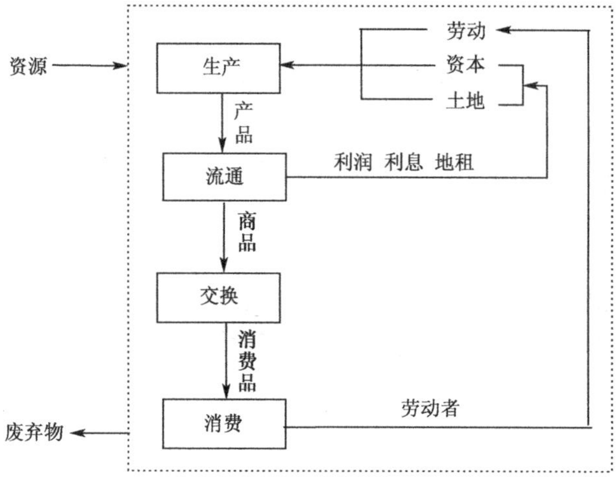

图 2. 1　传统经济活动过程示意图

由于经济活动的生产、流通、交换和消费各环节所需区位条件是不一样的，因此在考察经济活动区位选择时，一方面需要根据经济活动各环节对区位条件的具体需求，另一方面也要考虑经济活动作为生产、流通、交换和消费的完整系统对区位条件的需求，即在综合分析的基础上统筹安排。

2. 1. 3　经济活动特征

正确地选择经济活动的空间位置，确定适宜的经济活动强度、等级与规模，建立和谐的经济活动联系，必须从经济活动自身组成与发展过程、同类经济活动的安排及不同经济活动分工与协调等尺度层次上和经济活动的目的、需求等方面，综合考虑经济活动特征，实现经济活动系统的优化与地理空间组织。

1. 经济活动利益最大化

经济活动的利益最大化特征是指经济活动总是以追求最大利益作为活动的目标，相应的经济活动地理空间组织也应为实现这一目标来展开。这里的利益是一个综合的概念：经济利益、社会利益和生态利益。例如，公司企业的生产经营活动为追求最大的经济利益，以给企业带来更多的赢利与发展前景；城市道路交通、公园等城市基础设施的建设，是以追求综合社会效益为目标；而退耕还林、退耕还湖、封山育林等工程建设，则主要以追求生态利益作为其活动目标。

从区位理论（具体内容将在后续章节展开介绍）的发展过程也可看出这一特点，古典的区位论以接近原料、燃料产地，节约成本，实现成本最小化为其空间目标；随着科技进步，交通运输方式和手段得到了根本性的变革，运输成本已不再是影响企业利润的主要因素，而市场成为了主导因素，相应地出现了以市场为研究中心的区位理论；到了现代，由于信息技术的发展，这些因素已难以分出主次，企业经济活动已不再只是追求经济利润的最大化，而是综合考虑经济、社会和生态效益，相应地产生了现代行为区位理论。

因此，在进行经济活动布局与安排时，首先应以达到最大的经济活动利益为目标，对某些经济活动，有时需结合经济活动其他相关特征，综合权衡其综合利益，实现综合利益的最大化。

2. 经济活动的生产、流通、交换和消费间的统一协调

为了使经济活动协调、经济运转，必须注意经济活动各环节的协调、统一，任意一个环节出现不协调现象，都会使整个经济活动循环出现障碍，并最终导致经济活动的不经济或难以为继。

因此在进行经济活动地理空间组织时，不仅要考虑经济活动的原料、燃料来源和市场需求，还要从生产、流通、交换和消费等各环节进行综合考虑，以期获得协调、均衡的发展态势。

3. 经济活动部门分工

经济活动部门分工特征是指不同经济活动类型之间及同类经济活动的不同部门之间，存在着数量、质量和空间分布上的相互联系和相互制约的关系。

部门分工首先表现在不同经济部门之间分工与协作的关系，如第一产业、第二产业和第三产业经济活动部门之间的数量比例、质量和空间格局上的联系与限制关系。在国家的国民经济与社会发展战略规划编制中就能看出这种部门间的分工与协作关系。在数量上，它限定了未来一定时期内各产业之间的比例关系；在质量上提出了不同产业部门的发展质量要求；在空间上，大体确定了各产业的分布格局。

部门分工的第二层含义表现为同类经济活动的不同部门之间存在的数量、质量和空间上的相互联系与制约关系。例如，第一产业经济活动内部存在着农、林、牧、副、渔等不同部门之间的分工与协作；第二产业经济活动内部存在轻工业和重工业不同部门之间的联系与制约关系。

当然，经济活动部门内部还存在不同的更低一级经济活动组织之间的分工关系。例如在第一产业的农业部门内部存在如粮、棉、油等生产部门之分，它们之间也存在着紧密的相互联系和相互制约的关系。

因此在进行经济活动空间组织时，应充分顾及不同尺度层次的经济活动部门分工的特点，实现各行业各部门的协调发展。

4. 经济活动地域分工

经济活动地域分工是指在资源和要素不能完全、自由流动的条件下，为了充分发挥不同地域资源、要素、区位等方面的优势，在充分利用比较利益原则的基础上，选择和发展具有优势的经济活动的特征。它是社会经济按比例协调发展要求在地域空间上的表现。

经济活动地域分工的一个根本出发点就是追求比较利益，这里涉及比较优势理论这一经济地理学的基本理论，在此作一简单介绍。

从亚当·斯密提出绝对成本理论至今的200余年间，比较优势理论有了比较大的发展。大体上经历了三个发展阶段。第一阶段是以亚当·斯密的“绝对成本”理论和李嘉图的“相对成本”理论为代表，可以称之为“比较成本理论”阶段。亚当·斯密认为，在市场经济中由于利益的驱动，主观上为自己服务的微观经济主体可以通过分工和交易，在客观上为社会工作的同时，实现自利和互利、个体利益与社会利益的相互联系。其实现的方式是，社会各微观经济主体按自己的特长实行分工，进行专业化生产，并通过市场进行交易，最终可以实现社会福利的最大化，当这种交易活动超出一个国家的范围时，国际分工和国际贸易就产生了，这一理论被称为“绝对成本”或“绝对优势”理论。这个理论在历史上有着重大的影响，但问题是它难以回答，如果一个国家在任何商品的生产上都缺乏绝对优势，这个国家能不能或者怎样参与国际分工？李嘉图认为，不论一个国家的经济处于什么样的水平，它都有自己的相对优势，即使总体上、大部分处于劣势，也可以从许多方面找到相对优势，其中最重要的比较内容是生产成本，特别是劳动力成本。他这个被称为“比较成本”或“比较优势”的理论的精髓在于，如果一个国家所有商品的劳动成本都比另一个国家高，但只要这些商品的劳动成本相对于贸易伙伴而言并不完全一样，那么该国就能通过专业化生产成本相对较低的产品在贸易中获益。当然，这个理论有其前提条件，即劳动是唯一的生产要素，生产技术是给定的外生变量，生产规模报酬不变和完全竞争的市场结构。第二阶段以赫克歇尔和俄林的要素禀赋理论（简称H-O理论）为代表。李嘉图的理论无法解释什么原因造成了各国在生产不同产品上的比较成本差别，而H-O理论认为，在不同国家同种商品的生产函数相同的情况下，比较优势产生的根源在于各个国家或区域的生产要素相对禀赋的不同，以及不同商品生产在要素使用密集形式上的差别。因此，各国应当生产出口那些密集使用本国相对充裕要素的产品，而进口那些密集使用本国相对稀缺要素的产品。它的前提是，各国的生产函数是相同的，而李嘉图的理论认为，各国比较成本的差异是由各国生产函数的不同带来的，即各国的生产要素不同。在H-O理论中，劳动不再是唯一的投入，但生产规模报酬仍然不变，市场经济也未完全竞争。第三阶段以第二次世界大战以后崛起的各种新贸易理论为代表。由于传统的比较成本理论与要素禀赋理论在前提中假定“生产规模报酬不变”和“完全竞争”，存在理论前提上的不足，也由于它们难以解释第二次世界大战以后世界经济格局的新变化、新特点，这些为比较优势理论进入新阶段创造了条件，一些新的理论如产品生产周期论、人力资本论、技术贸易论、收入偏好论、产业贸易论等应运而生。近20年来，许多经济学家利用产业组织和市场结构理论及不完全竞争、规模收益递增、差异产品等概念大大发展了比较优势理论。1985年赫尔普曼和克鲁格曼兼容了传统的比较优势理论，导入了规模经济、产品差异因素等新的条件。他们认为：第一，产业间贸易是建立在比较优势和要素禀赋基础之上的，劳动力资源丰富，成为劳动密集型产品的进出口国，起决定作用的是比较优势。第二，产业内贸易是建立在规模经济和产品差异基础之上的，即使两国具有同等的技术水平和相同的资本劳动比率，两国同产业的厂商仍将生产异质产品，消费者对外国差异制成品的需求仍将引致产业内贸易。由于对规模经济的追求，贸易双方一般能生产种类有限的产品，然后通过产业内贸易来增进双方的社会福利。第三，以比较优势为基础的产业间贸易和以规模经济产品差异为基础的产业内贸易是可以共生并存的。

5. 经济活动的规模经济与规模不经济

经济活动的规模经济特性是指经济活动主体为追求规模经济效益，经济活动具有规模扩大的趋势。这种规模的扩大不仅仅是数量上的增加，也包括质量提高等方面的内容，表现为现实经济现象中的集团公司、连锁企业等实体形式。

经济活动的规模经济存在两种情形：一种是经济活动规模的扩大，导致平均成本降低，而产生规模经济效益，即通常所说的规模经济现象。另一种情形是，随着经济活动规模的扩大，出现平均成本不降反升的现象，即通常所说的规模不经济现象。

从根本上说，形成规模经济的原因：一是经济活动的“不可任意分割性”，即任何生产设备和活动只有在加工对象达到相当数量时才有可能合理、经济地运行；二是经济活动的附加利益效应，即任何设备和生产活动在合理批量情况下产生协同作用的优势。具体地表现为以下几方面的情况。

1）由于经济活动规模扩大能带来经济活动效益的提高，随着对较多人力和机器的使用，企业内部的生产分工能够更加合理、更加精细，有利于实现标准化、专业化和简单化生产。这不仅提高了劳动生产力和降低了成本，还可以降低管理人员在企业职工中的比例，并使工人的劳动熟练程度迅速提高。

2）企业规模的扩大使企业有可能利用专业化的机器设备与工具及先进的技术和生产要素进行生产，从而大大降低生产成本和单位产品的投资量，而较小规模企业可能无法利用这样的技术和生产要素。

3）企业规模扩大后，有可能充分利用副产品和节约原材料，或增加产品品种，增加产值，从而降低单位产品成本。

4）企业规模扩大后，有可能享受采购和推销方面的便利，大规模的采购与储备分摊了单位产品的购销费用，并可以使企业的经营活动具有更大的灵活性和应变力。

5）规模经济能在更大的市场中分摊广告费用，人数较多的技术培训和管理费用的分摊，声誉效应和商标保护伞等都可以节省成本，从而形成规模效益。

因此，在进行经济活动空间组织充分利用规模经济效应的同时，也应根据规模经济的形成机制，避免规模不经济的现象。

6. 经济活动集聚与分散

经济活动的集聚特征是指为了节约成本、提高经济活动效率、保护环境和共用基础设施而表现出的经济活动的集聚趋向特征，即通过经济活动的集聚来促进集聚经济活动在技术上、生产上、经济上和生态上的联系。

经济活动集聚是一种空间现象，同时也是一个经济、社会、文化等多层面的区域复合体，它既受本地域历史发展的影响，又经常取决于本地企业之间的竞争、合作关系。实践证明，仅有企业地理位置的靠近不能必然导致创新的发生及信息和知识的扩散，区域内的各主体有共同的创新文化和产业认同感及其完善的区域创新网络也是十分必要的。

经济活动集聚现象通常发生在区域开发建设的早期，当经济活动集聚达到一定程度后，经济活动布局就有向外分散的趋势。空间集聚地域经济活动的有效运行，客观上需要一个与其运行相适应的正确的位置、合理的强度和协调的关系，当这些强度与关系超出了最佳临界值时，空间经济活动就会有扩散的趋势。换言之，当集聚地区经济活动因过度集聚而出现空间集聚边际负效应时，就会产生空间扩散。例如各种工业开发园区在建设的早期阶段，以其优惠的产业政策、良好的基础设施条件，吸引了大量工业企业前来投资办厂，这些企业在建设的初期都能取得较好的经济效益；到了后期，由于过多的企业迁入，超出了环境容量和资源承载力的限制，从而出现了外部不经济现象，并最终迫使部分企业转产或迁出开发园区，形成经济活动的空间扩散。

因此，在进行经济活动区位选择及区域经济活动系统建立的过程中，一方面要充分利用集聚经济规律，尽量靠近原料、产品、经济、技术、劳动力等方面与之有经济联系的经济活动或增强与之的经济联系，以取得尽可能多的集聚经济效益；另一方面，要研究集聚的强度与规模，避免集聚的不经济现象的发生。

7. 经济活动的空间形态

经济活动自身生产和经营的特点及其对不同区位条件的需求，导致不同的经济活动在地理空间组织中呈现不同的空间形态，具体表现为点、线、面等空间形态。不同的空间形态特征往往代表了不同的经济活动强度、联系与空间扩展等特点。例如，点状分布经济活动往往经济活动强度较大或集约程度较高，经济活动内部联系紧密而与其他经济活动之间联系相对松散，空间扩散一般呈点群分布特征。

因此，掌握经济活动空间形态特征，了解不同形态经济活动对空间布局的要求，把握经济活动的位置、强度与关系特征，有利于实现经济活动合理的空间组织与优化安排。

8. 经济活动的区位指向性

经济活动的地理空间组织受客观规律的制约，它既受社会经济规律的制约，也受自然规律的制约，具有自然、技术、经济结合的特点。

各种影响因素对各类经济活动的影响是不同的，有些表现为主要的，有些表现为次要的；主要的影响因素在经济活动地理空间组织中往往起主导作用。各经济活动主体在最大利益的驱使下，往往有向对经济活动最有利的区位或满足最主要条件需求的区位集聚或靠近的特点，表现为经济活动的布局往往受主导因素的影响，即经济活动的地理空间组织呈现出不同的区位指向性特征，如原料地指向、市场指向等。

2.2　经济活动分类

经济活动分类是区域经济结构和布局研究的基础。研究区域经济结构，即由一定关系将区域经济各组成部分连接成为的整体，首先要明确按一定的原则将经济活动加以分解和组合，即经济活动分类，然后才能开展相应的结构和相互联系的研究。

2.2.1　按经济活动的部门分工特征分类

根据经济活动的部门分工特征，可将经济活动分为以下三大产业。

第一产业：农业（包括种植业、林业、牧业、渔业等）。

第二产业：工业（包括采掘业、制造业、自来水、电力、蒸汽、热水、煤气等）和建筑业。

第三产业：除上述第一、第二产业以外的其他行业。由于第三产业包括的行业种类多、范围广，根据我国的实际情况，第三产业可分为两大部门：一是流通部门；二是服务部门。第三产业具体又可分为以下四个层次。

第一层次：流通部门，包括交通运输业、邮电通信业、商业、饮食业、物资供销和仓储业。

第二层次：为生产和生活服务的部门，包括金融业、保险业、地质普查业、房地产、公用事业、居民服务业、旅游业、咨询信息服务业和各类技术服务业等。

第三层次：为提高科学文化水平和居民素质服务的部门，包括教育、文化、广播电视事业，科学研究事业，卫生、体育和社会福利事业等。

第四层次：为社会公共需要服务的部门，包括国家机关、党政机关、社会团体，以及军队和警察等。

2.2.2　按经济活动功能特征分类

经济活动的功能分类法是按经济活动在区域经济发展中的地位、作用及其间的相互联系将经济活动划分为主导产业经济活动、关联产业经济活动及基础产业经济活动、支柱产业经济活动和潜导产业经济活动。

主导产业经济活动是指在区域经济中的一类或几类经济活动处于主导的支配地位，对区域经济增长起组织和带动作用的经济活动。主导产业经济活动在区域经济中一般具有两大基本功能：第一，它具有明显的相对优势，产出规模大，产品调出规模也大，在全国或高层次区域同类产业中是主要的生产供应基地，产品面向全国或高层次区域，能承担起全国或高层次区域地域分工的某一重大任务，为全国或高层次区域经济发展做出独特的贡献。第二，它也是区域经济系统中的主体和核心，在区域产业结构中，不但产值比重大，而且关联效应强，它的发展能够带动区域经济的发展，是区域经济发展的驱动力，并推动区域经济结构向高一层次演进。

关联产业经济活动是直接配合和围绕主导产业经济活动发展起来的经济活动，它在投入、产出或工艺、技术上与主导产业经济活动的联系是最直接和最密切的，可以说是为主导产业经济活动的建设发展而存在的。关联产业经济活动是主导经济活动的协作配套部门，因主导产业经济活动的不同而有所不同；一般有什么样的主导产业经济活动，相应地就要求发展什么样的关联产业经济活动；主导产业经济活动发展到什么程度，就相应地要求关联产业经济活动发展到什么程度。关联产业经济活动包括前向关联产业经济活动、后向关联产业经济活动和侧向关联产业经济活动。

基础产业经济活动是指为区域经济增长、社会发展、人民生活提供公共服务的经济活动。按其作用的性质可进一步分为生产性基础产业经济活动、生活性基础产业经济活动和社会性基础产业经济活动。

支柱产业经济活动是指在区域经济增长中对总量扩张影响大或所占比重高的经济活动。它不同于主导产业经济活动，因为支柱产业经济活动虽在本区域经济总量扩张中占有较大比重，但是在全国的同类经济活动中所占比重较小，或者与其他区域的同类经济活动相比不具备发展优势，产品输出率低，因而它不能发挥区际分工的作用，也就不具备主导产业应有的功能。

潜导产业经济活动是在现时并不重要，作用还不是很大，但是发展潜力比较大，或者是代表将来的产业发展方向，前景比较好，可以在短时期内上升为主导产业的经济活动。基于功能分类的经济活动分类体系如图 2. 2 所示。

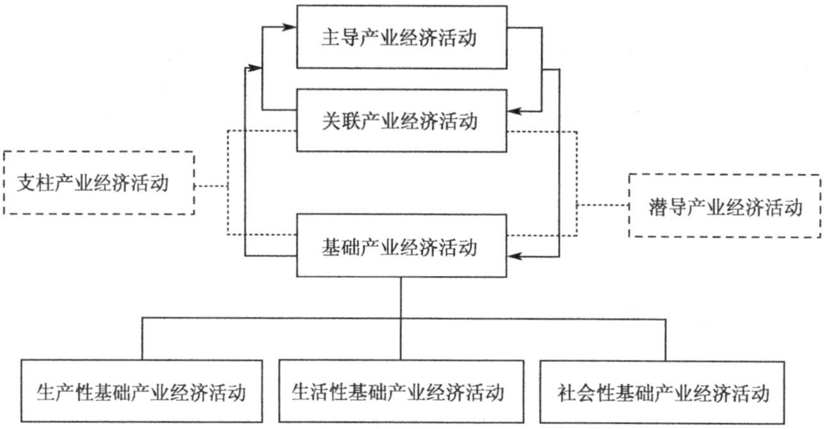

图 2. 2　基于功能分类的经济活动分类体系

功能分类法顾及了区域劳动地域分工的要求，体现了区域内各类经济活动的地位、作用及相互间联系的紧密程度。

2. 2. 3　按经济活动区位指向特征分类

根据经济活动的区位指向特征，可以将经济活动划分为：自然资源指向型经济活动、资金指向型经济活动、劳动指向型经济活动、技术指向型经济活动和市场指向型经济活动等。

自然资源指向型经济活动，即资源趋向型产业经济活动。通常是指在生产过程中需要占用或消耗大量自然资源的经济活动。其布局一般要求接近资源地，但随着技术的进步和交通条件的改善，这种情况也在变化。

劳动指向型经济活动是指生产技术装备程度较低，需大量使用劳动力进行生产活动的经济活动。该类经济活动在劳动力和资本的投入比例中，单位劳动占用劳动力较多，产品成本中活劳动所占比重较大。此类产业多属于与人民生活关系密切的轻工业部门。在我国人口众多的国情下，一般具有投资省、见效快、单位投资吸收劳动力较多、生产设备较简单、技术操作容易、生产者文化素质要求不高但要求具有熟练工艺技能、产品消耗活劳动量大等特点。随着科学技术的发展和区域经济实力的增强，这类经济活动逐步向资金密集型和技术密集型转化。

资金指向型经济活动是指生产技术装备水平较高、每个劳动力或单位产品所需或占用投资较多的生产部门。衡量资金指向型经济活动的标准通常是资金与劳动或资金与产量的比率指标。这类经济活动的特点是：基建和生产投资量大，工艺复杂、技术设备庞大，产品原材料消耗大，单位投资能容纳的劳动力相对较少，劳动生产率高。随着现代科学技术的发展，生产过程中的机械化、自动化程度不断提高，使越来越多的传统产业，由劳动指向型向资金指向型转化。

技术指向型经济活动，又称知识密集型经济活动，指需要运用复杂先进的、现代化的科学技术才能进行生产的生产部门。这类产业的特点是：综合运用多学科的最新研究成果，技术和设备先进且复杂，投资巨大，科技人员所占比重大，职工文化水平和科学技能要求高，劳动力和原材料消耗一般较少，污染较少。其选址多与科技中心毗邻，其规模与水平反映了一个区域或国家的现代化水平。

市场指向型经济活动，通常是指产品不宜保存、难以运输或产品运输费用占整个生产成本份额较大的经济活动，如食品工业、鲜活产品加工工业等，由于不宜长距离运输而一般布局于城市生活区周围。

另外，还有一些经济活动对资源、劳动力、技术、资金和市场等的条件都有一定要求，而无需特别突出对某条件的需求或对某条件的需求会随时间发生变化，这类经济活动从区位指向的角度可称为不定指向型经济活动。

2.2.4　按经济活动空间形态特征分类

在以上传统经济活动分类法的基础上，为更好地利用空间经济学的相关理论和空间分析相关技术方法，从定性、定量和定位的角度综合分析经济活动的空间布局，将经济活动按其空间分布形态分为：点状分布经济活动、线状分布经济活动和面状分布经济活动。

点状分布经济活动是指经济活动的分布通常表现为空间点或点群。具体包括制造业、金融业、房地产业、保险业、商业性服务业和旅游业等。在进行这类经济活动的空间组织时，即可利用其点状空间分布特点，分析其与其他经济活动的空间经济联系。这类经济活动一般用地规模不大，集约利用强度高，与其他经济活动联系紧密且在空间上接近。

线状分布经济活动指经济活动布局通常表现为空间线或网络，具体包括运输业、电力、煤气、供水等。这类经济活动由于其线状分布特点，具有一定的用地规模且对区域其他经济活动的布局具有重要的影响，通常是联系相关经济活动的桥梁和纽带，它是区域经济活动组织的重要组成部分，这类经济活动布局的合理性将直接决定着区域经济空间布局的合理性。

面状分布的空间经济活动主要是指农业经济活动，具体包括种植业、畜牧业、林业和渔业，当然其他部分占地规模较大的矿业、旅游业等也可归入其中。该类经济活动的主要特点是用地规模较大、集约程度相对较低，其经济活动的空间组织多考虑的是区域自然条件因素的影响。

经济活动的空间分布形态分类法主要是为经济活动空间组织服务的，其分类也不是绝对的，同一经济活动在不同的空间层次表现为不同的空间分布形态，如某一风景旅游区的开发活动，在全国或大的区域层次的规划上表现为点状分布（风景旅游点），而在具体的旅游区甚至该地区的规划层次上，它却表现为面状分布特点。因此利用该分类方法进行经济活动的空间组织时要根据研究空间的尺度或层次特征具体考虑。

2.3　经济活动联系

在利益最大化目标的驱动下，经济活动具有一种空间集中的向心力。这种经济活动的集中倾向并非主要以空间位移来表现，而主要是以经济活动的空间组织和联系的变化来表现的。不同的经济活动联系方式和强度，是最终形成不同的经济空间结构的主要方式；它是经济活动空间布局决策和调控的重要研究内容。

经济活动的联系是指经济活动之间在产品、劳务、资金、技术和信息等方面的交流，以及在此基础上形成的依赖性、参与性、互补性等关联关系。经济活动的联系首先表现在经济活动作为生产、交换、流通和消费过程的统一，其次为不同经济活动过程之间的关联关系。

2.3.1　经济活动联系的主要方面

根据经济活动所需条件，可将经济活动间的联系分为产品或劳务联系、生产技术联系、价格联系、劳动就业联系、投资联系、用地联系和公共物品间的联系等主要方面。

1. 产品或劳务联系

在社会再生产过程中，每一种经济活动都不能脱离其他经济活动而独立存在，经济活动间或多或少地需要相互提供产品或劳务，这种联系就是产品或劳务联系，表现在空间上为经济活动间的产品或劳务空间联系，它是经济活动间最广泛、最基本的空间联系之一。例如种植业向农产品加工工业提供原料，钢铁工业为建筑业和机械制造业提供钢材，机械制造业为采掘工业等提供机械设备等，都属于产品或劳务联系。

2. 生产技术联系

每一种经济活动都有自己特定的生产技术上的要求，这种生产技术上的要求使其不是被动地接受其他相关产业部门的产品或劳务，而是依据本产业部门的生产技术特点和产品结构特征，对所有相关产业的产品和劳务提出各自的产品质量和技术性能。因此这就造成了在经济活动之间的生产工艺、操作技术等方面存在必然的联系。生产技术作为经济活动联系的重要依托，其发展变化不仅直接影响经济活动之间的产品或劳务的供求关系，还会使某一经济活动在生产过程中与其他产品和劳务的依赖程度发生变化。

3. 劳动就业联系

社会化的大生产使经济活动产业间的发展相互制约和相互促进。一种经济活动的发展依赖于另一些经济活动的发展，一些经济活动的发展也可导致另一些经济活动的发展。相应地，该经济活动发展时，会增加一定的劳动就业机会；而该类经济活动的发展带动的相关经济活动的发展，也就必然使这些相关产业增加劳动就业机会。这种各类经济活动发展反映在就业上的“关联效应”是客观存在。

4. 投资联系

一类经济活动或产业的发展必须依靠物质资本。经济联系一方面对人力资本提出要求，经济活动间在人力资本的配置上相互作用和影响；另一方面，在投资上也提出了相应的要求。加快一国的经济发展，不可能依靠加快某一产业的发展来实现，而必须通过相关经济活动的协调发展来实现。

5. 消费市场联系

经济活动之间由于共同的消费市场而发生吸引和排斥关系。当某些产品或服务还处在供不应求或水平较低的状态时，这种共同的消费市场往往能带来经济活动的集聚；相反，当当地市场处在饱和状态或供大于求时，这种具有共同市场的经济活动就具有相互排斥的现象。

6. 用地联系

经济活动之间的用地联系是指不同经济活动对用地条件的特殊需求，导致这些经济活动在用地选择方面存在吸引或排斥的现象。例如，旅游业经济活动由于对用地及周围的景观有较高要求，导致其对采掘业经济活动用地、钢铁冶炼工业等用地之间存在排斥关系；商业和金融业由于都对城市中心繁华地段有相同的追求，导致它们在用地选择上存在合作与竞争的联系。

7. 公共物品联系

公共物品是指以保证居民的健康和人身安全为前提，为社会进步和发展所提供的公共产品和公共服务。地方教育、公安、消防、公路、桥梁、航空设施、公共交通、供水、废水处理、内河航道、港口、水源、固体废弃物与有害废弃物的处置设施、公共建筑与庭院、通信系统等都有公共物品的性质。

公共物品对经济活动布局有着广泛的影响。同样的，经济活动之间由于对某些公共物品的共同偏好，而产生相应的经济地域联系，在此称之为经济活动间的公共物品联系。例如，大型加工工业、原材料工业等经济活动对港口的共同指向性，导致了它们之间存在靠近港口布局、共用港口运输设备等多种联系。

2.3.2 经济活动联系的若干特征

按经济活动间技术工艺的联系方向和特点，可将其空间联系方式区分为单向联系、双向联系、多向联系、前向联系、后向联系和横向联系等。

1. 单向联系

单向联系是指在一系列的经济活动部门间，先行经济活动部门为后续经济活动部门提供产品，在供其生产、直接消耗的同时，后续经济活动部门的产品不再返回先行经济活动部门的经济活动过程。

2. 双向联系

双向联系是指在一系列的经济活动部门间，先行经济活动部门为后续经济活动部门提供产品，在供其生产、直接消耗的同时，后续经济活动部门的产品也为先行产业部门的经济活动过程提供产品。例如，钢铁工业为制造业提供钢材作为制造工业原料的同时，制造工业生产的机器设备产品又为钢铁工业提供工具设备。

3. 多向联系

多向联系是指在一系列的经济活动部门之间，先行经济活动部门为后续经济活动部门提供产品作为后续经济活动部门的生产性直接消耗，同时后续部门的经济活动通过一系列的产业链又返回相关部门的经济活动过程，如煤炭开采、钢铁冶炼、矿山机械制造之间即存在多向空间联系方式，煤炭$\rightleftarrows$钢铁$\rightleftarrows$矿山机械$\rightleftarrows$煤炭。

4. 前向联系

经济活动过程将存在产品或劳务、生产技术、劳动就业、消费市场、投资等方面的联系的经济活动连接形成不同的产业链，在产业链中，这类经济活动与其产品销售经济活动之间的联系就表现为前向联系。

5. 后向联系

与前向联系相对应，在产业链中，这类经济活动与其原料供应经济活动之间的联系表现为后向联系，如钢铁工业与矿山开采业之间的联系。

6. 横向联系

横向联系则是经济活动与原产品有关的功能或技术方向之间活动的联系，如汽车工业与其零部件生产工业之间的联系。

2.3.3 经济活动空间联系的实现形式

1. 经济活动空间相互作用的基本实现形式

经济活动占据一定空间，各空间联系的基本实现形式为：人流、物流和信息流。

1）人流是指经济活动区域之间劳动力要素的流动，它是经济活动间实现劳动力资源优化配置的主要方式。人流一般具有方向性特点，其一般由位势高的经济活动区域向经济活动位势低的区域流动，最直接的表现是劳动力工资，即劳动力有从劳动力工资水平低的地区向劳动力工资水平高的区域流动的趋势。例如，中国农村区域存在大量过剩的劳动力，且农村劳动力水平低，因此存在大量的农村劳动力向城市转移的趋势。人流的形成主要是由于生产用地与人口居住地的分离。

2）物流是指经济活动间存在物质要素的流动，它是经济活动间实现经济联系的直接外在表现形式。一般经济活动间存在供求关系时，它们之间即存在物流。物流的发生一般需要借助交通网络进行，因此经济活动区域间存在交通联系是物流发生的基本前提条件。例如，中国西藏地区蕴藏丰富的矿产资源，且中部省区对其存在着大量的需求，但由于没有发达的交通网络，由中国西藏向中部地区的矿产资源物流难以形成。物流形成的直接原因是生产地、原料地和市场之间的分离。

3）信息流是知识经济时代经济活动空间联系的重要实现途径。人类经济活动犹如一个直接的经济空间过程，而技术变化在空间过程中常常起到降低人为选择和安排的作用，科学技术正越发深刻地影响着整个时代，这种影响力正以几何级数成倍地增长。信息流几乎发生在任何经济活动之间，任何经济活动都在主动或被动地接受其他相关信息，同时也在自觉不自觉地向外界发送相关信息。信息流的直接媒介是通信网络；它几乎不受空间距离的影响，因此空间相互作用的距离衰减规律基本不适用。

2. 经济活动空间联系的发生条件

经济活动间客观存在着信息流、人流、物流，而这些“流”的存在都是以一定条件为前提的。19世纪50年代，美国地理学家厄尔曼（E. L. Ullman）提出了空间相互作用的概念，并系统地阐述了决定空间相互作用的可转移性（transferability）、互补性（complementarity）和介入机会（intervening opportunity）三个引发“流”形成的前提条件。

（1）可转移性

可转移性是经济活动间存在生产、技术、劳动力和资金等经济活动要素方面的转移与传输的可能性。一般可转移性受以下四种因素的影响。

1）空间距离和运输时间。经济活动之间的空间距离和运输时间越长，进行经济联系就越不方便，为此的投入就越大，可转移性就越差；反之，可转移性就好。在现实的经济活动过程中，即使两种经济活动间存在空间经济联系的需要，但空间距离或运输时间太长导致可转移性差而不能发生相互联系的例子也较多。例如，中国的东北三省有大量的可待外销的玉米，而南方不少地区又需要玉米作为饲料或其他用途，但由于空间运距过远而难以形成供求关系，当然随着铁路交通的日渐发达，东北三省和部分南方地区已形成玉米的供求关系。在经济活动地理空间组织时，将经济活动集聚组织在一定空间里的做法正是出于缩短空间距离，促进生产、技术和经济联系的考虑，但要注意是促进它们之间的有利联系。

2）被传输客体的可运输性。可运输性与被传输客体的经济运距有着密切的关系。受经济支付能力、时间、心理等方面的限制，各种商品、人口、技术等的经济运距是不同的，即它们的可运输性存在较大的差异。被传输客体的可运输性越大，则可转移性也越大。这种客体的可运输性太差，导致空间运输成本加大，而在两地之间不能形成有效的供求关系的例子也较多。例如，洞庭湖区盛产淡水鱼类产品，而黄土高原地区居民生活对淡水鱼类有大量需求，但鱼类的可运输性差，导致成本增加，而不能形成比较价格优势，难以形成真正的供求关系。

3）经济活动区域之间是否存在政治、行政、文化和社会等方面的障碍。如果经济活动区域之间存在经济保护壁垒、文化隔阂、政治和社会方面的矛盾或冲突，那么可转移性就差。反之，如果活动区域之间的关系良好，那么经济活动间的可转移性强。

4）经济活动区域间的交通联系。交通联系方便、通畅，则可转移性好；否则，可转移性就差。

(2) 互补性

经济活动的互补性是指相关经济活动之间必须存在对原料、劳动力、技术、资金等方面的供求关系，以及基础设施共享、共同处理“三废”和市场的互补等关系。它是人口和自然资源空间分布不均衡的结果和前提，条件上的互补性构成经济关系上的相互依赖。空间相互作用的大小与互补性成正比。例如，煤矿采掘经济活动为机械制造业经济活动提供燃料煤，而机械制造业为煤矿开采经济活动提供开采工具设备，二者之间即具有互补关系。

(3) 介入机会

介入机会是指两经济活动之间发生相互作用的可能性受到了来自其他区域的干扰。因为经济活动的互补性是多向的，即一个经济活动可以在某一个方面与多个经济活动同时存在互补性，究竟与哪个经济活动实现这种互补性，取决于它们之间的互补强度，强度越大则发生相互作用的可能性及程度就越大。由此可以看出，由于介入机会的存在，有互补性的两个经济活动之间不一定就能发生相互作用。例如，*A* 地有一大型商业中心，它与 *B* 地和 *C* 地存在可转移条件和互补性，能吸引 *B*、*C* 地的人群到 *A* 地消费购物。但当 *B* 地新建一商业中心时，*A* 地与 *C* 地间的经济联系即受到了干扰，从而减弱了 *A* 地与 *C* 地间的经济联系，如图 2. 3所示。

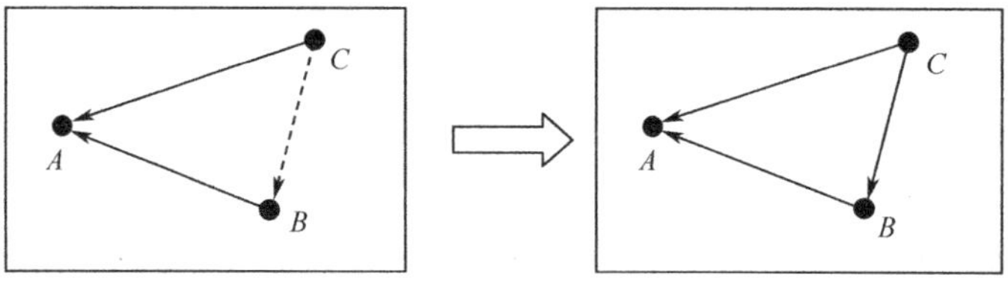

图 2. 3　介入机会对经济活动间关联的干扰示意图

2. 4　区域经济系统

经济地理学不仅要研究个体经济活动在地里空间中进行区位选择的决策活动，还要研究区域（整体）经济活动系统的地理空间组织，即区域经济系统的地理空间组织原理和决策方法。这就要求充分认识区域经济系统的特征，分析其产业结构、空间结构及演变规律，从而为区域经济系统的产业结构优化与空间结构优化提供相应的理论依据和方法指导。

区域经济系统又称空间经济系统（spatial economic systems），指在一定地域范围内，人类的各种经济活动与其在该地域内特有的资源禀赋等相互作用、相互影响所形成的有机整体。

2.4.1　区域经济系统中的活动主体

1. 劳动者

劳动者始终是社会财富的创造者，他们以自身的劳动维系着人类的生存与社会的发展。这是劳动者主体地位的基本体现。随着市场经济的产生和发展，人们劳动的动机、目的有了进一步的演变，但作为主体的地位却没有变，是经济与社会发展的基本原动力，在生产力发展中起主导作用。

劳动力是劳动者素质、技能在生产中的体现，劳动力的发展和发挥，是生产和全部经济活动的主要内容。劳动力的自主性和流动性是劳动者在经济运行中主体地位的本质体现，具体表现为：一方面，在市场经济条件下，劳动者自主地选择职业，与生产资料相结合进入生产过程，并通过类似商品交易的市场机制实现。另一方面，各地区初始人均人力资本存量和人均物质资本存量比例的差异，导致了各地区经济增长速度的差异，形成地区性收入差距；而收入差距的扩大又加剧了人力资本的流动，由低收入地区流向高收入地区，进一步促进了地区间收入差距的扩大，因此劳动力的自然流动性是社会经济发展的必然结果，又是调节和促进社会经济发展的必然条件，对区域经济的发展具有重大的影响。

2. 消费者

在经济活动的生产、流通、交换和消费过程中，消费起着重要的作用，消费者是消费过程的主体，消费者的作用即消费在整个经济活动中的作用。

消费者决定了生产的目的和方向，消费者需求对市场经济活动具有导向作用。消费者的需求是多样化的，然而并不是所有消费者需要的商品都在消费地进行生产，由此产生了区域间的商品流通和商品交换。

消费者在区域经济系统中的主体地位有以下两个方面的体现。

1）消费者需求是各经济主体参与经济活动的基本动力的基础和前提。在市场经济条件下，生产者、消费者和管理者（政府）这三大经济主体参与区域经济活动的基本动力都是追求各自的最大利益。生产者经营的产品只有在消费中成为现实的商品后才能实现自己的经济利益，因此只有消费者的需要才能使生产者的产品（商品）最后完成。同样，管理者（政府）在市场经济中只有帮助消费者顺利实现其消费需要，才能帮助生产经营者实现其追求的经济利益。

2）消费者是决定经济发展方向、规模和速度的主要经济主体。首先，消费者始终是社会经济发展的主导型需要，决定着区域经济系统中市场发展规模的扩张或收缩。经济发展中产业结构、产品结构的整合也取决于消费者的需求变化趋势。其次，从政府管理者的功能来考察，能否维护和保证消费者主体功能的发挥，是检验政府宏观调控手段实施正确与否的重要标志。

3. 企业

企业作为国民经济的细胞，是区域经济系统活动的主要参与者，在经济活动中处于重要地位。企业既是生产者又是消费者，是商品生产和流通的直接承担者，企业生产的目的是实现自身利益的最大化，同时创造社会财富，促进社会经济技术的进步。作为区域经济活动的参与者，企业给区域经济发展带来的影响主要有以下两个方面。

1）企业的发展促进了区域自身经济的发展。企业作为区域经济活动的主要参与者，其区位选择对其自身利益的实现及区域经济的整体发展有重要的影响。企业在追求经济利益的过程中，通过规模经营来降低生产成本，相同类型的企业或相关联的产业因为共同的原材料或产品之间存在供求关系而在一定的地理区域内集聚。企业在一定区域内的集聚过程实际上也是各种资源要素向区域内的集聚过程，各种资源要素的集聚将极大地促进该区域的经济发展。

2）多部门企业的产生和发展促进了区域之间的联系，加速了全球化进程。由于技术进步，交通、信息等技术条件的发展，距离对企业发展的影响越来越小，企业在发展过程中为了追求更高的经济效益，其经营范围和规模也越来越大，一个企业往往在多个地区拥有多个生产基地或分支服务机构，企业的产品市场更是广阔，许多企业的产品市场甚至遍布全球，跨国公司的产生便是多部门企业发展的一个典型案例。

4. 政府

政府作为国家行政机关，其在保卫国家安全、文化发展等非经济活动领域具有重要职能，除此之外，政府在经济活动中也扮演了重要的角色。关于政府在区域经济活动中的作用，总结起来主要有以下六种。

1）政府具有宏观调控的职能。在市场经济条件下，企业和个人按照利益最大化原则实施经济行为，由于市场调节经济活动的行为既有灵活性又有滞后性，在市场失灵的条件下，就需要通过政府调整经济政策等方式，解决区域经济活动中可能发生的财政危机等问题，从而使经济保持稳定增长的状态。

2）政府具有规范市场的职能。政府应该制定适合市场经济的法律法规，为所有的企业和个人提供能够最大限度发挥其潜能的公平的制度环境。市场经济条件下应有一套所有经济主体公认、每一个经济主体都必须遵守的行为规则。把这些规则以法律或法规的形式固定下来，并对这些规则的执行进行监督是政府的责任。

3）政府是国民经济的创造者。政府在管理国民经济的过程中，所制定的贸易政策、产业政策及吸引投资的方式、技术创新的鼓励等战略性经济政策等深深地影响了国民经济的形成和发展，战略性经济政策的制定不仅发生在市场失灵、经济危机发生之后，还可以发生在正常的经济稳定时期，政府制定的战略性经济政策在某种程度上决定了区域经济发展的状态和道路。

4）政府可对国有企业进行管理。作为国有企业的所有者，政府可以直接参与到经济活动中来并对公司和企业的经济活动进行管理。此外，政府还可以把国有企业的管理交给专业的管理者，其自身通过持有企业股票的方式间接地对企业行为进行约束、管理或从企业经营中获得收益。政府对国有企业的管理是政府的一只“有形的手”。

5）政府是公共物品和公共服务的提供者。道路、能源等基础设施建设需要靠政府引导和投资来进行建设，社会卫生和教育等基本公共服务体系也是由政府引导建立起来的。同时，政府在防止环境退化及环境污染治理等方面也起到重要作用。

6）政府要解决收入再分配的问题。解决收入再分配问题，重建和维护社会保障体系，化解经济发展所引起的各种社会矛盾是政府的重要职能。由于社会成员之间能力、机遇的差别，即使在同样的市场经济规则中从事经济活动的不同个人，也会有收入上的巨大差别。要使这种差距缩小，就必须由政府或在政府主导下建立起一个包括养老、医疗、失业救济、最低生活补贴等在内的社会保障体系，以使社会成员各得其所，化解各种社会矛盾，降低经济发展的摩擦系数。

2.4.2　区域经济系统的特征

区域经济系统与任何一个系统一样，具有明显的整体性、综合性、开放性、动态性、层次性和区域性的特征（梁吉义，2009）。

1. 整体性

整体性是任何一个系统存在的首要条件，构成区域经济的各个子系统、各个要素之间是一个相互联系、相互作用、相互依托、不可分割的有机整体。就系统整体而言，它又是更大系统的部分，并构成更大系统的特性。一个国家的国民经济系统是由若干或众多的区域经济和部门经济构成的一个整体大系统。各个区域经济是国民经济大系统中的一个子系统，从而又构成了一个系统整体。为此，在区域经济系统的发展过程中，必须在整体上总揽全局，进行整体布局、整体开发、整体发展，才能取得系统功能整体大于部分之和的功效。

2. 综合性

区域经济系统的综合性表现在其构成要素的综合性上，构成区域经济系统的要素包含自然、社会、经济的多个方面。为此，在区域经济发展中要有系统的综合观点，对区域经济发展的自然、社会、经济条件进行综合分析与评价，综合发展，综合布局，综合协调各种生产关系，综合配置各种生产要素。

3. 开放性

区域经济总是处于不断发展变化过程中，它是一个开放的系统，系统同周围环境之间、系统在结构和层次之间存在着相互联系和相互作用，进行着物质、能量和信息的交换和转换，这种相互交换和转换的作用也是无穷无尽的。为此，在区域经济发展中，一定要充分发挥其开放性的作用，加速其物质流、信息流的交换，促进其持续、健康、快速发展。

4. 动态性

区域经济系统的动态性表现在地域空间和时间上的相互关系。随着时间向前推移，系统在空间布局上和物质的量上都在不断变化着和运动着。系统各要素之间的关系，即工业、农业、交通运输、邮电通信等都在不断地变化着；系统与外部环境的关系，即区域经济系统与自然生态环境的关系也在不断变化，处于动态状态，并非静态。在区域经济发展过程中，人们一定要不断掌握系统的动态变化，根据动态变化来合理调整生产布局、产业结构、发展方向和速度。

5. 层次性

区域经济系统的层次性主要表现在管理机构和发展战略的制定等方面。一个区域经济系统的管理机构，通常包含几个下属子机构，它们之间有上下级的关系。上级机构通常是兼顾系统全局的决策机构，下级机构一般是执行决策、安排计划等。另外，一个管理机构通常有一个决策团体，它包括的成员通常代表着一定地区人们的利益。对于区域经济系统的发展战略规划来说，发展战略的层次性是指在什么时间、什么地点、发展何种类型的经济部门。

6. 区域性

区域经济系统是建立在区域的地理位置、自然条件（包括自然资源）、生态环境、社会、经济、技术基础上的。也可以说，在一定的区域内，就会产生与此相关的经济，特别是在科学技术落后的年代，更是如此。随着科学技术的发展，知识经济的产生，全球经济一体化的拓展，经济发展受区域限制的因素越来越小，甚至不受地域的限制，如信息经济。但农业、采掘工业无论何时都会受到区域的自然条件、自然资源的影响和限制。在一定的气候条件下，就会发展与此相适宜的种植业；有何种矿藏资源，才能发展该矿产的采掘业。从总体上看，区域经济系统的区域性特点仍很突出。为此，在发展区域经济的过程中，一定要从区域的比较优势出发，抓住区域的特点，发展具有区域特色的区域经济。

2.4.3　区域经济系统的演化

1. 区域经济系统的自组织机制

自组织是系统内部组织化的过程，通常是一个开放系统，在没有外部来源引导或管理之下会自行增加其复杂性。自组织是从最初的无序系统中各部分之间的局部相互作用，产生某种全局有序或协调的形式的一种过程。这种过程是自发产生的，它不由任何中介或系统内部或外部的子系统所主导或控制。

区域经济系统是一个人为的目的系统，其发展的目的是充分合理地利用各种发展条件，不断提高经济社会发展水平和人民生活水平，创造出适宜的经济、社会、生活和生态环境。在这个目的的约束下，通过一系列的管理活动和各种经济社会组织的相互作用，区域经济系统获得了对自身发展进行整体性协调的自组织功能，这种功能使区域经济系统能够在对外部环境的适应与改造过程中自觉地对内部结构进行适当的调节，维持系统发展的稳定性，逐步实现系统目的（刘荣增，2011）。

关于区域经济系统的自组织机制主要有以下三种观点。

（1）耗散结构是区域经济系统演化的基本条件

耗散结构是一个远离平衡态的开放系统，在外界条件发生变化达到一定阈值时，量变可能引起质变，系统通过不断地与外界交换能量与物质，就可能从原来的无序状态转变为一种时间、空间或功能的有序状态。一座城市可以看作是一个耗散结构，每天输入食品、燃料、日用品等，同时输出产品和垃圾，得以生存下去，保持稳定有序状态，否则将处于混乱状态。现代区域经济系统也是一个非平衡的开放系统，系统内各部门的联系是非线形的，存在着有规律的经济波动和无规律的随机扰动，因此也是一个耗散结构。

（2）协同与竞争是区域经济系统演化的基本动力

系统各要素之间的协同是自组织过程的基础，系统内各序参量之间的竞争和协同作用是系统产生新结构的直接根源。协同作用通过协调系统内各个系统之间的相互作用，使系统趋向某一个有目的的终点，实现由无序到有序、由低级到高级的演化过程，即趋向一个由系统结构确定的系统状态。竞争使系统产生新的结构和功能，使系统发生更大的质的飞跃。

（3）突变提供了区域经济系统演化的途径

突变过程是由一种稳定态经过不稳定态向新的稳定态跃迁的过程。区域经济系统的演化一般经历两种状态：一是渐变，即量变；二是突变，即质变。区域经济系统的渐变引起经济涨落，打破了系统内部结构原有的稳定性，使系统远离平衡态，当经济涨落达到一定的临界值时，引起系统的突变，区域经济系统由渐变过程中的不稳定状态跃迁到一个新的稳定的状态。因此，在区域经济系统的演化过程中可以通过外部控制参量，在区域经济系统发展的临界点进行有效诱导，指引系统的自组织演化。

2. 区域经济系统演化的表现形式

区域经济系统的演化主要体现在结构演化过程中，即产业结构与空间结构的演化。

从产业结构来看，区域发展的一定阶段，受各种条件的控制，一些产业发展速度远比其他产业快，成为区域经济系统的主导产业。这些主导产业一经建立，就会与其他产业产生各种各样的直接或间接联系，对其他产业的发展产生不同程度的影响，或起促进作用，或起阻碍作用。并且，主导产业是区际交流的主要承担者，它把区外经济社会发展对区域经济系统的影响传至其他产业。因而，主导产业在区域经济系统产业结构中起到了组织者的作用，带动了其他产业发展。而其他产业对主导产业的发展及地位的稳定性也有很大影响。当区域经济系统所处的自然环境、经济社会环境发生重大变化时，或者是区域经济系统内各经济社会产业的相互联系及数量比例关系发生改变达到一定程度时，原来的主导产业会被更具发展潜力的其他产业所取代，产生新的主导产业和新的产业结构，从而实现区域经济系统产业结构的转换。一般来讲，产业结构转换都伴随有区域社会分工的进一步深化，技术水平进一步提高，产业之间的联系也更加广泛和紧密。

从空间结构来看，区域性增长中心的存在和变化对其他增长中心的发展和空间分布产生控制，从而控制了不同等级城市–地区空间实体在空间上的组合状态及空间发展关系的变化。同时，区域性增长中心通过与区外相应增长中心的相互作用，把其他区域对本区域经济系统的影响传递到整个区域，对区内城市和地区发展产生不同影响。因此，区域性增长中心无论是对各级中心城市的发展，还是对各地区的发展，都能产生组织作用，控制区域经济系统空间结构的基本格局。在一定条件下，区域经济系统内其他中心城市或地区的发展对区域性增长中心的发展产生促进或制约作用，能不同程度地增强或削弱区域性增长中心在区域经济系统空间结构中的组织中心地位。一般来讲，区域性增长中心的地位是比较稳定的。只有当它的一些重要条件发生根本性改变，或其他个别中心城市获得了异乎寻常的发展动力时，它才有可能被新的区域性增长中心所取代。新的区域性增长中心确立之后，会改变系统中各中心城市、各地区之间的空间相互关系，调整原来的区域经济系统空间结构。

总之，区域经济系统中主导部门和区域性增长中心是区域经济系统发挥自组织功能的中心，它们分别通过部门之间、中心城市及地区之间的相互作用，调整部门结构和空间结构，不断提高区域经济系统的组织水平，使之向着稳定、有序的方向发展（刘荣增等，2011）。

小　结

本章重点讨论了经济活动的基本特征和区域经济结构分析的基础——经济活动分类，分析了经济活动的联系，明确了经济活动的区位条件需求，同时，对区域经济系统中的活动主体、区域经济系统的特征和演化过程进行了论述。这部分内容是进行经济活动的地理空间组织决策的基础和前提，需重点掌握。经济活动地理空间组织决策时，应综合考虑经济活动的利益最大化特征、生产、流通、交换和消费间的统一协调特征、部门分工与地域分工特征、规模经济与规模不经济特征、集聚与分散特征、点线面空间形态特征和区位指向性特征及经济活动的联系等，对区域经济系统进行优化，使经济活动间建立和谐相宜的联系，从而因地制宜地确定经济活动在地理空间中的位置、强度与关系，构建起和谐统一的区域经济系统。

思 考 题

1. 经济活动地理空间组织决策时，如何理解和把握经济活动利益最大化特征/生产、流通、交换和消费间的统一协调特征/部门分工与地域分工特征/规模经济与规模不经济特征/集聚与分散特征/点线面空间形态特征/区位指向性特征？

2. 经济活动地理空间组织决策时，如何考虑促进/加强经济活动间的必要联系（有利联系），减少或消除经济活动间的不利影响与干扰？

3. 经济活动联系的互补性主要体现在哪些方面？

4. 经济活动的联系主要有哪些方面？经济活动地理空间组织时/区位选择/组团布局时考虑最广泛、最基本的联系有哪些？决策时如何把握？

5. 区域经济系统活动的参与主体有哪些？其在区域经济系统中起什么样的作用？

6. 区域经济系统有哪些特征？其演化过程有哪些形式？

第 3 章　经济活动区位条件

恩格斯说过：“一切存在的基本形式是空间和时间”。空间是事物存在的基本形式，其本质就是区位。因此，区位是一个综合的概念，除解释为地球上某一事物的空间几何位置以外，还有与一定位置相关的、一定范围的区域的含义，它更强调自然界的各种地理要素与人类社会经济活动之间的相互联系和相互作用在空间位置与区域上的反映。

3.1　区位条件的构成与影响

区位条件是指与地理空间位置有关的、影响经济活动地理空间组织的所有因素的总和，主要包括自然环境因素、生产技术因素和社会经济因素。

3.1.1　自然环境因素

自然环境因素指的是自然界中的各个自然要素（包括气候、地形、地貌、地质、水文、生物等）及其组成的自然综合体。自然资源，指的是自然环境中一切对人类社会物质生产有用的物质。联合国环境规划署（the United Nations Environment Programme，UNEP），曾对自然资源作过如下定义：自然资源，是指在一定时间、地点条件下能产生经济价值，以提高人类当前和将来福利的自然环境因素和条件。据此，有人认为自然条件与自然资源可以理解为同一个事物。因为自然环境中目前能被人类开发利用的部分是自然资源；而那些现在未被开发的部分，则可能是潜在的自然资源。现今人类的科学技术知识水平，相对于自然界的复杂性来说，仍然很低；自然环境中现在被视为无用之物的，不过是人们还不知其如何利用而已。

1. 自然环境因素对经济活动的影响

自然环境中的一些自然资源，如生活用水、野生食物和木材等，可以直接供人们消费；各种矿物资源和生态环境资源可作为人们的劳动对象或劳动的必要条件，供制造生产资料和生活资料之用。一般来说，生产力要素中的劳动对象由自然环境供给，或是取之于自然环境；生产工具是用自然环境提供的材料制作的。所以，自然环境是一切社会经济活动必不可少的物质基础，它对经济建设的发展与产业布局有着多方面的影响。

（1）为经济活动提供必要的自然前提

这具体表现为：①为农业、工业、交通运输业、商业及服务业等经济活动提供必不可少的空间与场所，如为工业的发展与布局，提供兴建厂房、置放原材料和仓库、堆场等必需的土地；为种植庄稼、植树造林、放牧牛羊、捕捞或养殖各种水产，提供必要的农田、林地、草地和水域；为修筑铁路、公路、港口、车站和飞机场提供面积相当、条件适宜的土地；为各种交通线路和港站枢纽等设施的建造，提供必要场所等。②为工业、农业、交通运输等多种经济活动的发展和布局，提供作为劳动对象或劳动必要条件的各种资源和原料等，特别是水资源。人类曾经生活在没有石油、电力，不用煤炭的时代，但一天也不能在没有水的世界里生活。一座年产 150 万 t 钢铁的钢铁联合企业每月用水量达 100 万 t，相当于拥有 1000 万人口的特大城市的生活用水量；农业上每生产 0.5kg 稻谷即需水 1t。在铁路运输中，我国蒸汽机车一般一次装煤 14～17t，装水 30～35m^3；由于 1t 水只能供蒸汽机车行驶 2～3km，因此在采用蒸汽机车牵引的铁路线上，沿线每隔 70～80km 便需设置给水站。

(2) 是影响经济活动地理分布的重要因素

工业布局上，原料消耗量大的部门往往受制于矿产原料地的地区分布，如钢铁工业多采用接近煤、铁矿产资源地的资源型布局；采矿工业的区位选择，直接取决于矿产资源的地区分布。在交通运输布局上，江、海水路运输业一般集中在江湖河海水面广阔的地区。铁路、公路等现代陆上交通线路的分布，在目前征服高程的筑路技术尚无显著突破的情况下，总是平原地区比山区稠密。我国青藏铁路在伸展到青海柴达木盆地内的格尔木之后，一时难以向西藏拉萨方向延伸，主要是因为受到青藏高原冻土带自然环境的严重阻碍。

农业布局上，在科学技术和生产力发展水平还不太高的情况下，某些经济林木和农作物的地理分布界限，更是深受自然条件的制约。例如，热带经济林木橡胶，原产南美洲巴西亚马孙河流域的热带雨林，它对生态环境的要求是高温、高湿、静风和沃土，一般日平均气温达到 18℃以上时才开始生长，要求年平均气温为 21～27℃，大于 10℃的积温要求在 7500℃以上，尤其畏忌霜冻，当极端低温降至 5℃左右时，即易遭冻害；对水分条件的要求是年降水量在 1000mm 以上，月平均湿度在 75% 以上；橡胶树抗风力很弱，当常年风速大于 3m/s 时，即易遭破坏；橡胶树的生长还要求有比较肥沃的土壤。世界上拥有上述适宜生态条件的地区是相当有限的。

(3) 为实行劳动地域分工提供自然基础

劳动地域分工，是指为充分合理、有效地利用各地的地区优势，满足国家或地区的需要，而使经济发展在地域上实现合理的分工，以利于用最小的社会支出获取最大的社会经济效益。劳动地域分工的高度发展，能促使各个不同的地区实行生产地区专门化，是赢得最大社会经济效益的一种行之有效的经济地域组织形式。实现劳动地域分工，充分发挥其优越性，需要具备一定的条件。其中自然环境方面的优势，就是主要条件之一。例如，美国太平洋沿岸南部的加利福尼亚等地区是全国最重要的大规模蔬菜、水果生产基地，出产占全国 1/3 以上的商品蔬菜，以及全国绝大部分的葡萄等水果。其形成的重要原因之一就是该地区拥有独特的地中海式气候，冬天温和多雨，夏季炎热干燥，建立了发达的灌溉农业；又如我国山西，是全国最大的煤炭基地，其自然基础就是该省拥有占全国1/3储量的煤炭资源，煤田分布地区占全省总面积的 36%，而且煤种齐全、煤质优良、煤田开发条件良好。

(4) 是制约地区产业结构的重要因素

自然条件对地区产业结构的形成和发展，有极为深刻的影响。一般来说，在幅员广阔、自然条件优越、自然资源丰富的地区，有利于建立、发展多部门综合发展的地区产业结构。自然条件的复杂多样，是发展多元化地区产业结构的自然前提。以地区农业结构而言，山区的自然环境相对丰富多样，那里的农业便有可能建立和发展综合性较强的农业结构；平原自然环境相对比较单一，一般难以建立农、林、牧、渔综合发展的大农业结构。因此，在合理安排地区经济结构时，哪个产业部门可以成为当地区域经济的主导——专业化部门？各个产业部门应当怎样实行综合发展？在决策时必须综合考虑全国和当地市场的需要，从当地经济发展的各种实际条件出发，因当地自然环境的实际制宜。

2. 不同自然环境因素对经济活动的影响

(1) 气候因素对经济活动的影响

与太阳辐射有联系的各种气候现象（如温度、湿度、降水和风等）对生产布局都有直接或间接的影响：一方面，它能影响经济活动本身；另一方面，它通过影响从事经济活动的人的生活来影响经济活动。

气候因素对农业经济活动的影响是最大的，同时对交通运输和工业经济活动的影响也是不容忽视的。对农业经济活动有利的气候因素可称为农业气候资源，意义最大的是热量、光照条件和水分及水热组合、温度和湿度的高低、日照的长短、降水量的多寡与时间分配是否适当等，对农作物的播种、生长、发育、收成、储藏及虫害和病害的发生都有重要的影响。

气候对交通运输经济活动也有较大影响，特别是海运与内河航运。大风引起的惊涛骇浪、暴风和大雾带来的能见度降低，使船舰有触礁、相撞和沉没的危险；中高纬度的河流由于天冷结冰而影响航行。雷雨、台风和云雾对航空运输都很不利。气候因素对陆路运输的限制性相对来说比水运和空运要小，但在有些地区，如大雪、暴雨引起的道路堵塞或冲毁也对陆路运输产生较大影响。

气候因素对工业经济活动也有较大影响，特别是对水利枢纽的建设影响更大。例如修筑大坝，必须考虑该地区的降水量和降水强度，否则可能造成巨大的损失和灾害；风向频率也是工业经济活动布局的重要参考资料。人类目前已经能够按照自己的要求改变局部地区的气候条件，如采取营造防护林带、修建水库等措施，但根据目前人类的技术水平，要改变大范围内的气候条件一时还比较困难，因而气候对经济活动的布局具有重要影响。

(2) 地形地貌因素

地球上的地形地貌条件复杂多样，大体上可分为山地、高原、丘陵、平原和盆地等不同类型。这些不同的地貌类型不仅可以直接影响经济活动，还通过对气候、水文、土壤、生物等其他自然因素的相互作用，而间接影响生产布局。

地形地貌对农业经济活动的影响最为明显，它对农业生产布局的影响，主要表现在海拔高度、地势起伏、山脉走向和坡度、坡向等方面。不同的海拔高度下有不同的水热分布状况，导致山区和平原地区的农业生产通常有较大差异，平原地区有利于发展机耕和灌溉，有利于大面积播种农作物。相应地，山区垂直的自然带变化，使小地区范围内热量、水分、土壤、生物等资源有明显的差异，而有利于发展多种经营，有利于农林牧的综合发展。

地形地貌对交通运输经济活动布局的影响也是明显的，崎岖的地形成为修筑道路的严重障碍，阻碍地区内外的经济联系。要克服这些障碍，就必须采用修建隧道、桥梁、涵洞或延长展线等复杂而昂贵的工程措施。一些特殊的地貌，如风沙地貌、岩溶地貌、冻土地貌、黄土地貌等，常常影响新交通线路的选线布局。

在工业经济活动中，工厂平坦的地形有利于布置厂房和运输线路；同时也要求一定的坡度，以利于排水。在我国横断山脉地区、高山峡谷地带，附近虽然有丰富的矿产资源，但往往由于地形的限制，不得不在远离资源的地区选择厂址。一般，大型项目的基本建设，最有利的坡度是在0.02°以下，当地面坡度为0.02°~0.05°时，就不利于布置横越等高线的建筑物，在这种坡度条件下，需要建设沿等高线的阶梯，再沿阶梯布置建筑物。

总之，地形地貌对经济活动的影响是多方面的，但人类从来都不是消极地适应，而是为了有利于生活和发展生产，对地形进行了或正在进行着大规模的改造。几千年来，我国农民大规模修筑梯田等，明显地改造了局部地区的地貌形态，而且这种改造随着社会生产力的进步而深入发展。然而，在开发利用过程中实施的改造并非都是有利的，如有些地区大规模地开采矿物，使地表变得坑坑洼洼、支离破碎；有些地区不适当的陡坡开垦，致使冲沟发育，造成水土流失，往往会给人们带来新的灾难。

(3) *矿产资源因素*

埋藏在地下或分布于地表（包括地表水体）可供人类利用的化学元素，称为矿产资源。它们在地球上富积到一定程度，才成为有利用价值的矿床。矿产资源与工业经济活动的关系最为密切。就经济活动布局而言，最重要的是各种矿床的数量、质量及其分布状况。

矿产资源的质量如何，直接影响其开采利用的价值和方法。因此，它也是对矿产资源进行技术经济评价的重要指标。矿产资源质量指标包括矿石品位、矿石伴生有利或有害成分及矿石结构特征等。

根据矿产资源的赋存条件，确定开采利用方式。矿产资源赋存条件是指矿产埋藏深度、矿体产状（矿层厚度、倾斜度、夹石剔除厚度）、矿体围岩性质，以及区域地质构造等，它们对开采利用方式有较大影响，因而直接关系矿产开采利用程度（回采率）、矿石生产成本和矿山劳动生产率等经济效益。

由于各地区资源开发条件和开发的经济性不同，采掘经济活动贯彻择优开发、保证重点的原则，来安排各矿区开发的顺序、规模和速度。

(4) *地质因素*

在研究经济活动布局时，必须分析地质构造、地震、不良地质现象等地质因素的影响。城市中的各种建筑物、构筑物对土地的承载能力有一定的要求，有些重型工厂对承载力要求很高。黄土类土壤地区要特别注意黄土的特性。黄土干燥时，有较高的耐压力，浸水受潮后，会产生大量的沉陷，从而使建筑物或构筑物产生变形而遭到破坏。

地震对城市建设也有很大的危害性，地震的震级是表示地震本身强烈程度的等级。地震烈度是衡量地表遭受地震破坏程度的标准。地震烈度在六度及以下的地区，对城市建设无大的影响；但在地震烈度为七度或七度以上的地区进行建设，则应考虑防震工程措施；烈度在九级以上的地区，一般不宜作为城市用地。

不良地质现象主要指冲沟、喀斯特现象、滑坍、沼泽、石洪（泥石）流、沙丘及矿区的采空区等。冲沟是由间断流水在地表冲刷形成的沟槽。冲沟分为青年期和老年期。青年期冲沟是有害的，其迅速发展往往损害耕地、建筑物和地下管道。老年期冲沟经过适当的处理，可作为城市用地，常布局为公园绿地或修建水池等。

(5) 水文因素

江河湖泊等水体，不仅是工业、农业、交通运输、生活用水的重要水源，而且在水运交通、排除雨水和污水、美化环境及改善地区小气候等方面起到重要作用。另外，它也给城市和地区带来不利影响，如洪患水灾、河流的冲刷、河床的淤积等。在城市规划设计和建设实施中，要对河流的流量、流速、水位等水情要素进行调查和分析。

一般情况下，地下水资源对城市用地选择、确定建设工业项目的性质和规模及城市的发展起着决定性的影响。城市布局应根据地下水的流向来安排城市各项建设用地，有污染的企业应放在地下水和水源的下游位置。以地下水作为水源的城市，应探明地下水的储量、补给量，根据地下水的补给量来决定开采的水量。地下水过量开采，将会出现地下水位下降，严重的甚至造成水位枯竭、引起地面下沉。

3.1.2　生产技术因素

技术，是指生产过程中所运用的各种工艺操作方法、生产工具等设备、工艺流程、作业方法和技能。技术的根本职能是对自然界的控制和利用。一般而言，它包括两个方面：①生产工具、工艺流程和作业方法等，也可称为硬件方面；②劳动者的生产技能和管理水平等，也可称作软件方面。其中，技术装备和生产工具是技术条件的中心环节。

技术是构成社会生产力的主要部分。衡量一个国家或地区社会生产力和社会发展的水平，常常是以使用技术状况作为标志的。目前，人类正经历着技术发展异常迅速的时期，近十多年的技术发明和发现，比过去2000年间的总和还多。一些新技术从发明到获得实际推广运用，经历时限已大为缩短，如蒸汽机为80年，激光技术则仅两个月。近年来，一系列新兴技术迅猛发展，一场席卷全球的新技术革命浪潮已滚滚而来，这预示着社会生产力新的飞跃。

近年来，以微电子技术为主导，微电子、生物工程和新材料为三大基础，电子计算机、生物工程、新材料、新能源、光导纤维、海洋工程为代表的一系列新兴技术迅猛发展，世界科学技术发生了惊人的变化。现今已经突破和即将突破的新技术，表明科技领域正在酝酿着一场新的技术革命。随着这些新兴技术的发展和应用，必将引起社会生产力的新飞跃。这场新技术革命，同科技史上以往发生过的几次科技革命相比，表现出一些突出的特点：信息化、综合化、分散化、全球化、快速化等。

新技术革命也将深刻地影响、制约生产力的空间表现形式——生产力的空间分布及其地区组合，引起产业布局的巨大变革。主要包括技术引起经济活动的增加（新技术条件下产生的新兴经济活动）和减少（传统经济活动的淘汰），以及技术条件的改变导致经济活动区位的变化。具体表现在以下五个方面。

1. 知识、智力和科学技术因素愈益成为影响产业布局的重要因素

按传统观念，从生产力的要素（包括劳动者）和生产资料（劳动对象和劳动工具）

看，现代化，主要是指“物”的因素，而且往往是以物质产品的生产为标志，一般侧重于机械化、自动化等条件。而这场新技术革命带来的信息化，将使整个社会以信息价值为中心来获得发展。衡量生产力发展水平的重要标志，将不只是物质的、有形的产品产量、产值等因素，而代之以知识、信息的拥有量。因此，在产业结构中，一些劳动、资源密集型产业将向知识、技术密集型产业转化；原来占主导地位的物质的、有形的经济，将转化让位给知识和以知识进行服务的经济。因此，在布局知识、技术密集型产业时，必须充分考虑知识、智能和科学技术因素对产业布局日益深刻的影响。例如，劳动力的智力、知识水准、科技素养，新兴技术的趋势、动向，在当地建立“硅谷”式基地以加速新知识、新技术向生产和经营管理转化的可能性等因素，都将对产业布局产生制约作用。

2. 影响对自然优势的认识与自然资源开发利用的方向

合理的产业布局，是以充分、合理地开发利用各地自然条件、自然资源的优势为必要前提的。新技术革命的发展，一系列新兴技术的突破与迅速推广应用，使原来劳动、资源密集型产业被知识、技术密集型产业所替代；原先以重、大、粗、笨的产品为主的产品，也将代之以轻、小、细、精的产品。这种变化，也势必会影响对各种自然资源使用价值的估计和开发利用方向的改变。

在能源资源中，煤炭、电力、水力等常规能源的地位可能下降，核能、太阳能、地热能、生物能及其他可再生能源的地位则可能上升；材料方面，一些传统材料，如钢铁、木材、水泥、天然植物纤维等的应用可能减少，而塑料、合成材料、精密陶瓷等新型材料的应用则可能愈益广泛。例如，把生物工程技术应用于工业材料生产，制造出“生物芯片”之类的新材料，利用微生物发电、消除污染、生产新药品、人工再生资源等，都已成为现实成果。所有这些，都将使原来受到不可再生自然资源限制的地区，展现出获取新的资源优势的光明前景。再如，海洋工程技术的兴起，也将削弱人类对土地的严重依赖性，占地球表面70%以上的辽阔海洋，将愈益成为濒临海洋国家与地区的一项巨大地区优势。农业方面，如能普及推广新兴生物工程技术，用基因拼接法生产出脱氧核糖核酸，用无性杂交、基因移植培养出新的动植物品种，特别是推广应用培育新的动植物品种的技术，将改变农业受自然条件严格限制的传统状况，使农牧业生产进一步突破自然条件的严格限制，人们在农业布局中将会获取更大的主动性和自由。

3. 影响地区产业结构的演变

原来人们对地区产业结构最优化的衡量标志，往往是以“物”的因素为主。在世界新技术革命浪潮冲击下，一些发达国家的钢铁、橡胶、造船等一系列传统重工业江河日下(所谓的夕阳工业)；而一些知识、技术密集型的产业，如电子、激光、光导纤维、生物工程、新材料等新兴产业则欣欣向荣（所谓的朝阳工业）。而且，其必然趋势将是知识、技术密集型的新兴产业取代劳动、资源密集型的传统产业而占主导地位。可以预见未来对地区产业结构优劣的衡量标准为：是否充分合理地开发利用了当地的知识、技术信息资源，是否朝着由知识、技术密集型产业占主导地位的方向发展。

4. 企业的小型化、分散化趋势，影响工业布局中对集聚因素作用的再估计

世界新技术革命带来的企业生产规模结构变革的潮流，将是以小为好。其表现之一，是在一些经济发达国家出现小企业激增的趋势。例如，美国 20 世纪 50 年代每年增加的小企业不足 10 万家，70 年代末至 80 年代中期则平均每年增加达50 万～60 万家，目前全美拥有 30 人以下的企业有 1200 万家（其中不足 10 人的小企业占多数）。如此众多的小型企业，大多是与微电子等新兴技术有关的工厂和商业服务单位；尤其由于它们的生产活动大多已不受或很少受到能源、原料资源分布的地区限制，信息的传递与处理也已少受空间距离的限制，所以在地区分布上都呈现分散的趋势。原先因为可以凭借在同一地区范围内共同利用能源、交通、公共工程设施等的有利条件，而对工业区位选择起重要作用的工业企业集聚因素，将愈益丧失其重要性。例如日本的工业布局，目前正趋向于地方化、分散化和均衡化；美国的工业布局也出现了东北部和中西部传统工业区日趋衰落，而原先落后的南部和西部新兴工业区不断发展的新变化。

5. 引起产业布局出现向若干地区转移的趋势

首先，一些经济发达国家将把一些“夕阳工业”，即耗用原料、能源多，公害大，效率低，利润少的劳动密集型工业逐步转移给发展中国家。

其次，发达国家的主要工业中心出现了由“燃煤型”向“钢铁型”、“煤铁复合型”和“沿海型”布局转向“临空型”布局的趋向。煤铁复合型布局，指的是在煤田分布地区发展钢铁、汽车，以及其他机械制造业，如美国的大湖-宾州工业区，德国的鲁尔工业区，英国的杜汉-克里佛兰工业区，都属此种布局类型。沿海型布局，则是类似日本这类燃料、原料都需依赖进口，产品销售大部分依靠国外市场的国家，为使运费低廉，降低成本、提高产品的市场竞争能力，常把一系列重化工业集中分布在国土沿海港口附近地区。新技术革命的兴起，突破了资源分布对生产力布局的严重限制，像大规模集成电路、微型机、生物工程等新兴技术产品，运量少、体积小、附加价值大，单位产品承担运费能力高，所以运费对其已无多大影响；而此类产品却有商品机会和交货日期等重要的特点，特别适宜于航空运输。因此，当今国外发达国家这些产品生产区位的选择，遂有一种向机场周围集聚的趋势，形成“临空型”产业区。

此外，随着海洋工程技术的突飞猛进，一个全球性的向海洋进军的浪潮业已形成。属于开发海洋的新兴产业无疑将汇集于海洋沿岸地区，所以“沿海型”布局形式将继续存在并有所发展。但是这种“沿海型”布局所包含的产业结构，将与原先以重化工产业为主的结构有很大区别。

面对滚滚而来的这场世界新技术革命的热潮，人们应当密切关注其新的发展动向，高度重视新技术、新产业的兴起与发展可能给社会生产活动带来的巨大变革，用战略眼光认真研究产业布局方面的对策。

3.1.3　社会经济因素

影响、制约经济活动区位条件的社会经济因素，主要有人口——劳动力资源，经济活

动布局的历史基础，市场、物价与流通渠道，国内外社会经济环境及经济地理位置等，它们共同构成一国一地区产业发展与布局的社会经济环境，对经济活动区位条件均有其不可忽视的影响与制约作用。

1. 人口——劳动力资源

人口是指不断发展变化着的、一定时间内居住于一定地区的人的总和。人是自然和社会的统一体，经济地理学从人口与自然、经济的结合上研究人口对一国或地区经济发展和产业布局的影响。人，一方面是物质资料的生产者，即生产力中的劳动力；一方面又是物质资料的消费者。这两方面的属性都对经济活动区位条件有影响。

(1) 人口的数量和增长速度

人是生产力中最重要、最活跃的组成部分。人口数量和增长速度对社会经济发展有重要影响。当人口数量和增长速度与社会物质资料生产相适应时，就会促进社会经济发展，否则就会延缓社会经济发展。

充足的人口，特别是丰富的劳动力资源，如利用得当，能充分开发利用自然资源，吸引劳动密集型产业，使生产规模不断扩大，促进社会经济发展。相反，在人口稀少的地区，劳动力缺乏、工人的工资较高，相对增加了产品的成本，一般来说对产业布局不利。但不是说人越多就越有利于该地区的生产发展。因为发展生产，主要是依靠劳动生产率的提高，而不单纯依靠劳动力的增加，甚至不主要是依靠劳动力的增加。

人口的数量又是可变性因素，时时会有增减变化。如果人口增长过快，超过了社会物质生产的需要和资源承受能力，则会延缓社会经济发展。这是因为人是生产者与消费者的统一体，人只是在一定的年龄阶段从事生产，而消费却是终生的。首先，人口过速增长、人口数量膨胀必然降低人均消费水平，特别是在人口基数大、人均资源少的国家，则更为突出。其次，人口增长过速，劳动力过剩，而生产资料积累不足，从而导致劳动生产率的降低，并延缓国民经济现代化的进程。这是发展中国家在经济发展过程中普遍存在的矛盾。

(2) 人口构成

人口构成是人口素质的表现形式之一，它包括人口的自然构成（性别构成和年龄构成）和社会构成（城乡构成、职业构成、民族构成、文化构成等）。人口的各种构成对产业布局都有一定的影响。

人口的性别构成对经济活动区位条件有影响。有些行业适合妇女劳动力，如纺织业；有些工业部门则仅适合男劳动力，如采矿、冶金、重型机械制造业。而地区人口的性别构成一般都是男女大体相等的。在产业布局中要考虑这个因素，如苏联伊凡诺夫市是著名的棉纺织工业中心，又是单一的纺织工业中心，其他工业很少，致使该市女与男的性别比为7 : 1，给工人建立家庭造成困难。即使在一个城市中的各个区域布局工业，也应注意到人口性别比这个因素。例如，北京市20世纪五六十年代在西郊石景山区主要建设冶金、发电等重工业，东郊主要发展纺织工业，结果男劳动力集中在西郊，女劳动力集中在东郊，对工人组织家庭带来不便，给工人通勤及城市交通都造成困难。

不同年龄组的人口对社会有不同的需要。劳动适龄人口是生产力的主要因素，也是产业布局的重要条件。安排劳动适龄人口就业也要做出重大的努力。青少年人口比重大，会增加对文教设施的压力。老年人口比重大，对医疗、福利事业的要求也随之增大。这些都是在城市规划、区域规划和产业布局过程中必须考虑的。

人口城乡构成直接反映了区域城市化水平和区域经济结构。由于城乡人口在生产和消费习惯上的差异，乡村人口多以从事第一产业为主，消费也以满足基本生存需要的物质消费为主；而城市人口多以从事第二、第三产业为主，消费结构相对复杂，导致不同的城乡人口构成必然形成不同的区域经济活动布局模式。

人口的文化构成反映人口的文化程度，而文化程度是人口素质的重要表现之一，是评价劳动力资源的重要指标。在现代化生产过程中，不能单纯凭体力，要与科学技术相结合才能变成强大的生产力。

人口民族构成对产业布局也有一定影响。首先，不同的民族往往有特殊的劳动素养和生产技能，如蒙古族人善于畜牧，朝鲜族人善于种植水稻等。在产业布局时，要考虑充分发挥他们的长处。另外，不同的民族有不同的生活习惯，有些民族需要特殊的消费品，产业布局一定要照顾各民族的特殊风俗习惯和特殊的消费需要，这不仅是单纯的经济问题，还是民族政策问题。在一些少数民族地区要注意发展他们需要的生产行业，保证他们的特殊需要，如在蒙古族聚居地区发展制靴业等。

(3) 人口的分布和迁移

一般来说，人口移动是社会发展和地区开发的积极因素。它促进各国各地人民文化和技术的交流，推动民族和种族的融合。当人们迁移到一个新的地区后，移民把他们的生产经验和劳动技能带到新居住地。人口迁移是开发新区的重要动力，第一次世界大战前夕，移民占美国工人总数的一半，占美国煤矿工人和纺织业工人的2/3，移民在美国经济生活中的作用相当大。至今，美国仍是一个人口大量移入国，高级知识分子的移入量尤其惊人，对美国的社会经济发展起着积极的作用。

大量移民有时也带来显著的社会问题。移民以劳动力为主，男性居民多于女性居民。因此，在移民大量涌入的地区和大量流失的地区，人口的性别构成和年龄构成都不协调。移民涌入区男性人口比重大、青年人口比重大。在新建的城市中这类现象非常突出。

智力倒流对第三世界无疑是个重大的损失。第二次世界大战后，南亚、东南亚、拉丁美洲的高级知识分子（教授、工程师、医生）大量移居美国、加拿大和西欧。因此，智力倒流又称不发达国家向发达国家的反向援助。初步估计，美国、英国从吸收第三世界高级知识分子中得到的经济效益，与这些国家对第三世界国家的有形经济援助相当。

2. 经济活动布局的历史基础

经济活动布局的历史基础是指原有经济基础、经济实力和原有的经济活动格局等。主要包括各个产业部门、生产单位间相互联系和协作配套状况，供水、供电、交通与通信联络等基础设施水平，居民生活基础服务设施（包括商业网点设置、教育、文娱、体育和医疗机构等），以及技术人员、管理人员和熟练职工的补给等因素。

对于经济活动布局的历史基础，重要的是采取科学分析的态度，结合现实需要与可能，充分利用有利因素；而对于不利因素则应尽力避开，做到扬长避短、趋利避害。例如，上海作为我国重要的原有钢铁基地，是近一个世纪前在当地市场需要的基础上逐步形成、发展起来的。综观其钢铁工业布局的历史基础，有其仍可继承、利用的若干有利因素：①有近代兴起较早的工业和天然良港作依托；②本地市场广阔；③与当地机械制造、化工、轻纺等工业存在着较为密切的协作联系，形成了比较合理的工业地域组合，有强大的工业生产能力作依托；④上钢三厂等个别企业的区位选择尚比较合理等。这对今后的发展无疑较为有利。与此同时，所存在的不利因素也较显著：①由于当初是在本地市场需要基础上建立、发展起来的，所以存在着某些“先天不足”，尤其是远离铁矿、煤炭等原料、燃料产地，长久以来形成了陈旧、落后的调铁炼钢、二次化铁的布局模式，这在工业先进国家早已被淘汰。二次化铁要多消耗大量的焦炭、生铁、石灰石、萤石、耐火砖等原料、燃料，还释放大量废气，污染环境。②地区布局呈现“外钢内材”格局。拥有炼钢能力的几个骨干大厂分布在浦东和吴淞等当时的城郊结合部，钢产量占全市总产量的96.5%；而一半以上的钢材产量则由分布在市区之内的各个中小型厂完成。这种分布格局导致钢铁和钢材生产的脱节，产生了大量不合理运输。③分布在市中心区的轧钢厂多与居民住宅区混杂，带来严重的环境污染等一系列社会问题。这些都对上海后来的经济活动布局产生了重要的影响，有利因素能促进钢铁工业更好地发展，但同时为克服或优化原有布局中存在的缺憾必然会带来大量改造成本的投入。

3. 市场、政策及行为条件

现代化大生产的社会化，是以消费市场的需要为前提的。如果说资源和自然条件是从生产的可能前提方面影响产业布局的话，则市场、消费条件是从生产的目的方面影响产业布局。市场需求的变动、消费水平和特点的增长及变化，都对产业布局有影响，往往会直接引起产业布局的变化。因此，在产业布局中必须高度重视市场研究。例如，欧美国家盛行的“区位论”即以市场问题为核心。过去，我国在产业布局中有忽视市场消费条件的偏向，造成生产的盲目性，有些产品大量积压。近年来，为市场生产、为人民需要而生产的目的日益明确，市场条件对产业布局的影响就日益明显。在工业布局方面，不仅是一般地提出应接近消费区，而是在确定工业布局的产品方向、工业布局的结构、工业产品的品种及质量时，都要考虑是否适合市场需要。例如，近年来由于人民生活水平的提高，家用电器等消费品大量增加，于是，生产这些产品的工厂就在很多城市兴起，改变了我国以往家用电器生产局限于少数城市的布局。

政策反映着生产关系的性质。正确的政策可以促进产业布局的优化，而错误的政策则往往给产业布局带来灾难性后果。同一社会制度的不同发展时期，有不同的政策；有时，政治领导人的更替导致政策的改变，并影响产业布局，这在一定程度上反映了行为和心理因素对产业布局的作用。

当政府认为应鼓励某些产业或区域发展时，常采取一系列激励政策，对应限制发展的产业或区域则施行控制政策。例如，为了调整产业结构和区域布局，近年来西欧各国对下列三类地区常施行激励发展政策：①欠发达区，主要目标是促进经济增长；②传统工业区，主要目标是调整产业结构；③新兴经济区，主要目标是促进新兴工业。提供激励的方式有资金援助、技术援助和政策优惠三种。资金援助主要包括由政府提供赠款、无息或低息贷款；技术援助主要包括基础设施建设、劳动力培训、技术信息开发等；政策优惠主要包括纳税优惠、产品销售优惠、经营优惠等。

3.2　区位条件基本特征与规律

3.2.1　区位条件的基本特征

地理空间的多样性与复杂性，地理地域的层次性及人类活动与地域环境之间关系的复杂性，导致区位条件具有以下几方面的基本特征。

1. 区位条件的唯一对应性

区位条件最终表现为一定的场所（位置），这种场所的位置是固定不变的，在二维地理空间中可以唯一地由一对 x、y 坐标表示。这个固定场所是由一系列的自然、经济和社会要素组成的综合体，不同的场所具有不同的自然、社会和经济的组合特征，即区位条件是和一定的地理位置唯一对应的。

2. 区位条件的系统性

区位条件的系统性主要是区位条件组成的复杂性造成的。区位条件是由自然、社会经济、生产技术和文化等因素所构成的，具有复杂和综合的特点；同时这些组成部分又是相互作用、相互关联的。为研究的方便，有些学者将它们划分为自然生态系统和社会生态系统来分别进行考察；当然，这两个部分也是相互交叉、相互关联的。

自然界的各种地理要素与人类社会经济活动会在空间位置与区域上表现出多层次、多类型的相互联系和相互作用，因此在分析评价某一具体地域的区位条件时，必须遵循系统论的思想，明确系统结构决定系统功能这一系统论精髓。注意区分区位条件中的重要因素与次要因素、有利与不利影响，抓住其中某种（些）与地理空间位置有关的、影响经济活动/经济活动系统，并对地理空间组织产生强烈导向性作用的主要有利条件，从而引导经济活动/经济活动系统地理空间组织的开展。例如，在具体进行区位条件评价分析时，抓住自然环境、交通条件和社会经济三个主要优势，对区位条件的相对优势进行系统比对，得出在某一方面较其他方面具有更为明显优势的区位条件，如自然区位优势、交通区位优势、经济区位优势等。在分析单个要素作用的同时要考虑它与其他要素的关系，以及整个系统的结构组成。例如，当人们在进行工业经济活动布局时，除了考虑劳动力、资本、原料、能源、运输和市场等主要区位条件外，还应综合考虑用水、研究开发、经济、税制、自然条件等其他非主要区位条件的影响。因此，在进行单区位条件评价的同时，更重要的是考虑这些条件的综合影响。只有这样才能从整体上把握和评价区位条件的主次和优劣，为经济活动的区位选择提供科学的辅助决策信息。

3. 区位条件的动态性

区位条件不是一成不变的，它也是随时间发展而变化的。区位条件的动态性既表现为各组成随时间而变化，如农业区位条件的水分与光热条件，同一地点在不同的季节呈现不同的气候区位条件；也表现为某区位因子的变化导致区位条件随时间而变化。例如，交通、通信等基础设施的改善，导致该地区区位条件的改善；区域科技和教育事业的发展，导致区域高技能劳动力、地区智力密集程度等区位条件的改善，进而导致本地区区位条件的提高。

4. 区位条件的开放性与层次性

区位条件是对一定场所（区位）的综合反映，它不仅与场所自身的自然、社会经济属性相关，还受周围环境及其上层更大区域条件的影响，因此对区位条件的分析应在一个开放的系统中进行，要考虑经济活动用地范围（场所）、市县、省区、国家乃至全球等多层次区域的综合影响和作用。

在不同地域范围内进行经济活动的地理空间组织，经济活动布局的影响因素、目标要求等存在明显的差别。因此，研究经济活动布局通常可从宏观和微观两个层次考虑，相应的经济活动区位则可包括宏观选点的国家/地区/省/市县区位和微观选址的用地区位。

3. 2. 2 区位条件的地域分异规律

区位条件的地域分异规律是指区位条件及其组成要素在空间分布上的变化规律，即区位条件及其组成要素在空间上的某个方向保持特征的相对一致性，而在另一方向表现出明显的差异和有规律的变化，如自然地理因素存在的纬度地带性、垂直地带性、干湿度地带性和高原地带性等地带性分布规律。

同时，构成区域条件的经济因素也具有地域分异规律，如我国经济发展的沿海与内陆地域分异、城市经济分布的圈层结构或扇形分布规律等都是社会经济现象地域分异规律的具体体现。

3. 2. 3 区位因素的作用距离衰减规律

经济活动与其活动区位要素之间是相互作用的，其相互作用的强度随距离增加而降低的现象，即经济活动区位因素的作用距离衰减规律。距离衰减规律是经济地理学基本理论的出发点之一，也是区位论基本理论的出发点之一。距离衰减规律的实质是地理客体间的相互影响与相互间的距离成反比，距离越大，影响越小。距离衰减规律在大自然中也普遍存在。例如，海风对大陆的影响与离海的距离成反比，这一规律的理论基础是物理学上的万有引力定律。

这一规律最先是由杜能提出的。他以其区位地租来解释不同农业部门的环状分布时，实际上用的就是土地纯收入随其与城市距离的增加而衰减的理想模式。在此之后，距离衰减规律的应用超出了农业区位问题，广泛地应用于城市、商业、交通和人口的区位分析中。

社会经济条件对距离衰减规律的影响主要表现在运输费用、价格、税收和行政体系等的影响。其中，运输费用的节约可以通过缩小运距和减少周转倒装次数来实现，因此有两类区位在节约运费方面有明显的优势：终点区位（即运输线的两端）和港口及铁路枢纽等中转区位优势，从而使区位优势分布不符合作用距离衰减规律。关于价格对区位的影响，根据国际惯例商品有三种交货价格：第一种是按工厂销售成本在生产地交货价格；第二种是全国统一标准价；第三种是按基点定价交货，同一种产品的售价都采用同一基点到销售地点的运费。这样在不同的价格体系下就有不同的价格区位影响，同一价格体系在不同区位也能体现不同的区位优势。税收和关税是生产布局必须考虑的重要因素，各地有不同的税收政策和关税标准，导致各地有不同的税收区位，如我国出现的大量的保税区就是通过提供优惠的税收政策，提高该区位的优势，以期达到促进该区经济发展的目标，相应地，作用距离衰减规律在此区域内失灵。行政区是制订和执行国民经济计划的实体，由于行政区的限制，有些商品出现了“十里不走，走三十里”的现象，从而导致经济活动区位的作用距离衰减规律不仅仅表现为实际距离的长短。

当然，社会经济现象比物理学中的引力现象要复杂得多，不可能用简单的数学公式解释众多的社会经济因素。也许固定资产、工业产值、社会商业销售额等指标比人口数量能更好地显示城市或地区的引力和辐射力。即使人口因素，也并非简单的人口数量，还有人口收入、人口质量等因素影响地区或城市的实力和市场容量。但是，作为一种物理学理论，距离衰减规律对经济地理学的理论和实践仍有重要作用。例如，根据交通线的新建引起空间距离的变化，预测城市和区域经济地理位置的变化，在城市规划和区域规划中有重大的现实意义。距离衰减规律的实际运用，在工业布局、市场范围预测、商业网点布局上也有指导意义。

3.3　经济活动区位条件评价

3.3.1　区位条件评价的原则

由以上分析发现，构成经济活动区位条件的因素是客观存在而多种多样的，这些因素对经济活动的地理空间组织的影响和制约作用，也是客观存在而各不相同的。因此，在经济地理学研究中必须认真对待、高度重视经济活动区位条件评价工作，确保区位条件评价的科学合理性。

由于经济活动区位条件的地理性、系统性、层次性、动态性、开放性等方面的特征，在评价经济活动区位条件时，需遵循以下基本原则。

1. 从经济活动地理空间组织的实际要求出发

经济活动区位条件评价是根据不同的经济活动对区位条件的不同要求，而对区位条件进行的综合评价，以使经济活动布局到合适的区位上。不同的经济活动对区位条件的要求各不相同。例如评价一条河流，河流落差大，蕴含的水力资源丰富，对水电建设很有利，却不利于航运。就同一产业部门内的各个经济活动门类和项目，如耕种作业和畜牧业，采掘工业和加工工业，冶金工业和纺织工业经济活动对区位条件的要求和需要也完全不同。同样的区位条件对不同的经济活动项目也有不同的影响和作用，如同样的气候条件，对粮、棉、油的生产活动就有明显不同的影响。因此，评价区位条件必须从经济活动的实际要求出发，做到有的放矢，避免一般化。

2. 在全面综合分析基础上深入主导因素

影响经济活动区位条件的因素是多方面的，但总有一项或两项起主导作用。主导因素往往对区位条件起决定性的影响，因此对主导因素必须进行重点评价。例如在考察热带作物的区位条件时，要求有适宜的土壤、地形、水分等条件，但重点是对热量有严格的要求。

因此，在进行经济活动区位条件评价时，既要从影响经济活动布局的一般要求，对区位条件进行综合分析评价，又要考虑经济活动的特征，对主导因素进行重点深入分析。

3. 运用辩证的观点

无论是对主导因素，还是对一般因素都必须坚持辩证的观点，既要看到有利条件（优势方面），也必须看到其不利条件（限制因素），对区位条件做综合评价。

4. 运用发展的观点

首先，影响、制约区位条件的各种因素本身是变化和发展的。其次，人们开发、利用诸条件的能力也是变化和发展的。左右人和自然间相互关系的生产力，其发展水平的逐步提高，意味着人们认识自然、利用自然的能力不断增强。生产力水平越低，人们对自然的依赖程度越大；反之则依赖程度越小，人们利用自然的程度越高；生产力越是向前发展，自然条件对经济发展与布局的影响也将越加广泛、深入。自然条件、技术条件及社会经济条件对产业布局的影响都是不断变化和发展的。因此，在评价经济活动区位条件时，还必须坚持发展的观点。

5. 运用开放的观点

区位条件受周围更大区域的自然条件和社会经济条件的影响，与其上层系统发生联系，即区位条件具有开放性。相应地，在进行区位条件评价时，要运用开放的观点，既要评价一定场所的自然、社会、经济条件，还要对其上层区域系统乃至全球的影响进行评价。

6. 定性、定量、定位和定时分析相结合

在对经济活动区位条件进行评价时，要抓住区位条件及其因素的质量特征、数量特征、空间特征和时间特征，定性、定量、定位、定时地展开具体分析，全面把握和评定区位条件的总体特征。

7. 在技术可能性基础下论证经济、生态合理性

分析评价区位条件最直接的目的在于开发利用，同一种区位条件在生产发展、开发利用上往往具有多宜性，可以有多种技术可能性，各种可能性的经济效益和生态效益是不同的，或者说在经济、生态上的合理程度是不同的。例如，我国的南方丘陵山区可以开发经济林、用材林，也可以建成畜牧业基地，还可以建成茶园等。而最佳方案只能选择其中的一种，这就要求进行深入调查，尽可能选用多种方法进行多方面的比较分析，选定最佳方案。

3.3.2　区位条件评价的基本内容

经济活动区位条件评价的主要内容是根据经济活动对区位条件的不同需求，从经济活动区位条件的各组成要素入手，开展深入的调查、分析与评价，以把握这些组成要素的数量、质量和空间分布等主要特征，为经济活动的地理空间组织提供决策依据。

1. 分析区位条件的组成及其特征

区位条件是一定地域空间的自然、社会经济条件综合作用的结果，因此分析和评价区位条件应从区位的自然、社会经济条件综合分析入手。其特征包括数量（如面积大小）、质量（如土壤质量、地基承载力等）、空间（如空间形状）、时间（如区位相关条件的形成演变的过程）等，区位条件评价既要评价其单因素特征，也要评价这些因素综合作用的结果。

2. 分析影响区位条件的主导和次要因素

由于影响经济活动的区位因素多种多样，其中有些因素对经济活动布局起主导作用，另外一些则起次要作用，在进行经济活动区位条件评价时一定要分清主导因素和次要因素，对主导因素进行重点分析而次要因素则处在相对次要的位置，只有这样才能保证评价结果的正确性和合理性。

3. 分析区位条件的有利与不利方面

在明确主导因素和次要因素的基础上，厘清各种因素对经济活动影响的优劣是经济活动区位评价的又一重要内容。只有把握区位条件对经济活动的有利影响和不利影响，才能保证区位条件评价的全面性和客观性，才能因地制宜地进行经济活动的地理空间组织。

4. 分析区位条件的多宜性

一个地区的区位条件如何开发利用才最合理，这就需要针对区位条件的多宜性考虑设计多种不同的备选方案，从技术可能性和经济合理性等方面进行综合比较分析。例如，在建立大型水利枢纽工程过程中对河流的水力资源进行评价时，应该在坝址、坝高选择等方面设计多种方案进行比较分析，预测在采用高坝或低坝时，发电、灌溉、航运、淹没损失等方面的最佳经济效益和社会效益。

5. 除了考虑开发利用的预期经济效益和社会效益外，还要充分估计自然界的反馈作用所带来的不利后果

这种预期后果的估计是区位条件评价的进一步具体化，对开发利用区位条件的方案选择往往起着决定性的影响。为避免“自然界的报复”，在进行经济活动区位条件评价时，必须在综合考虑经济效益、社会效益的同时，注重生态效益的评估。

6. 分析区位条件的动态发展变化规律

在把握区位条件现状特征的同时要分析区域条件的发展变化历史过程，发现其发展变

化的演变规律，并预测区域条件的未来变化趋势，是区位条件评价的另一重要内容。

7. 分析区位条件的区位特色

在对区位条件本身构成要素进行综合分析评价的基础上，还要将区位条件放在更大区域范围内进行综合比较分析，发现区位条件的特色，以便在经济活动地理空间组织时安排和培育特色经济活动，形成区域经济发展的特色和优势。

3.3.3　区位条件评价的过程

区位条件评价过程包括以下基本环节。

1. 划定评价单元

评价单元（地域单元）的划分是为了确定一定地域单元分辨率下的地域分异。评价单元的基本要求是单元内区位条件相对均一，单元之间有较大差异，单元划分时应遵循以下原则：①主导因素差异的原则，如不同地貌部位的土地不划为同一单元，山脉走向两侧水热分配有明显差异的不划为同一单元；②相似性原则，如评价单元边界不跨气候带、相关区划界线等的同值单元；③边界完整性原则。

根据不同区位条件评价，对评价基本单元的大小、形状、同质性要求也不同，评价单元可以是自然的地貌或土地单元，即具有相同特性的最小地域单元，也可以是在计算机环境下常用的格网单元，包括规则格网（正方形格网、矩形格网）和不规则格网（可变大小格网、三角形格网等），格网的大小和形状可根据研究区的特征、评价目的和所需要的精度来确定。

2. 评价因素的选择

评价因素的选择应根据具体的利用方式和评价目的来选取。从经济活动地理空间组织的实际要求，如从农业开发或城市建设出发，在对区位条件进行综合分析与主导因素重点分析的基础上，确定若干评价因子。

3. 单因素评价

参照某种经济活动布局方式已知的最优布局条件，分别确定各因素的评价标准，分析各因素的地域分异规律，各评价单元对每个因子进行打分（一般采用0～100分或0～1分的记分方法），即确定各评价单元的评价指数。通常根据不同的参评因素对评价单元的影响方式不同，采用不同的单因素评价方法（即评价因素的量化方法）。对于扩散型的因素，如中心城镇影响度、农贸中心影响度、道路通达度，随着距离的增加，其作用分值会按一定规律衰减（指数衰减或直线衰减）；而面状因素具有非扩散性，则直接采用区域赋值的方法确定其作用分值。

4. 权重的确定与综合评价

在确定了参评因素的基础上，还需根据不同因素对不同经济活动影响的重要性程度进行排序，确定各因素的权重。常用的权重确定方法包括：特尔斐法、层次分析法、成对因素比较法和主成分分析法等。在单因素评价的基础上，综合考虑各因素的权重，利用一定的综合方法（常用的有多因素综合评判法、极限条件法等）得到各单元区位条件评价的综合作用分值。

不同的经济活动对区位条件的不同需求，导致特定目的下区位条件评价结果难以有一个统一的标准，因此在进行相关工作之前应首先拟定评价的标准体系，以利于对评价结果进行描述和应用。例如，为种植业经济活动进行的区位条件评价，主要指根据作物种植的适宜性程度，从有利于提高作物产量的角度，制定相关的标准体系（如最适宜、较适宜、一般适宜和不适宜等）。对工业经济活动则主要从是否有利于工业经济活动成本节约和提高效益的角度制定相关的标准，如城市工业用地的分等评价可以工业分级质量等级作为评价标准。

而对于区域整体区位条件评价，则更多的是从区域空间系统的结构、功能及其发展变化的角度，评价区域发展。例如，区域的可持续评价分别针对区域的生存支持系统（资源禀赋、投入-产出等）、发展支持系统（发展成本、发展潜力等）、环境支持系统（环境容量、承载力）和社会支持系统拟订标准，来描述区域可持续发展的状态。

在进行综合评价时通常可采用定性分析法（如实地调查法、因素与因素集分析法和比较分析法）和定量分析法（如经验指数和法、模糊综合评判法、极限条件法和神经网络法、灰色系统法、遗传算法等非线性综合评价方法）相结合的方法。

5. 评价结果的检验与校正

初步评价可能由于基础数据的不准确或计算模型方法的选用不当导致结果的不准确；在此应运用实地踏勘和统计检验等多种检验方法进行相关的检验和评价结果的调整，并最终确定正确、合理的区位条件评价结果，作为经济活动布局的基础。

小　结

本章在分析了区位条件对经济活动地理空间组织的影响的基础上讨论了区位条件的基本特征和规律，重点讨论了区位条件分析评价的原则、内容、过程和方法。区位条件是指包括自然环境因素、生产技术条件和社会经济因素等所有影响经济活动地理空间组织的因素（环境）。只有正确把握区位条件评价的原则，抓住区位条件的系统性、动态性和开放性等特征，以及主次作用、有利与不利影响、开发利用潜力及可能的“三大效益”等重要方面对区位条件进行全面系统的评价，才能做到因地制宜、因时制宜、统筹协调地将经济活动组织落实到地理空间中，使经济活动系统和地理环境系统的结合呈现出“相宜和谐”的状态。

思 考 题

1. 如何理解“不同因素对同一经济部门的影响与同一因素对不同经济部门的影响有重大差别”？试结合图3.1理解。

2. 评价经济活动区位条件时，如何把握经济活动利益最大化特征/生产、流通、交换和消费间的统

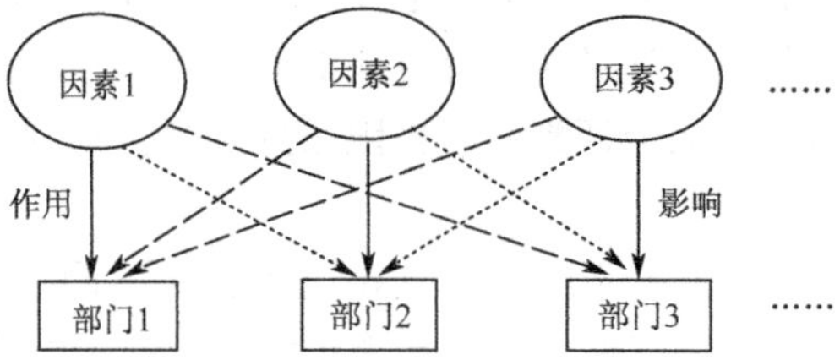

图 3.1　因素对经济部门的影响

一协调特征/部门分工与地域分工特征/规模经济与规模不经济特征/集聚与分散特征/点线面空间形态特征/区位指向性特征？

3. 如何理解经济活动布局上的要求（所需条件）和影响经济活动布局的因素（地区条件）之间的矛盾？如何解决这个矛盾？试举例说明。

4. 区位条件分析评价的基本原则是什么？

5. 试结合区位条件评价的过程理解每个环节中区位条件评价的原则运用。

6. 如何运用辩证的观点、发展的观点和开放的观点进行区位条件的评价？

7. 如何定性、定量、定位、定时地分析区位条件的基本特征？

8. 试简要说明如何保证区位条件评价的科学合理性。

第4章　经济活动地理空间组织的基本原理

经济活动地理空间组织的基本原理，是指经济活动地理空间组织时所呈现出的带有普遍性的、最基本的、可以作为其他规律的基础的规律，是具有普遍意义的道理。经济活动地理空间组织时应遵循这些规律，运用这些原理，使经济活动与地理环境（空间）的结合(系统）呈现出相宜和谐的状态、稳定发展的过程、合理优化的结构、齐全强大的功能(产出)。通常可用一个综合量——效益来描述在这种状态、过程和结构下的产出，这个效益是指系统可持续、协调发展状态下的综合效益，是社会效益、经济效益和生态效益的总和。

这个可持续、协调发展状态下的综合效益正是经济活动地理空间组织所追求的（系统）综合目标。

经济活动地理空间组织的基本原理，主要包括因地制宜原理、集中与分散相结合原理、地区专门化与综合发展相结合原理、统筹兼顾与综合平衡原理等，它针对经济活动地理空间组织过程中所涉及的经济活动与地理环境的关系、经济活动的空间关系、区域整体经济活动系统的主次关系、统一协调关系等主要关系，是针对在地理空间中要确定的经济活动的位置、强度和关系的过程，是经济活动与地理环境相结合做法和过程的高度概括，揭示了经济活动地理空间组织的基本规律（表4.1）。

表4.1　经济活动地理空间组织基本原理体系

基本原理（过程）	针对的主要关系	操作主要经济活动地理空间特征
因地制宜	经济活动与地理环境的关系（包括经济活动间的质量关系）	位置、强度、关系
集聚与分散相结合	经济活动间的数量关系、质量关系、空间关系/区域整体经济活动空间关系	强度、空间关系、区域经济空间结构
地区专门化与综合发展相结合	经济活动间的数量关系、质量关系、空间关系/区域整体经济主次关系（主导与全面）	空间关系、区域经济主次结构（规模结构）
统筹兼顾与综合平衡相结合	区域整体经济活动统一协调关系	区域经济数量结构、区域经济质量结构、区域经济空间结构

由于原则是对规律客观要求的一般反映，是言行所依据的准则，因此因地制宜、集聚与分散相结合、地区专门化与综合发展相结合、统筹兼顾与综合平衡相结合也可表述为经济活动地理空间组织的原则，是这些规律的客观要求，是经济活动地理空间组织应遵循的准则和应实现的原理运用。

这些原理是相互兼容、互为前提的，既有因地制宜下的集聚与分散相结合，也有因地制宜下的地区专门化与综合发展相结合，不单存在地区专门化与综合发展相结合下的集聚与分散相结合，也存在统筹兼顾与综合平衡相结合下的因地制宜、集聚与分散相结合、地区专门化与综合发展相结合。在经济活动的地理空间组织时要学会把握这些原理的综合运用。

在运用这些原理进行经济活动的地理空间组织决策时，要学会把握经济活动地理空间组织决策的前提与背景的基本特征——系统性、开放性和动态性。系统性是指决策背景的质量特征，包括经济活动系统、地理环境系统的要素组成及相互关联和相互作用特征；开放性主要包括决策背景的空间层次特征，决策要受到更大经济活动系统、更大地理环境系统的影响，包括区际影响乃至国际影响；动态性是指决策背景是变化发展的，包括动态变化的自然条件、生产技术条件及变化发展的经济活动的内在要求和内在联系。

4.1 因地制宜

因地制宜，通常是指决策过程中，根据不同地区的具体情况而采取相适宜的办法。对经济活动地理空间组织决策来说，用因地制宜来表述其决策的原理是再贴切不过的，不仅可用来表述经济活动地理空间组织的过程，还可表述经济活动地理空间组织结果的一种状态。

对经济活动的地理空间组织来说，不同地区的具体情况，是指不同区位具体的条件和具体的地理环境特征，包括对在地理空间中确定经济活动位置、强度与关系起作用的自然、社会经济、技术等特征；制宜，是指根据不同区位的具体条件，使经济活动与地理环境相结合的做法（方式、方法），该做法达到的目标是两者呈现相宜和谐且可持续发展的状态，具有较高的社会效益、经济效益和生态效益。

因此，对经济活动的地理空间组织来说，因地制宜的原理既包括针对具体的区位条件，安排相适宜的经济活动、选择相适宜的开发利用方式、确定相适宜的开发利用强度，也包括针对具体的经济活动的客观需求，把握区域具体条件的差异，为经济活动选择相适宜的区位，确定相适宜的活动方式和强度，优化经济活动与其他要素、其他活动之间的关系，促进经济联系。它们都表现为经济活动的条件需求与地理环境的条件供给之间相匹配的过程。

“因地制宜”中的“宜”，应是与地方发展优势相对应的，这个优势，可以是资源禀赋、社会经济的优势，也可以是人文特色、地方风俗的优势。简而言之，就是就地取材，最大限度地利用现有资源，结合地方独有的特色，更加充分、高效地促进地方持续、协调发展。要做到“因地制宜”，首先应该综合分析地区社会、经济、自然、人文等方面的发展基础和优势，确定地方发展目标，进而制定相适宜的发展方案（杨晗，2011；黄海丰，2011；刘滨谊等，2008；赵常兴，2009）。一个地方可能具有的发展优势主要可以概括为以下几个方面（表4.2）。

表4.2　地方发展优势类型

分析方面	具体方面	示例
自然环境条件	气候条件	云南玉溪“冬无严寒，夏无酷暑，干湿季分明”，是烟叶生产的有利条件
	日照条件	新疆地区日照时间长，热量丰富，地产瓜果含糖量高
	植被覆盖	贵州贵阳气候适宜，河网密布，适宜植物生长，森林覆盖率高，是首个国家森林城市
	矿产资源	内蒙古地区矿产丰富，是全国煤炭及有色金属主要产出区
社会经济条件	交通优势	武汉地处交通要道，沟通南北，联系四方，九省通衢，具有得天独厚的地理区位优势
	市场优势	吉首是著名的“花卉苗木之乡”，花卉苗木生产已经产业化，销售地区辐射4省32区
	经济优势	北上广深综合基础雄厚，社会经济发达，是国际化都市
	历史文化	北京、西安、南京等城市历史悠久，拥有丰富灿烂的历史文化，是著名的旅游城市
	风土人情	“窑洞”是中国西北黄土高原上居民的古老居住形式，是黄土文化的代表，是陕北人民的象征
	民族特色	湖北恩施以土家族、苗族文化著名，独具特色的民族文化正在将恩施地区打造成为独特的民族风景区

需要注意的是，一个地区的发展优势不只包含这些方面，也不只拥有其中一个或者几个方面，例如交通区位优势明显的地区，往往也具有市场优势；自然条件适宜的地区，也许同样具有独特的风俗人情。在分析一个地区的发展优势时，应当着重分析这个地区所特有的、积极的优势，结合不同的发展目标，如城市发展中的“生态旅游型”“资源节约型”“环境友好型”等目标，利用和发挥自身发展优势，做出相应的决策。

根据决策背景的系统性、开放性、动态性，这个因地制宜的匹配过程可具体体现在以下六个主要方面。

1）经济活动与用地条件相结合（位置）。经济活动的开展要占据一定的空间（一定面积的用地），要求地势平坦，有足够的地基承载力，远离不良自然灾害，不应有地质灾害、不应被洪水淹没。这种结合有利于经济活动的持续发展，有利于经济活动节省开支（特别是基建投资）。

2）经济活动与社会经济条件相结合（关系）。经济活动的开展是生产、流通、交换、消费的完整过程，离不开包括原料资源、燃料资源、劳动资源、水资源、交通运输条件等各类资源和条件，因此经济活动要尽可能地接近这些要素和条件，缩短彼此之间的距离，促进它们在生产、技术和经济上的联系，节约社会劳动消耗，以最少的人力、物力和财力消耗，获得最大的经济效益。当然与社会经济条件相结合，也包括与其他经济活动之间的关系，相互促进有利联系，需要缩短彼此间的距离，加强联系；而对相互干扰影响的关系，则要隔断、削弱联系，彼此远离。

3）经济活动与自然环境（生态）相结合（利用方式与强度）。经济活动的开展都是以开发利用一定的自然条件和自然资源为物质前提的，人们进行社会物质生产，一方面从自然界获取必要的生产资料和生活资料，不断改善生产和生活条件；另一方面又以各种设备和物质及经济活动过程（特别是生产过程）中所释放出来的种种化学成分，或掠夺式地砍伐森林、滥围湖海、破坏地力、抽取地下水资源等深刻影响着周围的自然地理环境。因此，经济活动的开展，特别是利用方式和利用强度应顾及资源与环境对人类（经济）活动的承载能力（容量），要确保在自然-社会经济地域综合体这个生态系统中，各要素之间（特别是人类与环境之间）的能量转换与物质循环过程的正常进行，生态系统处于动态平衡状态；要避免给环境造成不利影响，包括环境破坏和环境污染，防止自然界的报复；要有利于资源与环境的可持续利用。

4）经济活动与地理环境变化相适应（动态性）。地理环境在自然因素和社会经济因素的综合作用下是不断变化发展的，经济活动与地理环境相结合的本身就在改变着地理环境的状态。经济活动的地理空间组织要考虑地理环境的变化，考虑地理环境可能向好的方面、有利于活动开展的方向发展，也有可能朝坏的方面、不利于活动开展的方向变化。

5）经济活动与技术发展水平、经济发展水平相适应（存在性与动态性）。经济活动的地理空间组织要考虑技术发展和经济发展对经济活动的存在及内在要求和内在联系的影响。生产技术的发展和利用，提高了人类改造自然和利用自然的能力，扩大了劳动对象的范围，不断涌现出新的生产部门，出现新的经济活动与地理环境的结合，经济的发展或萧条，改变着经济活动之间的联系，这都会改变地区的经济结构。无论是在分析评价区位条件的作用好坏、影响大小时，还是在认识自然优势和考虑资源环境开发利用的方式与强度时，都要充分考虑与技术发展水平、经济发展水平相适应，既不能超越也不能落后，否则将会带来损失。

6）经济活动与地理环境（区域系统）的相结合要受到更大的地理环境的影响（开放性/空间层次性）。经济活动在一个区域的布局既要考虑区内自然环境因素和社会经济环境因素的综合作用，也要考虑区外甚至国际自然环境因素和社会经济因素的影响，如整个河流流域的影响，经济全球化、更大区域一体化的影响。

由于经济活动与地理环境相互结合具有动态性，在不同时期下可能出现不同的“因地制宜”策略，这种情况下的“因地制宜”，称为“因时制宜”。这里的“时”，既可以指现实生活中的时间季节，也可以指发展过程中的不同时期。例如发展观光农业的地区，应充分分析资源、市场、区位等条件，结合农作物生长、植物景观等因素，在考虑地域性和季节性的前提下进行农作物的养殖，这里的“时”，即指现实生活中的时间季节。而在城市化发展的不同时期，对于城市发展也有不同的策略，初期阶段城市化率为10%~30%，产业结构以农业为主，工业单一；中期阶段城市化率为30%~60%，工业逐步建立，城市经济实力有所增长，产业结构向第二、三产业聚集，城市需要大量劳动力，经济发展需要将有限的社会经济资源集中在城市，才能有效提高经济效益；而在后期阶段，城市化进程相对缓慢，人口向城市转移速度放缓甚至停滞，生产的发展不再依靠劳动力的增加，产业结构不断调整，社会经济等各方面发展质量提高，城市化发展开始注重内涵，这里的“时”，即指发展过程中的不同阶段。“因时制宜”，就是要抓住不同时期地方发展的特色或优势，结合地方发展目标，制定适宜的策略。

4.2 集聚与分散相结合

集聚通常是指资源、要素和经济活动在地理空间中呈集中分布的状态，同时也指资源、要素和经济活动在地理空间中集聚的趋势和过程，这里用来表述将资源要素、经济活动集中配置到地理空间中的组织方式。集聚实质上是顺应经济活动在技术、生产、经济和生态上的联系，包括市场、劳动力、基础设施、资源等方面，通过缩短它们之间的空间距离，优化空间关系，加强联系，将这些有关联的经济活动集中组织在一定的地理空间中(一定的区域范围内)，使它们在技术、生产、经济上互补、共享，节约社会劳动消耗，在与地理环境的生态关系上和谐发展，产生更大的效益（集聚效益）(向世聪，2006)。

一般而言，经济活动都趋向于集聚在资源和要素相对集中的区域。

根据集聚的经济活动系统，可区分出不同类型的集聚，如工业集聚、农业集聚、商业集聚、交通运输业集聚和城市集聚（综合经济体系的集聚）等。

在工业集聚时，应使相关企业（如产品生产过程中各个连续阶段的企业，生产工艺和原料、辅助原料、燃料有密切协作关系的企业，资源的综合利用要求相互配合的排废企业和综合利用企业等）进行必要的集中，组成联合企业或工业成组布局，以便于互相配合，适应生产社会化的要求，有利于形成综合生产的能力和提高生产的经济效益。这样优先在城市集中布置工厂企业，可以利用原有的公用设施，节约厂外工程投资费用，便于各企业间的分工与协作。与此同时，随着城市规模的不断扩大，在城市里集聚大量人口，既为工业发展提供劳动力条件，又为一些企业产品提供重要的消费市场，从而增加工业集聚的吸引力。因而一般的加工工业，在选择厂址时，往往希望布置在交通方便和有相当工业基础的大中城市。但是，如果产业过于集中，城市规模过大，将会使原来工业发展的有利因素趋向消失，在城市用地、用水、原材料和燃料动力供应、交通运输和环境保护等方面，会出现集聚不经济现象，即当集聚规模超过了一定的限度，出现相关企业、经济部门在资源及要素利用方面的竞争和牵制而带来集聚经济效益减少、丧失，以及因集聚而带来的外部环境对经济活动的负面约束现象，包括由于经济活动强度超过了环境容量（承载力）而出现的生态平衡破坏。

集聚对区域经济空间格局的作用主要体现在：集聚使区域内的资源要素、企业、经济部门不断地向优势区位移动，促进了区域经济增长中心的形成和发展，也促进了发达地区、城市、城市密集区、专业化地区、产业密集带等的形成和发展，但同时会产生经济发展的空间差异与不平衡。

当然，自然条件和自然资源的地区差异是经济发展不平衡的原始因素，但产业在地区上的集聚，意味着人口的大量增加，而人口的增加又会引起一系列为当地居民服务的相关行业的进一步发展，由此又将引起人口的进一步增长。如此不断牵动人口增长和经济发展的乘数效应，使地区发展获得一轮又一轮新的动力，从而导致发达地区与落后地区经济差距的进一步扩大，使地区不平衡越加严重。

分散与集聚是矛盾的对立统一体，它是指资源、要素和经济活动在地理空间上呈分散分布的状态及分散的趋向与过程，是经济活动地理空间组织避免出现集聚不经济的一种组织方式，也是促进资源、要素、企业、经济部门在空间上趋于相对均衡、缩小地区经济发展差异的基本机制。面对过度集聚带来的一系列问题，部分企业、经济部门不得不从原来的集聚区迁移出去，随之也会出现相关的资源、要素向外扩散（汪彩君，2011；王必达和魏涛，2015；赵祥，2010）。

工业企业、经济部门的适当分散，不仅可避免过度集聚带来的种种弊病，还可以充分利用各地区的资源，使生产尽可能地接近原料地、燃料地和消费区，使产、供、销密切联系起来，更多地区获得经济发展，缩小地区经济发展的差异。而经济活动如果是无限制地、过度地、无条件地分散布局，就会人为地破坏经济活动和企业部门之间的内在联系，造成投资大、成本高、效果差的后果，不能形成区域经济的整体实力。

决定经济活动在空间上聚集或分散的关键在于分析促使经济活动或产业在空间上集中的向心力或者使它们在空间上分散的离心力哪一个更加占据主导地位。促使产业地理集中的向心力主要包括：①自然因素，各类产业总是倾向于向自然资源丰厚、运输成本低廉的地方聚集。②市场规模效应，又分为内部效应与外部效应。其中，内部效应以专业分工高度化与集中化为特征，以制造业为例，分工不同的部门集中在一起进行生产，管理成本和经营成本往往低于单个大型企业。外部效应指一个较大规模的市场进行商品的生产所能够带来的规模经济性，由于供货量大，成本相应降低，并且有利于相应外部服务业与配套基础设施的发展。③劳动力的供给，产业集中产生广阔的就业空间，能够促进劳动力的集聚，而大量劳动力，特别是具有专业知识劳动力市场的产生，又能进一步吸引更多的相关产业在此集中。④外部经济效应，指产业聚集能够产生溢出效应，使聚集企业的生产效益能够优于单个企业的生产效益，企业从技术、信息等的溢出中获益。促使经济活动或产业地理分散的离心力也可概括为以下几个方面：①拥挤效应，是指当企业或者经济活动集聚到一定程度，人口密度加大，专业人才聚集，产品数量增多，市场效益不断降低，从而使得经济活动或者相关企业不再向此处聚集，甚至原有的经济活动或企业向外搬离。同时，拥挤也会使生产资料、基础设施等供不应求，这也是经济活动或者企业分散的原因之一。②环境污染，经济活动或者产业过度集聚的过程中，会产生大量的生产垃圾，同时生产与活动过程中对自然资源的过度开采，会造成对环境的污染和破坏。③随着集聚规模的扩大，地租往往增加，而大批产品的生产也会使生产者降低产品价格以提高市场竞争力，在地租增加与销售价格降低的双重作用下，产业员工的工资成本随之上升，产业利润逐渐降低，当产业利润持续减少到一定阶段，地区失去吸引产业继续发展的优势时，便会使产业往外搬离。

对于产业集聚程度的衡量，一般使用洛伦兹曲线和基尼系数的原理和方法，常用的衡量指标包括 Hoover 系数、空间基尼系数、E-G 指数、行业集中度 CR_n 等。

（1）行业 Hoover 系数

Hoover 系数最早由 Hoover（1936）提出的，是某行业在各区域间的聚集程度最常用的指标之一，其一般公式如下：

$$\text{Hoover}_i = \frac{1}{2}\sum_{k=1}^{n}\left|\frac{\sum_i E_i^k}{\sum_i \sum_k E_i^k} - \frac{E_i^k}{\sum_k E_i^k}\right|$$

式中，n 为制造业的行业数；E_i^k 为区域 i 在行业 k 的就业人数；$\sum_k E_i^k$ 为行业 k 在全国的就业人数；$\sum_i E_i^k$ 为区域 i 的制造业总人数；$\sum_i \sum_k E_i^k$ 为全国制造业总人数。Hoover 系数越大，说明该区域的制造业生产结构与全国生产结构差别越大，而区域的专业化程度越高。

（2）空间基尼系数

空间基尼系数是衡量产业空间集聚程度指标的一种，由克鲁格曼（Krugman）在 1991 年提出，其一般公式如下：

$$G = \sum_{i=1}^{n} (S_i - X_i)^2$$

式中，G 为空间基尼系数；S_i 为地区 i 某产业的相关指标（产值、就业人数、销售额、资产总额等）占全国该产业的比重；X_i 为该地区的相关指标（产值、就业人数、销售额、资产总额等）占全国该指标的比重，空间基尼系数的值为 0～1，其值越大，表示该行业在地理上的集聚程度越高。

（3）E-G 指数

Hoover 系数和空间基尼系数没有考虑不同产业中企业规模的差异，在计算各产业的区域聚集程度时，往往会造成跨产业比较上的误差，E-G 指数便是针对此问题的优化，其一般公式如下（类骁和韩伯棠，2012）：

$$S = \frac{\sum_i (S_i - X_i)^2/\left(1 - \sum_i X_i^2\right) - H}{1 - H}$$

式中，S_i 为某企业 i 地区就业占全国就业人数的比例；X_i 为 i 地区全部就业占全国总就业的比例；H 为赫芬达尔指数（Herfindahl index），计算公式如下：

$$H = \sum_{j=1}^{N} S_j^2 = \sum_{j=1}^{N} (X_j/X)^2$$

式中，H 指数根据市场对企业赋权，用以测量产业的集聚程度；X 为产业市场总规模；X_j 为 j 企业的规模；S_j 为 j 企业的市场占有率。

（4）行业集中度 CR_n

行业集中度 CR_n 是指该行业的相关市场内前 n 家最大的企业所占市场份额的综合，如 CR_5 是指 5 个最大的企业占有该相关市场份额（类骁和韩伯棠，2012）。其计算的一般公式如下：

$$CR_n = \sum_{i=1}^{n} X_i/X \times 100 = \sum_{i=1}^{n} S_i \times 100$$

式中，X_i 为企业的相关指标（产值、产量、销售额、销售量、职工人数、资产总额等）；X 为行业相关企业总相关指标量；S_i 为该企业所占的市场份额。

根据现有的研究，产业集聚有利于本地经济的发展，带动基础设施建设，提高本地居民福利水平，然而集聚在促进经济增长过程中也存在一个临界点，当过度集聚时，反而可能对经济发展带来负面的效应。奥地利经济学家 Tichy（1988）提出了区域产业集聚的生命周期理论，认为区域集聚会经历诞生、成长、成熟和衰退阶段，在衰退阶段，集聚将导致规模不经济，此时产业集聚将开始减弱。各阶段的产业集聚与收益可以用图 4. 1 表示。

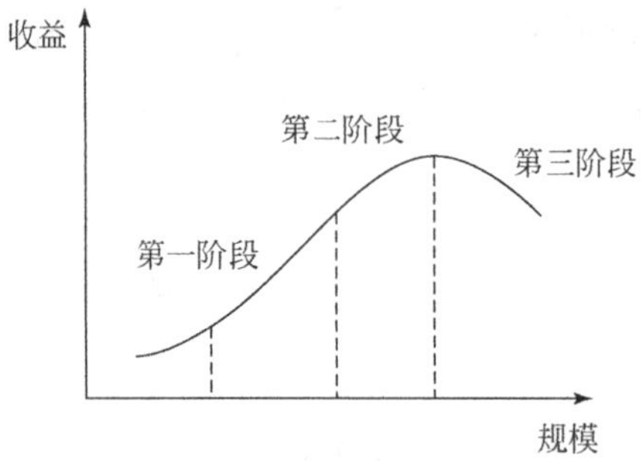

图 4. 1　集聚的三个阶段

在第一阶段，产业集聚带来规模经济，产业随着集聚的加强，规模扩大，效益增加，产业集聚处于快速成长阶段；第二阶段中，产业集聚速度放缓，但规模与效益仍然增加，直到达到最优点；第三阶段，随着集聚规模的扩大，效益反而降低，产生过度集聚。在经济活动的组织过程中，应当注意集聚促进经济发展的临界点，避免过度集聚而产生交通拥堵、环境破坏、生产过剩等问题，从而导致规模不经济。

集聚与分散相结合呈现出一个合理的度，是经济活动地理空间组织的又一原理，揭示了必要的集中与适当的分散相结合，既经济又安全公平的经济活动地理空间组织的规律。因此在经济活动地理空间组织中，要把握好集聚与分散相结合的度。

经济活动地理空间组织的集聚或分散都应与技术发展水平、经济发展水平相适应，与经济活动的内在要求、内在联系的变化相适应，既要因地制宜地集中，也要因地制宜地分散，更应考虑区际、甚至国际大环境的影响，如结点式、轴线式、网络系统式区域经济发展模式（区域经济空间配置模式）实质上就是与一定经济发展水平相适应的集中与分散相结合的模式。

4. 3　地区专门化与综合发展相结合

为了充分发挥各地的优势，因地制宜地安排各地的经济活动，应根据各地区不同的条件和特点，实行合理的劳动地域分工。各个地区不同的自然条件和自然资源，是劳动地域分工的自然基础；各地区不同的现有经济发展水平、特点和地理位置，是劳动地域分工的经济基础。

劳动地域分工或产业地区分工，也可叫做地区产业专业化，是社会分工在地区上的表现形式，即专业化部门在地区上的分布，具有一定的模式，表现为相关专业部门在空间上一定程度的集聚。

地区专门化是指在一个地区内，有一个或几个经济（产业）部门的地位特别重要，它们的产品服务在全国同类产品服务中，品种、产量、质量、产值都比较突出，各项技术经济指标（如单位生产能力的平均投资、基建投资回收期、劳动生产率、产品生产和消费的平衡），以及与项目建设有关的经常性的货物周转量等比较优越（杨芬和刘刚，2011；林秀丽，2007）。地区专门化的产品服务具有区际意义，除供应本地需要外，主要面向区外、全国甚至面向国际。

在世界各个发达国家中，美国的农业布局情况最具代表性。早在20世纪初，美国农业中就已形成比较明显的专业化生产区域，第二次世界大战后由于科学技术进步，这种农业生产地区专门化的趋势有了进一步发展，许多农产品的生产越来越集中到自然条件和经济条件都比较优越的地区，对那些不适合于种植农作物的土地，则实行大量休耕或转为牧场和林场，从而获得良好的经济效益。据近年统计，美国农产品产量约占世界的1/4，有些农产品，如玉米、大豆、棉花、烟草等甚至占到1/2以上；每个农业劳动者所提供的农产品，可以养活59人。1968年，美国农业部把全国划分为10个农业生产类型区。每个类型区都根据其自然条件、技术与经济条件，重点发展一种或几种专业化产品，如玉米带或非玉米带生产玉米，单位面积产量竟相差2～3倍，这充分体现了因地制宜实行农业生产地区专门化的优点。

由于现代科学技术的进步和交通运输事业的发展，无论是工业部门还是农业部门，地区专门化程度都越来越高。尤其是农业生产，受自然条件影响较大，具有特别强烈的区域性，因而农业生产地区专门化的特点就更加突出了。实现农业生产专业化，有利于最充分地利用各地不同的土地资源和自然条件，做到地尽其利；有利于更好地积累生产经验，提高生产技能和经营管理水平；有利于充分发挥农业机械的作用，提高农业机械的利用率，加速农业机械化的进程；有利于提高农业产品商品率；有利于发展农工商一体化的联合企业。

专业化部门一般针对地区主要资源与优势资源，是地区生产的骨干部门，与之相适应的还有次要资源的开发利用、辅助配套的部门和自给性部门，也就是要综合发展，形成合理的地区经济结构。专业化只有与综合发展相结合，才能收到良好的社会效益、经济效益和生态效益，相结合要适度，不可过分强调或不强调任一方。适度的综合发展，有利于各种资源的综合开发和利用，有利于提高经济生态系统的自我调节能力和灾害防御能力，有利于满足各方需求，有利于综合经济的协调发展。这是因为国民经济各部门是一个有机的整体，工业与农业、重工业与轻工业、农业中农林牧副渔各业之间，都必须保持适当的比例关系和有机的联系，才能促进地区经济的协调发展。就以农、林、牧三者关系而言，假如只单纯抓粮食生产，而不注重同时发展林业和畜牧业，适应自然条件的复杂多样，甚至盲目毁林开荒、滥垦草原、围湖造田，使生态平衡遭到破坏，不但影响林、牧、副、渔的正常发展，而且影响粮食的生产。

地区专门化使劳动力、信息、资源等在地域上集中，强化了产业内部行业的联系，能够提高地区的生产率，推动经济的增长，而综合发展使得各类产业协调发展，提高了产业发展的多样性。地区综合发展，即地方产业多样性发展，同地区专门化一样，均可以使用相关指标度量，一般可以使用专门化指数和多样化指数（李学鑫和苗长虹，2006；李震等，2010）进行度量。其计算公式如下：

$$Z = \mathrm{Max}(S_{ij}/S_j)$$

$$D = 1/\sum |S_{ij} - S_j|$$

式中，Z为专门化指数；D为多样性指数；S_{ij}为城市i在产业j的经济指标所占的份额；S_j

为产业 j 的经济指标在全国所占的份额。

需要注意的是，产业集聚、地区专门化、地区多样化这三个概念密切相关，却又有所不同。地区专门化主要指某一个地区，相对于其他地区而言，哪些产业的生产或者经营更具有优势；地区多样化，则强调的是地区内不同产业并存，协调发展；产业集聚，强调的是地区内哪种产业所占的份额更大。由此可见，产业聚集是形成地区专门化的必要条件，但并非充分条件，通常用以度量产业集聚的指标，如 Hoover 系数、E-G 系数等，也可用于度量地区专门化程度。

地区专门化与综合发展相结合这一经济活动地理空间组织的原理，强调的也是一个合理的度，地区发展不形成开发主要优势资源的主导部门不行，相关专业部门在空间上没有一定程度的集聚也不行，但过分强调单一发展也不行，要适度、全面、综合地发展。地区专门化与综合发展相结合应与技术发展水平、经济发展水平相适应，要考虑地域条件的发展变化和经济活动及体系的内在要求和内在联系的发展变化，既要注意因地制宜地形成地区专门化、走地区专门化与综合发展相结合的道路，也要考虑区际、甚至国际劳动地域分工及经济联系等更大自然经济系统的影响。

4.4　统筹兼顾与综合平衡相结合

统筹兼顾，通指顾及系统整体各个方面（组成）的统一安排，侧重于系统整体及全面；综合平衡，是指对统一体（系统）各方面的各种关系的统一协调。对系统的操作，要抓住系统的所有组成（方面）与关系，协调各方面的所有关系使其成为一个有机的整体，才能使系统呈现出最佳的状态和最大的功能。统筹兼顾与综合平衡相结合是对经济活动系统与地理环境系统相结合、形成自然-社会经济综合体（系统）原理的高度概括。

对于经济活动系统与地理环境系统的结合（统一体），不仅要关注经济活动自身生产、流通、交换、消费的完整过程，还要考虑经济活动系统在资源、生产、技术、经济上的联系，也要分析地理环境系统的自然要素、社会经济要素的数量特征、质量特征、空间特征、动态变化特征及相互作用关系，更要正确处理、统一协调这个统一体的局部与整体、重点与一般、先进与落后、国防前沿与腹地、城市与乡村、目前状态与远期状态（系统变化发展）、区内与区外（系统与更大系统的关系）等各方面的关系，使统一体内的地（环境）各尽其用，物（活动）各得其所（因地制宜），使系统形成合理的经济结构（地区专门化与综合发展相结合）和合理的空间结构（集聚与分散相结合）。

一个地区的建设和发展中，往往在工业企业之间、工业企业与国民经济其他部门之间、与相邻地区之间会发生许多问题和矛盾，有时从个别企业、个别部门甚至本地区的观点看，是有利的，也是可行的。但是，从全局和长远利益的观点看，就不一定有利，也不一定可行。有些企业及建设项目由于就事论事，只注重部门利益、忽视全局利益、只注意眼前利益、忽视长远利益，只注意经济效益，忽视社会和生态效益，结果付出了很大的代价。

由于各个地区自然前提不同，或即使是在相同自然资源的地区，也会由于时期不同或各地区的社会经济、历史条件的差异而得到不同程度的发展。在承认地区发展不平衡的前提下，通过每个时期有“重点”地对“先进地区”的发展，兼顾“一般”“落后地区”的发展，在一个较长历史时期内逐步实现地区经济发展的相对均衡化，缩小各地区经济发展水平间的差距。

经济活动地理空间组织出现的“一体化”的概念，实质上是指将各个部分组织为整体为目标的过程或做法，与统筹兼顾、综合平衡的做法一致。例如城乡一体化，也就是将城市和乡村看作整体，在地理空间组织城市和乡村的各种活动中，以将城市和乡村形成有机整体为目标，使得各部分分工协作、互为依托、协调发展、共同繁荣，不仅指地域空间的一体化，还指经济职能的一体化。区域一体化，一般是指以在一定区域范围内将其下各个分区（经济子系统）组成为一个整体（统一的经济实体）为目标的过程或做法。

统筹人与自然和谐发展、统筹区域发展、统筹经济与社会发展、统筹国内发展与对外开放在区域经济活动地理空间组织中，乃至协调整个人类社会经济系统与自然环境系统中的重要作用，具体地体现在以下几个方面。

4.4.1　从统筹人与自然和谐发展来看

统筹人与自然和谐发展，就是要高度重视资源开发和生态环境的问题，处理好经济建设、人口增长与资源利用、生态环境保护之间的关系，合理安排各类用地，特别是工业用地、居住用地，增强可持续发展的能力。人与自然和谐发展要求区域经济发展必须立足于区域自然资源的现状，统筹安排，处理好资源开发、利用与保护的关系，处理好眼前利益与长远发展的关系。

在人类的发展过程中，生产、生活等经济活动，都涉及对自然资源的开发与利用。一般来说，自然资源包括四种类型：①环境资源，如太阳光、地热、空气、地下水；②生物资源，如动物、森林、草场等；③矿产资源，如各种能源和矿产；④土地资源。目前，人们对自然资源的使用主要集中在后三种，其中，生物资源可以通过自身繁殖及人为干预再生产，如果能够合理开发利用，科学经营与管理，能被人类永续利用。矿产资源通常作为工业生产的原材料进行开发，但矿产资源储量有限，再生时间十分漫长，属于不可再生自然资源。土地资源则是人类各种经济活动的空间基础，是人类赖以生存的劳动对象和劳动资料，也是其他自然资源的承载体，基于土地资源的用地类型的布置，往往也体现着不同的功能，总的来说，可以概括为生产、生活与生态这三种功能。

统筹人与自然的关系的目的是，合理开发与利用各类自然资源，减轻人类活动对于自然资源的负面影响，减少环境污染、生态退化等自然资源破坏带来的灾害，从而实现全面、协调可持续发展。

根据自然资源的不同类型，统筹人与自然和谐发展的途径可以概括为以下五个方面。

1）开发环境资源。环境资源，如太阳能、风能、潮汐能等，蕴藏了巨大的可供使用的能量，根据相关报道，理论上仅1%的风能就能满足人类能源的要求，相对于火力发电排放大量污染气体，新能源具有清洁、干净、不污染环境的优势。新能源的开发利用，不仅可以缓解人类能源供应的困境，还能够减轻传统能源供应效率较低、污染环境的诸多弊端。

2）科学经营与管理生物资源。生物资源是农业生产、观光旅游等活动的基础，在地区发展过程中使用生物资源时，一是要注意分析地方生物资源的优势，找到合理使用生物资源的模式；二是要注意保护生物资源的多样性，避免过度开发。

3）矿产资源的合理使用。矿产资源是工业生产的物质基础，作为不可再生的自然资源，在开发利用矿产资源时尤其要注意开发的度。一方面要提高开采效率，减少开采污染；另一方面要合理规划，按需开发，避免过快采空。此外，在开采过程中也要考虑地方的资源环境承载力，避免矿产资源的开发而造成地面塌陷、地下水污染等环境问题。

4）用地类型的合理配置。土地资源作为人类一切活动的承载体，为人们提供了生产和生活的空间，也是其他各种自然资源存在的基础。人类在土地上进行活动，首先涉及土地利用类型的选择。统筹人与自然的关系，就涉及用地类型的合理配置。在城市不断发展扩张中，势必涉及侵占非城镇用地，往往包括还未开发的自然土地或者农业土地。将尚未开发的自然土地转变为城镇土地，就需要注意对于生态环境的保护，为保护生态安全和可持续发展而划定的“生态红线”区域，就是统筹人与自然和谐发展的措施之一。同时，工业用地的选择也需要考虑多种因素：一方面，它需要可靠的能源供应及稳定的销售市场，因而往往布局在自然资源丰富、交通发达的地方；另一方面，工业生产中容易产生大量的如废水、废气的排放，又需要避开某些特定的地方，如避免建设在河道上游及人群居住密集的地方。

5）树立正确的发展观念。真正认识到人与自然是相互依存、紧密联系的整体，不能一味地索取和改造，要善待自然、保护自然、尊重自然；要正确处理开发与保护的关系，分析区域的环境容量和资源环境承载力，在有限的承载力基础上合理开发和利用，做到合理利用与资源保护相统一，保持良好的生态环境，取得社会、经济与环境的最佳综合效益，规划好人口、经济、资源与环境的宏观布局，真正实现可持续协调发展；要加强相关法律制度的建设，从法律的角度建立资源开发和环境保护的秩序，目前，多种相关环境保护法已经颁布并实施，这正是国家层面对于人与自然和谐发展统筹的表现。

4.4.2 从统筹区域发展来看

经济活动的空间组织始终处于从均衡到不均衡再到均衡的形成和演变过程之中。这一过程已经得到许多理论学家的反复验证，所以在进行经济活动地理空间组织时要充分利用这一规律，认识区域发展的阶段，引导区域经济发展由不平衡向高级平衡态的发展。

统筹区域发展，就是政府在科学发展观指导下，从全局出发，全面综合地考虑区域内部的差异及发展的各个层面、各个环节，以政府资源为基础，在科学、合理的政策制度的保障之下，整合社会资源，逐步协调区域关系并促进区域内各个地区的社会经济全面发展，以最终实现动态的全面、协调、可持续发展。统筹区域发展是一个长期的过程，它需要在明确区域发展目标的前提下，统筹区域发展的内容，选择统筹区域发展的途径。需要注意的是，随着区域发展的推进，区域的短期发展目标可能发生变化，统筹区域发展的内容也应随之进行相应调整，从而统筹区域的发展路径也就可能有所变化。

统筹区域发展，主要是基于区域内各个地区发展现状的分析，通过宏观调控的方法，统一谋划、统筹兼顾，以谋求区域内各个地区的共同协调发展。根据区域差异，统筹区域发展主要可以分为统筹城乡发展、统筹上下游发展、统筹资源丰富与缺乏的区域的发展及统筹资源环境承载力高与低的区域的发展等类型。

（1）统筹城乡发展

城乡统筹发展，是指改变传统的“城市工业、农村农业”的发展方式，将城市和农村的发展紧密结合在一起，统一协调，全面考虑，树立城乡一体化的发展思路，以发展的眼光、统筹的观念，解决农村和城市存在的问题，推动农村和城市的协调发展。

统筹城乡发展一般包括四个方面的内容。

1）统筹城乡用地配置。土地是一种有限的自然资源，是我国经济社会发展的“瓶颈”，当前我国社会经济发展的过程中，存在土地利用效率低下、土地利用配置不合理、土地开发随意性大、土地管理力度有待加强等一系列问题，因此统筹城乡用地，特别是建设用地的配置，从粮食安全的角度出发保护基本农田，从生态系统的整体利益出发保护林、牧、渔地，提高土地集约节约利用效率，是十分必要的。城镇的发展建设往往以大量占用郊区和农村土地为代价，在这个过程中：一方面要根据自然基础、基础设施、市场需求等条件合理规划城镇建设用地的布局，包括居住用地、工业用地、商服用地等；另一方面必须遵循划定的基本保护农田与生态红线范围。同时，由于农村居民点布局现状较为混乱，有较大的整理空间，农村地区可在村民意愿的基础上合理引导居民点集聚，统筹城镇发展与新农村建设，实现集约节约利用土地资源。

2）统筹城乡产业发展。一般来说，城市主要发展以工业、服务业为主的第二、三产业，农村主要发展以农业为主的第一产业。产业是城镇发展的主要动力之一，城镇的产业发展好，才能吸引更多的企业和人口集聚，吸纳更多的农村剩余劳动力，从而促进城镇化的过程。在地区发展过程中，有必要合理分析城镇和农村各自的发展基础和优势，科学布局产业，合理分工，共同促进。一方面，农业是食物和部分工业原料的来源，城镇的发展离不开农业；另一方面，城镇的快速发展又可以反过来支撑农业发展，工业、科技等产业的发展可以促进农业现代化、机械化，提高粮食生产的效率，做到工业反哺农业，城市支持农村。

3）统筹城乡基础设施建设。统筹城乡发展的重点在于改变当前重城镇、轻农村的现状，目标是加快农村社会经济发展，促进城镇和乡村共同、协调发展。统筹城乡的基础和先行条件，就是统筹城乡基础设施建设。基础设施主要包括道路、供水、排水及污水处理、公共交通和生活垃圾处理。基础设施建设是其他一切经济活动展开的基础，也是连接城与乡的重要桥梁。当前城镇的基础设施建设基本完善，个别有待改进，广大农村地区的基础设施建设则需要加强。统筹城乡发展，必须加快农村基础设施建设的步伐，缩小城乡基础设施差距，提高居民的生活环境质量。同时，排水、供电等基础设施，也是农业、工业发展的重要基础，统筹推进城乡基础设施建设，也有利于地方产业的发展。

4）统筹城乡环境保护。城乡统筹，主要是通过发展城市、建设农村，以城市带动乡村发展来实现的，在这个过程中除了城市吸纳农村居民，城镇化进程推进外，农村地区也在发生着巨大的变化。统筹城乡环境保护：一是要注意控制发展强度；二是要注意处理发展污染。农村基础设施增加，农业现代化推进，农村教育、科技、文化、医疗等各方面发展加强，这就需要注意发展强度的问题。在农村地区大力推进城镇化、农业现代化等的过程中，还要考虑当地资源环境承载力，考虑生态安全与粮食安全问题。此外，在当前的发展过程中，有的城市将工业布局在城郊、农村等人口密度较低的地区，这种综合集中布局，虽然可以带来集聚效应，并降低工业污染对城市人口密集区的污染可能，但也应该注意工业发展对农村地区可能带来的污染。农村地区是农产品的重要来源，农产品是人类赖以生存的基础，保障农村地区的环境安全和生态健康，也是保障农村和城市可持续发展的必要条件。在调整农村产业结构，提高农民的生活水平，增加农民收入的同时，必须加大对农业的支持和保护，注重粮食安全，加强对农村地区的生态保护和建设，实现可持续发展，不能一味追求城乡发展的经济效益，必须做到社会效益、生态效益与经济效益相统一。

除了以上四个方面，统筹城乡发展还可以从位置、强度、关系三个方面进行考虑。位置，是指空间要素在城乡之间的分布位置，主要考虑统筹区域城市与村镇各自的地理位置、自然条件、资源禀赋等发展基础，根据实际情况制定实际的城乡发展目标，不能将城乡发展统筹与城乡发展完全等同起来，在这里可以使用“因地制宜”的思想对统筹区域的发展条件进行分析，找出它们的发展优势，确定它们在城镇体系中所扮演的角色，从而指导空间要素的分布。强度，主要是指城与乡在发展建设过程中的开发强度，在城乡建设中，必须要考虑城乡生态环境保护、资源环境承载力等方面的问题，不能以牺牲环境为代价发展经济。城乡关系统筹，包括社会、政治、经济、文化等多方面关系的统筹，在一定意义上，也就是工业和农业之间的统筹。工业发展离不开农业，改革开放以来，中国的农业部门为工业部门提供了巨大的资金基础和原料基础，使得中国工业得以起步和发展，这说明城市的发展离不开农村的发展。同时，农村的发展也依赖于城市的辐射和带动，它们是相互依赖与互补的关系。目前我国经济实力和综合国力显著增强，具备统筹城乡协调发展的物质技术基础，到了工业反哺农业、城市支持农村发展的阶段。统筹城乡发展，就是要多角度、全方位地看待城与乡的关系，就是要使农业现代化、工业化和城镇化协调发展，通过紧密联系、整体规划、资源合理配置，解决城镇化过程中城市与农村出现的问题，促进城乡整体协调发展。

（2）统筹上下游发展

统筹上下游发展，就是合理统筹流域上下游的发展。在流域开发的过程中，不仅需要协调上下游在产业结构和经济发展中的关系，还必须重视流域的生态保护，明确经济带与流域生态屏障共建的关系。统筹上下游的发展：一是要统筹好经济发展和生态环境之间的关系，从而实现区域可持续发展；二是要深刻认识上游、中游、下游在流域全局中的利益关系和角色，协调分工，提高发展效率。

以长江流域带为例，长江流域是指长江干流和支流流经的广大区域，横跨中国东部、中部和西部三大经济区共计 19 个省（直辖市、自治区），是世界第三大流域，流域总面积为 180 万 km^2，占中国陆地面积的 18.8%，流域内有丰富的自然资源。长江上游地处我国西部，自然资源丰富，但自然环境也相对脆弱，在生态环境保护的前提下开发长江流域，重点在于统筹好上下游地区的发展。

从生态保护来看，长江上游已经出现水土流失等问题，中下游表现为泥沙淤积、洪涝灾害和水污染的问题，尤其入海口和沿海是污染的高风险区。因此，保护长江上游的生态环境，不但上游地区受益，而且全流域都将受益，而四川省的“天然林保护工程”“退耕还林还草工程”，也立足于维护中下游流域的生态安全。因此，长江上游生态安全的保护，与长江流域全局的利益休戚相关，其保护和建设成本，应该由上、中、下游地区共同承担。

从地域分布来看，长江流域横跨东西，上中下游分别对应三个梯队：上海、江苏、浙江，东部沿海发达省份；安徽、江西、湖北、湖南，中部省份；重庆、四川、贵州、云南，西部省份。东中西协调发展带的建立，应该立足于长江上中下游地区的比较优势，统筹人口分布、经济布局和资源环境承载力，充分发挥长江的航运、水电等优势和长江三角洲地区的辐射作用，通过增强干线航运能力、改善支流通航条件、升级港口功能和优化港口布局等，加强上中下游地区之间的原料、商品流通能力，促进要素在上、中、下游地区的合理配置，打造长江流域经济带。

(3) 统筹资源丰富与缺乏的区域的发展

由于地理位置的不同，不同的地区具有不同的自然资源禀赋和不同的自然资源储备基础，做好资源丰富与缺乏地区的宏观调控，使要素在地区之间合理配置，有利于提高地区的生产效率，促进区域的发展。

我国东部地区较为发达，自古以来就是人口密集的区域，但自然资源较为缺乏，而西部地区地广人稀，拥有丰富的能源、重金属等资源。为了满足东部地区的发展要求，同时促进西部地区的资源开发与经济发展，实施了西气东输、西电东送等跨区调配工程，体现了统筹资源丰富与缺乏地区发展的必要性。其中，西气东输工程起于新疆塔里木油田轮南，途经新疆、甘肃、宁夏、陕西、山西、河南、安徽、江苏、浙江和上海，最终到达上海的白鹤镇。西电东送工程是把煤炭、水能资源丰富的西部省份的能源转化成电力资源，输送到电力紧缺的东部沿海地区：一是将贵州乌江、云南澜沧江和桂、滇、黔三省区交界处的南盘江、北盘江、红水河的水电资源，以及黔、滇两省坑口火电厂的电能开发出来送往广东，形成“西电东送”南部通道；二是将三峡和金沙江干支流水电送往华东地区，形成“西电东送”中部通道；三是将黄河上游水电和山西、内蒙古坑口火电送往京津唐地区，形成“西电东送”北部通道。

统筹资源丰富与匮乏地区的发展，就是把资源丰富地区的资源优势转化为经济优势，使之成为当地一个新的经济增长点，并输送到资源缺乏的地区，缓解资源紧张状况，推动双方地区的经济发展。对于资源输出地区，资源优势转化为经济优势，有利于增加就业、增加税收、增加财政收入，从而改善基础设施建设，推动地方社会经济的发展。对于资源输入的地区，能够有效缓解资源紧张的状况，同时，清洁、可靠、廉价能源的输入，还有利于改善环境质量，带动相关行业的发展，促进经济发展和社会进步。

(4) 统筹资源环境承载力高与低的区域的发展

资源环境承载力，是指一定的时期和一定的区域范围内，在维持区域资源结构符合持续发展需要、区域环境功能仍具有维持其稳态效应能力的条件下，区域资源环境系统能够承受人类各种经济活动的能力（高湘昀等，2012）。它包含了资源、环境要素的综合承载力概念。资源环境承载能力是区域可持续发展的内生变量，也是区域发展的刚性约束。分析资源环境承载力的大小和空间分布特征，以在时空上实现资源的合理分配，人口和工业集聚。在资源环境承载力高的区域与承载力低的区域，做好分工协作、协调发展，才能最终实现区域的可持续发展。

区域资源环境承载力一般从资源丰度（耕地、水资源、森林覆盖、自然保护区、绿化面积等）和环境支撑能力（环境自净能力、污水处理、生活垃圾处理、工业废水处理、工业废气处理、环保投资等）两个方面进行评价。一个地方的建设发展往往包括人口集聚和产业集聚的过程，而人口和产业的集聚都涉及开发使用自然资源的过程，这个过程需要在该地区的资源环境承载力所能接受的范围内进行，内容包括合理开发与控制污染。

4.4.3 从统筹经济与社会发展来看

统筹经济与社会发展，就是在推动经济快速、健康发展的同时，注重社会的发展，不断提高人民的生活水平，优化人民的生活环境，解决社会发展中出现的各种问题，协调各种社会因素，使经济与社会相互配合、相互促进，形成良性循环的态势。区域经济高速发展，但经济领域的发展成果往往没有及时转移到社会领域，因此也就容易出现许多社会问题，如教育机会不均衡、医疗制度落后、社会治安薄弱、社会保障水平低等。因此，应提倡统筹经济与社会发展，从统筹的角度协调经济发展与社会进步，解决这些在区域发展过程中出现的社会问题。在经济快速发展，产业结构不断调整，产业结构从第一产业向第二产业和第三产业逐渐转移的过程中，不仅涉及对自然资源的开发利用，还涉及各产业部分之间产值、就业人员及收入的变动。对自然资源过度开发而产生的环境污染，或是不同行业之间工资水平差异的增大，以及产业结构变动而带来相应的就业压力，社会保障制度不完善等，都会引起社会矛盾，造成经济发展与社会进步不协调。

统筹经济与社会发展，要注意资金在经济建设和社会建设方面的合理分配。当社会事业发展落后，包括教育、科技、文化、卫生、体育等事业发展落后于经济发展，没有建立全面的社会管理体制和机制，无法有效避免矛盾、化解冲突和规避灾难，在企业改制、房屋拆迁、劳资关系等与人民息息相关的利益得不到保证时，也容易出现社会发展的不协调。这就要求人们必须重视社会建设，不断完善社会福利保障制度及管理体制，保证公共资源分布的合理性和公平性。

统筹经济与社会发展，还需注意经济发展与社会发展之间用地平衡的问题。经济发展过程主要涉及工业用地，社会发展主要涉及居住用地、教育用地，而商服用地、机关单位等用地在两个过程中都起了不同程度的作用。在社会经济发展、城乡建设的过程中，必须对不同的用地有明确的规划，工业用地要保障，学校、医院、广场等与居民生活切实相关的公共用地也需要保障，在空间布局上就需要人们依据地区的实际情况进行统筹规划与建设。

在统筹社会与经济协调发展的过程中，政府对经济应采取适当的干预措施，要主动创造优良的市场环境，有意识地向改善民生的方向倾斜，加强基础设施的建设，提高社会保障能力，在公共教育、医疗卫生和社会保障等方面提高投入，关注城镇化与经济发展过程中出现的社会问题，寻求解决方案，不能只是一味地强调经济发展。同时，人们的发展理念也应当有所转变，不能只寻求经济利益最大化，应将社会利益与生态利益也考虑进来，坚定贯彻以人为本、可持续发展的科学道路，做到高速度发展与高质量发展相结合，经济与社会协调发展。

4.4.4 从统筹国内发展与对外开放来看

统筹国内发展和对外开放，就是从国际形势的发展变化中把握机遇、应对挑战，统筹利用国内、国际两个市场、两种资源，协调国内产业发展与国际产业分工，在始终坚持和不断完善我国社会主义市场经济体制的前提下，积极参与制定国际经济贸易的规则，充分发挥我国综合的优势，为我国社会经济发展与现代化事业拓宽市场空间，提供多元化、可靠持久的资源保证。

改革开放一般可分为三个阶段（李计广等，2008；陆大道等，1999）：第一阶段（1978～1991年），主要是开放沿海地区，为外向型经济发展战略。主要是面向国际市场，根据国际市场的需求，利用国内的资源和经济优势，发展本国优势产品，同时引进需要的技术、资金和装备，发展本国经济。在这一阶段，我国大力发展劳动密集型出口加工业。第二阶段（1992～2000年），是对外开放纵向加深的阶段。在这一阶段，开放范围从沿海扩大到沿江和沿边地区，推动对外开放格局从沿海地区向内地推进，形成更为深入的全方位开放格局。我国贸易结构不断优化，在国际分工体系中的地位上升。第三阶段（2001年至今），在这一阶段，我国加入世界贸易组织（World Trade Organization，WTO），并积极、主动参与国际经济贸易规则的制订。当前，我国产业结构逐渐趋于合理，并向优化和升级的方向发展。研究发现，目前我国产业结构出现了明显的分化，以重、化工业为代表的传统产业集群比重逐渐降低，而以高端制造业、现代服务业为代表的第三产业比重快速上升。我国以“廉价劳动力”著名的局面已经有所改变，小米、华为等新兴科技在东西方国家的盛行，表明我国对外开放已经走向了以高新技术输出为代表的新阶段。

但是，当前中国在国际分工中仍然处于比较低端的不利地位，发展高附加值的制造业和现代服务业，不论对中国经济长期可持续发展，还是提升中国在世界经济体系中的地位，都具有重要的意义。对于开放条件下的中国，产业结构的调整和转型应该包括两个方面的含义：一是不断推动第二产业、第三产业的发展，建立创新型产业；二是提高产业的价值，开发高品质、高科技含量的产品，以获得更多的利益。新兴产业的形成和发展离不开国际先进企业的技术和资本，而产品在更大的市场流通以获得更高的效益，也离不开对外开放。对于跨国公司而言，产业集聚是节约成本的重要途径之一，在特定的地区集聚，不仅可以降低生产成本、上下游协调成本和运输成本，产业集聚所带来的知识外溢也是产生创新性技术、产品的重要途径。在兼顾国内发展和对外开放的前提下进行产业结构的调整，才能把握住促进经济可持续发展的发展方向，不断提升中国在世界经济体系中的影响力和话语权。

统筹国内发展与对外开放，除了加强国内、国际市场的联系，协调利用国内、国际的资源，推动国内市场的对外开放外，还要引进外资，推动连锁企业、电子商务及物流配送等现代市场联系方式的发展，打破市场壁垒，在规范化市场秩序下促进各种要素在国际、国内市场上的流通，也要注意对民族企业的保护，在必要时给予一定的政策倾向与扶持，把握好对外开放的度，防止外资企业对国内市场造成动荡与冲击。在推进第二、三产业的发展的同时，也要注意对第一产业的保护。粮食作为生存必需品和战略物资品，是第一产业的主要产物之一，需要通过政府的宏观调控和各项政策对其加以扶持和保护，如当前全国耕地红线、基本农田等范围的划定，正是在产业结构转型之际，对粮食安全等国内发展和建设基础的保护措施。

我国加入 WTO 和经济全球化的过程深刻影响着我国社会经济的发展。经济全球化包含三个方面的含义：一是国际资本向全球扩张；二是国际产业分工深化；三是信息技术革命。信息技术革命降低了接受教育的成本。这三者促进了经济的全球化。获得诺贝尔经济学奖的美国经济学家斯蒂格利茨曾经说过，在全球产业转移的过程中，制造业向中国转移是不可避免的。因为中国有劳动力成本的优势、资本的优势和企业家精神，还有巨大的市场，这是其他国家无法与之竞争的。其他国家必须通过产业高端化来应对这种挑战。这段话不仅对国与国之间的竞争合作有用，对省与省之间的产业转移也有现实意义。例如，珠江三角洲的劳动密集型产业肯定会转移，要避免转移带来的产业空心化（产业空心化多指在产业结构变化过程中，出现的一种原有的产业衰退了，为了生存向后进地区转移，可新的产业还没有充分发展，补不上转移出去的缺口的过程，俗称“青黄不接”）而成为第二个香港。由于珠江三角洲的产业不能像香港那样达到为制造业服务的高端化程度，高科技和技术密集型产业就必须得到相应的发展。没有这样的产业高端化或者高端化的速度比较慢，空心化就很难避免。斯蒂格利茨对世界的告诫对我国每个城市同样适用。这就是全球化的影响，也说明了在安排国家、区域经济发展时统筹国内外和区内外的重要意义。

小　结

本章重点讨论了经济活动地理空间组织的基本原理，主要包括因地制宜原理、集聚与分散相结合原理、地区专门化与综合发展相结合原理和统筹兼顾与综合平衡相结合原理。在进行经济活动地理空间组织决策时，只有正确运用这些原理，遵循这些原则，才能使经济活动与地理环境呈现出相宜和谐的状态、稳定发展的过程、合理优化的结构和齐全强大的功能，使区域系统具有良好的社会效益、经济效益和生态效益。

这些原理主要是针对经济活动与地理环境的关系（包括在地理空间中的位置、强度和关系）、经济活动间的数量关系、质量关系和空间关系、区域整体经济活动系统的主次关系、统一协调关系来讨论的。在经济活动地理空间组织时，要学会综合运用这些原理，并注意在两类不同组织决策（方式）中运用的共性和个性。

思 考 题

1. 在经济活动地理空间组织时，为什么要运用因地制宜的原理（原则）/集聚与分散相结合的原理（原则）/地区专门化与综合发展相结合的原理（原则）/统筹兼顾与综合平衡相结合的原理（原则）？
2. 如何理解因地制宜？从哪几个方面来把握因地制宜？
3. 在经济活动地理空间组织时，如何把握好集聚与分散相结合的原则？
4. 在经济活动地理空间组织时，如何做到地区专门化与综合发展相结合？
5. 在经济活动地理空间组织时，如何体现统筹兼顾与综合平衡相结合的基本原则？

第二篇　经济活动区位选择原理与方法

第5章 经济活动的区位选择

5.1 经济活动区位选择的基本问题

5.1.1 区位选择的范围与层次

一般来说，经济活动的区位选择是一个从宏观到微观、从定性到定量的过程。经济活动的区位选择范围往往与行政区域相对应，可区分为国际范围、全国范围、省域范围、市域范围、县域范围等。一般情况下，在国际范围内确定某一经济活动的区位是权衡各方面条件，在各国或地区间的地域差异分析基础上将经济活动落实到某一国家或地区范围内；在全国范围内确定某一经济活动的区位则是在分析国内各地区（如沿海地区、内陆地区、东部地区、西部地区等）或各省区的地域差异基础上，择优将经济活动落实到国内某一地区或某一省区范围内；在某一地区或省区范围内，分析其下层行政单元，即各市（县）间的地域差异，择优将经济活动落实到某市（县）区范围内；在市或县范围内，根据经济活动对自然条件和社会经济条件的具体要求，分析市县范围内自然条件和社会经济条件供给的地域差异，择优将经济活动落实到具体的区位上，即确定出经济活动具体的用地范围。这个决策过程是逐步缩小范围进行选择，直至最后将经济活动落实到具体的用地上。

通常把将经济活动落实到一定区域范围（如某国、某省、某市县）内的区位选择决策称为选点，而把将经济活动落实到具体用地区的区位选择决策称为选址或用地选择，也就是在实际操作中，可将经济活动的区位选择决策区分为宏观的选点和微观的选址两个层次（表5.1）。

表5.1 不同范围/层次经济活动区位选择特征比较

区位范围（尺度）	地域差异比较	经济活动区位落实	区位选择层次
国际	国家或地区间	某一国家或地区内	宏观选点
全国	国内地区间、省间、市县间	国内某地区、某省、某市县	宏观选点
市县	市县内不同地区间	市县内某一用地范围内	微观选址

5.1.2 区位选择因子指标体系

针对不同的区位选择范围和层次，分析不同区域间的地域差异时应采用的不同的因子指标体系。下面给出宏观选点时，区位选择的区域级因子指标体系（图5.1）和城市级因子指标体系（图5.2），分别侧重于地区间的地域差异和城市间的地域差异，以及微观选址时用地选择的因子指标体系（图5.3）。在运用这些因子指标体系时，要注意把握好各类经济活动对这些因素（条件）的具体要求，特别是在运用用地选择因子指标体系进行用

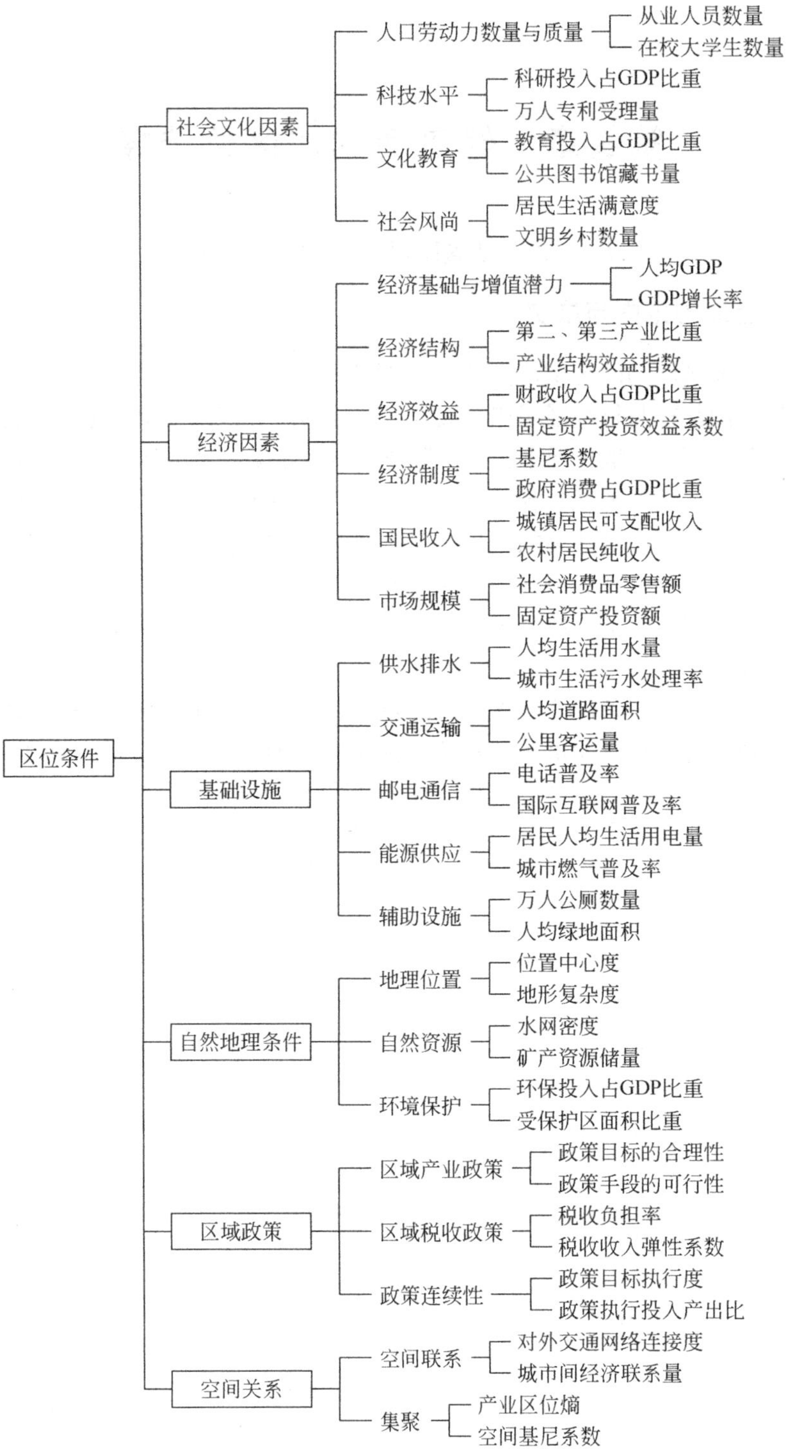

图 5.1　经济活动区位选择区域级因子指标

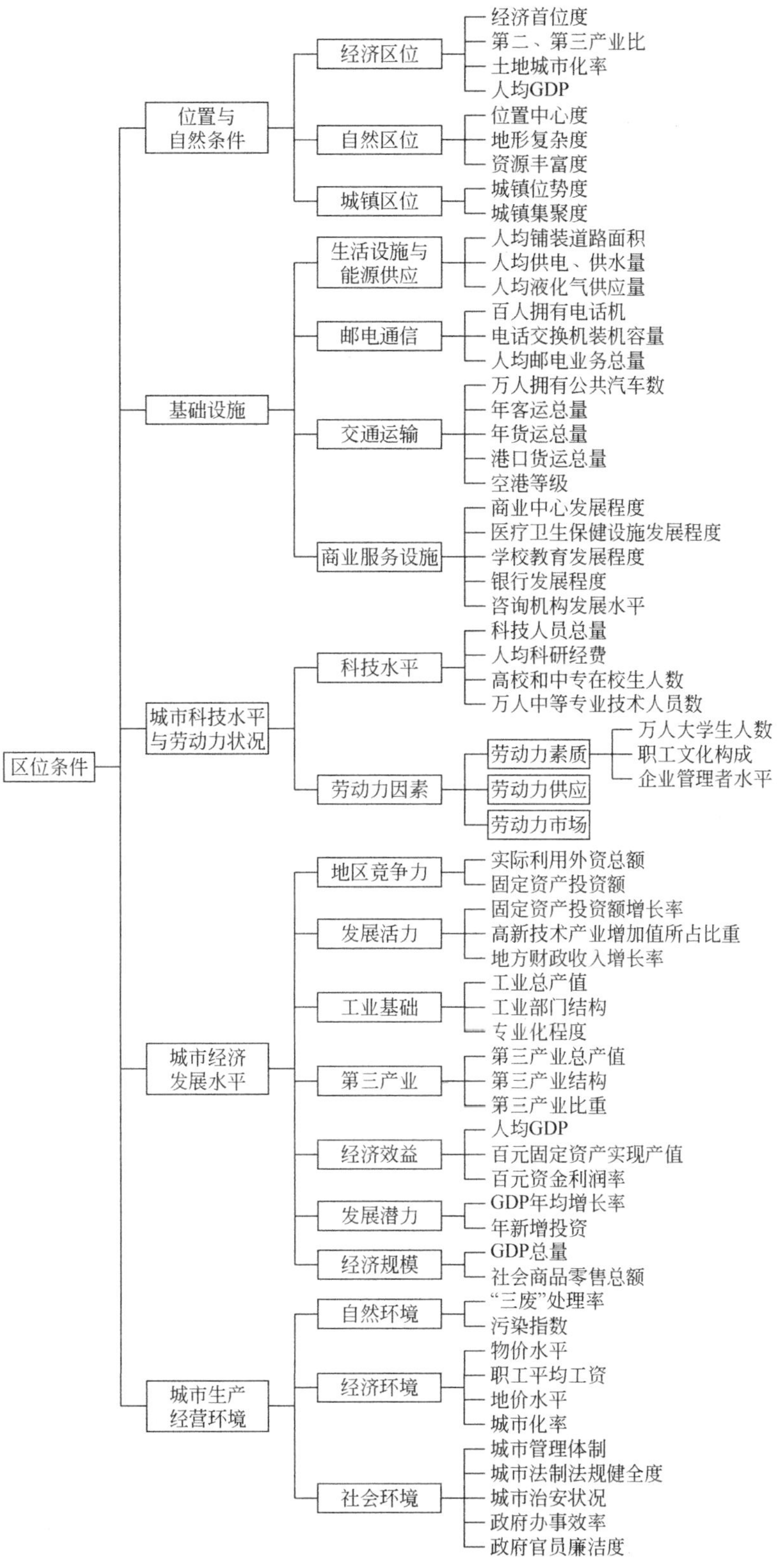

图 5.2　经济活动区位选择城市级因子指标

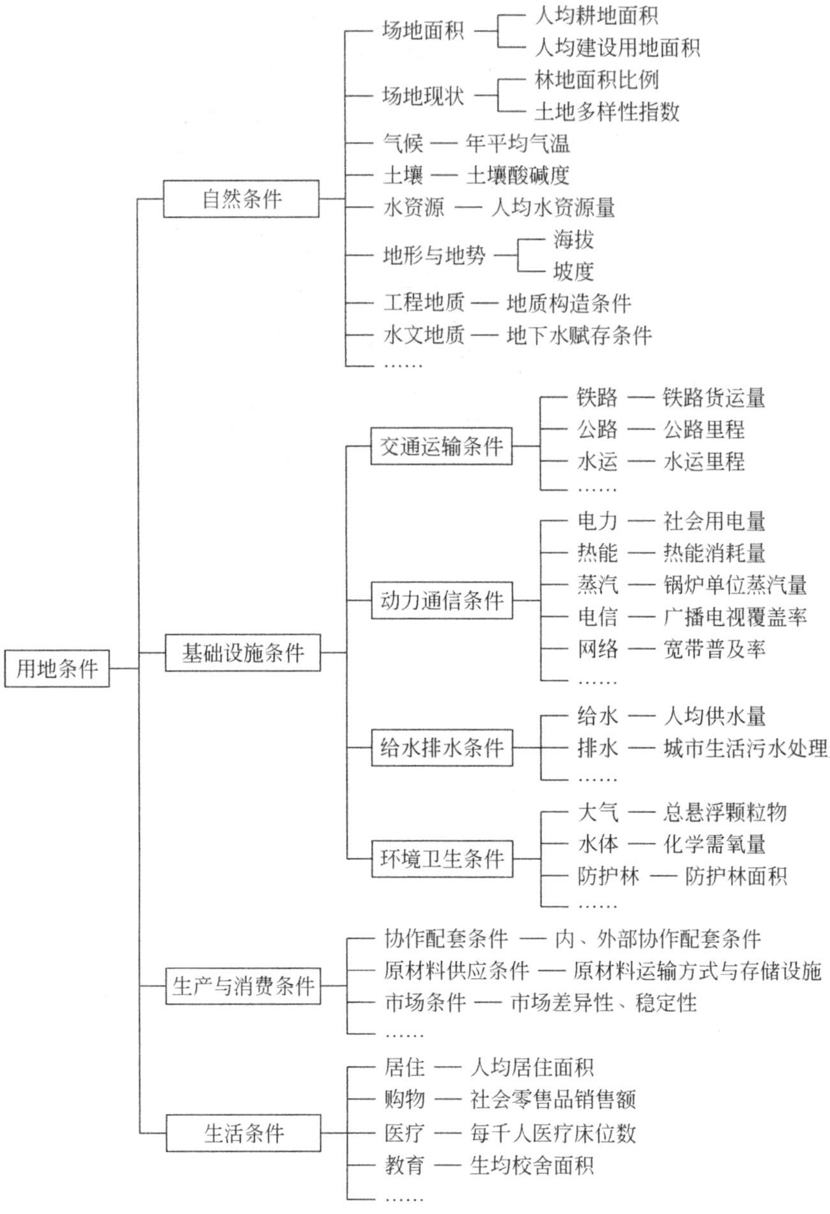

图 5.3　经济活动用地选择因子指标体系

地条件的地域差异分析时，更要注意共性要求和个性要求的差别。在宏观选点时，主要从国家或区域政策出发，考虑交通运输和通信因素、劳动力供给及市场因素等。而在微观选址时，则需更详细地分析生产生活运输条件、通信设施、与其他协作配套部门的联系、原料和零部件供应、城市基础设施、生活环境等因素，充分把握住可利用的原有基础。

上述影响因素中，有些因素，如区域政策、集聚现状与可能，对所有经济活动区位选择均有重大影响。区域政策特别是区域产业政策对经济活动的宏观选点意义重大。区域产业政策中鼓励发展的产业会在诸多方面存在优惠条件，这些条件将有效地降低经济活动的建设和生产运营费用，提高经济活动的利润。企业之间的相互依赖和集聚效应也是影响企业投资区位的一个重要因素。集聚能给企业带来集聚效益，此外，这种跟随竞争者的区位策略，不仅是为了降低风险，也是竞争的需要。

还有些因素，如自然条件，对各种经济活动都有影响，但不同的经济活动所关注的子因素各不相同。对农业而言，自然条件中的土壤、气候、水资源等因素几乎有着决定性的影响；对工业来说，自然条件中的这些因素则对用地地基、给水排水等方面产生影响，而作为工业生产的原材料却对工业布局影响重大。

当然，针对具体的产业，即使是同一大类产业中不同性质的子产业，如工业中的劳动密集型产业、资本密集型产业、技术密集型产业和高新技术产业，服务业中的为生产服务的服务业和为生活服务的服务业等，它们的区位条件需求也存在较大的差异，布局决策时需要具体问题具体分析。

5.1.3　区位选择标准

无论是经济活动的选点还是选址，最终都要落实到具体的用地上，都有一个最佳区位的问题。衡量所选择区位是否最佳可采用包含经济、生态、社会等方面的综合效益标准，其中极为重要的尺度就是经济效益。要力求所选择的区位能促进经济活动在投入量一定的前提下，产出量最大，或者在产出量一定的情况下，投入量最小，即所获得的经济效益最大。

德国经济学家韦伯在其《工业区位论》中指出，一切社会形态中，工业分布都是趋向于生产费用最低的地区，而德国经济学家廖什则认为，影响工业经济区位的决定因素既不是社会制度，也不是一定的自然条件、最少费用或其他社会经济因素，而是最大利润，也就是尽可能使产出量与投入量的差量（即利润）为最大。因此，在经济活动区位选择的实际操作过程中，常常需要尽可能多得占有市场或接近多个市场以保证在足够大产出的情况下，使投入量（即成本费用）最小，从而使获得的经济效益（即利润）最大。

经济活动区位选择的经济效益有两个突出的特征，即地域性和完整性。

1）经济活动区位选择经济效益的地域性特征是指地域差异而使经济活动在不同区域产生不同的费用或利润。

各个地区的自然条件和社会经济条件千差万别，它们为经济活动提供的可能性不同。这种地域差异影响着各地区单位产品生产在劳动消耗上的不同水平，也影响着产品在生产、流通、交换和消费开支或收益上的差别。

2）经济活动区位选择经济效益的完整性特征是指经济活动区位选择的经济效益应体现在从产品生产到产品运达消费地（包括生产、流通、交换、消费等各环节）的完整过程中。

由于经济活动地理空间组织的空间特性，只有从经济活动完整过程来考虑其经济效益才能得出正确的结论。因此，确定经济活动区位选择的经济效益时，除涉及产品生产过程外，还应涉及产品运达消费地（尽可能多个并且是大而集中的消费地）的过程，不仅要估计与产品生产有关的投资（生产前）和经营费用（生产中），还要估计产品运达消费地的费用（生产后）。实际过程中，对不同区位方案的比较，其最终依据应是能反映上述完整过程的社会劳动消耗，具体而言就是：基建投资+经营费用+产品运达消费地的运费，也称为生产的完全费用或产品的总成本。

5.1.4 经济活动最佳区位选择的技术经济论证方法

技术经济论证方法，是指在进行经济活动区位选择（或研究经济活动布局）时，把技术上的可能性与经济上的合理性结合起来对各种不同的区位选择方案或布局方案进行分析比较，估计出各个比较方案的经济效益，从中确定最佳的方案。

1. 经济活动区位选择的决策标准

依据经济效益确定经济活动区位选择（主要是生产布局），主要可通过分析经济活动的基建投资、生产成本（经营费用）和产品运费三个方面的地域差异来实现。

（1）基建投资（即与建设项目有关的一次性开支）

包括以下三个部分。

1）直接投资或主体投资：建设特定的项目及使其正常运转所必需的直接开支，如厂房建设、购置和安装设备上的开支等，这种开支与地区自然条件的关系密切，有着明显的地区差别，如各地区矿藏及其储量大小、矿层厚度、埋藏深度、矿石成分等，对采掘工业的直接投资影响很大。在建设加工工业项目时，要考虑各地区的气候、水源、建筑场地的地形、土质、当地建筑能力和建材业发展水平对基建投资的影响。

2）相关投资：由于项目的相关性，为保证该项目正常工作所必需的投资。国民经济各部门之间有着广泛而密切的相互关系，对一个地区投入一定的生产能力：一方面能为社会提供一定数量的某种产品；另一方面又对某些部门提出了新的要求，即动力、原料生产、运输系统、住宅等相关设施都要相应扩大，这就是项目的相关性，为此而进行的投资称为相关投资。

3）占地补偿：对建设该项目而造成的损失的补偿。新项目的建设不可避免地占用一定的土地，毁掉一些农田、建筑和其他设施，从而为当地带来一定的损失。这笔损失应给予补偿，并记入总投资。占地补偿方面的开支有很明显的地区差别，它们取决于各地区的经济地理位置、经济开发水平、人口密度和自然方面的一些条件。一般，越是经济发达的地区，这类补偿费用越大，应根据一定的经济原则来估计补偿的费用。

（2）生产成本或经营费用（这里指的是项目运营成本）

在生产实践中，成本主要包括以下几方面的开支：①原料和主要材料，包括外购成品和半成品；②辅助材料；③燃料；④动力；⑤折旧提成；⑥职工工资；⑦管理费用；⑧环保费用；⑨其他费用。确定生产布局经济效益，并不要求估计上述所有方面的开支，只需估计其中有明显地区差异的部分，如与原料、材料、动力等物质消耗有关的开支（一般占30%~80%），以及与环境自净力和人工设施处理能力有关的环保开支等。

（3）产品运费

运费是区位选择的一个重要依据。它并不只是重量和距离的函数，还需考虑：①运价率，在长距离运输中，每公里分摊的装卸费用越低，运价率就相对下降。不同货物的运价率也有差别。②运输组织，是直达还是需要中转换装，是否有回空，回空率的高低，都影响运费的大小。③运输工具，使用不同的运输工具，对运价有很大影响，如同样从甲点到乙点，用管道输送原油比铁路运输要便宜。④被运送物质的特点，同一种运输工具运送等量的不同物质，由于物质的可运性不同，单位运费也有差别。但对运费的大小，还需进行综合分析。

2. 经济活动区位选择的基本过程

下面以工业用地选择为例，来说明经济活动区位选择的基本过程。

工业用地选择是根据工业生产自然条件、社会经济条件的具体要求（所需条件），结合在用地自然条件和社会经济条件地域分异分析基础上的区位条件供给分析，运用技术经济论证方法，估算出各个比较方案的经济效益，从中确定最佳方案，使具体要求（所需条件）与区位条件（条件供给）之间相宜和谐匹配，产生最佳的经济效益。

(1) 工业生产所需条件分析

在工业用地选择中，首先应明确拟选工业生产方面的特殊要求，只有满足其主要的特殊要求才能被认为是较好的方案。工业企业对厂址选择的特殊要求可分为下述六类。

1）运输量大的企业：加工中需要大量原料、燃料或其他材料，或生产大量成品外运的工业企业，如冶金工业、煤矿业等。必须满足其运输要求，其中具有决定意义的就是靠近铁路线和专用码头。

2）耗电量大的企业：在加工中需要大量电力的工业，最好靠近电站，以避免架设高压线及减少升降电压带来的电能损失。

3）用水量大的企业：这类企业应当靠近丰富的水源，厂址与水源地的标高差别不应太大，一般是选在湖泊、河流附近。

4）蒸汽用量大的企业：如印染厂、胶合板厂、造纸厂等。厂址应接近热电站，以避免热量输送过程中的损失。

5）需要较多劳动力的企业：如纺织厂、机械制造工业，应选在人力资源丰富的城市，还可减少生活福利方面的基建投资。

6）需要较多高素质人才的企业：如光电子信息产业等高科技工业，应选在人才较多的城市和区位。

然后，应明确工业生产用原料、燃料及主要辅助材料的需要量（t/a）；工业生产运输量，包括运入量与运出量，同时明确是否需要专用线（t/a）；企业用水量，包括生产、生活和消防的最大用水量和平均用水量（t/d），以及对水质的要求；企业用电量，包括生产、生活照明，分别列出设备容量和需要容量（kW）；企业设备（装置）总数和主要设备（装置）数（台）；企业建筑面积，分别明确各生产区和生活区的建筑面积（m^2）；厂区用地面积，包括厂区、渣场、生活区、工厂编组站、码头、施工基地等用地面积指标（hm^2）；企业职工规模（人）、工业用热及动力供应量（t/h）、废水（包括有害废水）排出量（t/d），以及施工期建筑材料的需要量与运输量（t）等。根据这些具体要求进而明确出企业生产与发展对用地的自然条件、基础设施、生产与消费条件、生活服务配套，以及用地形状和面积大小等方面的具体要求。

(2) 区位条件供给分析

根据工业生产对工业用地的一般要求来分析不同区位的条件供给，主要从以下八个方面着手。

1）场地条件。所选区域是否有适宜建厂的地形、地质条件和必需的场地面积，并有适当的发展余地。一般大型和有铁路运输的企业，要求地势平坦，并有一定的排水坡度，一般不宜小于0.5%。对需要重力运输的工业企业，如水泥厂，则可选择斜坡地段。工业用地要有足够的地基承载力，一般不少于$1.5 \sim 2.5kg/cm^2$。地下水应低于地下至隧道的深度，至少应低于基础的埋设深度；一般不采用有地下矿藏的地面，如属采空区，并经过处理，在得到各业务主管部门的审查同意后，方可选择为工业用地；不应位于有喀斯特、滑坡和冲沟的地段；不应位于易被洪水淹没的地段，工业用地的标高，最少应比计算最高洪水位高0.5m以上，地势高低是保证工业正常生产的重要指标。例如，沿长江某工厂坐落标高为3.2～3.6m，而长江大峰平均水位4.06m，平均高潮位为3.23m，最高内涝水位为3.9m，为避免洪水或内涝，设计标高为4.20m，为此需填土400万m^3，按每立方土平均价格15元计，所需经费达6000多万元。若开挖一条护厂河，以缓冲排除雨水的困难，则需配置3个大型排水站，总能力为$32.1m^3/s$，约等于一条中等河流的流量，耗费巨大的运营费用，使近水源之得补偿洪灾之失；工业用地的面积和外形，既要结合远期可能的发展，留有适当的余地，又应有分期分批建设和逐步扩大的可能性。

2）交通运输。所选择区域的对外交通联系是否便利，是否具备修建铁路、公路等交通运输设施的条件。有大量原料、燃料和成品运输量的工厂，应选择布局在靠近铁路或车站附近，以便引入铁路支线。一般年运输量为4万t及以上的工厂，应考虑设铁路专用线，工业用地应靠近公路干线，或具有适于修建公路的条件。需要水运的工厂应靠近通航河流，水运是最低成本的运输方式。运输量大的工厂，在条件许可的情况下，应尽量利用水运，并设立专用码头。

3）动力供应。所选择区域的动力供应条件是否具备。需要大量电力、热能和蒸汽的工业企业，应尽可能靠近发电厂或热能站附近。需要大量用电的工厂，如铝厂、铁合金及电炉炼钢等工业，最好能从电站直接受电，而不经过变压以减少损耗。若企业受电不用高压电缆输送，而是采用架空的高压输电线，则需考虑设置高压走廊的空间。

4）给水排水。所选择的区域是否具备给水排水条件，是否有利于保护水源。用水量大的工业，如水力发电厂、纸浆厂、造纸厂、制糖厂等，应布置在水源充足的地区，如河流附近或地下水充足的地区，其用水量应该满足工业近、远期发展的需要，同时必须考虑污水的排放和处理。

地表水和地下水对工业用水来说各有利弊，应综合考虑权衡。工业企业若邻近水量丰富的江河湖泊等地表水体，取水方便且费用低，拥有较为理想的天然水源。但地表水常因水质混浊需建净水设备，因季节枯水要建蓄水工程，从而提高了用水造价。与地表水相比，地下水水质混浊度小、水温低、水量年变率小，更适宜工业生产需要，但地下水勘探与凿井费用高，水中往往含有矿物质，过量汲取地下水有可能导致地面沉降。

5）环境卫生。所选择区域是否有利于防止环境污染，具备良好环境卫生条件。工业企业在生产过程中难以避免、或多或少有“三废”的排放。除采用绿色隔离带来防护外，工厂应尽可能布局在居住区的下风方向，还要考虑对周围农作物的有害影响；工厂应布局在城市河流的下游，避免河流水体受污染；工厂不应靠近各种有机和化学废物舍弃地点，也不可靠近可能的传染病发源地；当较多的工业企业集聚时，应注意工业企业间的相互干扰和污染；要求卫生和洁净的工厂绝不能紧靠冶金和化学工厂；窝风的盆地会造成烟雾毒气弥漫不散，不适合选作厂址。

6）协作条件。所选择的区域是否具备厂外配套协作条件。厂外配套协作条件是厂址选择中经常涉及的一个重要问题。它不仅指不同性质的工业企业要求靠近已有的协作厂，还包括寻求将有可能建设协作厂的条件。有些选厂本身就是为按协作关系成组的定点组合。

7）消费条件。所选择的区域是否接近市场，具有很大的消费潜力。工业产品生产的目的是满足社会再生产和人民生活的需求，因而集中的需求点（市场）就是选择最佳厂址应注意的条件。这里应当充分了解不同工业部门、不同工业企业产品的消费结构及其地区分布特点。

8）职工生活条件。一个具备相当规模的工业企业必然拥有一定数量的职工。工业职工是最活跃的生产力。为了不断提高和保持其再生产能力，必须保证职工拥有必要的学习、生活与良好的休息条件。因此，对于职工生活区的位置，一定要在工业用地选择同时加以考虑。

总之，工业用地的选择，不仅要为工业生产本身创造有利条件，获得良好的经济效益，还要考虑其他多方面的要求，如厂址最好接近居民区或现有的建成区，有利于原料的综合利用及人防安全等，以获得良好的社会效益和生态效益。

（3）工业用地选择的技术经济论证

通过现场勘探和实地调查，在全面了解该地区的国民经济长远规划、区域规划和城市规划，以及综合分析工业生产所需条件和区位条件供给配置情况的基础上，对具备建厂条件的若干区域作进一步的比较分析。比较各个待选区域的利弊和经济效益的大小，把握产品生产及产品实现的全过程，不仅要弄清投产后的经济效益，还应注意长远的效果；不仅要考虑本工业企业的经济效果，还要看相邻部门为拟选厂定址而增加投资的综合经济效果。

工业用地选择的技术经济比较方案多采用对比式的表格进行对照，按项目表述选址中各有关因素的优缺点。以选择某石油化工厂的方案为例，比较方案参见表5.2和表5.3。

表5.2　工业用地选择方案比较表

序号	项目	厂址		
		甲	乙	丙
1	地理位置	位于地区所在城市西北，距5km	距某县（镇）3km	距某工业城市15km，靠近铁路干线
2	面积与外形	$108hm^2$，呈长方形，可扩展	$130hm^2$，形状不规则、无余地	$89hm^2$，呈方形、无余地
3	地势	地势较平缓，海拔135m左右，平均坡度0.01°	地势稍有起伏，海拔75～79m，平均坡度0.02°	地势平坦，海拔55～58m，平均坡度0.003°
4	土方工程	每公顷约$1700m^3$	每公顷约$2700m^3$	较少
5	工程地质	土壤耐压力（砂质）$4kg/cm^2$	土壤耐压力（细砂质）2.5～$3kg/cm^2$	土壤耐压力（黏土）$1.5kg/cm^2$

续表

序号	项目	厂址		
		甲	乙	丙
6	地下水	距地面 10～15m	距地面 85m	距地面 15m
7	地震	4 级区	4 级区	6 级区
8	防洪	无威胁	百年一遇洪水，曾淹没，现在上游已建水库	有内涝资料，应有防洪措施
9	厂区内土地利用情况	大部分为农田和菜园	历史上为古河道，部分土地曾采过矿石，土质较差	为郊区高产农田、菜田，住有一个生产队居民
10	地下埋藏问题	未发现	附近发现古墓	厂区以北 10km 处为煤矿
11	铁路专用线	专线长 15km，需建 50m 长桥梁	由去矿山支线接专用线，长 5km	由附近车站接专用线，长 3km
12	供水工程	生产用水可取河水	取地下水	可由 5km 外引河水或地下水
13	供电工程	有附近电站接线，但要增加机组	引 10km 高压线建变电站	利用附近热电站接线，并可得热能
14	排水工程	经处理低于排放标准，排入河道	经净化、用管道排入河道	经处理净化，用管道引入旧矿坑或污水处理厂
15	环境保护	厂区位于城市各季盛行风上风侧，对生活区有一定影响	厂区与县镇处于盛行风平行的位置，无大气污染	厂区烟尘或 SO_2 对附近农作物有影响
16	职工生活区距离与城市关系	在厂区附近建职工生活区，去城市联系要建一座桥梁	部分职工在厂区，另一部分可住县镇，有公路联系	职工生活区安排在厂区东部，与就近工业取得联系
17	与其他工业联系	靠近铁路工业基地	在附近可建其他化工工业，综合利用油、气资源	交通方便，有较好协作条件
18	建筑施工条件	有足够的建筑材料，有施工的水电条件	有砂石，要解决施工水电	有少量黏土砖，其他建材需外来
19	经营条件	投资产后经营费用稍高	生产后经营条件较好	距原料地稍远，运输费用较大

表 5.3　工业用地选择基建费、经营费和运费比较表　　（单位：千元）

序号	工程项目	计量单位	甲厂址		乙厂址		丙厂址	
			数量	金额	数量	金额	数量	金额
	（一）基建费							
1	土方工程	m^2						
2	铁路专用线	km						
3	厂外公路	km						
4	供水管道	km						
5	排水工程（净化）							
6	防洪、防震							

续表

序号	工程项目	计量单位	甲厂址		乙厂址		丙厂址	
			数量	金额	数量	金额	数量	金额
7	供电							
8	厂区开拓与赔偿费	元						
9	住宅及文化福利建设	元						
10	建筑材料运输费	元						
	合　计							
	（二）经营费							
1	生产性原料、燃料及运输费	t						
2	给水	m^3						
3	排水	m^3						
4	供电	度						
5	其他							
	合　计							
	（三）运费	元						
	总　计							

从表5.2中可以看出：①甲地厂址的条件较好，适于建厂。但是它位于河流冲积扇上，下游另有较大城市均以这条河流和地下水为主要水源，从环境保护角度看，目前的石油化工厂还很难达到不污染水源的程度。其次，厂外交通方面存在着铁路货运量接近饱和的问题，新选厂年运量约200万t，会增加铁路运输压力，新修专用线要建桥梁，投资稍高。②丙地厂址土方工程量最少，但处于高产农区，随着石油化工的发展，可能使之与原有城市连成一片，而且地下煤炭资源埋藏情况还有待于进一步勘察。优点是交通方便，附近有较好的协作条件。③乙地厂址处于较有利的位置。缺点是在古河道附近，有可能污染地下水源（但距下游城市尚远），上游水库容量不大，大坝质量尚好，但也应重视可能出现的问题。

应当指出，工厂选址的要求是极其复杂的。实际上没有一处厂址可以满足所有企业的一切要求。新选厂址应在总体上是适宜的，同时应基本满足工厂总平面布置的要求，在此条件下：①重点比较厂址各项工程，如交通设施，给水、排水、供电等投资状况，以及相邻部门生产负担增加而引起投资增加的情况。②预计投产后，对厂区周围的环境影响，如果选址必须占据耕地，但不能进一步污染厂址周围地区更多的农业生产和威胁人民的生活。由于污染环境造成的经济损失在建设费和经营费中一般是反映不出来的，因此，必须做好环境影响评价，避免片面性，努力选出正确合理的方案。

5.2　经济活动区位选择的经典模型

5.2.1　农业区位选择模型——杜能模型

农业经济活动由于其自身的特点，在区位选择时受自然条件的影响极大。在自然条件许可的前提下，其微观区位选择也存在成本最低和利润最大的决策标准。但其中最常采用的决策标准是利润最大标准。

冯·杜能根据其在德国北部麦克伦堡平原长期经营农场的经验，于 1826 年出版的《孤立国对于农业及国民经济之关系》（简称《孤立国》）一书中，提出了一个农业区位的理论模式。这一理论是农业区位选择的经典理论。

1. 区位因子——运费

基本假定为：①在一个大平原中央有一个城市，它与周围农业地带组成一个孤立的地区。该区位于中纬度地区，具有同样适宜的气候和肥沃的土壤，宜于植物、作物生长。而在平原之外，没有适合耕种的土地，只有荒原与外部世界相隔绝。这就是"孤立国"形成的基础条件。②"孤立国"既无河川、也无运河，马车是产品唯一的运输手段（当时火车尚在试验阶段，汽车尚未出现）。③除了中心城市外，农村与其他任何市场无联系，即中心城市是唯一农产品贩卖中心，也是工矿品的唯一供应者。④农民生产的动力是获得最大的区位地租，即纯收益，所以他们根据市场的供求关系，调整其生产品种类。⑤市场的农产品价格、农业劳动者工资、资本的利息皆假定固定不变。⑥运输费用同运输的质量和距离成正比，运输费用由农业生产者负担。

在上述假设前提下，影响农业区位的唯一因素是农产品的运输费用。当然，由上也可发现杜能所假定的空间是一个均匀连续的多向同性面。因此，在基本区位模式得出后，按实际情况的修正任务是相当艰巨的。

2. 理论模型

其核心是在商品经济条件下，因为全部或绝大部分农产品都要以商品形式投入市场，所以利润（纯收益）的大小成为农业经济活动选择的决定性因素，不是任何生产在经济上都是可行的。杜能还认为，不是任何地区和地带都必须采用同样的集约化经营方式，关键在于根据条件进行合理的空间组合。

在自然条件许可的情况下，以商品农业为主要特征的现代农业经济活动并不一定在各地都进行，可以用来进行商品农业经济活动的区位必须能获得利润。在杜能的农业区位论中，农产品利润或纯收入被定名为区位地租。

在前述假定基础上，农民获得的利润取决于市场的价格、产地的生产成本和产地与市场两地间的运费三个因素之间的关系，可以表示为

$$P=V-(E+T) \tag{5.1}$$

式中，P 为利润；V 为农产品的市场价格；E 为农业生产成本；T 为把农产品从产地运到市场的运费。

由于杜能已经假设全国商品农产品只有一个市场，即孤立国唯一的中心城市，农产品的市场价格都要由这个中心市场来确定，所以在特定时期内，孤立国各种农产品的市场价格应该是固定的，即 V 是一个常数。杜能还假设，各地发展农业的条件完全一致，即各地同一种农产品的生产成本也是固定的，所以 E 也是常数。因此，农产品利润的大小仅取决于将其从产地运到市场的运费。

因此，农业经济活动收益是随运输距离远近而变化的，由最大值至0，再远则将赔本。同一种作物，其种植的地点离市场越近则获得的利润越大。

为了便于理解，根据杜能的观察所得，后人制作了表5.4。市场价格林业产品（主要是薪柴）高于谷物，但林业产品体积庞大，所以1acre（英亩，1acre≈0.405hm^2）产地上，其林业产品运费高于谷物运费。市场价格、生产成本、运费三要素在表中是假定的数值，用以显示农民的利润随着与市场的距离的增加而降低的规律。显然，在上述假设条件下，表示农业生产经济效益的利润只受体现空间地理位置差异的距离这一因素的影响。

表5.4　林业产品和谷物每英亩产品的价格、费用和利润

环带（离市场的距离单位数）	林业产品				谷物			
	市场价格（V）	生产成本（E）	运费（T）	利润（P）	市场价格（V）	生产成本（E）	运费（T）	利润（P）
0.5	200	140	10	50	80	50	3	27
1	200	140	20	40	80	50	6	24
1.5	200	140	30	30	80	50	9	21
2	200	140	40	20	80	50	12	18
2.5	200	140	50	10	80	50	15	15
3	200	140	60	0	80	50	18	12
3.5	200	140	70	−10	80	50	21	9
4	200	140	80	−20	80	50	24	6
4.5	200	140	90	−30	80	50	27	3
5	200	140	100	−40	80	50	30	0

从表5.4可以看出：运费（T）是决定利润（P）大小的唯一变量。所以当任何一种作物的种植区扩展到距中心市场太远，以致外缘地区的农产品运到市场所需支出的运费大于或等于市场价格与生产成本之差时，利润就会降低到零点。在这样的地区，或比这更远的地区再种植该作物来出售，显然就会造成亏损。例如，在距离市场3个单位距离以内的范围内，种植木材都是有利可图的，而超过此距离经营者就会发生亏损。同样，在距离市场5个单位距离以内的范围内，种植粮食也是有利可图的，超过此距离则亏损。

因此，当以市场为中心来布局农作物时，各种作物的种植范围与市场的距离，都不得超过由 $T=V-E$ 所确定的极限。

杜能进一步分析发现，农业经营规模和集约程度，也与距离密切相关。因为边际成本和追加运费越低，边际产量的偿付就越少、生产规模扩大的可能性越大。根据这个前提，设备和设施良好的农场，以及距市场较近的生产地，农民就比较趋向于增加投资，进而使耕作和畜养集约化。

当然，美国地理学家辛克莱（R. Sinclair）后来发现在不断扩张的大都市边缘地带，土地集约程度的空间分布与杜能模式相反。辛克莱认为在都市化不断提高、都市规模不断扩张的情况下，大都市的都市用地与都市边缘地带的农业用地形成竞争。由于作为都市利用的土地，如建工厂或购物中心等，通常比作为农业利用更能获得较高的利润，因此，都市边缘地带的农民，在期待土地转为都市土地利用和随时准备抛售土地的心理下，大多不愿在农场投入大量的资金与劳动，而使农业经营趋于粗放。这种现象越接近都市越明显，因为距离都市越近的土地，越有可能由农业利用转为都市利用。结果，都市边缘地带的农业景观形态呈现与杜能模式相反的现象——越近都市，农业土地利用价值越低，土地利用率也就越低，空置的农地越多，农业生产经营也越粗放。直到都市扩大或发展潜力终止的地带，这里的农业用地在近期已不可能转为都市用地，才由此向外回复杜能模式。

在前述分析的基础上，杜能提出了土地合理利用经营种类的选择模式。

在多种农业生产品类之间，其各类所能偿付的区位地租的差异，导致其空间的分布呈现以市场为中心的同心圆。这种农业各品种的空间组织，是杜能农业区位理论的精华。

杜能认为，如果土地利用的可能性在空间上是连续的，农业部门或作物的合理分布区，是其能偿付区位地租的地段。因为距离市场较近的农地，其纯收益必须较大；较远的农地，其纯收益必定较小。

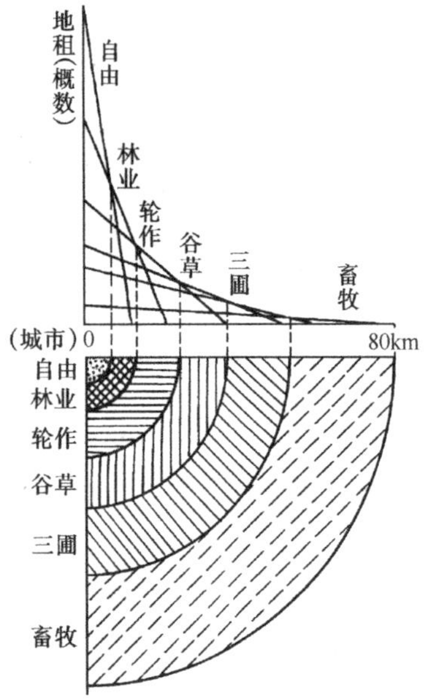

图 5.4　杜能圈形成机制与圈层结构示意图

如表 5.4 所示，在距离市场 3 单位距离范围内，种植木材和粮食都有利可图，但种植木材要比种植粮食收益高。因此，木材应该种植在距离市场 3 单位距离范围内，而粮食则应该种植在距离市场 3 单位距离至 5 单位距离之间的范围。概而言之，两种作物分布圈的实际界线并不取决于其中任何一种作物的最大种植极限，而是取决于在同一地点种植不同作物的比较利益。

基于对此类数据的进一步分析和凝练，根据区位地租的理论，杜能提出了以城市为中心向外依次形成 6 个同心圆的结构，即杜能环（图 5.4）。

5.2.2　工业区位选择模型

1. 生产费用最低决策模型——韦伯模型

该模型决策标准可以表述为：工业活动区位应该选择在使其生产费用（成本）最低的地点，即工业分布都是趋向于生产费用最低的地区。

（1）影响区位选择的区位因子——运费、工资和集聚

韦伯在研究工业区位时，先假定了若干前提条件：①认定研究区域是一孤立国家和地区，只探讨工业区位的经济因素，视其他地形、气候、种族、技术、政治制度、政策等都是相同的。②原料地、燃料地、消费区和劳动力来源已知。③其他矿藏条件、产品需要量、劳动力供应状况和工资等不变。④在这里有普遍存在的原料（如水和沙子，简称遍在原料），也有局部地区存在的原料（如煤和铁矿，简称非遍在原料）。⑤运费是重量和距

离的函数，运输方式为铁路。

韦伯将影响工业区位的因素分为一般因素和特殊因素。对各种工业都有或多或少影响的运输成本、劳动力成本和地租等因素为一般区位因素；只对特定工业有影响的因素为特殊的区位因素，如影响制造业的原料易腐性、空气湿度等。

抽象地讲，一个工业的生产和分配过程包括以下四个步骤或阶段：①获得区位的位置（不动产与地皮）和设备固定资本；②获得原料（原材料、辅助材料及半成品）、动力和燃料（煤、木材等）；③制造过程本身；④物品的运输。在此过程的每个阶段都要投入一定的自然资源和支出劳动力，主要包括：①地皮成本；②建筑物、机器及其他固定资本的成本；③获取原料、动力、燃料的成本；④劳动力成本；⑤成本；⑥利率；⑦固定资产折旧率。

韦伯分析认为，固定资产折旧率（分摊的年折旧费）完全与区位无关；利率没有区位意义；土地成本在工业区位中的变动是随地区集聚程度而定的，地价常常在产品成本中不占太大比重；厂房、机器设备和其他固定资产的成本不因区位的变化而发生重大变化。而原材料、动力和燃料价格明显代表着地理上变化的成本因素。获得同种原料或动力的价格因其产地的不同而变化，并取决于矿藏的性质、开采的难度等。厂址区位依赖于能否从某些低价格的原料产地中获取利润；劳动成本的地区差异也影响着工业的区位选择；运输成本是原料采集和产品分送时必然遇到的成本。显然，运输成本是随厂址区位而变化的。运输成本将取决于距原料生产地的远近和成品运往消费地的距离及运送路面的性质。

综上所述，原料产地的相对价格幅度、劳动力成本和运输成本三者是影响所有工业区位选择的区位因素。出于理论研究的目的，韦伯用运输成本差异来涵盖原料产地的相对价格幅度。

因此，韦伯只选择了运输成本和劳动力成本因子及影响工业综合效益的集聚因子。在此基础上，韦伯建立了完整的一般区位因素抽象体系及其力学理论。

（2）理论方法

根据上述区位因子体系，韦伯将确定合理的工业区位的工作分成三个阶段。首先是确定工厂的最小运费点；然后加入工资的因素，得到运费和工资之和最小的点；最后考虑集聚或分散因素，得出合理的区位。

第一阶段：只考虑影响工业区位的运费因子。

韦伯在区位理论推导中，把原料、燃料和消费地的分布分为下述四种情况：①原料一种，同消费地在一起，区位图形为点；②原料一种，同消费地不在一起，区位图形为线段；③原料两种（或原料、燃料），同消费地不在一起，区位图形为三角形或称为区位三角形；④原料多种，同消费地不在一起，区位图形为多边形。显然，①、②、③均为④之特例。

根据韦伯工业区位论的运费指向论，工厂区位应该在运费最小地点。韦伯假定运费只与距离和重量有关，那么运费最小地点应是 M_1、M_2 和 C 的重心。此点可以通过多种方法求出，如图5.5所示。

韦伯还采用综合等费用线工具来确定最小运费点。综合等费用线是运费相等点的连

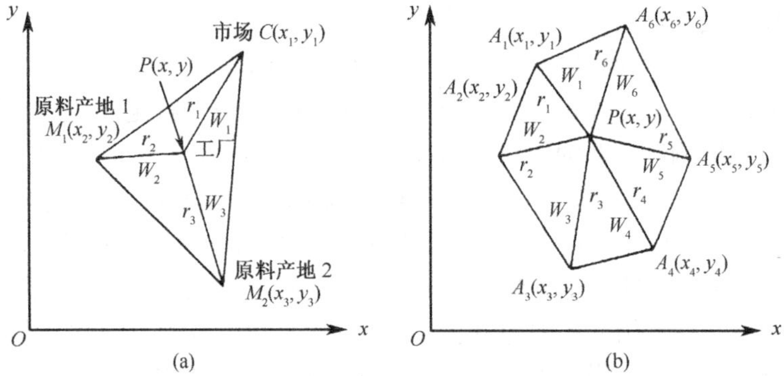

图 5.5　二维坐标中的区位三角形和区位多边形

线，如图 5.6 所示，设在单一市场 *N* 和单一原料 *M* 下，运输单位重量的原料，每公里需 1 个单位货币；而运输 1 个单位的产品，每公里只需 1/2 个单位货币；则在其他自然条件（自然、交通线）相同且均匀连续情况下，相同运输费用线将分别围绕 *N*、*M* 呈同心圆状。同心圆的一个货币单位的间隔，就 *N* 而言，为 2km；对 *M* 而言，则为 1km。这种呈同心圆状的线为等费用线。而综合等费用线则为全部运费相等地点的连线，图中 *A—B—C—D—E—F* 各点的连线，就是运费为 7 个货币单位的综合等费用线。*A* 点是原料地 *M* 的 2 个单位，市场 *N* 的 5 个单位的等费用线的交点；而 *B* 点是原料地 *M* 的 3 个单位，市场 *N* 的 4 个单位的等费用线的交点，依次类推。

第二阶段：将工资作为考察对象，考察劳动力费用对由运费所决定的基本工业区位格局的影响，即考察运费与劳动力费用合计为最小的区位。

对劳动力费用的考虑，将使运费最低决定的基本工业区位格局发生第一次偏移。如果工业区位偏移所节约的劳动力费用大于因此增加的运费，即在低廉劳动力费用地点布局带来的劳动力费用节约额比由最小运费点移动后产生的运费增加额大时，这一偏移是合理的，偏移将实现。

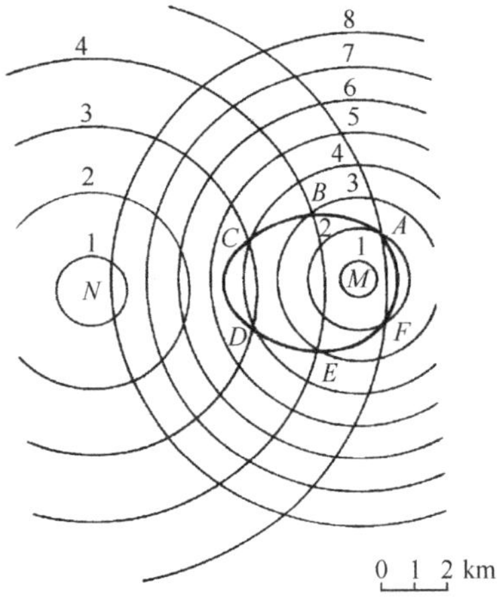

图 5.6　综合等费用线示意图

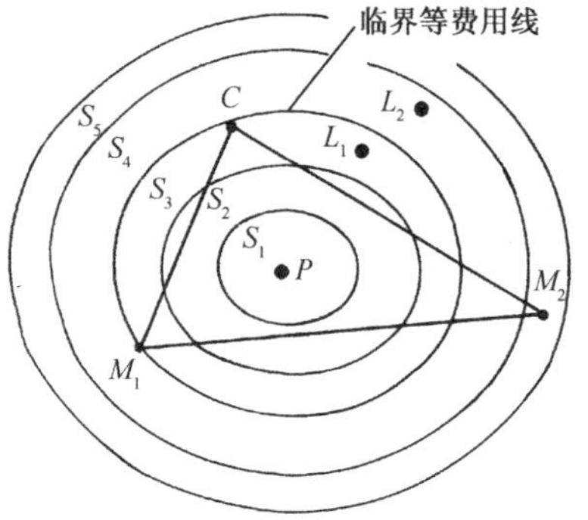

图 5.7　劳动力费用最低区位的图解

对此韦伯用临界等费用线进行了分析。图5.7中，围绕P的封闭连线，即从运费最小点P移动而产生的运费增加额相同点的连线，理论上以P为中心可画出无数条线，这即相当于图中的综合等费用线。在这些综合等费用线中，与低廉劳动供给地L的劳动力费用节约额相等的那条综合等费用线称为临界等费用线。

在图5.7中，P为运费最小地点，劳动力低廉地为L_1、L_2，如果在L_1、L_2处布局工厂，分别比P（最小运费地点）处劳动力费用低3个单位。临界等费用线为标记为3的综合等费用线，因L_1在临界等费用线的内侧，即增加运费低于节约的劳动力费用，工厂区位将移向L_1处；相反，由于L_2在临界等费用线的外侧，则不会转向L_2处。

第三阶段：进一步研究了集聚利益对运费指向或劳动力费用指向区位的影响。

韦伯认为，集聚节约额比运费（或劳动力费用）指向带来的生产费用节约额大时，便产生集聚。一般而言，发生集聚指向可能性大的区域是多数工厂互相临近的区域。如图5.8所示，5个工厂不考虑集聚情况下的费用最小地点在图中的各处，假定当3个工厂集聚时，集聚利益可使单位产品节约2个货币单位的成本。为得到这一集聚利益，工厂必须放弃原有费用最小地点，从而增加运费。工厂移动的前提必须是增加的运费低于2个货币单位。图5.8中围绕各工厂的封闭连线，是同由集聚利益而节约的成本相等的运费增加额曲线，即临界等费用线。在斜线部分3个工厂集聚可以带来2个单位成本的节约，并且又都在临界等费用线内侧，是最有可能发生集聚的区域。

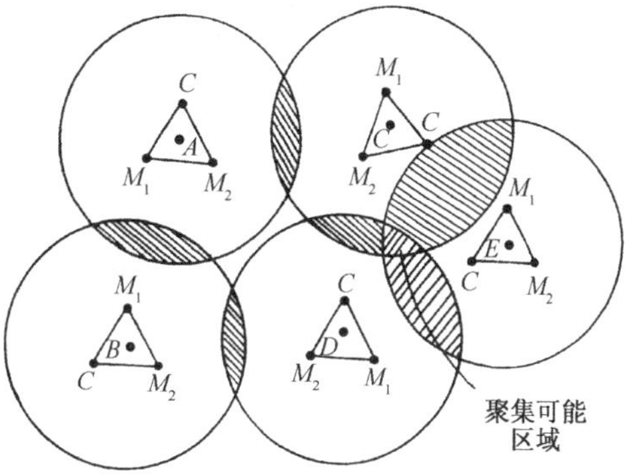

图5.8　集聚指向的图解

现代研究认为产业空间集聚的原因主要有：①促进专业化投入和服务的发展；②为具有专业化技能的工人提供了集中的市场；③使公司从技术溢出中获益。集聚经济植根于生产过程，某一地理区域中公司、机构和基础设施间的联系引起规模经济和范围经济：一般劳动力市场的发展、专业化技能的集中、地方供应者和消费者间增加的相互作用、共享的基础设施及其他地方化外部性等。

2. 利润最大决策模型——廖什理论模型

该模型决策标准可以表述为工业活动区位选择的最终目标是寻求最大利润地点。

(1) 区位因子——需求、生产费用、市场地域

廖什指出韦伯的错误是寻求最低生产成本费用的区位。他认为最佳区位不是费用最小点也不是收入最大点，而是收入和费用的差值最大点，即利润最大点。只有寻找可获得最大利润的地方才是正确的。只有明确各种不同区位的生产费用及那些不同区位点所能控制的市场区范围的大小时，才可求得最大利润。

要想获得最大利润，就要在生产费用尽量少的情况下收入尽量大。决定生产费用的因素是韦伯理论中的运费等。而决定收入的则是需求和价格。需求随着价格的变化和市场地

域大小的不同而变化，价格越低需求越大，市场地域越大需求越大。同时，价格的高低又在一定程度上决定着市场地域的大小。总需求的差异将带来收入的不同，最终导致最佳区位的空间变动。

（2）理论模型

廖什假设：①一个平原地区，运输条件相同，生产所必需的原料质量相等且广泛地分布于各地；②平原地区农业人口分布均匀，有共同的爱好，最初阶段是自给自足的生活；③平原地区普及的技术知识，所有人都可用于生产上；④排除其他一切有关经济的各方面的作用。在上述假定前提下，廖什认为企业应该按照正六边形的市场区进行布点以获取最大利润。

当平原上只有一个加工企业时，企业加工的产品供给市场呈圆形，廖什称之为需求圆锥体。如果其他条件不变，消费者购买某种货物的数量，取决于其准备为之付出的实际价格。这个实际价格，就是货物的销售价格加上运费。很明显，实际价格随货物提供点的距离远近而变化。距离越远，运费越高，货物的实际价格越高，结果对该货物的需求也就越少。在任何方向上，当到达某点时，实际价格过高将致使货物在该点的销售为零。

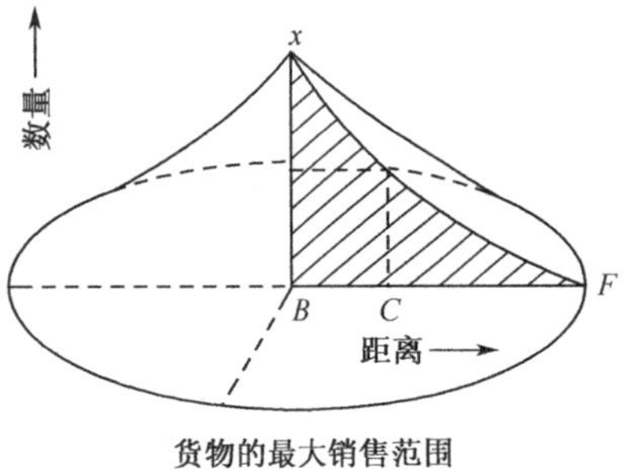

图 5.9　货物的需求圆锥体

从需求圆锥体（图 5.9）得出的市场区是圆形的，这是开始生产时的状况，随后其他企业加入竞争，也就是说每个企业都垄断一个市场区，而且在各市场区的边缘相互竞争空白区，最终使圆形的市场区缩成六角形。廖什阐述了市场区由圆形转变为六边形的过程。他认为，要充分消除圆与圆之间的空隙地区，除正六边形外，还有等边三角形和正方形。相比之下，六边形的面积最接近于圆的面积。因此，在三种可能存在的几何形状中，六边形的单位需求最大。廖什还从数学上证明六边形是市场区最理想的形式。按照他的计算，六边形的需求比面积相等的正方形的需求量大 2.4%，比圆大 10%，比等边三角形大 12%。换言之，在实现相同需求的前提下，占地最多的是等边三角形，占地最少的是六边形，六边形能容纳尽可能多的企业，因此成为经济区最理想的形状。

由于竞争使圆形的市场演变为正六角形，而对整个地区来说，则形成均衡状态的蜂巢状市场空间体系。六角形的大小取决于制成品的价格和运输费用与消费量的关系而规定出的距离。

5.2.3　商服业区位选择模型

克里斯塔勒的商服业区位选择模型是以获取最大利润为区位选择的决策标准。

1. 影响区位选择的因子——销售或服务范围（市场区）

假设条件为：①一片没有明显起伏的、无边的大平原；②平原上的初始人口分布是均匀的；③区域的运输条件完全一样，没有可供利用的水道，全部活动通过陆路，影响这种运输的唯一因素就是距离；④人们的活动都是有理智的。对消费者来说，符合距离最小化原则；对提供服务的经营者来说，他会寻找最佳位置，取得最大的市场，使其利润最大化。概括起来就是均质平原和经济人两种前提。

在这些前提条件下，影响商品流通经济活动区位选择的因素就是销售或服务范围，即市场区。因为任何一个商业服务行业，为使其经营能获得纯收益，必须有周围的消费者去买东西或接受其服务，任何一个商业服务点都应该有一个服务区域。而服务区域的大小将决定其利润情况。

又由于均质平原假定，平原人口均匀分布，交通通达度一致，所以市场区实质上可以用距离或者人口来表示。执行某种中心职能的企业单位得以存在的条件是必须最大限度地接近被服务的人口，而且要有一定数量的顾客。维持一个中心职能单元存在所需要的最起码的人口或最起码的购买力被称为某中心职能的门槛值，或称商阈值，参见表 5.5。低于门槛值，经营者因无法获利而不能生存。

表 5.5　贝利和加里森计算的美国若干职能的门槛人口规模比较

中心职能	门槛人口规模	
	美国华盛顿	新西兰康特伯里
加油站	196	261
医生	380	491
理发师	386	668
保险	409	250
牙医	426	1016
汽车旅馆	430	954
五金店	431	414
汽车修理店	435	293
美容师	480	1126
律师	528	830
服装店	590	333
银行	610	759
农业机械	650	431
花商	729	1280
干洗商	754	781
珠宝店	827	926
旅馆	846	356
体育用品	928	797
殡仪馆	1214	1137
照相	1243	1156
公共会计师	1300	671

2. 理论模型

(1) 中心地的分级

中心地是为周围居民提供商品和服务的场所。根据中心地提供的商品和服务的级别不同，中心地可以分为高低不同的等级。

中心地等级结构的普遍性特点为：①中心地等级越高，它提供的商品和服务越多；反之中心地的等级越低，它提供的商品和服务越少。②高级的中心地不仅有低级中心地所具有的职能，还具有低级中心地所没有的较高级的职能，这些新增加的职能有较高的门槛值和较大的服务范围，如提供那些相对昂贵、人们并不经常需要的商品或服务。③中心地的级别越高，数量越少，彼此间距就越远，它的服务范围也就越大。反之，越低级的中心地，数量越多，相互间越靠近，服务的地域也越小。

(2) 服务区域的最佳形状的形成

如果只有一个中心地，它的市场区应该是圆形的，因为在相同边界长度下，圆形市场区面积最大。

然而，因中心地的服务职能受到服务范围上限的限制，就不可能只有一个而必定会有多个中心地。中心地的分布要满足两个条件：一是提供同一种服务的经营者要尽量少，以保证每个经营者能获得最大利润；二是区域的全部人口都能得到同种服务。

假设现有若干个 B 级中心地，为了满足第一个条件，克氏认为这些中心地会按照它们所执行的最高阶职能的服务半径的上限（r）依次排列，形成中心地分布的等边三角形网络。然而，这样的圆形市场区不能覆盖全区，在每 3 个圆形市场区之间，都有一小块地方得不到 B 级中心所提供的高价货物的服务。为了满足第二个条件，就要在最大限度维持原有体系空间几何形状的前提下，使圆形市场区部分重叠。最远的顾客仍在 B 中心服务半径的上限，而重叠部分顾客则分别寻求最近的 B 级中心。所有分散的圆形服务面连接、挤压、重叠、最后变形成为六边形市场区。

三角形中心地分布和六边形市场区是克氏模型的基础。可以证明，在理想状态下这是最有效率的市场空间结构。

(3) 市场原则下的商业布点

市场原则，又称市场最优原则，是从商品和服务供应范围最大的角度出发的商业布点原则。

在市场原则下，高级中心地位于它的市场区中央，有 6 个低一级的中心地分布在市场区的角上；这低一级的中心地有它自己的较小的市场区，其角上又有 6 个更低一级的中心地分布，依次类推，直到最低一级的中心地和市场区。

在这种情况下，图 5.10（a）中，位于 A 市场区角上的低一级中心的市场区有 1/3 属于 A 中心的吸引范围，6 个 1/3 加上 A 本身兼有低一级中心的职能和完整的低一级市场区，因此一个较高级中心地的市场区正好是下一级市场区面积的 3 倍。所以这种以市场最优原则拟出的中心地序列又称为 $K=3$ 系统。

低一级中心的市场区分属于 3 个较高级中心地的市场区，而每一个低级中心的人口可以分别到 3 个高一级中心地接受服务，如图 5.10（b）所示。相应条件下各级中心地的个数成1，2，6，18，54，…的系列，把一、二级中心数加起来，以及后面的各级中心数，也都依次是3的倍数。较高级别中心地之间的距离是下一级中心地之间距离的$\sqrt{3}$倍。

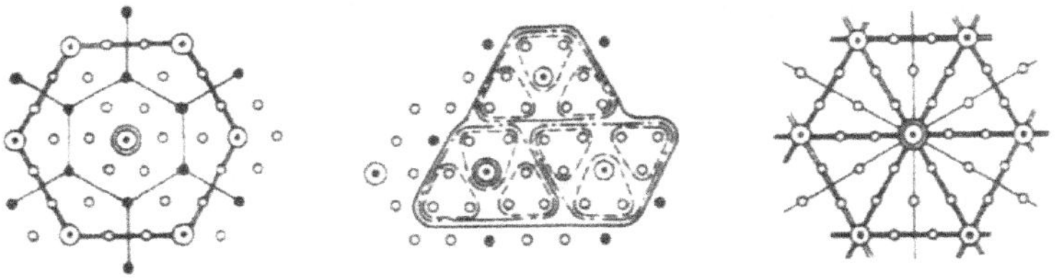

(a) 供应　(b) 行政　(c) 交通

图5.10　市场原则下的商业布点

由市场原则形成的商业布点的交通系统，是以高等级中心地为中心，有6条放射状的主干道连接次一级的中心地，又有6条也成放射状的次干道连接再次一等级的中心地，见图5.10（c）。由于此种运输系统联系2个高一等级中心地的道路不通过次一级中心地，因此，被认为是效率不高的运输系统。

（4）交通原则下的商业布点

交通原则，又称交通最优原则，是交通干线联系尽可能多的中心地的商业布点原则。

在交通原则下，次一级中心地的分布位于联结两个高一级中心地的道路干线上的中点位置，如图5.11（a）所示。

与$K=3$的系统比较，在交通原则支配下的六边形网络的方向被改变，如图5.11（b）所示。6个低级中心地位于高一级中心地市场区6条边的中点，低级中心地的市场区分属于两个相邻的高一级的市场区，如图5.11（c）所示。在这种情况下，高级中心地的市场区面积是低一级市场区面积的4倍。所以这种以交通最优原则拟出的中心地序列又被称为$K=4$系统，相应的中心地等级系列为1，3，12，48，192，…。

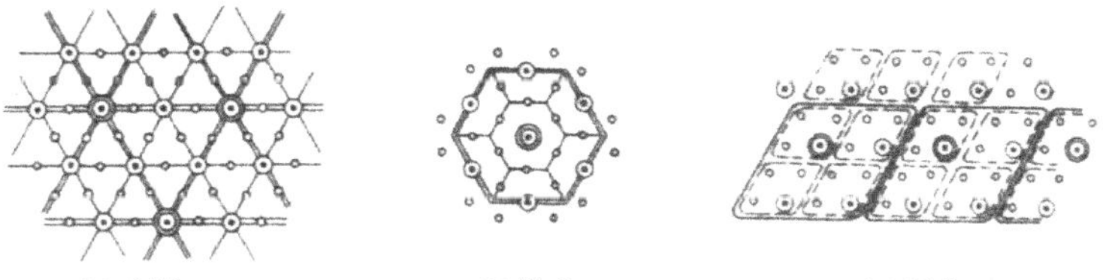

(a) 交通　(b) 供应　(c) 行政

图5.11　交通原则下的商业布点

依交通原则形成的交通网，因次一级中心地位于联系较高一级中心地的主要道路上，被认为是效率最高的交通网，而由交通原则形成的中心地体系被认为是最有可能在现实社会中出现的体系。

（5）行政原则下的商业布点

行政原则，又称行政最优原则，是为行政管理方便而形成的商业布点原则。

在行政原则下，6个低级中心地位于高一级中心地市场区的6个顶点附近，低级中心地的市场区只属于一个高一级的市场区。

与行政原则相联系的结构推导表现了更多的经验主义。以图5.12（a）为例，因不同等级中心地的分布首先受制于行政管理和政治控制的需要，低级中心地及其低级中心的服务区域必须完全被包括在高一级中心的控制区域之内，以消除行政管理上可能模棱两可的情况。这时，市场区和行政区实际趋于一致。一个高级中心地供应和管理周围 6 个低一级中心，包括其自身共 7 个。一个高级中心控制的地域 7 倍于低一级中心控制的地域。这种以行政最优原则拟出的中心地序列又被称为 $K=7$ 系统。

行政地域单元的组成系列为 1，7，49，343，…，各级中心地的等级系列为 1，6，42，294，…。

较高级别中心地之间的距离是下一级中心地之间距离的 $\sqrt{7}$ 倍。

在 $K=7$ 的系统内，由于其运输系统显示出每位顾客为购买中心地商品或享受服务所需旅行的平均距离较另两个系统都长，因此，行政原则下的运输系统被认为是效率最差的一种，见图 5.12（b）。

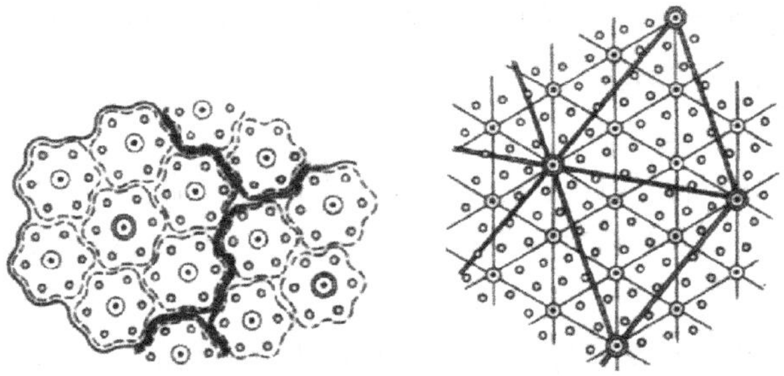

(a) 行政和供应　　(b) 交通

图 5.12　行政原则下的商业布点

小　　结

本章重点讨论了经济活动（个体）地理空间组织决策的主要方式——区位选择，围绕如何进行区位选择，包括从什么方面选择、根据什么标准选择、运用什么方法选择等基本问题展开讨论。经济活动的区位选择是根据经济活动的具体要求（条件需求）和地理环境状况（区位条件供给）进行匹配分析而选择最适合经济活动开展、能带来持续稳定的、良好的“三大效益”的区位。

衡量经济活动区位选择是否最佳的一个重要尺度（可量化、可操作）是经济效益。经济活动区位选择的经济效益大小通常取决于在产出一定（尽可能产出大）的前提下的成本费用最小。经济活动区位选择的经济效益具有地域性和完整性。在实际操作中，运用技术经济论证方法根据经济效益来进行区位选择，主要可通过分析比较基建投资、生产成本（经营费用）和产品运费三个方面的地域差异来实现。将经济活动落实到地理空间中，实质上是在地理空间中确定经济活动的位置、强度和关系。区位选择决策涉及不同空间尺度大小的区域，包括国际范围、全国范围、省域范围、市县域范围等，在实际操作中可以简化为宏观选点（选区域，没确定具体的用地）和微观的选址（用地选择）两个层次，所考虑的决策因素是不同的。在选址（用地选择）层次上，以工业用地选择为例，重点讨论了工业用地选择的技术经济论证方法及其过程。在选点层次上，重点讨论了农业区位选择模型、工业选点模型和商服业选点模型，主要包括农业利润最大决策标准的杜能模型、工业生产费用最低决策标准的韦伯模型、工业利润最大决策标准的廖什模型及商服业利润最大决策标准的克里斯塔勒模型。

思 考 题

1. 什么是区位选择/用地选择？
2. 如何把握区位选择的背景分析（包括区位条件需求分析和区位条件供给分析）？
3. 衡量经济活动区位选择是否最佳的重要尺度是什么？如何把握区位选择的经济效益？
4. 如何理解经济活动区位选择的经济效益地域性特征和完整性特征？
5. 什么是经济活动地理空间组织的技术经济论证方法？
6. 如何理解“根据经济效益来确定区位选择，主要可通过分析基建投资、生产成本（经营费用）和产品运费三个方面的地域差异来实现”？
7. 区位选择时，如何把握经济活动在地理空间中的位置、强度和关系的要求？
8. 在不同范围大小的区域进行区位选择决策时，所考虑的影响因素有何差别？
9. 本章所给工业选点模型中，是如何考虑区位选择的影响因素的？
10. 试分析以生产费用最低为决策标准的韦伯模型的主要特点。
11. 杜能模型中，针对哪几种活动并考虑了哪几种影响因素？
12. 克里斯塔勒模型最主要的特点是什么？在商业用地布局（商业网点布局）中有何作用？
13. 如何把握工业用地选择的技术经济论证方法？
14. 如何理解工业用地选择的关键环节之一是分析基建投资、经营成本和运费的地域差异？

第6章 多部门企业区位选择

6.1 多部门企业概述

企业发展过程中，随着经营范围和规模的增大，其内部结构也发生相应的变化。多厂（部门）企业（公司）逐渐代替单厂（部门）企业。多厂（部门）企业可以定义为在两个或以上区域具有生产或服务设施的多分支机构企业。

6.1.1 多部门企业（公司）的特点

多部门企业（公司）具有与单部门企业不同的特点，这些特点表现在以下两个方面。

1. 企业组织结构

一个发育完善的大企业通常有三层组织机构：①决策机构（公司总部）；②协调机构（公司地区分部或产品分部）；③职能机构（研究与开发、生产、销售等职能部门）。

企业结构则可以归纳为以下四种基本类型。

(1) 功能部结构

功能部结构即按照专业化功能而进行部门划分的企业结构。在该类企业内，各部门具有不同的功能，企业的所有同类功能均集中于一个部门之内。例如工业企业内，可分为生产制造部、市场营销部、财务部、研究与开发部、人事部等。各部门分工明确、职责分明。一般情况下，生产产品领域相对狭窄的企业（如美国的福特汽车公司、中国的上海大众汽车公司等），多采用此种类型的组织结构。

(2) 产品部结构

该类企业按生产的产品不同来进行部门划分，如汽车工业企业中，可按小汽车、卡车、大客车、农用机械等划分为相应的分部。该类公司管理相对较为分散化。尽管企业总部有一些管理人员负责整个企业管理，并为每一个分部提供一定帮助，但是，每个分部具有自己的功能类管理人员。产品部结构多出现在生产产品领域较广的企业。

(3) 区域部结构

区域部结构即按照区域（生产设施区位或顾客区位）进行部门划分。也就是说，该类企业下属分部以区域为单位，而与功能产品无关。企业内所有在一定区域范围内发生的活动（包括购买、出售或生产的各种货物或劳务），均为相应的该区域企业分部所管理。该类结构多适应于生产的产品和服务市场区域较小的企业，如石油公司、银行等。

(4) 顾客部结构

有一些企业根据其顾客类别进行分部划分，即每一个分部服务一类顾客，并不考虑这些顾客的区位。这类公司结构即顾客部结构。例如，有的商业银行分为个人信贷部、公司信贷部、住房抵押部、信托部；有的工业企业分为工业部、商业部、政府部，以分别处理各类顾客相关事务。

2. 企业空间结构

在企业发展的初期阶段，只有决策机构和职能机构，它们位于同一个地理区位，不存在空间分离现象。随着企业规模的扩大，企业的组织机构出现空间分离。其中可能的空间结构形式有：①决策机构在一个区位，协调机构和职能机构同处于另一个区位；②决策机构和协调机构同在一个区位，职能机构则在不同的区位；③决策机构、协调机构和职能机构全部分离在各自的地理区位——决策机构位于最主要的城市（一般是公司的诞生地），协调机构位于母国的主要城市或外国的大城市，职能机构则因不同职能的区位要求而定。大企业的研究与开发、生产和销售机构往往呈空间分离的格局。企业组织的多区位空间结构特征是由企业的发展战略所决定的。现代大型企业往往寻求多处有利的经营领域，各种经营活动联合进行，从而获取协同作用所带来的利润。

6.1.2　多部门企业多区位投资动因

促使企业增长并多区位投资的因素有很多，其中主要的有实现规模效益、减少交易成本、发挥技术优势和竞争激励。

1. 实现规模效益

在一定范围内，企业生产规模的扩大，可带来单位产值生产成本的下降，从而获得规模经济效益。随着生产技术水平和管理能力的提高，最佳经济效益的生产规模也在不断扩大。

2. 减少交易成本

企业在生产产品的过程中，原料、零配件等的供应和产品的销售一般要通过与其他企业的市场交易来实现。由于市场不完善，如地区之间的贸易保护等，交易成本可能会很高。为了减少市场交易成本，企业可通过扩大经营范围，把市场交易转化为企业内部交易。许多企业的早期扩张是企业实现对供应和市场的控制。企业通过经营范围的扩大，提高了经济效益。

3. 发挥技术优势

一方面，技术的价值在市场交易中很难充分实现，具有技术优势的企业，一般趋向于在本领域内扩大经营范围，以发挥企业的技术优势，获得更大的利润。另一方面，进一步的技术开发，需要投入大量资金，这种投资必须有大规模生产才能支持。

4. 竞争激励

市场竞争激烈且残酷。为了实现长期生存，企业必须发展，以增强企业实力，增加企业在市场中的地位，取得竞争优势。通过增长过程中的区位选择，获得更有利的产销条件或较高收益，从而达到企业生存发展的目的。

注释专栏2　弗农的产品生命周期理论

——关于企业跨国直接投资原因的理论解释

弗农（R. Vernon）在1966年提出了产品生命周期学说，并于1974年和1979年进一步完善了该学说。

弗农认为美国公司研究开发一种新产品到最终该产品退出市场，就像生命从开始到终结有一个生命周期。他将产品的生命周期分为三个阶段，在这三个阶段公司必然采取不同的投资与营销策略。

1）新产品导入期。这个时期发达国家以国内市场的高收入阶层为销售对象，制造出高技术、高智力、低劳动力密集的新型产品。由于开发、研制新产品的公司垄断了生产技术，其新产品在市场上缺乏竞争者，并且对新产品需求的价格弹性可能相当低，产品成本不是公司最关心的因素。而美国拥有世界上较为丰富的原材料来源和中间产品供应来源，美国人均收入水平较高。因此，美国往往成为新产品的主要研制国与开发国。这一阶段美国跨国公司拥有一定的垄断优势，其产品一般出口到需求水平与资源结构都与美国相似的国家。这一阶段很少会出现国际直接投资。

2）产品成熟期。这一时期新产品在设计和生产上已经在某种程度上达到标准化，即产品已经基本定型。产品研制国的生产超过了国内的需求，迫使公司扩大出口新产品，并考虑对一些高收入国家投资，直接进入这些国家的市场。这一时期产品成本主要是大量投入资本。与第一阶段不同（第一阶段产品是技术和资本、人力资本密集型产品），此阶段产品生产的技术已趋于成熟，不需要大量的技术人才投入。

3）产品标准化时期。这一时期产品生产技术完全成熟，技术的专利保护期已经期满，公司拥有的技术诀窍已成为公开的秘密。市场上竞争对手的类似产品处处可见，竞争加剧。技术和资本不是影响产品成本的核心因素，劳动力成本和产品销售中的费用是决定产品成本的主要因素。发展中国家成为新产品的主要市场，且其劳动力工资成本较低，为此，跨国公司对发展中国家投资，并从发展中国家进口部分该产品供国内消费。

摘自：张汉林，卢进勇，等.1998. 经济增长新引擎——国际直接投资方式规范与技巧. 北京：中国经济出版社

6.2　多部门企业多区位发展空间模式

6.2.1　企业增长的战略

企业的增长过程表明，企业增长是在其空间网络中完成的。不同的企业战略会形成差异的空间网络，因此，战略的选择会对企业的空间增长产生影响。

企业增长在战略上可分为一体化扩张和多样化扩张。一体化扩张又可分为横向一体化（水平一体化）和纵向一体化（垂直一体化）。实现这些扩张的方法包括内部发展和外部发展（合并和合资等）。内部发展是现有企业（公司）通过新股票发放或自身资金积累而扩大现有生产规模，或建立新厂、新的部门、新的子公司等；合并是指一企业获取另一企业的资源且无人抗争的过程。如果被合并的企业进行抗争，则称此过程为兼并。

(1) 横向一体化——多为企业早期的增长策略

横向一体化指企业现有生产活动的扩展并由此导致现有产品市场份额的扩大。该类增长可以从三个方向进行：①扩大原有产品的生产和销售；②向与原产品有关的功能或技术方向扩展；③与上述两个方向有关的向国际市场扩展或向新的客户类别扩展。通过横向一体化，可以扩大企业同类生产规模，实现规模经济。由于该类增长与原有生产活动有关，比其他类型的增长更易于实现，所以一般来说，企业早期的增长多以此为主，且实现的方式是以内部增长为主。据对美国 1895 ~ 1972 年的公司增长战略的分析，1895 年至 20 世纪初的公司增长主要以横向一体化为主。我国工业企业的增长在相当长的时期内也以横向一体化为主，20 世纪 80 年代以来，其他形式的扩张才较多出现。

(2) 纵向一体化——多为企业发展到一定阶段的扩张策略

纵向一体化指企业向原生产活动的上游和下游生产阶段扩展。现实中，多数大型企业均有一定程度的纵向一体化。该类扩张使企业通过内部的组织和交易方式将不同生产阶段联结起来，以实现交易内部化。纵向一体化包括后向一体化和前向一体化。后向一体化指企业介入原供应商的生产活动；前向一体化指企业控制其原属客户公司的生产经营活动。例如，化学工业公司可向石油冶炼、采油方向扩展，以实现后向一体化；也可向塑料制品、人造纤维等方向扩展，以实现其前向一体化。参见图 6.1（李小建等，1999）。

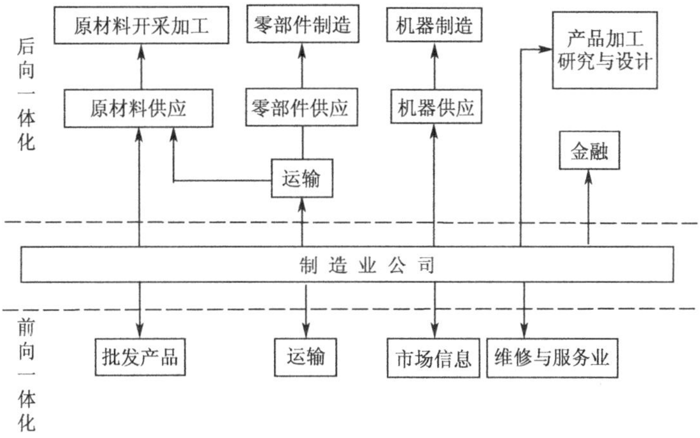

图 6.1　公司纵向一体化扩展

纵向一体化是公司增长到一定阶段的主要扩张战略。据班诺克观点，公司通过横向一体化打败竞争对手，达到市场多头垄断地位后，便会进入纵向一体化扩张，以占领其供应和市场领域。一旦公司在一生产部门占领重要地位之后，向多种部门扩张便成为其唯一的增长战略。

(3) 多样化——多为企业发展到成熟期的发展策略

多样化是一个意义广泛的概念，它可以涉及相关产品的活动，也可以涉及不相关产品的活动。由于横向一体化已涉及同类产品的多样化，纵向一体化已涉及相关但不同生产阶段产品的多样化，所以这里的多样化仅指不相关产品的多样化。但是，严格区分相关与否，并不容易。因为在实际中，多数公司多样化扩张的部门或多或少与其原有市场营销和技术开发有联系。尤其是研究与开发，多来自于现存生产活动的需求，但可用于其他无关部门的生产之中。

第二次世界大战后，多样化扩张战略在发达国家得到迅速发展。以美国为例，该战略20世纪60年代以后被快速增长的公司普遍采用。1949年，美国500家大公司中有1/3以上为单产品经营，到1969年，该比例降为6%。与此相反，介入不相关经济活动的大公司的比例从1949年的3%增加到1969年的20%。我国改革开放以来，尤其是20世纪90年代以来，企业的多样化发展十分普遍。许多工业公司涉足房地产、商业等与原生产活动无关联的行业。

多样化扩张是基于对市场风险和环境的不确定因素的防范意识。具有多样化经营的公司，可以减少某种不可预测因素的冲击。此外，一些原生产产品市场需求的下降，也会促使公司寻求多样化机会，以充分利用其生产能力。而当某一产品出现旺盛的市场需求时，也会诱发新的公司介入此类生产活动（如前几年许多公司在“房地产热”中介入房地产市场）。

企业增长的各种战略和方法，均可导致企业的多部门、多区位发展。当企业规模增加到一定程度时，这种多部门、多区位的格局，对企业充分利用各地优势、降低生产成本、扩大盈利起着重要的作用。

6.2.2　发展空间模式

无论在发达国家还是发展中国家，大公司增长的空间动态对于国家和地区的经济发展都起着举足轻重的作用。一些地理学家从大量实例中概括出公司增长的空间模式，下面介绍其中的两个典型模式。

1. 沃茨的市场地域扩大模式

沃茨（Watts）模式是1980年基于英国酿造业的研究提出的，它说明了企业经营从地方向全国发展的过程。假设在均匀分布的多个城镇里各有1个酿造企业，每个农业只有1个工厂，生产固定产品，服务于各自的市场区。城镇人口规模不同，其工厂规模和市场区也不同。规模较大的工厂成本较低，因此位于人口较多城镇的企业可能获得较快的增长。图6.2（Watts，1980）描述了从t_1到t_4时期企业市场范围扩大的过程。发展到t_4时期，原有的t_1时期的25个企业已被3个企业所兼并和瓜分完毕，其中1个企业包括2个分支机构。

沃茨模式说明，大企业统治地位的确立是兼并了众多小企业的结果，企业分布的变化引起了企业内部组织的变化。在市场竞争的环境中，生产成本较高的工厂逐步被关闭或兼并，最终导致企业规模和市场范围的扩大。

需要注意的是，为了扩大市场地域，沃茨模式在指导区位选择的过程中有其适用的范围。它适用于这样一些生产部门：不但生产的规模经济明显，而且其市场与人口关系密切。例如饮料生产部门，一方面，其规模经济十分突出；另一方面，其产品的销售面向个体消费者，因此其市场与人口关系密切。对于那些生产规模经济不明显，或产品销售到其他企业的部门来说，企业增长的模式与沃茨模式有所不同。

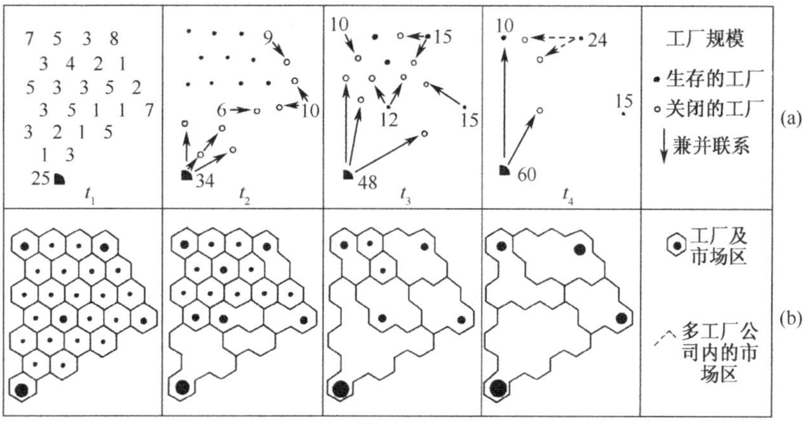

图6.2　沃茨的市场区域扩大模式

2. 哈坎逊的多级扩张模式

哈坎逊（Hakanson，1979）模式说明了一个企业从本国向海外的扩张过程，如图6.3所示。哈坎逊认为，公司的空间扩张，是由于当地市场的增长速度低于公司所期望的速度。公司首先在其初始区位以外建立销售机构和生产厂家，向其他地域的市场渗透，然后通过销售代理商向邻国市场扩张。随着销售量的上升，公司在主要国际市场上建立起自己的销售机构。运输成本的增加和国家间贸易壁垒的设置，使国内生产难以满足国外市场的需求，于是公司开始在国外主要市场建立附属生产厂家。

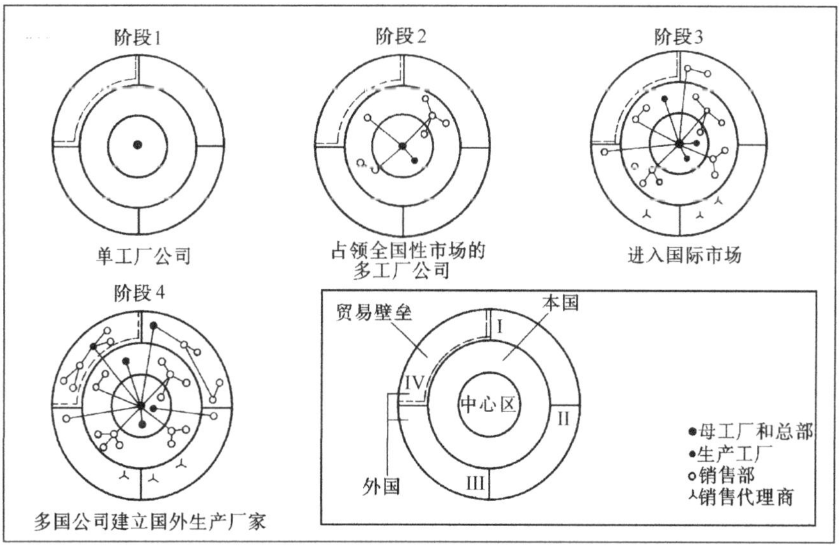

图6.3　哈坎逊的多级扩张模式

在哈坎逊模式中，市场占领是企业空间扩张的主要动力。实际上，某些情况下，企业在区位选择的过程中，为保证原材料供应而接近原材料产地、利用廉价劳动力等都可能引起资本输出，向海外扩展。哈坎逊模式的普遍性同样受到限制。

6.3 多部门企业不同组分的区位选择

公司的空间特征一方面反映了公司的总体空间行为，另一方面也是公司内不同组分对区位选择的结果。公司总部、区域总部、研究与开发机构及生产经营机构有着不同的区位需求条件。

6.3.1 公司总部的区位选择

1. 总部的分类及职能

依据总部的管理控制范围，公司的总部可分为公司总部和地区总部。

（1）公司总部

公司总部是整个企业的管理控制中心。它的主要任务是进行一些关系整个企业命运的高层战略决策，如决定生产何种产品、进入或退出哪些市场、是否扩张或收缩企业的经营范围、是否收购其他公司或者出售现有的分支机构等。几乎所有的主要投资和撤资决策都由公司总部决定。当然，在公司总部的众多职能中，最重要的是财政职能。正是公司总部掌握着整个公司的命脉，决定着公司预算在不同部门之间的分配。对于一个全球公司来说，总部所做出的各项决策都应该具有长期的全球战略眼光。公司总部还代表公司与其他公司进行高层协商、谈判，与政府部门交涉，与金融市场接触。据联合国跨国公司中心统计，20 世纪 90 年代前 5 年中世界上最大的 100 家跨国公司总部所做出的投资决策就占同期全球跨国投资总额的 1/3。

（2）地区总部

地区总部是大型公司在几个相邻的国家或地区为开展经营活动而设立的行政和管理中心。它的主要职责是在特定地区范围内协调和控制各子公司的活动，并在公司总部与子公司之间发挥中介作用。一般而言，各子公司首先向地区总部汇报，地区总部则依次向公司总部汇报。因此，地区总部实际上起着把公司总部的指示传递到子公司，同时把来自子公司的各种信息反馈到总部的桥梁作用。

有时，地区总部也承担一些由公司总部授权的地区水平的决策。采取这种分级管理和决策体制，可以使子公司灵活迅速地处理一些日常性事务，较为重要的集中到地区总部，一些重大的决策则由公司总部做出。这样就可以避免把过多的信息直接传递到公司总部，造成信息爆炸和办事效率低下。目前，一些大型公司已开始把投资、财务、信息中心、研究与开发等重要职能分散到地区总部。

地区总部的主要职责包括：①协调本地区各子公司的销售活动；②为公司制订一个地区总体战略；③在跨国公司内部传递产品和服务方面的指示；④收集有关地区经营方面的财政信息，并向公司总部报告；⑤负责管理本地区各子公司的经营活动；⑥在公司内部散发有关新产品和服务方面的各种信息；⑦直接或者通过母公司提供技术特别是科学和法律服务；⑧为公司培训有关本地区商业的管理人员，以便把他们派遣到本地区。

2. 总部的区位条件需求

基于以上分析，公司总部对区位条件的要求包括以下七个方面。

1）稳定的政治环境。公司总部作为经营管理的核心机构，聚集了该地区优秀的管理人才、大量的资金和重要的研发机构，使总部成为极其敏感的部门。如果入驻地区政局不够稳定，出现政治动乱或战争威胁，那么公司将遭受不可估量的损失。因此，公司在选择总部时，地区政局是否稳定是非常重要的因素。

2）良好的基础设施条件。公司总部作为重要决策和管理部门，为减少决策和管理过程中存在的不确定因素，需要掌握大量的国内外经济、政治形势及其变化趋势，且与公司内其他分部、子公司之间，以及与其他主要市场之间保持沟通。这些信息不但交换量大，而且多为区际乃至国际交换，因而对信息通信基础设施（如同轴电缆、光缆、交换机系统、传输装置、卫星天线等）的要求很高。同时，总部的业务活动，需要一系列与人员流动及业务交流相关的基础设施作保障，因而对国际航空港、高速公路网、国际饭店设施、国际会议展览中心等设施有较高的要求。此外，总部管理和工作人员还会对生活环境及子女教育提出较高的要求。

3）及时的信息获取。具有丰富信息的区位对总部决策制订起着重要的作用。这些信息包括市场变化信息、竞争对手信息、相关区域主要政治决策信息等。

4）便于与政治经济高级决策机关和重要部门随时接触。这些政治经济高级决策机关和重要部门包括国家立法机构和政府有关机构、其他大型公司、金融机构（包括证券市场）等。通过加强与政府部门之间的交往，及时掌握政府决策的各种动向；不断改善与金融机构之间的关系，同时迅速对金融市场的变化做出反应。通过与它们密切的接触，甚至当面交流，不仅可获取信息，更为重要的是建立人际关系，在一定程度上影响政策的制订等。

5）有大量高素质管理人才。由于公司总部所承担的重要职能，公司总部需要一批高素质的管理技术人员，特别是经营管理、投资、财务、律师、广告策划和研究开发人员，有大量符合现代市场竞争要求的高素质人才供应的地方将对公司总部有很强的吸引力。

6）拥有高水平的现代服务业产业链。总部的决策和财政功能需要以咨询业、国际金融等为代表的高水平的现代服务业产业链作为依托。现代服务业的集聚可以使总部享受外部经济效应。因此，金融、证券、保险业、房地产业、广告业、市场调查、会计、法律事务及信息服务业的发育状况等成为重要的区位因子。

7）东道国或地区提供的优惠政策。这些优惠政策包括融资、税收、外汇管制等。一般，地区总部对区位条件的需求与公司总部类似。不同之处主要体现在两个方面：①地区总部需要的区位条件较公司总部来说在层次要求上可以有所降低；②地区总部在选址时格外重视地区的中心性。地区总部需要建在地理位置相对居中的地方，即要求所选城市尽可能是地理位置的中心（物理的距离中心）和交通中心（时间的距离中心）。这样，地区总部就可以与公司总部和地区总部所属的各子公司保持紧密的联系。

3. 总部经济与城市发展

总部经济是指在某经济领域或区域的核心，以追求单一产业价值观为目标，将创意、决策、指挥等高端智能的所有关联环节进行大规模的聚集，使之产生极化与聚化效应，由此扩散出颠覆松散经营模式的经济效能和效益，进而拉动整个行业或区域经济的高速发展（张鹏，2011）。

总部经济作为城市发展的一种新的经济形态，可以从多个方面推动城市发展：第一，企业总部在城市中心的集聚提高了城市对资本、技术、人才等生产要素的吸引力。第二，企业总部的功能集产品研发、生产销售、后期跟踪服务于一体，同时产生了大量现代高端服务业等，其延伸的产业价值链对城市就业水平的提高和就业结构的优化具有重要作用。第三，企业总部之间的交流合作为城市创造了良好的创新环境，伴随着高素质人才的集聚，有助于提高城市的创新能力。第四，企业总部较长的产业链带动了多种产业，尤其是现代服务业的发展，提高了城市居民的消费水平和生活环境质量。第五，企业总部集聚区往往聚集了不同风格的高层建筑，这些高层建筑往往可以成为城市地标，成为城市的一张名片，打造出城市品牌。第六，企业总部一般从事决策、管理、营销等知识型劳动，企业占地面积小，单位面积产出贡献大，企业总部的集聚提高了中心城区的经济集约性，提高了城市经济总量和经济效益。

在实践方面，北京、上海等大城市都提出要大力发展总部经济，积极探索建设各具特色的总部经济聚集区。这些城市总部经济的建设与发展实践对于推动我国总部经济持续发展具有重要意义。以北京为例，截至2016年，北京总部企业共4007家，北京总部企业拥有的资产超过105.8万亿，占全市比重约72.8%，实现营业收入9万亿元，占比近70%；北京的央企总部有1123家，市属国企总部为636家，外资总部为562家，民营总部为360家；北京的总部企业世界500强有52家，中国500强有91家，跨国公司总部为146家，国家高新技术企业为1066家。北京的总部经济呈现出了持续快速发展的良好态势，总部经济已成为首都经济的重要特征。

6.3.2　公司研究与开发机构的区位选择

研究与开发（research and development，R&D）是指科学研究与实验发展，包括在科学技术领域为增强知识总量，以及运用这些知识去创造新的应用所进行的系统的创造性活动。根据联合国教育、科学及文化组织的规定，R&D包括三类科技活动，即开发研究、应用研究和基础研究。在工业企业中，较为普遍和大量的活动属于开发研究。

1. R&D机构职能

R&D是大型公司的核心职能之一，也是大型公司全球竞争优势的主要源泉。对公司发展起着十分重要的作用。尤其是在技术发展日益迅速、技术创新的生命周期日益缩短的时代，技术对公司增长的作用更显重要。公司间的竞争，在某种意义上就是技术水平的竞争。具有创新能力的公司（开发出新产品或者革新生产过程），往往具有强大的竞争力，并可获得较高的利润。

2. R&D的区位要求

R&D是一个复杂的运营过程。该过程可以分为三个阶段：①研究阶段，通过市场营销，发现新产品（或者对原产品的改进）信息，同时，通过应用科学研究，了解生产这种产品的技术可行性。②研制阶段，根据第一阶段所获信息，对拟开发产品进行产品设计和产品开发。③生产阶段，先对研制的产品进行样本生产，然后根据市场需要进行修改，并进行大规模生产和大规模的营销。

李小建等研究者于1999年将R&D的区位条件要求归纳为以下三方面：①接近于科研机构（如大学、科研院所等）和贸易组织，以获取市场需求信息和科技支持。②接近数量充足、高素质的劳动力（科学家、工程师、技工）供应地，以满足研究、开发和试制生产等对劳动力的需求。③接近新产品的使用者，以便及时对样本及新产品的性能、消费者偏好提供反馈意见，并引导消费。

从发展趋势看，东道国人力资源数量与质量、科研水平、科研基础设施等因素，将逐渐成为吸引跨国公司R&D直接投资的关键。所以，一切有利于提高和改善这些因素的政策和措施，都是增强区位吸引力的有效手段。另外，不同国家、不同产业的跨国公司也要区别对待，因为影响跨国公司R&D区位选择的因素存在差别。并购、政治压力、税收、金融等因素，对某些跨国公司可能产生一定的影响，但作为一项长期的政策，并不是最佳的市场化选择。

3. 大型公司R&D的国际化战略

长期以来，为了防止创新技术外溢，保持其在国际竞争中的技术领先优势地位，大型公司普遍将其R&D活动集中于母国，置于公司总部的严格控制之下。然而，自20世纪80年代以来，随着经济全球化的迅猛发展和国际竞争的日趋激烈，跨国公司一改过去将其R&D活动集中于母国的传统做法，开始向海外进行大量R&D投资，特别是进入20世纪90年代之后，跨国公司R&D全球化的趋势更为明显。

据贝尔曼和费希的研究，母国市场型公司、东道国市场型公司和世界市场型公司的R&D趋于不同的格局。母国市场型公司很少在海外建立R&D，即使少量公司在海外建立R&D，也仅限于低层次的支持型实验室。东道国市场型公司，在公司母国建立有R&D机构的同时，也趋于在海外市场建立较高层次的R&D机构（综合性R&D实验室）。世界市场型公司（全球运营）具全球取向，而不限于某一国家市场。这类公司趋于在适宜区位建立国际性和相对独立的特定研究实验室。

在R&D机构全球化进程中，不同的公司在目标上存在差异，而且这种目标的差异导致了R&D机构全球布局区位选择时主要区位决定因素的差异。大体上可以分为以下三类。

（1）以调整产品、工艺和原材料适应国外市场，为海外生产性分支机构提供技术支持为主要目标的国际化

通过国际化可以尽快获得海外市场的最新信息，面对海外市场需求信息开发新产品和新工艺，及时了解竞争对手的情况，为本国企业或在海外的生产制造子公司及时提供富有竞争力的原型产品或先进的工艺技术，占领海外市场。其主要区位决定因素是东道国市场规模。

(2) 以跟踪监视国外科技发展动态及获取外国先进技术为主要目标的国际化

通过国际化可以在激烈的市场竞争中奠定其技术领先地位。其主要区位决定因素是母国和东道国的科技水平。

(3) 以在母国之外创新核心产品及关键技术为主要目标的国际化

通过国际化可以雇佣国外的技术人员和技术骨干，在国际范围内网罗争夺研究与开发人才，弥补国内技术人才的短缺，可以寻求质量较高、成本相对较低的研究开发资源；还可以获得一些新的想法和方法，由此扩展其R&D活动的范围；可以避开本国研究与开发环境的缺陷，在国外环境较好的国家设立研究与开发机构，获得较国内高得多的效率和成功率。其主要区位决定因素是母国和东道国的科学技术质量与规模及成本优势。

同时，公司的技术和部门特点往往会影响其海外研究与开发机构的发展。医药公司在海外进行研究开发的主要目的之一就是使产品符合不同国家的标准。在消费电子工业中，一些公司也经常在海外设立自己的研究与开发机构，以掌握和了解技术发展的前沿，同时也使技术能够符合当地的标准，如不同的电压和广播系统。在汽车工业中，由于核心技术的一致性，跨国公司一般倾向于把 R&D 集中在母国，尽管其生产已经高度全球化。在半导体和计算机工业中，由于 R&D 费用在新产品成本中占据较高的份额，迫使企业网罗各国的研究力量联合开发新一代的产品。

6.3.3 生产单位的区位选择

一般认为，公司生产单位分布要远比公司总部和 R&D 机构分散。但是对公司生产单位的区位格局很难做出一般概括。不同生产活动具有不同的区位条件要求（如有的倾向于接近原料地，有的倾向于接近劳动力等），同一生产部门的公司，由于生产技术和组织方式不同也会出现不同的区位格局。

1. 生产单位区位格局类型

抛开部门和公司的差异，从一般工业公司总体生产组织的角度可以抽象出四种生产单位区位格局特征。

(1) 全球集中生产型

这类公司将生产活动集中在一个区位，或一个区域、一个国家，通过销售网络，将产品销往世界各地市场。这种区位类型，受国际贸易政策影响较大。如果国家间存在贸易壁垒，国外销售便难以拓展。

所以，在大型地区性集团（如欧洲经济共同体、东南亚联盟、英联邦等）之内，易于形成此种类型的公司生产格局，如相当长一段时期内英国一些公司生产的工业产品销往其下属的数十个殖民地和半殖民地。此外，在公司跨国发展的早期阶段，也出现了此种格局，如日本许多跨国公司在第二次世界大战后一段时间内，一直以日本国内生产为主。

(2) 市场地生产型

该类公司在每一个市场地（国家）均建立生产厂家，这些生产厂家以服务各自的市场为主，无（或很少有）跨越国界的销售发生，属于典型的进口替代型生产。显然，这些厂家的生产规模受制于当地的市场规模。一般情况下，这些厂家的产品与母公司相同。有些情况下，需要根据当地市场的环境进行一些修改。这时常需要在当地建立相应的R&D机构。

大型跨国公司中，该类型生产区位格局比较普遍。例如第二次世界大战后，许多美国公司在欧洲建立制造业工厂。20世纪七八十年代，又有许多欧洲和日本的公司在美国建立工厂。这些均以当地市场为取向。20世纪80年代以来，中国经济的迅速发展带来了巨大的市场，吸引了许多世界性跨国公司来此投资建厂。

这种生产区位类型的形成，早期与运输成本因素有关。随着科学技术的发展，运输成本大大下降。但是，其他成本（如劳动成本、土地等）仍有一定区域差异。除了成本因素之外，仍在不断增加的公司市场地生产区位格局，主要受另外两个因素的影响：①在市场地建厂，可使产品及时根据当地消费者的偏好改造，还可为当地提供较快的售后服务。实际上，许多跨国公司（甚至包括采取全球战略的跨国公司）均认为产品的地理差异十分重要。②多数国家之间的贸易壁垒仍然存在。尽管由于关贸总协定（general agreementon tariffsand trade，GATT）不间断地努力，关税在不断下降。但是，关税仍不同程度地存在。同时，非关税壁垒已成为许多国家贸易政策的主要组成部分。常见的非关税壁垒包括进口配额、自动出口限制（voluntary export restraint，VER）等。为了跨越这种壁垒，许多跨国公司在潜在市场地建立生产厂家。例如，20世纪80年代以来，日本跨国公司在北美和西欧大量投资建厂即为对非关税贸易限制的反应。

（3）专业化生产型

该类型公司具有多个生产区位（国家），每一区位集中生产一种产品，服务于区域或世界市场。由于市场巨大，这些专业化生产厂家一般规模很大，从而生产的规模效益十分突出。

与前两种类型相比，该种公司类型是最近三四十年来伴随公司生产合理化调整所出现的一种新形式。这种形式的公司格局易于在贸易壁垒较小的大区域内形成。例如，欧洲共同体和北美自由贸易区等国际性区域内，货物和服务的贸易较为自由。同时，区内各个国家具有不同的技术和生产要素优势。充分利用这些优势，建立大型专业化生产厂家并用其产品覆盖全部区域，不失为公司可采用的较佳的战略。不过，公司选择此战略与否还要因工业部门而异。在规模经济突出，尤其当规模效益大于成品因运输距离延长而增加的费用的工业部门，更易促成专业化生产格局。

（4）跨国横向一体化生产型

该类型公司按生产过程在不同区位（国家）进行专业化生产，每一区位只负责最终产品的一个生产过程。公司在一个区位的生产产品，与当地市场毫无关系。一制造业工厂的产品，只是同一公司内另一个位于其他国家的工厂的生产原材料（投入品）。而最终的产品，也许要运往第三国市场或跨国公司的母国市场。具有公司生产单位的国家，只是为了加工出口，所以被称为“出口平台”。而这些生产单位，只是充当跨国公司“国际采购点”的角色。

这种公司生产单元空间格局类型是20世纪60年代中期以来才出现的。最早是美国电子工业公司在东亚、东南亚、墨西哥建立其生产装配厂家，之后欧洲跨国公司和日本跨国公司在这些地区建立其生产机构，以利用这里的廉价劳动力优势。20世纪60年代后期和

70 年代，公司的这种区位格局发展十分迅速。80 年代以来，这些国家的跨国公司不断涌入中国大陆建厂，其中也有一些是以出口其他国家（包括美国和欧洲市场）为主要生产目的。

跨国公司横向一体化的跨国生产活动多为发达国家（或新兴工业化国家）的劳动密集型产业，且生产过程已达到较高程度的标准化。

2. 生产单位区位选择

生产单位区位选择一般要进行两个基本的决策：一是选择某个国家；二是在这个国家内选择某个建厂的地点。

国家的选择，通常比一个国家内建厂地点的选择容易。一般来说，企业在海外投资的决策过程中，首先进行一道“筛选”，对海外投资的国别和产品进行粗选。然后，对“筛选”下来的投资对象国和产品项目再进行可行性分析。在此基础上，通过多方面的比较分析，最终确定准备投资建厂的国家。

地理学者从投资环境的角度对跨国直接投资国家的选择有比较成熟的研究。总体而言，将要考虑的因素分为政治因素、法律因素、社会文化因素、经济因素和自然环境因素等（图 6.4）。每类因素下都有一系列细化的指标。

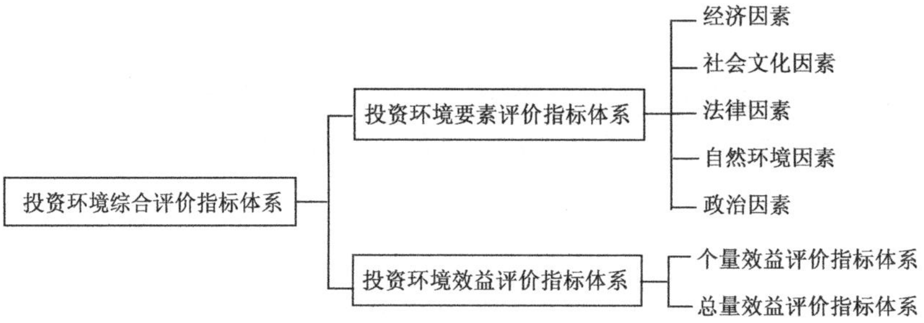

图 6.4　投资环境综合评价指标体系

主要的方法包括多因素加权平均法、主成分分析与因子分析法、聚类分析法等。基本思想是首先确定要考虑的因子，然后通过各种方法确定因子的权重，最后通过模型对备选国家进行定量分析，得出最优的投资对象国。

一般来说，在选择投资国家或地区的过程中，地理和历史上的联系往往起着至关重要的作用。其次，某些国家由于优越的地理位置和巨大的潜在市场，往往成为跨国公司竞相投资设厂的战略国家。再次，在进行海外投资过程中，企业必须考虑投资国家的风险大小。然而，如果预期的收益足够高的话，风险并不一定会阻止投资者。这种情况经常出现在石油业和采掘业，也出现在一些资本流动程度较高的部门，如服装业。这些部门的经营活动可以迅速地终止，并且不必花太多费用便能向另一个国家转移，那么国家风险的考虑就可能是第二位的。除了上述因素外，劳动力成本、原料和零部件的供给、税收政策、关税、基础设施和东道国政府对外投资的态度和政策等，也是影响跨国公司投资国别选择的重要因素。

一旦确定在某一国家进行投资生产后，企业区位选择的方法与第 5 章介绍的相同。在商情调查和实地考察的基础上，综合考虑多方面因素，主要包括：①接近消费者；②劳动力、资本、土地等生产要素的成本；③运输费用；④外汇的可用性及其限制；⑤政府补贴；⑥交通、通信、供电、供水等基础设施；⑦原材料的供应；⑧熟练和非熟练工人的供应；⑨技术和管理人员的可供量；⑩经济和社会状况等。对多个候选区位进行比较分析，最后根据综合效益确定最佳的建厂地点。

小　　结

本章分析了多部门企业的主要特征，包括组织结构和空间结构；讨论了多部门企业的典型代表——跨国公司的主要特点，并对多部门企业多区位投资原因及多部门企业跨国直接投资原因进行了较详细的讨论；在企业增长模式分析基础上，讨论了多部门企业多区位发展的空间模式，包括沃茨的市场地域扩大模式和哈坎逊的多级扩张模式；最后重点讨论了多部门企业不同组分的区位选择，包括公司总部、公司研发机构和公司生产单位的区位选择。

思　考　题

1. 针对企业组织结构特征，多部门企业空间格局形成时有何考虑？
2. 如何理解多部门企业区位投资的动因？
3. 试分析企业增长模式与企业多部门、多区位发展的关系。
4. 试比较分析多部门企业多区位发展的两种空间模式。
5. 试比较分析多部门企业的总部、研发部和生产单位区位选择的异同点。
6. 试阐述总部经济对城市发展的影响。

第三篇　区域经济系统
地理空间组织原理与方法

第 7 章　区域经济活动地理空间组织方式

区域经济活动地理空间组织是指在因地制宜、集中与分散相结合、地区专门化与综合发展相结合、统筹兼顾与综合平衡相结合等基本原理的指导下，通过操作与调控区域经济活动及其活动系统在地理空间中的位置、强度和关系，使区位条件在数量（面积大小）、质量和与其他要素空间关系（区位条件供给）等多方面能满足区域经济活动持续、高效地开展而对其提出的要求（区位条件需求），即在供需平衡的基础上，实现经济活动与地理环境相结合而形成相宜和谐与稳定的自然社会经济地域综合体（系统）的过程。如前所述，这种系统与系统的结合就是将经济活动落实到具体地理空间的过程，可概括为两种基本的结合形态：经济活动与地理环境区位的结合和经济活动系统与一定的地域整体的结合。这里将实现这两种结合的基本组织方式综合概括为用地选择与用地平衡、组团布局与功能分区及关系优化与结构优化等。

在经济活动（系统）地理空间组织中，对第一种相结合决策来说，侧重于运用用地选择、组团布局和关系优化等方式，而对区域整体的经济活动地理空间组织来说，则表现为用地选择、组团布局和关系优化基础之上的用地平衡、功能分区和结构优化等方式的综合运用。

7.1　用地选择与用地平衡

如前所述，用地选择是指在一定区域内为经济活动（系统）寻找适宜的、具有一定面积大小的场地或用地（地理区位）。由于地理区位的多宜性（同一地理区位可能适宜于多种经济活动），加之区域面积的有限性、公共资源的非排他性和非盈利性，为避免出现经济活动（系统）间争地（面积）的矛盾，并保证留有合适的公共空间，协调公共资源利用与分配，需要在整个区域内进行各类用地的平衡，从而全面实现物（活动）得其所，地（环境或空间）尽其用。

7.1.1　用地选择

1. 基本概念

用地选择是区域经济活动地理空间组织最基本的方式，它是指根据经济活动自身发展对区位条件的要求，结合区位供给的各种条件进行匹配的过程。通过用地选择，一方面为经济活动选择适宜的区位，有利于经济活动节约、高效地开展，实现物得其所；另一方面，针对具体的区位条件，保证为其安排适宜的经济活动，选择适宜的开发利用方式和强度，实现地尽其用。

第 5 章已专门讨论了经济活动区位选择的基本问题和主要方面，这里仅从组织方式的角度对其加以概括。

2. 用地选择的标准

用地选择的根本目的是实现经济活动与地理空间的相宜结合，表现为经济活动自身能得到适宜的用地，取得最大利润；同时还要有益于周边环境的改善和其他经济活动的开展。相应地，用地选择标准可概括为：适宜性和利润最大化。

（1）适宜性标准

适宜性是区位条件的一个基本属性，即所选区位条件必须有利于经济活动的开展，包括适宜的位置（场所）、适宜的资源供给和适宜的环境条件。

适宜的位置是指有利于经济活动开展的位置条件，包括适宜的地形坡度、地质条件，适宜的地块大小和适宜的形状等，是经济活动工程建设适宜性的重要衡量指标。例如，对于地形坡度，一般工业经济活动的开展要求坡度小于 5°，坡度大于 25°的地区一般不适宜从事工业或农业经济活动，而只能进行植树造林活动。同样，不同形状和大小的地块对不同经济活动的适宜性是有差别的，一般形状规则、具有一定面积规模的地块对经济活动开展是有利的，当然也存在一些诸如通信线路、交通线、各种运输管线等要求用地形状为狭长条带状的现象。

适宜的资源条件是指用地区位具有经济活动所需资源的良好供应条件。例如，冶金工业由于大量需要工业用水，因此在进行用地选择时就要考虑所选用地必须靠近水源地或是能方便获取大量工业用水的场所。

适宜的环境条件是指用地选择的区位具有适宜经济活动开展的环境条件及环境容量，包括水环境、大气环境、生物环境等自然环境和文化、传统习俗等人文环境，如旅游业用地选择一般要求自然环境条件优越、人文环境优越。

（2）效益标准

取得最优的综合效益是经济活动开展的根本目标，因此在进行经济活动用地选择时必须考虑所选用地要有利于经济活动综合效益的提高，包括各种经济效益、社会效益和生态效益的提高。

经济效益的提高主要是通过成本的节约和利润的提高来达到的。成本的节约包括：生产成本的节约、交易成本的节约、销售运输成本的节约、信息成本的节约。生产成本的节约主要是通过选择利于经济活动开展的良好的自然、社会、经济条件达到的，如良好的地质条件使得相关建筑无须专门的地基加固处理，从而导致建筑经济活动成本的下降。生产活动是人与自然之间的相互作用，需要付出生产费用；交易活动则是人与人之间的相互作用，它提供服务，这种服务是有其效用的，这种效用直接表现为交易后的生产力所创造的财富比交易前的生产力提供财富的增加。同时，活动所使用和耗费的资源与生产活动所使用和耗费的是同样稀缺的资源，需支付人的智力与体力，因此交易活动也需付出交易成本。交易成本一般包括：找寻成本、签订契约成本及其监督执行成本、运输成本。显然，在经济活动中企业或个人靠近交易对象，在克服要素流动、产品运输及人际交往之间的空间障碍方面，能够带来交易成本的节约。产品的营销费用也是成本的一部分，具有良好的区位条件能带来营销成本的大量节约。在位于人口密集的生活区布局餐饮服务业，必然能导致广告、宣传等相关费用的节约。企业和人口的积聚促进了信息的交流及技术的推广和扩散。特别是对于非标准化和市场化的产品，了解市场的变化，需要及时收集各种技术信息，进行思想、信息的交换，这样良好的区位条件能产生“面对面”交流的经济性。另外，利润的提高要求在成本降低的同时，尽可能地提高收入，实现收入与成本的差额最大化。决定收入的因素主要包括需求和价格，需求是与人口因素（包括人口的数量、人口的社会经济结构等）相关联的，价格和需求通常是相联系的，价格的降低通常会导致需求范围的扩大，总需求的差异就会带来收入的不同，因此在进行用地选择时要综合考虑价格和需求，以达到利润最大化为目标。

社会效益的提高是指经济活动的布局要有利于人们生活质量的提高，有利于体现社会公平。例如，一定区域过多地安排工业经济活动，虽然可能取得较快的经济发展速度，但相应的公共基础设施用地、公园绿地等的比例必然下降，从而影响人们生活质量。同样某类用地的过多布局，必然会导致其他经济活动用地无法得到保障，不利于体现社会公平。

生态效益的提高是指经济活动的布局在有利于自身经济活动开展的同时，要有利于区域生态环境的保护与改善。例如，在水源地附近布局有较大污染的印染工业，虽有利于其自身经济活动的开展和成本的节约，却会带来严重的水源污染，因此从生态效益的角度考虑，应禁止此类用地选择。

（3）外部经济性标准

经济学中的外部效应（外部性）是指，在实际经济活动中，生产者或消费者的活动，对其他生产者或消费者带来的非市场性影响。这种影响可能是有益的，也可能是有害的。有益的影响（收益外部化）称为外部经济性，或正外部性；有害的影响（成本的外部化）称为外部不经济性，或负的外部性。

经济活动用地选择时，要求所选区位在有利于自身经济活动开展的同时要利于其他经济活动的开展，即体现外部经济性。企业和个人的临近配置，可以带来社会和环境效应的变化。污水处理厂与豪华餐厅并致，会给后者带来不利影响；而靠近公园附近的住宅则使居民生活更加舒适、健康。

注释专栏3　关于外部经济性与外部不经济性

外部性是某种经济交易所产生的成本或利益，这种成本或利益落到第三方身上而交易者并没有考虑。交易者（买方和卖方）只考虑他们个人和（或）私人的利益和成本。私人利益和成本是指决策制订者的利益和成本，它忽略了第三方的利益和成本。例如，空气污染就具有外部性，它影响了对空气不污染的第三方的利益。外部性是企业或个人向市场之外的其他人所强加的收益或成本。外部性有两种：一种是外部经济，这是好的积极影响；另一种是外部不经济，即坏的消极影响，也称负外部性。由于外部性的存在，某一商品的有益或有害影响，其市场价格不能反映出来，会使经济资源配置不能达到最优状态。价格扭曲、信息传递失真，会造成经济效益损失。这样，具有外部经济的商品生产可能不足，而具有外部不经济商品的生产可能过多。这必然会破坏市场经济中资源的有效配置。

外部不经济理论是1910年马歇尔提出的。他认为，在正常的经济生活中，对任何稀缺资源的消耗，都取决于供求大小的对比。而环境问题正是这种经济活动中出现的失调现象。庇古作为马歇尔的弟子，致力于传播马歇尔的经济思想。庇古提出，在某些场合，个人决策和行动会给其他人的行为和决策带来有利或不利的邻近影响，导致私人边际收益（个人因增加一个单位的人力资本投资而给自己所带来的收益）与社会边际收益（私人边际收益与外部边际收益之和为社会边际收益）出现偏差。市场调节的结果不再符合帕累托最优准则（帕累托最优指的是资源的配置已经达到这样一种境地，无论作何改变都不可能同时使一部分人受益而其余的人不受损，也就是说当经济运行已达到高效率时，一部分人进一步改善处境必须以他人处境恶化为代价）。庇古对私人边际成本和社会边际成本所作的区分成为以后发展起来的经济学“外部性理论”的基础，而他提出的用于消除外部性的经济措施后来被称为“庇古式税收”。庇古在其著作《卫生经济学》中提出了生态环境外部不经济的含义：①外部不经济是由厂商在生产和经营过程中所造成的环境污染和资源的破坏。空气、河流、海洋和土地都是环境财富，这些环境财富并不是某些私人或组织的财产，而是关系全体社会成员福利的公共财产。这些公共的财产都被少数人的生产行为所侵害，使得环境污染和破坏日益严重。②厂商在生产和经营过程中对环境产生的外部不经济性与企业的生产经营成本和收益没有直接的关系。该不经济性未计入企业的生产成本，而转嫁给了社会，即全体受害的社会成员，承担了少数企业对环境的损害结果。假设沿河有两个厂商，在上游的是一个化肥厂，居下游的是养鱼场，化肥厂生产过程中排放的废水污染了河水，毒死了鱼，使养鱼场的产量大为减少时，就产生了外部性。在这种情况下，外部性就是渔场的渔民承担的外在成本。由于这种成本并不由化肥厂本身承担，所以他们也就不考虑应不应该把污水排入河流中，或者只能排放多少而不致使鱼群出问题。化肥厂对渔场产生了外部不经济。另一个例子是养蜂场与苹果园相邻的情况，它们相互提供外部经济的效果：养蜂场的蜜蜂为苹果园的果树传播花粉，提高了苹果产量。苹果园的苹果花又为养蜂场提供蜜源，增加蜂蜜产量。养蜂厂与苹果园互为对方的外部经济性。个人或企业因自身的活动所造成的环境问题，是一种典型的外部不经济性，环境责任原则通过污染者付费、开发者保护、利用者补偿、破坏者恢复等措施减少这样的外部不经济性，合理分担外部不经济所产生的成本。

改自：欧文·B. 塔克. 2003. 现代微观经济学（第二版）. 秦熠群译. 北京：中信出版社

3. 用地选择的模型方法

根据候选区位是连续还是离散，可以将用地选择分为连续用地选择问题和离散用地选择问题两大类。其中，连续用地选择问题是指经济活动可以布局在空间的任意位置；离散用地选择问题则受资源、市场等条件空间分布的影响，经济活动允许布局的位置集合是给定的，即只能在有限的点组中取值，一般多为位于网络中的节点。

绝大部分与GIS相结合的用地选择模型都可归入中值、覆盖、合适度和竞争性四种模型。中值模型是以用户到最近的经济活动的平均距离最小的方式，确定固定数量经济活动的位置。覆盖模型是以服务范围和满足用户需求为前提，确定经济活动的位置。合适度模型将每个经济活动可能产生的限制都考虑进去。竞争性模型是在一个竞争者有能力重新调整任何位置决策能力的情况下，其他竞争者可以修改其先前定义的位置。因此，在进行经济活动用地选择决策时，需要对竞争者失去市场份额所做出的反应进行分析。中值、覆盖和合适度模型通常用于解决典型的用地选择问题，而竞争性模型需通过游戏理论和仿真来解决用地选择问题。

中值问题（median problem）和覆盖问题（covering problem）是用地选择问题中的两类基础问题，对这两类问题及其模型的研究成为分析一些更复杂的设施区位问题的范式和建立其模型的基础。在基础模型框架下，学者们针对一些特殊的经济活动类型的用地选择问题，通过设置不同的条件进行进一步的扩展，从而发展了较为复杂的经济活动用地选择模型。例如，用于环境污染防治的邻避型设施选址问题、用于不同服务等级的层次型设施选址问题、用于商业竞争的竞争型设施选址问题等，选址问题也开始考虑动态、不确定性等因素。以下主要介绍中值和覆盖两类基础问题及其模型。

（1）中值问题与中值模型

中值问题关注的是经济活动需求点到候选区位的加权总距离最小。一般而言，需求点会被分配给最近的经济活动，但受诸如容量、规模经济、成本等限制条件的影响，需求点可能被分配给更远的经济活动，这里的限制条件即为需求加权。雷维尔（ReVelle）和斯温（Swain）于1970年将中值问题表述为

$$\text{Min} \sum_{i \in I} \sum_{j \in J} w_i d_{ij} y_{ij} \tag{7.1}$$

约束条件为

$$\sum_{j \in J} y_{ij} = 1, \ i \in I \tag{7.2}$$

$$y_{ij} \leqslant x_j, \ i \in I, \ j \in J \tag{7.3}$$

$$\sum_{j \in J} x_j = P \tag{7.4}$$

$$x_j \in \{0, 1\}, \ j \in J \tag{7.5}$$

$$y_{ij} \in \{0, 1\}, \ i \in I, \ j \in J \tag{7.6}$$

式中，i 为需求点的索引；j 为候选区位的索引；I 为需求点的集合；J 为候选区位点的集合；w_i 为需求点 i 的需求强度；d_{ij}为需求点 i 与候选区位点 j 之间的距离；P 为需要进行定位的经济活动区位数量；x_j 和 y_{ij}为定义的决策变量；x_j 表示是否在候选设施点 j 上布局设施，若是，取1，否则取0；y_{ij}表示是否将需求点 i 分配给候选区位点 j 上的经济活动，若是，取1，否则取0。目标函数式（7.1）旨在寻求所有需求点到其最近设施的需求加权的总距离最小。既然需求是已知的，那么总需求也是固定的，这等价于需求加权的平均距离最小。约束条件式（7.2）保证每个需求点 i 都被分配到一个区位点 j；式（7.3）要求只在已布局了的区位点中进行分配；式（7.4）保证共有 P 个经济活动被定位；式（7.5）和式（7.6）是决策变量的取值范围。

中值模型是以用户到最近经济活动的平均距离或总距离最小的方式，确定固定数量设施的位置。经典中值模型的基本假设是不管需求有多少，每个经济活动都有足够的资源来满足需求，从而假设每个人都能用离其最近的经济活动提供的服务。引入需求加权的平均距离或总距离，对于解决以成本和收益为目标的用地选择问题十分有效，如针对物流中心、超市等设施的选址。另外，模型也可以用来寻求福利最大，适合于服务性公共设施，如学校、公园等公共设施的选址问题。

（2）覆盖问题与覆盖模型

某些情况下，总距离并不适合作为测度标准，尤其是在设计应急服务系统时。如果需

求点 i 到备选区位 j 的距离或时间小于临界距离 Dc，那么称需求点 i 被候选区位 j 覆盖。覆盖问题主要可分为集合覆盖问题（set covering problem）和最大覆盖问题（maximal covering problem）。集合覆盖问题最初由塔若哥（Toregas）等于 1971 年提出，指在满足经济活动覆盖所有的需求点的情况下，所需的经济活动总数最小。其数学模型表达如下：

$$\text{Min} \sum_{j \in J} x_j \tag{7.7}$$

约束条件：

$$\sum_{j \in Ni} x_j \geqslant 1, \ i \in I \tag{7.8}$$

$$x_j \in \{0, \ 1\}, \ j \in J \tag{7.9}$$

式中，变量 x_j 用以判断需求点是否被备选区位点覆盖，若是，x_j 值为 1，否则为 0。设 N_i 是所有可覆盖需求点的候选设施点的集合，即 $N_i = \{x_j \mid x_j = 1\}$。目标函数式（7.7）旨在寻求设施总量最小。约束条件式（7.8）保证每个需求点至少被一个设施服务范围所覆盖，式（7.9）是决策变量的取值范围。在实际应用中，集合覆盖模型常常遇到以下问题：保证所有需求点均被覆盖的经济活动数量常超出预算；模型无法区分需求点的需求强度。在现实生活中，常常由于预算和资源约束，有限的设施不能保证空间中所有需求点都能够被覆盖到，此时，优先考虑需求强度大的需求点是十分必要的。针对这些问题，丘奇（Church）和雷维尔于 1974 年提出了最大覆盖模型：

$$\text{Max} \sum_{i \in N_i} w_i \, z_i \tag{7.10}$$

约束条件：

$$z_i \leqslant \sum_{j \in N_i} x_j, \ \ i \in I \tag{7.11}$$

$$\sum_{j \in J} x_j = p \tag{7.12}$$

$$x_j \in \{0, \ 1\}, \ j \in J \tag{7.13}$$

$$z_i \in \{0, \ 1\}, \ i \in I \tag{7.14}$$

式中，z_i 用以判断需求点 i 是否被覆盖，若是，则 z_i 为 1，否则取 0。目标函数式（7.10）旨在寻求设施覆盖的需求最多。约束条件式（7.11）要求除非在备选区位点中已定位了一个经济活动可以覆盖需求点，否则需求点将不被记作被覆盖。式（7.12）限制了经济活动的总数为 p。式（7.13）与式（7.14）是决策变量的取值范围。

覆盖模型是以所期望的服务范围满足大多数或所有用户需求为前提，确定经济活动的位置，覆盖模型的思想是离经济活动较近的用户越多，则服务越好。覆盖模型常用于应急设施的区位选址。最大覆盖模型和集合覆盖模型的主要区别在于对经济活动数量和需求强度的关注不同。前者一般适用于建设经费充足或者经济活动成本相同的情况，后者则适用于有经济活动成本约束的用地选择决策。

4. 用地选择的程序

经济活动用地选择的基本方法是在自然条件分析的基础上结合经济评价，具体包括以下五个基本环节。

（1）经济活动区位条件需求分析

为实现经济活动最佳区位的选择，应在把握经济活动的区位指向性特征的基础上，全面综合分析其对区域条件的具体需求。

经济活动区位条件需求包括所需区位的数量规模、质量等级和空间特征等。需求数量规模主要是指经济活动对区位面积大小的需求，如一般农业经济活动要求用地规模较大，商业服务业经济活动由于其集约度高，用地规模相对较小。质量等级需求主要是指不同经济活动对土地质量要求的不同，如工业经济活动一般要求有良好的地质条件，而种植业经济活动则主要关注其土壤质量状况。空间特征包括区位的空间范围、形状、连片度和空间关系等，空间范围不仅包括平面面积的大小，还包括地上和地下空间范围等，如在机场附近禁止建设高层建筑，这就对需要较大空间高度的高层商服业经济活动用地布局产生了制约；在有地铁、地下管线通过的地区，不能对地下空间进行开发利用，这就限制了需要开发地下停车场作为配套的酒店等服务业经济活动的用地选择。另外，不同经济活动对用地的形状要求是不同的，如前面提到的管线设施用地和交通用地一般要求条带状地块，商业、住宅等经济活动用地一般要求形状比较规则的地块。空间关系主要是指与其他经济活动布局区位的空间邻近和远离关系，如住宅用地一般要求远离噪声和污染较严重的工业区、酒店等服务业就近布局于繁华的闹市区等。

（2）区位条件供给评价

在经济活动区位条件需求分析的基础上，进行区域区位条件供给评价，具体的评价过程和方法可参照第 3 章介绍的内容。在评价实施过程中应根据具体经济活动的条件需求，选取评价因子，构建参评因子体系，进行有针对性的调查和评价，做到有的放矢，提高评价的效率和评价结果的准确性与合理性。

（3）经济活动与候选区位的匹配

在经济活动条件需求和区位条件供给评价的基础上，进行候选区位的匹配和排列组合。尽可能综合全面地考虑主要的匹配排列组合，得到经济活动用地选择的若干主要候选方案。

（4）候选方案的适宜性评价

根据经济活动用地选择的适宜性标准，对经济活动用地选择的待选方案进行适宜性评价。包括所选区位的工程建设的适宜性、生态适宜性等方面，从活动开展自身基本条件需求方面（能否展开）入手。

（5）候选方案综合效益分析

从成本–利润、生态维护、资源持续利用等方面综合分析候选方案的经济、社会和生态效益，以综合效益最优作为用地选择的标准，从候选区位集合中确定综合效益最优的区位（用地）。

7.1.2　用地平衡

1. 概述

（1）用地平衡概念

用地平衡是指从区域整体出发，平衡各种经济活动用地选择，使整个区域各类经济活动（系统）的用地需求都得到满足（物得其所），同时区内所有土地资源都能发挥它们最佳的效用（地尽其用），从而实现区域自然社会经济综合体持续、稳定、协调、高效的发展。

(2) 任务与内容

用地平衡的根本任务是从区域整体利益出发，协调用地矛盾。具体内容可概括为：保证区域内各业各类用地需求，确定各类各业用地需求的数量、质量和空间位置；根据区域发展方向和发展重点，确定各类用地安排的优先次序。

由于各类活动在进行用地选择时，主要考虑经济活动自身对区位条件的需求，一般都会考虑多用地、用好地；而区域土地数量的有限性和质量的差异性，决定了各经济活动之间必然存在用地矛盾。另外，区域资源的合理开发和利用、公共空间和公共资源的协调利用、区域生态环境的保护等，都需要从区域整体利益出发，通过用地平衡的方式，进行综合协调，从而实现区域经济活动系统的综合协调发展。因此用地平衡的主要内容可概括为以下三点。

1）用地合理分配。根据各业各类经济活动用地的需求，结合区域社会经济发展的方向和重点，确定区域内各业各类用地的数量、质量、空间布局和用地安排的先后次序。

2）公共资源合理利用。公共资源的共同消费性，使其无法在市场活动中获得成本补偿，更无法实现价值的增值，因而不适用市场效率准则。它既包括有形的物质产品，如公路、桥梁、航标灯等，也包括非物质产品和服务，如法律、政策、消防等。公共资源的非盈利性特点，使各经济活动都会竞争使用公共资源，形成公共资源利用的矛盾和问题。每个理性的人最优选择公共资源均是“不出资”，这种纳什均衡是指相互作用的经济主体，每一方都在另一方所选择的战略为既定时，选择自己的最优战略，使得公共产品供给出现短缺、公共福利无法提高。因此，在拟定区域用地平衡方案时要保障公共资源用地的需求，如道路交通、公园、绿地、自然保护区等的用地配置。

3）生态环境保护。针对区域经济活动过度集聚或过度分散的问题，并考虑环境自身的承受能力，在进行经济活动的合理集聚与分散安排时，要确保区域环境保护用地需求的落实。

2. 用地平衡的原则

在协调经济活动间区位竞争的矛盾时，用地平衡应遵循以下三条基本原则。

(1) 可持续发展前提下的综合效益的原则

追求区域综合效益最优是经济活动地理空间组织的根本目标，也是协调经济活动之间用地矛盾的根本准则。进行用地平衡时往往是在对多种用地方案进行社会、经济和生态效益评估的基础上求取综合效益最优。

在协调用地矛盾时，最突出的就是区域农业用地和工业用地的矛盾问题。由于工业产品较农业产品明显存在比较优势，大量安排工业用地发展工业势必给区域经济带来高速增长。然而农业作为第一产业，具有重要的基础作用，直接关系区域乃至国家的粮食安全，必须得到足够的用地保障。另外，从环境保护和生态效益的角度来讲，农业较工业用地具有更大的生态服务价值。因此在协调二者的用地矛盾时，就要根据区域可持续发展原则要求，从区域社会、经济和生态等方面综合考虑，以综合效益最佳作为基本前提。区域用地平衡要保证区域社会经济系统和区域自然环境系统和谐、可持续地发展，不仅要使区域经济系统健康、高效发展，还要保护区域自然环境，保证区域经济活动在区域环境系统的承载力范围内展开，走可持续的区域发展道路。例如我国改革开放初期，部分地区由于过分追求经济的快速发展，大量安排工业用地，农业及其他生态用地得不到合理的保障，出现短期经济发展而区域生态环境极度恶化的困境。

（2）兼顾公平的原则

公平原则是协调用地矛盾必须遵循的准则，在市场经济条件下，这一点显得尤为重要。在发达的市场条件下，每一个市场都面临着竞争，用地选择属于土地市场行为，因此用地矛盾也是土地市场竞争的一种形式，解决竞争的手段必须是公平、合理的市场秩序和市场规则。这就要求在围绕协调用地矛盾制定相关准则和政策时，要遵循市场规律，本着公平、合理的原则办事。

用地平衡的公平原则具体体现在：区域内用地平衡时各类各业用地数量、质量和空间位置安排要体现公平，地区之间在更大区域内进行用地平衡时要体现区域公平，同时在用地数量、质量和空间位置确定时要顾及代际公平。例如，为防治长江上游地区水土流失、保护长江，保护整个长江流域的社会、经济发展，从国家整体利益出发，国家制定了上游地区严格的水土保持措施，限制相关的土地开发利用行为，进行大面积植树造林活动，这势必给上游地区经济快速发展带来一定的影响，为体现区际公平，相关部门研究采取了长江中下游受益地区给予上游地区一定经济补偿的措施。代际公平主要体现在用地平衡时要以合理利用和保护土地资源为前提，不能进行掠夺式的开发和利用，要给后人的生存和发展留有足够的空间。

（3）发挥区域特色的原则

区域经济系统要取得良好的经济效益，必须要有同其他区域相比的比较优势，其中重点就是区域经济系统必须发挥区域特色。因此，在进行经济活动用地协调时，要明确区域发展的特色和重点，优先保证相应的用地需求，并制定相关的政策和措施，对有利于区域经济系统特色发挥的经济活动要给予扶植和培育，保证区域经济特色产业链的充分发展。例如，江汉地区作为我国重要的粮、棉、油生产基地，该地区粮食产业的发展直接关系我国的粮食安全，因此粮食生产和加工是该区域的主要特色产业，为保证该特色产业的发展，在确实保护好用于粮、棉、油生产的耕地的前提下，协调其他工业用地与粮食生产及加工用地矛盾时就要优先保证粮食生产和加工用地的需求，以保护特色产业的发展，保证区域特色的发挥。

3. 用地平衡的决策程序

不同经济活动的经济效益、生态效益和社会效益有很大的差别，用地规模也有大小之分，导致不同经济活动的单位用地效益产生差别，因此在进行区域经济活动用地平衡之前就要根据区域社会、经济和生态发展的目标，结合区域的经济、社会和生态环境条件，编制不同的用地平衡方案，并对各方案进行比较选出合理的方案，从而实现区域用地的供需平衡，保证各类活动都有满足需要的用地（包括数量、质量和用地空间关系的需要），实现各类活动的用地平衡，如工农业用地平衡、城乡用地平衡、生态用地与非生态用地的平衡，土地利用系统实现耕地、园地、林地、牧草地、城镇与工矿用地、交通用地、水域等各类用地在数量（比例关系）、质量及空间布局上的平衡。

区域经济活动地理空间组织的典型代表就是区域土地利用系统的确定，即区域主要经济活动的用地安排，因此现以区域土地利用系统的用地平衡为例来具体讨论农业与非农业经济之间，农业内部的种植业、林业、畜牧业、农副产品加工业和渔业经济活动之间，非农经济活动内部的工矿加工工业、商服业、金融保险业等经济活动之间，城市、农村等不同类型、不同尺度区域经济活动之间的用地平衡决策方法。

(1) 区域发展目标的确定

在进行区域土地利用系统用地平衡之前，首先要确定区域未来的社会、经济和生态环境目标。区域发展目标的确定是在区域社会经济和生态环境发展的历史、现状和未来发展趋势分析的基础上，结合区域自然环境背景条件分析的结果而综合确定的。

一般而言，在进行区域发展目标确定时，要根据区域发展的实际情况，设定不同目标，作为区域土地利用系统用地平衡的前提，在不同目标前提下将会有不同的用地平衡方案。一般情况下至少可以拟定三种不同的区域发展目标：经济发展速度型目标，环境保护型目标，经济、环境协调发展型目标。

经济发展速度型目标是指以取得较快的经济发展速度为前提制订的区域发展目标。区域生态环境质量较好、区域环境系统还能为社会经济发展提供一定的容量范围，但经济发展速度相对较低的地区一般可以采取这种区域发展目标，以期在短期内实现经济的快速发展，这种情况在我国中西部地区近期战略中比较多见。

环境保护型目标是以严格保护区域生态环境、保持和改善区域生态环境系统功能为前提的区域发展目标。我国沿海发达地区近期制订的社会经济发展战略中多见这类目标。改革开放初期经济的快速发展及早期生态环境保护意识的淡薄导致这些区域虽然近年来取得了快速的经济发展，但区域环境系统功能受到了严重的破坏，若再不加以保护和改善，不远的将来必将受到自然的报复，因此该类地区必须从原来的经济快速发展战略向环境战略转移，实施环境保护优先的区域发展战略。

经济、环境协调发展型目标是以不破坏生态环境系统为前提，尽可能实现经济的快速增长。一般多出现在社会经济发展比较成熟的地区，如北京、上海等地在近期制订的区域规划中提出的以人为本、可持续发展的区域发展战略目标。无论是经济发展速度型目标还是环境保护优先型目标都是针对区域自然社会经济系统出现的问题，提出的短期的发展目标，最终都将过渡到经济、环境协调发展型目标模式上来，实现区域自然社会经济的协调持续发展。

(2) 区域土地利用系统约束条件的确定

区域土地利用系统约束条件通常根据具体区域条件的不同而不同，但一般至少应包括以下五个方面。

1) 区域面积限制。区域面积是一定的，各经济活动用地总需求不能超出该区域的总面积，这是区域经济活动地理空间组织的基本约束条件。

2) 区域土地质量限制。区域土地质量特别是土壤质量、地质条件等是短期内难以改变的，而区域土地利用系统中的某些经济活动的用地对土地质量有较高的要求。例如，农业用地要求有良好的土壤质量，工业和商服业经济活动用地要求有良好的地质条件。因此，区域土地质量、不同质量土地的数量及分布特征也是区域经济活动地理空间组织的基本约束条件。

3）基本农田保护率限制。根据《土地管理法》和《基本农田保护法》的要求，为实现国家粮食安全，必须实施最严厉的耕地保护措施，要求保证一定的基本农田保护率。一般地区要求耕地总量的85%应作为基本农田保护的范围，因此在区域用地平衡时，要考虑基本农田保护的限制条件。

4）生态约束。我国当前实行的可持续发展战略，要求自然和人类和谐发展，相应地要求各地在进行经济活动组织、发展社会经济时，以不破坏自然生态环境为基本前提。落实到区域用地平衡时，必须确保区域森林覆盖率，即全国或者一个地区森林面积占土地面积的百分比。森林面积是指郁闭度大于0.3的乔木林地面积、经济林地面积和竹林地面积之和；我国特别规定的灌木林地面积，农田林网及村旁、路旁、水旁、宅旁林木的覆盖也列为森林面积。区域用地平衡，还需确保建成区绿化覆盖率，即城市建成区的绿化覆盖面积占建成区面积的百分比。绿化覆盖面积是指城市中乔木、灌木、草坪等所有植被的垂直投影面积，乔木树冠下重叠的灌木和草本植物不能重复计算。这些指标也是土地利用系统用地平衡的基本约束条件。

5）其他相关约束。根据区域不同要求，还可有其他相关的约束条件。例如，有些地方为保证名、优、特色产业的发展，相应制订了其用地的最小规模限制；为了保证第一产业的重要地位，而制订了种植业总产值、农业总产值的约束条件；其他的如资金投入、社会需求约束等都可以成为区域土地利用系统用地平衡的约束条件。

(3) 用地平衡方案的排列组合

在不同目标前提下，根据区域土地利用系统的各种约束条件，可以建立不同的决策模型，如多目标线性规划模型、灰色系统模型等，从而运用模型求解得到不同的用地平衡方案，作为区域用地平衡的候选方案供决策优选之用。

(4) 用地平衡方案的评价与确定

从区域可持续发展的角度，对方案的综合效益、方案实施的可行性、合理性进行综合评价，并最终确定区域用地平衡的实施方案，作为区域用地平衡实施的指导和依据。

(5) 用地平衡的空间落实

以上确定的用地平衡方案主要解决的是区域用地的数量结构和质量结构问题，即确定各业各类用地的数量与比例的关系。在此基础上，用地平衡还要研究如何在空间上落实平衡的用地结构，即区域用地空间结构。用地的空间平衡落实需要与空间结构优化相结合，是两个过程的融合。

4. 常用的用地平衡决策模型方法

用地平衡常用的决策模型方法主要有：线性规划模型、多目标优化模型、目标规划模型、系统动力学模型和智能空间优化模型。

(1) 线性规划模型

线性规划模型是一种最为常用的优化数学模型，即目标函数与约束条件函数均为线性函数的规划模型。首先要确定用地平衡目标的性质，通常选择经济目标作为函数的目标，社会和生态目标作为部分约束条件。然后，根据用地平衡的要求选取模型变量 x_1，x_2，…，x_n

（x_i 表示各业用地优化面积），其系数依据年内各类用地单位面积上国内生产总值（gross domestic product，GDP）预测值来确定。目标函数如式（7.15）所示：

$$\max Z = c_1 x_1 + c_2 x_2 + \cdots + c_n x_n \tag{7.15}$$

由于影响用地平衡的因素很多，在建立约束条件式时，必须充分考虑各种资源对各业用地的约束，如水资源约束、土地面积约束、上级用地指标约束等；在生态方面主要考虑森林覆盖率约束、基本农田保护约束、水土流失约束、环境污染约束等。将各种约束条件用数学模型表示，可建立约束方程，如式（7.16）所示：

$$\begin{cases} f_1(x_1, x_2, \cdots, x_n \leqslant (=, \geqslant) b_1 \\ f_2(x_1, x_2, \cdots, x_n \leqslant (=, \geqslant) b_2 \\ \vdots \\ f_n(x_1, x_2, \cdots, x_n \leqslant (=, \geqslant) b_n \\ x_i \geqslant 0, (i = 1, 2, \cdots, n) \end{cases} \tag{7.16}$$

以上两部分共同构成土地利用优化配置的线性规划模型。线性规划模型是最简单的模型，根据约束条件使用单纯形法求解得到最优解。

（2）多目标优化模型

多目标分析主要研究在某种意义下多个目标的同时最优问题。Koopmans 于 1951 年从生产与分配的活动分析中提出了多目标最优化问题，并且第一次提出了帕累托（Pareto）最优解的概念。Johnsen 于 1968 年系统地提出了关于多目标优化模型的研究报告，成为研究多目标决策的最早专著。进入 70 年代以后，多目标决策分析开始被广泛应用于解决工程技术、经济管理和系统工程等众多方面。最早将多目标决策分析应用到用地平衡研究的是加拿大的一个土地评估小组，其用多目标分析方法对土地利用评价进行研究。此后，1990 年多目标分析被用于解决用地平衡问题。

一般，多目标优化问题（multi-objective optimization problem，MOP）由 n 个决策变量参数、k 个目标函数和 m 个约束条件组成，目标函数、约束条件和决策变量之间是函数关系。数学模型如式（7.17）所示：

$$\begin{aligned} V\text{-}\min \quad F(\boldsymbol{x}) &= (f_1(\boldsymbol{x}), f_2(\boldsymbol{x}), \cdots, f_p(\boldsymbol{x}))^T \\ \text{s.t.} \quad G(\boldsymbol{x}) &= (g_1(\boldsymbol{x}), g_2(\boldsymbol{x}), \cdots, g_m(\boldsymbol{x})) \leqslant 0 \end{aligned} \tag{7.17}$$

其中，$\boldsymbol{x} = (x_1, x_2, \cdots, x_n)^T$。

令
$$R = \{\boldsymbol{x} \mid G(\boldsymbol{x}) \leqslant 0\}$$

式中，$\boldsymbol{x}$ 为决策向量；约束条件 $G(\boldsymbol{x})$ 确定决策向量可行的取值范围。

由于土地资源优化是为满足各业各部门用地需求，以取得最优的综合效益为最终目标，一般可将目标函数分为经济效益、社会效益和生态效益三方面内容，即需设立三个目标函数。s.t. 为约束条件，包括变量的非负约束和其他相关约束，具体根据研究区实际情况设定。x_i 为第 i 种活动方式（用地类型）的决策变量。由于土地利用优化配置研究涉及环境、经济、政策等多个领域，多目标分析方法在土地利用优化配置过程中得到了广泛的应用。

（3）目标规划模型

1961 年 A. Charnes 和 W. Cooper 首次提出了目标规划（goal programming）的基本概念，

1976 年伊尼齐奥对目标规划的理论和方法进行了系统的归纳和总结，建立起数学规划中的一种独立方法——目标规划。其基本思想是在一定约束条件下完成一组包含不同优先等级的可能是互相矛盾的目标。该方法的特征是首先由决策者设置目标值（期望目标达成值），然后引入目标偏差变量（即实际值与设置的目标值之间的差），最后求各偏差变量之和最小时的解作为决策者的偏好解。数学模型可简单表示为式（7.18）：

$$\min Z = \sum_{t=1}^{s} p_t \sum_{k=1}^{r} (f_{tk}^- d_k^- + f_{tk}^+ d_k^+) \tag{7.18}$$

满足：$\sum_{j=1}^{n} \boldsymbol{c}_{kj} x_j + d_k^- - d_k^+ = e_k \quad (k=1, 2, \cdots, r)$

$$\sum_{j=1}^{n} \boldsymbol{a}_{ij} x_j x \leqslant b_i \ (\text{或} = b_i, \ \text{或} \geqslant b_i) \quad (i=1, 2, \cdots, m)$$

$$x_j \geqslant 0 \quad (j=1, 2, \cdots, n)$$

$$d_k^-, \ d_k^+ \geqslant 0 \quad (k=1, 2, \cdots, r)$$

式中，s 为达成函数 Z 中优先等级的个数；r 为目标约束的个数，$s \leqslant r$；x_j 为原始决策变量；$\boldsymbol{a}_{ij}$为系统约束的系数矩阵；$\boldsymbol{c}_{kj}$为原始目标的系数矩阵；b_i 为系统约束的右端常数；e_k 为各原始目标的预定值；p_t 为目标的优先等级；d_k^+、d_k^- 分别为各目标约束对应的正、负偏差变量；f_{tk}^+、f_{tk}^-分别为目标优先等级 p_t 中对应于正、负偏差变量 d_k^+、d_k^- 的权重系数。f_{tk}^+、f_{tk}^-通常为 1，只有当多个原目标属于同一个优先等级时（即多个原始目标合为一个目标时）才需要根据具体情况指定。需要注意的是将多个原目标设置成同一优先级别时，各个目标的计量单位必须相同，这样，才有实际意义。

（4）系统动力学模型

前面提到的三种模型基本属于静态模型，由于经济活动区位需求要受到经济、社会和政策等多种因素的影响，因此要求用地平衡目标和方案也要不断地随之调整，系统动力学模型可以解决这一问题。

系统动力学模型是建立在控制论、系统论和信息论基础上研究反馈系统结构、功能和动态行为的一类模型。其突出特点是能够反映复杂系统结构、功能与动态行为之间的相互作用关系，对复杂系统进行动态仿真实验，从而考察复杂系统在不同情景、不同参数或不同策略因素下的变化行为和趋势，提供决策支持。当前国内外众多研究者的工作表明系统动力学模型能够从宏观上反映用地系统的复杂行为，是进行用地系统情景模拟的良好工具。系统动力学模型通过用地平衡目标与影响用地平衡因素之间的因果关系建立信息反馈机制，模型的行为模式与结果主要取决于模型结构而不是参数值的大小，模型具有动态性、仿真模拟性。根据系统论的原理，通过分析用地系统结构和系统内部各组成成分之间的反馈关系，可以建立反映用地平衡优化度的系统动力模型。但是，系统动力学模型的建立需要对模拟的系统具有充分的研究，对系统内部各种反馈机制已经非常了解，在因果关系不明确的情况下，不便使用本模型。

（5）智能空间优化模型

20 世纪末，智能计算为地理空间优化问题提供了一个新的思路。从对地理空间问题的表征及对空间的操作，可以把智能计算分为两大部分：一种是空间显示的智能计算，一种是空间隐式的智能计算。

空间显示的智能计算以元胞自动机为代表，它的基本操作单元是元胞，各个元胞通过邻域及转换规则来进行转换。它采取自下而上的策略，通过对理论的分析，来学习空间的知识，并模拟空间的演变规律。空间隐式的智能计算需要将隐式的数值空间映射到显示的地理空间中，并对空间数据进行各类操作与计算，最后将结果表达到地理空间中。这类方法包括遗传算法、人工免疫算法、蚁群算法、微粒群算法等。各个方法拥有对应的一个操作单元，包括它的基因、蚂蚁、微粒，采取从上到下这一优化策略，进行空间复杂问题的优化。这类方法采用选取、交叉、变异，信息素释放、速度位置更新等操作，来解决空间上的非结构、非线性的多目标优化问题。以下以遗传算法为例具体说明其解决用地平衡的基本原则。

基于遗传算法的用地平衡模型主要由两部分组成：一是基于遗传系统率定用地变化各限制性因素的权重，二是基于遗传算法优化用地的空间布局。为了有效地表达研究区域和方便进行用地单元的空间操作，模型采用二维格网染色体，一个染色体便是一个潜在的用地配置方案。以用地现状初始化染色体，确保优化结果对现状用地格局的继承性。模型通过遗传进化算子实施用地结构的优化。选择算子采用传统的轮盘赌选择法。交叉算子负责染色体间用地信息的交换，其随机确定一个 $N \times N$ 的区域，然后交换两个染色体在该区域的内容，一次交叉操作中，上述操作会执行 N_c 次，N_c 为模型的一个参数。变异算子是实施的核心，在染色体的变异过程中，局部区域的用地方式发生转换。以复合基因作为用地转换的基本单元，其最终的用地方式由土地利用转换规则决定。从土地适宜性水平和空间邻近关系两方面构建用地转换的基本单元（即复合基因）。首先从染色体中随机确定一个 $M \times M$ 的区域，获取该区域内每一个格网单元当前用地方式的适宜性水平，然后将适宜性水平较低的格网单元标示出来，同时可利用的未利用地也被标示。基于 8 向 Moor 邻域，空间相邻且被标示出来的格网单元即组成一个复合基因，其中参数 M 控制其大小。采用多准则判断的方式从土地适宜性水平、邻域用地状态和土地利用现状三个方面计算各地类在复合基因上的转换概率，在此基础上选择具有最大转换概率的地类作为复合基因潜在的用地方式。若复合基因采用该潜在的用地方式而不违反各种用地约束，则实施复合基因的土地利用转换，否则维持原有的用地状态。复合基因将作为一个整体赋予单一地类，这样能有效地降低局部用地格局的破碎程度。多准则判断中，权重系数的设置直接影响局部区域的用地转换，进而影响全局的土地利用优化。由于权重系数与土地利用优化目标的非线性关系难以确定，采用人工免疫系统，根据用地平衡目标对权重系数进行率定，以确定针对该优化目标最优的参数设置。基于遗传算法的用地平衡模型框架可表示为如图 7.1 所示的流程。

用地平衡的目的在于促进区域的可持续发展，实现区域经济、社会和生态三方面综合效益的最大化。根据这一要求，从发展经济、保护生态环境、提升土地适宜性水平和用地集聚程度四个方面构建用地平衡目标，这四个优化目标兼顾了经济的发展与生态环境的保护，并且土地适宜性目标和用地集聚目标也体现了区域可持续发展的要求。用地平衡是一个多目标优化问题，常见的多目标处理方式包括加权法和 Pareto 寻优，加权法因其简单易用而得到广泛运用。不同的权重分配体现了不同的区域发展要求，这样可以更好地辅助区域的用地平衡决策，相关的计算公式如下：

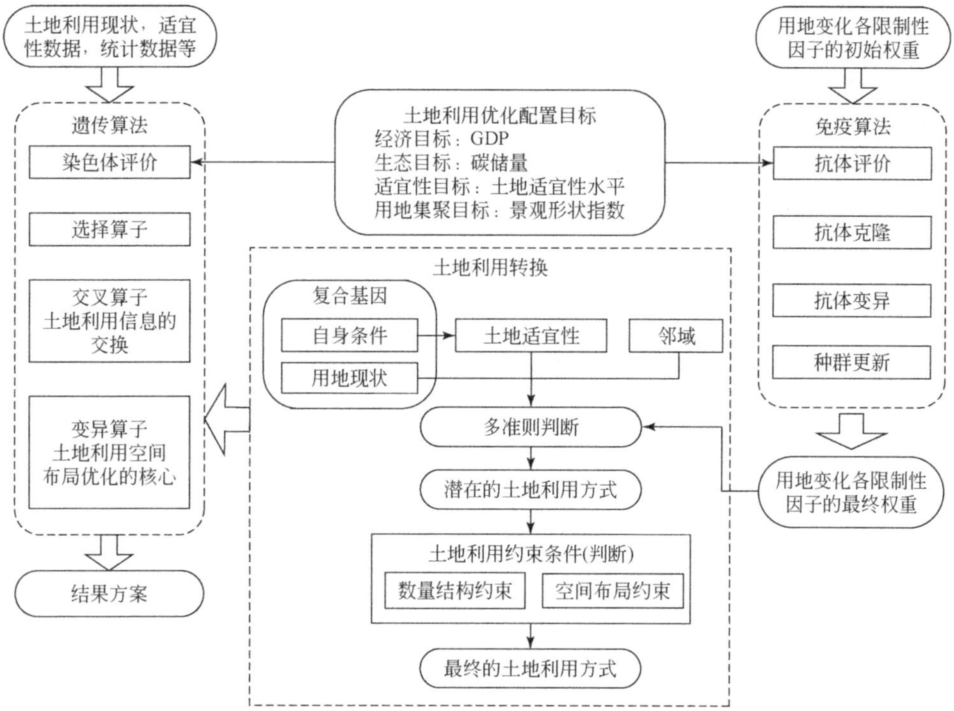

图 7.1 基于遗传算法的用地平衡模型框架

经济目标：
$$G=\sum_{t=1}^{T} A_t \cdot E_t \tag{7.19}$$

生态目标：
$$C=\sum_{t=1}^{T} A_t \cdot C_t \tag{7.20}$$

适宜性目标：
$$S=\sum_{m=1}^{M}\sum_{n=1}^{N}\sum_{t=1}^{T} s_{ijt} \cdot u_{ijt} \tag{7.21}$$

用地集聚目标：
$$\mathrm{SI}=\sum_{h=1}^{H}\frac{P_h}{4\sqrt{A_h}} \tag{7.22}$$

综合目标：
$$\mathrm{Max}\ F=w_1 \cdot f_{\text{norm}}^{+}(G)+w_2 \cdot f_{\text{norm}}^{+}(C)+w_3 \cdot f_{\text{norm}}^{+}(S)+w_4 \cdot f_{\text{norm}}^{-}(\mathrm{SI}) \tag{7.23}$$

归一化公式：
$$f_{\text{norm}}^{+}(x)=\frac{x-x_{\min}}{x_{\max}-x_{\min}} f_{\text{norm}}^{-}(x)=\frac{x_{\max}-x}{x_{\max}-x_{\min}} \tag{7.24}$$

式（7.19）中，A_t 为用地类型 t 的面积；E_t 为用地类型 t 单位面积的 GDP；T 为总的用地类型数目。式（7.20）中，C_t 为用地类型 t 的碳密度（植被碳密度与土壤碳密度之和）。式（7.21）中，M、N 为研究区的大小；S_{ijt} 为用地类型 t 的适宜性水平；u_{ijt} 为二值变量，格网单元分配了用地类型 t 时，取值为1，否则为0。式（7.22）中，H 为用地配置方案中的地块总数；P_h 为地块的周长；A_h 为同一地块的面积，地块是格网单元的集合，它们空间相邻且具有相同的用地方式。式（7.23）是通过加权和方式产生的综合目标，其中，w_1、w_2、w_3、w_4 为相关目标的权重系数，取值为［0，1］，且满足 $w_1+w_2+w_3+w_4=1$。式（7.24）用于各优化目标的归一化。

7.2 组团布局与功能分区

组团布局与功能分区是具体落实经济活动地理空间组织的集聚与分散相结合和地区专门化与综合发展相结合原理的主要布局方式，主要针对的是经济活动的集聚及集聚所表现出的经济活动的强度。

7.2.1 组团布局

1. 组团布局基本概念

组团布局是根据经济活动系统在生产、技术、经济和生态上的协作与联系，将各经济活动部门或企业在各级地域范围内按照一定的原则与要求实现有机的结合，进而形成合理的地域自然-经济复合系统的过程。个体经济活动也会追求集聚经济效益，存在集聚-组团的自组织过程。

2. 组团布局的类型

组团布局的直接目标是对集聚经济的追求，以获得集聚经济效益为目标的组团布局主要包括以下四种类型。

（1）工业企业组团布局

工业企业组团布局在现实中表现为大型企业或厂商的集聚布局和同类或关联企业（厂商）的集聚布局两种基本形式。

企业规模的扩大，可以通过资源、技术共享而带来内部规模经济，相应地，在进行经济活动布局时就要考虑将大型企业或厂商内部各生产环节的用地尽可能地集中连片布局，以利于加强经济活动内部的经济联系。当然，这种集聚也要防止集聚不经济现象的发生。一方面集聚的规模要有适度的限制，这种适度要根据企业或厂商自身的特点结合区域的自然环境特征（环境容量、环境承载力等）综合决定；另一方面，注意避免一些相互排斥的集聚的发生。

由于同类或关联经济活动一般具有相同的区位条件需求，它们之间的集聚容易实现基础设施、自然资源等的共享；同时它们具有相对一致的原料需求和产品市场供给，这样就可以取得原料和产品运输成本的节约。另外，共同的技术需求使得临近企业间的技术共享成为可能，有利于节约技术投入成本、导致生产和交易成本的降低，从而获得集聚规模效益。特别是按一定的生态工业链联结组团的有机整体，获得的更是综合的生存效益和经济效益。因此，对同类或关联企业进行集中、集聚和连片布局，使同类企业形成不同的组团结构，能获得综合的集聚规模效益。

（2）商业组团布局

商业组团布局是指大量相互关联密切的商业企业在空间上的集聚，从而形成一定区域内商业网点密度和专业化程度很高的商业经营场所。从理论上讲，商业集聚只是产业集聚现象的特例。无论是哪一个时代，也无论是哪一个国家，商业企业的集聚都是普遍存在的现象。商业服务业活动为了争取更多的顾客，给顾客造成近、便的交通条件，所以这类活动总是位于居民都能方便到达的地方。为了吸引更多的顾客，让顾客有更多的选择商品的机会，综合满足顾客的需要，这类活动总是按照不同的等级，互补成组地分布在居住区内。商业集聚有团组块状形态，如义乌小商品城，还有浙江诸暨大唐镇的袜业集群；也有沿街条状，一般称为商业街或专营商业街；还有分散多点形态，如分布于居住区、交通干道沿线的便利店、服务店等。

（3）生活组团布局

清净优美的自然环境、良好的交通条件和文教卫生等基础设施必然对居住生活具有强大的吸引力，使得居住生活在此集聚，并进一步扩大规模形成组团布局模式，如城市内部周边环境良好、高校集中、购物便利的区位必然吸引生活居住的分布，呈现成组成团布局的现象。

（4）交通组团布局

交通组团是由于在建立综合运输网的过程中需逐步形成综合运输能力，以发挥综合运输网的效益，而使组成运网的各种线路相互衔接和适应，使干线、支线、长途、短途相互衔接畅通而形成的交通网络和枢纽。

3. 组团布局方式

早期一些城市因地形等自然条件限制而被迫形成分散的空间结构类型，将这种城市空间结构定义为“组团式空间结构”，分散的各个相对独立的结构体定义为“组团”。这种定义形式在描述上更偏重其形态特征的内容。基于此，在对这类城市进行规划的时候，有意将功能相近的部门集中在一个组团之内，从而形成一个个空间分散的功能组团，再由良好的交通联系将其连接为一个城市整体，因此后来的描述加入了规划色彩。随着这种结构的客观优势的显露，发展这种结构开始渗入了主观规划的意愿，关于“组团”的描述更强调了其功能意义胜过形态特征。而功能意义上的“组团”在城市空间形态上有时往往是分散于城市中，在城市中形成无形的集合。这类功能意义上的“组团”在空间上是相对分散的，但其相近的城市功能在空间上又往往具有相互吸引力，可将其定义为城市功能组团。从而将组团定义为两种：一种为空间形态上的组团，一种为功能意义上的组团。

城市空间结构和发展模式大致分为以下几种（顾红南和刘海，2012）。

1）集中紧凑、绿心环形生态型空间结构模式。这种模式一般见于城市规模较小的山地城市，往往城市中心为自然山体，其外围为城市发展用地。由于城市用地条件和城市规模的原因，从组团意义上讲可以理解为整个城市作为一个大的组团，内部各种功能散布其中的功能性组团相互联系、相互作用。

2）带状城市空间结构模式。该模式又分单中心与多中心两个类型，单中心带状模式适宜于受地形或自然地貌条件所限，城市用地沿山谷或河谷地带呈带状发展的城市，该类型的城市一般规模不大，城市结构单一。这类城市结构模式更偏向于纵向带状发展，但城市往往在带状结构上形成一个或多个组团节点，再相互联系形成城市的整体结构。

3）多中心组团式城市发展空间结构模式，又分为指掌形和星座型。从组团模式上看这类城市空间结构更容易理解，这类城市空间的组团结构在形态上更明显。

7.2.2 功能分区

1. 功能分区概述

功能分区是在区域经济活动组团布局的基础上，从区域整体的角度来组织经济活动系统，即根据区域经济活动、经济活动系统之间的关系，将全区划分为一系列基于分工协作、各具功能的经济活动集聚体——功能区。分区的详略程度与经济活动集聚规划设计的详略程度一致。

由功能分区的基本任务可以归纳出其主要内容，包括以下三点：①按区域整体特征、经济活动的类型特征和区域发展的战略要求，确定全区域应划分的功能体系。②结合经济活动现状布局特征和经济活动适宜性评价结果及分工协作要求，确定各功能区适宜的位置和范围大小。③在此基础上，根据各功能区的目标及其环境容量限制，确定各功能区内的经济活动布局方式和活动强度。

功能区是经济活动合理集聚形成的具有一定形状和面积的区域，实质上是具有一定结构和功能的生态系统。各功能区之间应有方便的联系，做到合理分工与协作；各区内用地布局力求紧凑，要集约、节约利用土地，外形力求整齐，并为今后的发展留有余地；既利于各项经济活动的开展，又利于环境保护。一方面，在分区内部由于经济活动之间的紧密联系形成一个相对完整的、具有一定结构和功能特征的经济活动地域子系统；另一方面，分区之间也通过各种联系而发生着物质、能量和信息流动，进而形成更高级的地域经济活动系统。

2. 功能分区体系

根据不同的分区目标和不同的标准，有不同的分区体系，主要包括以下三种类型。

(1) 经济功能分区

经济功能分区是根据经济活动集聚的主要特征，对经济活动地理空间集聚进行整体设计，可将全区划分为不同的、体现主要经济功能的经济功能区，以促进各功能区内的联系和协调区间分工协作。例如，非农产业区下可划分为工矿仓储区、商服业用区、旅游文化区等；农业区内相应地可划分为种植业区、林业区、畜牧业区等。

(2) 生态功能分区

从区域生态系统结构与功能的优化及环境保护的角度进行区域功能分区，是根据经济活动不同的生态关系对经济活动地理空间集聚的整体设计，如可以将区域划分为生态脆弱区、生态敏感区等。进一步可以根据环境要素进行环境功能分区，如水环境功能分区、大气环境功能分区、土壤环境功能分区等；水环境功能分区可以分为饮用水源保护区、排蓄洪区、农业灌溉区、工业用水区等。

(3) 综合功能分区

综合功能分区是从社会、经济、生态等综合功能角度对多类相关经济活动地理空间集聚的整体设计，如农业区与非农业区、城区与郊区；城区又可以进一步划分为中心商业区、居住区、文化休闲区、城市工业区等；农村可细分为农村居民点、作物种植区等。区域土地利用规划划定的八大类（耕地、林地、园地、牧草地、独立工矿与居民点、交通用地、水域和未利用地），用地区就是从区域整体出发，根据经济活动集聚的主要特征，对区域经济活动地理空间集聚的整体设计，反映了主要经济活动用地功能区，区内以该类经济活动为主。

3. 环境容量

环境容量是进行区域功能分区，确定经济活动强度的一个重要约束条件，分区内要求确定经济活动强度，提高经济活动集中程度、集聚度和土地利用强度，然而这种集中程度、集聚度和土地利用强度的提高是以分区环境容量作为前提条件的，即集聚必须在环境容量容许范围之内。

区域环境容量是指区域资源环境对人口或人类活动或污染物等的承受能力，容量这个能力是有一定限度的，如果人类活动强度（特别是由于集聚）超过了这个限度（容量阈值），就会出现资源枯竭和环境破坏，从而难以实现自然社会经济系统的和谐、可持续发展。

（1）区域资源承载力

资源承载力是一个与资源禀赋、技术手段、社会选择和价值观念等密切相关的、具有相对极限内涵和伦理特征的概念。在区域经济地理空间组织中主要考虑土地资源、水资源和矿产资源等的承载力。

1）土地资源承载力。土地资源承载力是指一个国家或地区的土地资源在一定生产力水平及与此相适应的物质生活水准上，以土地利用不引起土地退化为前提，土地的生产能力所能养活的人口数量。它主要取决于三个方面，即土地资源的数量、土地资源生产潜力及人均消费水平。一定区域范围内的土地究竟能承载多少人口，主要取决于能生产可供人类食用的物质的量，即土地的生产潜力和土地资源数量问题，同时还取决于人均消费水平。

2）水资源承载力。目前关于水资源承载力的理解和内涵还不统一，但总体上，水资源承载力应包括三方面的内容：一是在一定条件下等同于区域或流域水循环过程中可更新恢复的地表水和地下水资源总量，二是现状水资源对于社会经济发展及生态环境需水的满足程度；三是用能承载的人口、经济、社会规模和经济增长限度来反映水资源承载力。

3）矿产资源承载力。矿产资源承载力是指在一个可预见的时期内，在当时的科学技术、自然环境和社会经济条件下矿产资源的经济可采储量或其生产能力对社会经济发展的承载能力。对于资源型区域（城市），研究矿产资源承载力对该区域经济地理空间组织具有重要意义。

（2）人口环境容量

人口环境容量是指在某种环境条件下，能够维持人口的最大数量。它是由自然环境、社会环境、生存场所结构、经济结构和食物供应量等共同决定的。因此在进行功能分区时，要考虑分区内的自然、社会和经济环境，以及食物供应等因素所决定的人口容量限制，进行分区和分区内经济活动的组织。

（3）经济活动环境容量

合理安排区域经济活动的数量、规模及位置、强度与关系是区域自然社会经济系统协调发展的重要前提。

1）工业环境容量。工业经济活动是影响区域环境的重要因素，区域所能容许存在的工业数量是有限的。其规模要受到用地、资源供给、环境对污染物的承纳能力和产品销售等的综合影响。因此，在进行功能分区和分区内工业活动安排时，要充分考虑工业环境容量的限制，确定合理的工业区规模和工业活动强度，包括工业建筑密度、工业集聚度（常用单位面积人、财、物的数量来描述）等。

2）农业环境容量。农业对区域环境系统具有双重影响：一方面农业生态系统是区域生态系统的重要组成部分，它具有净化空间、吸收二氧化碳和防尘等多项生态功能。另一方面，由于农业灌溉会给水环境带来一定压力，农药、化肥等的施用带来一定的环境污染，不正确的农业土地利用，如坡地开垦、围湖造田、毁林开荒等都会给区域生态系统带来负面影响，因此在进行农业用地布局时也要考虑区域农业环境容量的限制。

3）旅游环境容量。旅游环境容量是指一定时期内，某种状态或某种条件下，不会对旅游目的地的环境、社会、文化、经济及旅游者旅游感受质量等方面带来无法接受的不利影响的旅游业规模的上限，一般量化为旅游地接待的旅游人数最大值。因此，在进行区域旅游经济活动布局时就要以区域旅游环境容量为约束条件，研究区域旅游经济活动的数量、规模和空间布局。

（4）污染物环境容量

经济活动区是物质、能量发生交换和转移的主要场所，物质以原料的形式输入，输出的则为产品和废物，这些废物多为环境污染物。经济活动区则成为接纳废弃物的最终场所，即污染的“汇”。当污染物超过区域的环境承受能力时，则出现环境污染，因此在进行区域功能分区和分区内经济活动安排时，要考虑区域污染物环境容量的限制，防止环境污染的发生。

7.3　关系优化与结构优化

如前所述，经济活动地理空间组织的主要操作要素是经济活动的位置、强度与关系。本章 7.1 节和 7.2 节介绍了用地选择与用地平衡和组团布局与功能分区两种布局方式，主要从经济活动的位置和强度入手考虑经济活动的地理空间组织。本节则主要从经济活动的关系入手来讨论经济活动的地理空间组织。关系优化则主要针对经济活动或经济活动系统，从经济活动之间的联系入手，研究经济活动之间空间关系的优化；而结构优化则是从整个区域经济系统的角度来研究经济系统整体的数量关系、质量关系和空间关系的优化。

7.3.1　关系优化

关系优化是指对经济活动系统要素之间关系的优化，主要从经济活动空间联系（空间距离和连接关系）的角度，通过促进有利联系、削弱不利联系和建立新的有利联系，来实现经济活动之间关系的优化。

1. 经济活动空间关系

根据第 2 章的介绍，经济活动按其存在的空间形态，可以划分为点状、线状和面状经济活动。经济活动间的空间关系总体上可以归纳为吸引关系、排斥关系和竞争关系三种形式。

(1) 吸引关系

吸引关系是指经济活动之间存在功能与结构上的依赖关系、互补关系或者一种经济活动的存在能吸引相关经济活动就近布局的关系。这种吸引关系包括：①点状经济活动之间，如卫星城对母城的依赖关系、小规模等级的点状经济活动对大规模等级的点状经济活动的从属关系等。②点状经济活动对线状经济活动的依赖关系（如加油站对交通线的依赖关系），以及点状经济活动与线状经济活动之间的从属关系（如公交线路与公共汽车站之间的关系）。③点状与面状经济活动之间的吸引关系，表现为面状经济活动的存在能吸引相关点状经济活动布局的情形，如高新技术开发区的建成对相关高新技术产业的吸引、蔬菜种植业对城镇的依附等。④线状与线状经济活动之间的吸引关系，表现为线状经济活动之间的从属与依附关系，如条带状工业经济活动与交通线之间的依赖关系、公共交通线与电力输送线之间的关系等。⑤线状与面状经济活动之间的吸引关系，如农业产业区与其内部交通线之间的关系等，面状与面状经济活动之间的吸引关系，主要指受集聚规模经济的驱动，大规模面状经济活动对小规模面状经济活动的吸引关系。

(2) 排斥关系

与吸引关系相反，排斥关系是指一类经济活动的布局会限制或影响其他相关经济活动的布局。多表现为经济活动布局存在环境要素要求方面的冲突。点状经济活动间的排斥关系，如城市垃圾处理站与高档餐饮酒店的关系、造纸和印染等工业与生活用水供应线的关系、旅游交通线与垃圾处理厂之间的关系、工矿工业区和生活休闲娱乐区之间的关系等。

(3) 竞争关系

竞争关系表现为经济活动间因共同的原料、燃料和市场等，而在经济活动布局上表现出的一种空间经济联系。一般为同种经济活动类型在一定区域内布局的关系，表现为吸引和排斥共存，一方面为取得集聚经济效应而有邻近布局的趋势，即表现为吸引关系；另一方面由于共同的原料、燃料和市场的需求而存在排斥布局的现象。

以上三种空间经济关系可抽象为表 7.1 所示的情形。

表 7.1　经济活动间空间联系

项目	排斥关系	吸引关系	竞争关系
点-点			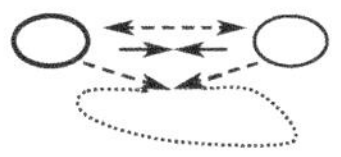
点-线			
点-面			

续表

项目	排斥关系	吸引关系	竞争关系
线-线			
线-面			
面-面		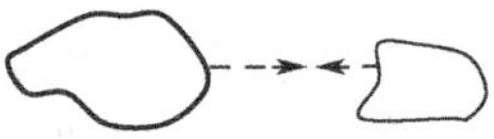	

2. 经济活动空间关系的优化

经济活动空间关系的优化主要是通过操作经济活动要素间的空间联系得以实现的，具体包括有利联系的加强、不利联系的削弱和建立新的有利联系等方式。有利联系的加强可实现资源共享和成本节约，不利联系的削弱，可避免资源浪费和环境的破坏，即通过经济活动间空间关系的优化实现经济活动间空间关系“从无到有”（建立新的有利联系）、“从有到善”（优化、加强已有的联系，削弱不利联系）。

（1）加强有利联系

有利联系的加强可以通过缩短经济活动间的联系距离和时间，改善联系渠道，疏畅经济活动间的信息流、物流和人流来实现。其基本实现途径就是缩短具有吸引关系经济活动间的距离或完善经济活动间的基础设施、管线工程要素，完善具有吸引关系经济活动间的空间联系。

缩短距离和加强联系可以通过将有利联系的经济活动布局在邻近位置或联系方便的区位而实现。例如，将主导产业与关联产业进行组团布局，就是通过缩短经济活动间的距离而加强有利联系。

改善经济活动间的基础设施条件，特别是交通条件，也是加强有利联系的手段之一。例如，在农业生产区和农产品加工区之间通过道路扩建而加强两者之间的联系。再如，近年来武汉市提出了“武汉都市圈”的建设计划，为了加强武汉市与荆州、黄冈、孝感等周边市县的联系，出台了城际高速通道建设计划，即为了缩短这些区际的联系时间而达到加强联系的目的。

通过邮电、通信和计算机网络等信息基础设施的建设，方便经济活动间的信息交流而实现加强有利经济联系的目的。例如，跨国公司的母、子公司间的信息交流是其主要联系手段，因此加强它们之间的信息网络联系便成为其加强联系的主要手段。

（2）削弱不利联系

与加强有利联系相对应，为实现经济活动空间关系的优化，对于不利联系必须进行削弱或中断。例如，噪声污染严重的飞机场布局于城市中心区、垃圾处理厂与豪华酒店邻近布局、铁路两旁建设居民生活区等都是区域经济活动布局中的不合理现象，它们之间的联系是一种不利联系，对于这种不利联系，需要进行削弱甚至是中断。

搬迁、拆除等方式可使不利经济活动之间的距离加大或中断不利联系。例如，香港、海口市等地原飞机场都建在闹市区，严重影响了市民的生活，通过将机场搬迁到市郊，从而达到削弱这种不利联系的目的。

建立隔离带也是削弱或中断不利联系的基本手段之一。例如，在铁路沿线建立绿化带、隔音墙，隔断铁路与居民生活区之间的不利联系，减少铁路运行给居民带来的噪声、环境污染和出行安全等的不利影响。

(3) 建立新的有利联系

经济活动空间关系优化的另一种手段是通过建立新的有利联系来实现的。具体可以通过在原本没有联系的经济活动之间建设交通线路、使水道通航、建机场通航、铺设通信网络等手段来建立新的有利联系。

7.3.2 结构优化

结构优化是从区域整体的角度研究区域自然-社会经济系统的关系优化，包括数量关系、质量关系和空间关系的优化。它是在特定时期，人们根据自己对区域系统的认识，对系统组成部分间各类关系进行优化，使区域经济系统内部及其与区域自然环境系统协调发展，实现区域可持续发展的一系列做法。

结构优化的目的是使各经济活动都能得到相对好的区位条件，使区域集聚效应最大化，同时区域内资源都得到合理的利用，实现地尽其用，进而使区域经济发展处于优化状态。

区域经济结构是指区域经济系统的数量结构、质量结构和空间结构三方面的内容，相应地，区域经济系统结构优化也包括数量结构优化、质量结构优化和空间结构的优化。数量结构和质量结构主要指区域产业结构、区域用地结构、区域人口结构等；空间结构主要指经济活动空间格局、经济活动子系统间的空间关系等。

1. 产业结构的优化

(1) 产业结构优化的内涵

区域经济系统质量结构和数量结构综合表现为系统内各经济活动部门之间的比例关系，即产业结构。包括农业、轻工业、重工业之间，基础与非基础部门之间，专业化部门和关联经济部门之间，资金密集型、技术密集型和劳动密集型经济活动部门之间的比例关系。优化就是实现这些比例关系的协调与合理化。根据不同的区域发展的优势条件，确定不同区域经济发展的主导产业、潜在主导产业和这些主导产业的辅助配套产业及基础产业等，然后根据这些产业内在生产、技术和资金等方面的比例要求确定相关经济活动的规模。

产业结构的优化意味着产业结构的合理化和高度化，它主要体现在产业的高附加值化、高技术化、高集约化和高加工度化，即第三产业，尤其是高科技含量的产业在国民经济中的比重上升，各产业之间按比例协调发展。

区域产业结构优化的评价标准可概括为以下六点：①合理的区域产业结构应能够充分利用区域内具有优势的资源和要素，形成区域经济增长的优势，同时要尽可能使区域内的其他资源得以综合利用。②合理的区域产业结构应能够担负起区域在区际或全国地域分工中的任务。③合理的区域产业结构应是内部各个产业之间联系紧密、发展协调。④合理的区域产业结构应具有较强的转换能力和应变能力。⑤合理的区域产业结构应体现为主导产业的先进性，新旧产业更新快。⑥合理的区域产业结构必须具有较高的结构效益。

（2）*产业结构优化的方法*

由于现实的产业结构状态是过去多年经济活动积累的结果，而当前经济活动的布局又将影响今后产业结构的形式，因此对区域产业结构的优化总体上可采用以下两种方式：①增量调整，这种方式主要是通过对区域新增经济活动布局和规模的优化达到对整个现存区域产业结构优化的效果。一般来说，发展新兴产业、加强基础产业，主要是通过增量调整的方式来实现产业结构优化的。②存量调整，这种方式实际是按现代产业结构的要求，对现存产业进行布局和规模的重新调整，达到对整个区域产业结构优化的目的。由于需求结构的变化和资源供给的约束，在原有的产业结构中有的经济活动部门产品需求不足、生产萎缩，而有的经济活动部门却生产能力不足、产品供不应求，就需要根据专业化分工和联合及规模经济的要求重组现有资产存量和调整现有用地结构，使生产要素由长线部门流向短线部门。这种方式可以在不增加或少增加投资的情况下获得结构效益。

产业结构优化是一个不断持续的过程，优化的具体方面也不是一成不变的，因此产业结构优化的具体方法要根据不同区域产业发展现状和区域发展的要求选用不同的方法。以下简单介绍处于发育阶段的区域、成长阶段的区域和发达阶段的区域产业结构调整的一般模式。

1）发育阶段的区域产业结构优化。这类区域往往是第一产业在区域产业结构中占有很大比例，经济发展落后。其工业化主要借助外来资金、技术和人才的输入，并且把外部输入与区域条件结合。因此其产业结构优化主要通过增量调整的方式实现，并且在具体优化时注意资金投入的产业层次主要立足于本地资源、技术层次，要适合区内劳动素质条件，选择能发挥区域优势，同时仍有相当市场潜力的发达区域对外扩散的产业，利用外部输入把潜在的资源优势转化为经济优势，并带动区域经济发展。

2）成长阶段的区域产业结构优化。这类区域第二产业已占据主导地位，区域优势产业已经形成或正在形成，并呈现较强的经济增长势头。其产业结构优化则是要增量调整和存量调整并举。一是要进一步巩固、扩大优势产业部门，充分利用规模经济，增强优势产业和产品的竞争力，提高市场占有率；二是要围绕优势产业发展的前向、后向和横向关联产业，形成结构效益良好的产业体系，特别要注意后向加工环节的发展，以提高资源的综合利用水平，提高产品附加值；三是抢先建立或移入发达区域效益递减的产业，引进技术加以改进创新；四是重视贸易、金融、信息、咨询、科技等第三产业的发展。

3）发达阶段区域产业结构优化。这类区域通常工业化水平较高，第三产业也较发达，基础设施齐备，生产部门齐全，协作配套条件优越，是国家经济中心所在。但这类区域也存在衰退因素，例如，土地、工资等生产要素价格上涨，一度领先的技术逐渐普及、设备老化等，这样导致该区域越来越多的产业和产品的比较优势逐渐丧失。因此这类区域也需进行产业结构的优化升级，主要是通过存量调整的方式实现。具体地就是要果断地淘汰比较优势已经丧失的产业和产品，着力发展新兴产业，引进新技术改造传统产业，不断开发高档新产品，保持产业结构动态化并且实现产业结构的高级化。同时，这类区域要大力发展外向型经济，参与国际分工与交换，促进区域经济素质的全面提高。

2. 空间结构优化

(1) 区域经济空间结构

区域经济空间结构是指占据一定空间的经济要素及经济子系统，由一定空间关系连接构成的区域整体。

点、线、面状等经济活动通过空间经济联系，相互作用形成各种空间子系统。点与点要素结合成节点体系、村镇体系或区域城市体系等；点与线要素结合成交通、工业、信息等经济枢纽；点与面要素结合成城镇集聚区、大都市区；线与线要素结合成交通、通信或电力等经济网络系统；线与面要素结合成作物带、工矿带或工业科技走廊等产业带；面与面要素结合成跨省或跨国的宏观经济地域；点、线、面要素结合成综合社会经济空间系统（区域）、智能区域等，区域空间结构及其组成如表 7.2 所示。

表 7.2　区域空间结构及其组成

区位要素及其组合	空间子系统	空间组合类型	区域空间结构
点-点	节点系统、信息节点系统	村镇、城市体系、区域网络城市	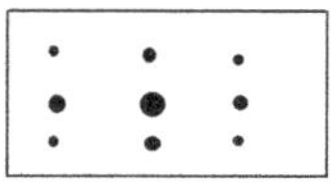
点-线	经济枢纽系统、信息枢纽系统	交通枢纽、信息中心、网络中枢	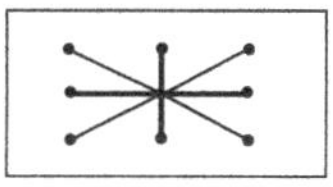
点-面	城市-区域系统	城镇集聚区、大都市区	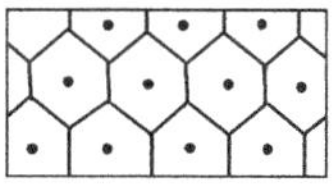
线-线	网络设施系统	交通网络、电力网络、供排水网络、信息网络	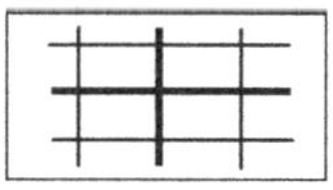
线-面	产业区域系统	工矿带、工业走廊、高新技术走廊	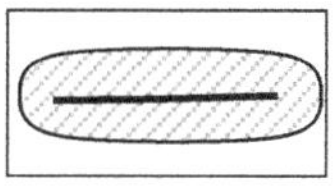
面-面	宏观经济地域系统	基本经济区、功能互补区、经济地带	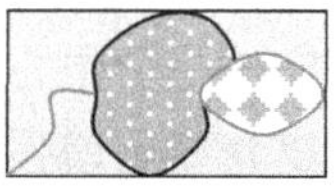
点-线-面	空间经济一体化系统	等级规模体系、智能综合区域	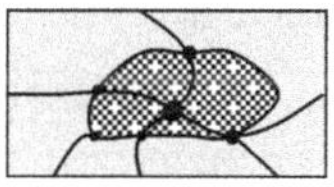

区域空间结构的优化主要是针对这个由点状、线状和面状经济活动要素组成的综合空间系统及各类空间子系统（集聚体），通过调整和优化这些空间要素的密度、空间形态及其空间关系（连接关系、方向、距离关系等）来实现，促进区域空间结构（区域整体空间形态）从低级空间结构向高级空间结构发展演变。例如，江苏省现状空间结构为：苏南地区主要以沿江、沪宁铁路、沪宁高速公路等构成网络化结构，苏中地区主要为沿江布局的线形空间结构，苏北地区虽然以东陇海线为依托，但由于自身实力有限，轴线的作用没有得到很好发挥，基本上是呈点状布局的空间结构。为了克服这种空间结构对区域经济发展的影响，区域决策部门出台了相关的结构优化方案：①将发展轴变为产业带以改善现状轴线作用不强的缺点。②通过构建铁路、公路等交通线路，用菱形结构取代线形结构，构建区域经济发展的网络体系，增强区域内的经济活动联系，促进合理的区内分工与合作。③通过构建新陇海产业轴线和新长线，将现有的苏南沿江“一”字形结构，变为沿江产业密集带、新陇海产业轴线和新长线联合构成的“工”字形结构，使区域空间结构向高级化发展。

(2) 区域空间结构演变趋势

区域空间结构的形成是区域的自然和社会经济等因素综合作用的结果，并受到依据区域发展特点而制定的相应区域发展战略的影响。它是一个动态变化的过程，并且它的发展变化遵循从低级向高级发展演变的规律，进行空间结构的优化，应该把握区域空间结构所处的发展阶段。区域空间结构从低级到高级发展过程大体要经历以下四个发展阶段。

1）原始均衡阶段。是区域经济发展的初期阶段，由于连接各经济活动的交通方式比较原始、单一，各经济活动间的联系较弱，区域空间结构呈现一种原始的均衡状态。

2）极核发展阶段。该阶段交通、通信等经济活动联系媒介比较发达，区域内和区域间经济活动的联系加强，经济随之发展，人口迅速增加，区位条件比较优越的中心地（如水陆枢纽、航空港）首先成为工业和商贸的集聚地，区域内逐渐形成一个或多个集聚程度较高的区域经济中心，区域空间结构呈现若干点状、面状集聚形态。

3）集聚-扩散阶段。随着区域内部和区域之间可达性的进一步改善，区域内、外经济活动联系进一步加强。区域内立足生产环节的观念，以满足内部需要为特征的城镇体系日益紧密，区域内部产业链、地域分工逐渐形成并完善。区域内区位条件优越，吸收新兴技术较快、产业结构调整较好的经济区域进一步发展成为新的高级中心。这个新的中心可能是空间集聚时的经济中心进一步极化形成（如长江三角洲地区的最大经济中心上海的形成与发展），也可能是其他经济城市由于接受新兴技术或区域优惠政策等快速发展，其经济实力超越了原有经济中心而形成新的经济中心（如珠江三角洲地区由于深圳的迅速崛起，由原来广州一个中心变为广州-深圳双中心）。这个阶段的主要特征是：①区域内和区域之间联系媒介显著增强。②经济活动之间的相互作用由原来的区内相互作用为主转变为区内、区际并重。③产业结构等级显著提高，新兴技术发展迅速。④区域中心城市地位进一步加强，其中间辐射能力进一步增强。我国目前大部分经济较发达地区都处于这一阶段。

4）高级网络化发展阶段。区域可达性进一步增强，区域内外客货、信息交流更加便捷，区域经济中心的扩散功能加强，区域内经济活动智能与分工联系明确，区域空间结构呈现网络化发展，呈现暂时的平衡态。这一类型区在我国的沪宁杭地区、珠江三角洲地区及环渤海地区萌芽，发达国家的一些城镇密集带已处于这一阶段。然而，区域空间结构并非到此终结、不再变化，随着社会、经济和科技的发展，这种平衡状态必将被打破，区域空间结构向更有利于当时生产力发展水平的方向发展。

3. 区域空间格局优化

空间格局是指地理要素在地理空间的位置及其空间关系。最常见的地理空间格局如土地利用空间格局、城市空间格局等。空间格局优化是根据一定的社会、经济和生态目标，在空间上优化各类地理要素，使之发挥最大的效用并最大程度地满足目标要求。

土地利用空间格局优化可以采用景观格局指标，如多样性指数、边缘指数、分维数、集聚指标、扩散指数、优势度等。此外，集聚通常是指资源、要素和经济活动在地理空间中呈集中分布的状态，同时也指资源、要素和经济活动在地理空间中集聚的趋势和过程，目的是产生更大的效益（集聚效益）。分散则是指资源、要素和经济活动在地理空间中呈分散分布的状态及分散的趋势与过程，是经济活动地理空间组织避免出现集聚不经济的一种组织方式。分散与集聚是矛盾的对立统一体。这里，集聚用来表达土地利用类型在空间分布上的集中连片程度，显然，其程度越高则管理越方便、成本越小。从模型的实际可操作性、实用性角度出发，从反映土地利用相对集聚的“土地利用簇”这一概念出发，设计土地利用空间格局优化模型的空间目标的表达。在土地利用空间格局优化中，对区域土地利用空间格局的要求，通常可以通过一定的优化目标的数学表达式来反映。这里，结合以上概念和指标，可以基于土地利用的集聚思想建立格局优化目标。具体有如下三个目标。

1）对于各种用地类型来说，各自形成的土地利用簇的数目尽可能得少。可以用如下公式表达：

$$\text{Min}^{-} C_k,\ (\forall k=1,\ \cdots,\ K) \tag{7.25}$$

$$\text{Min}^{-} \sum_{k=1}^{K} C_k \tag{7.26}$$

式中，C_k 为土地利用类型为 k 的土地利用簇的数目；Min^{-}表示目标值趋小（下同）。

2）每一类型的土地利用簇中，其最大簇尽可能得大。这意味着，如果存在多个土地利用簇，那么最好至少存在一个相对其他簇来说相当大的簇，而不是各个簇的大小都相对平均。

以 L_k 表示土地利用类型为 k 的土地利用簇中的最大簇相对规模，计算公式如下：

$$L_k = x_k^L / X_k \tag{7.27}$$

式中：x_k^L 为类型 k 的最大簇的规模（即单元数）；X_k 为类型 k 的单元总数。那么，对于目标 2）就可以用如下公式表达：

$$\text{Max}^{+} L_k,\ (\forall k=1,\ \cdots,\ K) \tag{7.28}$$

式中，Max^{+}表示目标值趋大（下同）。

3）土地利用格局优化所形成的空间形态相对紧凑，即相同类型的用地尽可能集中连片，则有利于获得更大的效益。因此，表达土地利用紧凑程度的形状指数值 δ_k 趋小，领

域同一性指数值 β_k 趋大。简单的表达公式如下：

$$\text{Max}^+\beta_k,\ \text{Min}^-\ \delta_k \tag{7.29}$$

在土地利用空间格局优化模型中引入适宜性指标，以保证模型能够符合因地制宜地安排土地用途的原则。同时，适宜性指标也是土地利用类型转换的一个参考量，在模型中可作为对土地类型转换的一个约束判断标准，应用于具体的解模型算法中，如遗传算法中的种群初始化、遗传变异操作等。

以 s_{ijk} 表示土地利用单元，u_{ij} 作为土地利用类型 k 的适宜度指数，那么，土地利用类型 k 的总的适宜度指标值 S_k 可用下式计算：

$$S_k = \sum_{i=1}^{N} \sum_{j=1}^{M} x_{ijk} \cdot s_{ijk} \tag{7.30}$$

式中，x_{ijk} 用来判断土地利用单元 u_{ij} 是否为 k 地类，若是则取 1，否则取 0。

土地利用空间格局优化的一个重要目标就是使得各类用地适得其所，也就是使 S_k 趋于最大。在实践中，往往需要把 S_k 与其代表的土地面积相乘，使得这一适宜度指标值更具实际意义，而当 u_{ij} 代表的是二维格网单元时，即采用栅格数据模型时，S_k 本身就隐含了该类土地的数量（面积）信息。

小　　结

本章从区域经济活动地理空间组织角度，针对经济活动在地理空间的位置、强度和关系，重点讨论了用地选择、用地平衡、组团布局、功能分区、关系优化和结构优化等基本组织形式。需要指出的是，就经济活动个体而言，经济活动与地理环境相结合的决策过程多采用用地选择、组团布局和关系优化等基本组织形式，同时也是这些方式的集成运用；而针对区域整体的经济活动系统地理空间组织而言，其决策过程中含有上述相结合过程，表现为用地选择、组团布局和关系优化基础上的用地平衡、功能分区和结构优化等方式的综合运用。

要注意把握这些组织方式运用的基本过程（步骤）、基本依据和基本标准，换句话说，也就是要把握用地选择、用地平衡、组团布局、功能分区、关系优化、结构优化的决策过程，明确如何进行这些决策或开展这些工作，把握这些决策的背景（条件）、依据、标准和方法。在经济活动地理空间组织决策中，学会因时因地、综合地运用这些组织方式是非常重要的。

思 考 题

1. 如何理解用地选择/用地平衡/组团布局/功能分区/关系优化/结构优化决策的基本原则或基本标准？

2. 如何把握在用地选择/用地平衡/组团布局/功能分区/关系优化/结构优化决策过程中，保证实现目标——形成协调持续发展的区域自然社会经济综合体的一系列措施？

3. 在经济活动地理空间组织决策时，如何把握经济活动的外部性？

4. 如何理解这些组织方式（决策方式）的共性和个性？

5. 用地平衡、功能分区和结构优化决策是如何针对区域整体性的？

6. 如何理解区域经济地理空间组织决策的典型代表是区域土地利用系统的确定及区域主要经济活动

的土地利用安排？试从用地平衡、功能分区和结构优化方面进行分析。

7. 如何理解基于区域环境容量确定区域经济活动强度和集聚度的规划决策？

8. 如何理解经济活动关系优化的主要方式？

9. 如何理解区域经济活动空间结构优化的主要方式？

10. 在经济活动地理空间组织决策时，如何促进区域空间结构从低级向高级发展演变？

第 8 章　区域经济系统分析

区域经济系统分析的目的是正确认识区域经济系统的整体发展条件、发展现状与发展规律，运用该规律，制定出适合区域发展的正确决策，使区域经济系统的结构和功能得到优化，从而创造出更加适合人类发展的经济环境。通过对区域经济系统的经济发展条件、阶段等的分析，可以在宏观上了解区域发展的背景与发展趋势；通过对产业结构、空间结构与空间联系的分析，可以从微观层面更深层次地揭示区域经济系统的内部结构特征。

8.1　区域经济系统运行分析

8.1.1　区域经济发展条件

区域经济发展离不开经济发展要素的支撑，分析区域经济发展，首先要了解区域经济发展的各方面条件。综合古典和现代经济增长理论的研究成果，影响区域经济发展的要素可以概括为自然资源条件、人口条件、资金条件、技术条件和基础设施条件等多个方面，具体的指标体系如图 8.1 所示。

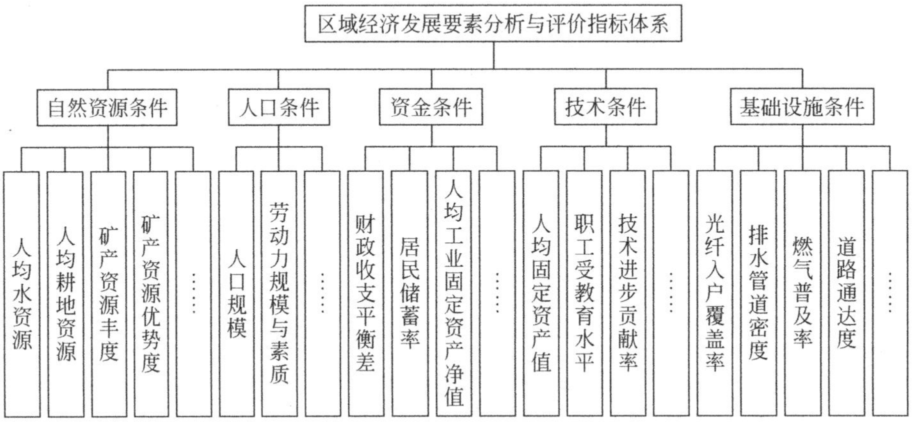

图 8.1　区域经济发展要素分析评价指标体系

依据区域经济发展要素的分析与评价指标体系，可以根据特定的目的对某一指标进行分析，以获得区域经济发展某方面条件的优劣情况。单因子分析是区域发展要素定量分析中的重要环节，其中对水资源约束条件、资源丰富程度、劳动力数量等方面的分析解释了区域最重要的本底特征，同时还应分析区域发展过程中的优势条件和限制因素，把握制定区域发展决策的可靠依据。

1. 自然资源条件分析

自然资源条件是区域经济发展的必要条件，自然资源数量的多寡影响着区域生产发展的规模，其质量及开发利用条件影响着区域生产活动的经济效益，多种自然资源的地域组合影响着区域的产业结构。因此，对区域自然条件的分析要从区域资源的数量、质量、地域组合特征等多方面进行评价。

对区域自然资源数量的计量是最基础的资源条件分析，可以从资源对区域发展的保证程度上展开。例如，对水资源保障程度的评价采用人均水资源量进行分析，按照联合国规定的标准，当区域人均水资源量为 $2000m^3$ 左右时即处在缺水的边缘，人均水资源量不到 $1000m^3$ 时即为贫水，人均水资源量在 $500m^3$ 以下的区域为绝对贫水地区。水资源的短缺意味着工业用水甚至是基本的农业、生活用水得不到保障，将对区域经济发展造成严重制约。

此外，自然资源质量的分析可以从资源对某一特定生产部门的适应程度来展开，自然资源地域组合特征的分析需要从影响特定资源开发利用的先后次序、开发利用方式与成本、开发利用效益、地域产业结构来衡量。

2. 人口条件分析

人类既是生产者也是消费者，人口对区域发展的影响主要体现在生产和消费两个方面。作为生产者，人口对区域发展的作用主要体现在：区域劳动人口的数量影响区域自然资源开发利用的规模，决定区域生产规模的大小；区域人口的质量影响区域经济发展水平和区域产业构成状况；人口迁移与分布影响区域生产的布局。作为消费者，人口对区域发展的作用主要体现在：人口数量及其增长影响区域市场规模；人口质量影响区域消费结构，进而影响区域生产结构；人口的迁移影响消费市场的变动与分布。因此，对区域人口条件的分析主要从区域人口数量与区域适度人口、区域人口结构、人口增长、人口质量、劳动力数量与质量、人口的迁移与流动等方面进行。

区域适度人口是指区域处于经济、社会、生态效益最优时的区域人口数量，当区域人口远远偏离区域适度人口时将造成区域整体效益的下降，产生一系列的区域发展问题。区域人口结构的分析主要是将人口按照年龄进行分组，分析不同年龄段的人口数量，老年人口的比例可以反映区域的养老压力，适龄就业人口的数量与比例反映了劳动力是否充裕等。人口增长方面的分析包括人口自然增长和机械增长分析等，对未来区域人口进行预测，是分析区域未来经济发展人口条件的重要方面。人口质量的分析主要是对人口的受教育程度进行分析。劳动力的数量与质量分析可以通过就业人口的数量、潜在就业人口的数量、劳动者工作年限、劳动者平均受教育水平等指标进行衡量。

3. 资金条件分析

在自然资源作为恒常要素，劳动力在发展中国家和地区较为充足的条件下，资本就成为区域经济发展的主要约束条件。任何地区的发展都离不开资金的保证，投资是拉动经济增长的重要因素，没有资金则无从谈起，任何开发项目也无法落实。

对于区域资金条件必须认真分析资金来源，研究资金的筹措措施。此外，资金的流通状况也是资金条件分析的一个重要方面，一些发达地区良好的金融条件会使其成为资金的净流入区域，而一些落后区域的金融机构较少而使得资金外流，或投资环境较差，储蓄率较高，资金流通不畅，限制了地区的经济发展。

4. 技术条件分析

科技进步改变了自然资源的经济意义，降低了区域发展对自然资源的依赖程度，推动了区域经济结构的多样化，技术是构成区域生产力的重要组成部分，为人类创造了前所未有的物质和精神财富。分析区域经济发展的技术水平，在区域技术条件落后的情况下，可通过增加科研投入等途径进行改进，也可通过一定的方式进行技术引进，从而快速提高区域的劳动生产率，为区域发展赢得时间。

分析区域整体的技术水平可以通过两个重要的指标进行测算：一是人均拥有固定资产原值，反映了地区生产的技术装备水平。固定资产净值占固定资产原值的比重，反映了技术装备的新老程度。二是职工的文化构成，包括工程技术人员、管理人员占职工总数的比重，以及技术职称的构成等。两者结合反映了地区工业发展技术条件的优劣。比较而言，后者更为重要。此外，常用的评价技术条件的指标还有技术水平、年技术进步速度、技术进步贡献率等。

5. 基础设施条件分析

基础设施是国民经济发展的基础，完善的基础设施对加速社会经济的发展起着巨大的推动作用。但基础设施建设需要较长的时间和巨额的投资，因此，区域当前的基础设施水平将对区域经济的发展产生重要影响，滞后型的基础设施建设不利于区域经济的发展，同步型的基础设施建设同步于区域的发展水平，超前型的基础设施建设将促进区域经济的发展。

对区域基础设施条件的分析主要包括能源电力系统完备度、邮电通信设施完备度、供水排水系统完备度、交通设施完备度、环卫设施完备度等多个方面，各个方面的分析可以采用多个指标进行综合分析，这里不再一一详述。

此外，对区域发展要素的定量分析也可以对多个指标因子进行量化，分别对其赋予不同的权重进行综合评价，以获得区域发展要素状况的整体特征。需要注意的是，对区域发展要素进行综合评价，多是为了对多个区域的发展条件进行对比，仅对单个区域进行评价，其实际指导意义不大。

8.1.2　区域经济发展阶段分析

区域经济发展阶段揭示了不同阶段区域经济系统发展的特征与演变规律。研究特定区域的经济发展阶段，可以借鉴其他区域同时期的发展路径，明确本区域该时期内的发展起点、目标和方向，吸取其先进经验的同时避免或减轻相似危机的发生，从而为制定正确的区域发展决策提供依据。同时，对区域发展阶段的正确认识可以避免盲目地高估或者低估本区域的发展水平而造成的决策失误。

1. 区域发展阶段理论

区域发展阶段的演进是区域内外各种条件、要素相互作用的结果。对于认识和判断区域经济发展阶段，中外学者都进行了深入的研究。主要包括：①德国历史学派代表毕雪（K. Bucher）的三阶段理论。他从商品交易的角度把区域经济发展划分为：封闭的家庭经济、城市经济和国民经济三个阶段。②德国经济学家弗里德希·李斯特（Friedrich List）的区域经济发展理论。他以生产部门的发展状况为标准，将区域经济发展归纳为：原始未开化阶段、畜牧业阶段、农业阶段、制造业阶段和农工商阶段。③罗斯托（Rostow）经济发展线性阶段理论，将区域经济发展划分为：传统社会阶段、为起飞创造前提阶段、起飞阶段、向成熟推进阶段、高额消费阶段和追求生活质量阶段。④胡佛（Hoover）-费雪（Fisher）的区域经济发展阶段论，从产业结构和制度背景出发，将区域经济发展阶段分为五个阶段：自给自足经济阶段、乡村工业崛起阶段、农村生产结构转换阶段、工业化阶段和服务业输出阶段。⑤弗里德曼（Friedmann）的区域经济发展阶段理论，以区域系统空间结构、产业特征和制度背景为标准，将区域经济发展分为四个阶段：前工业阶段、过渡阶段、工业阶段和后工业阶段。⑥美国社会学家贝尔（Bell）的发展阶段理论，按照人与自然界相互竞争关系把社会经济发展划分为三个阶段：前工业化社会、工业化社会和后社会化社会。⑦我国学者对区域经济增长过程也提出了自己的观点，陈栋生等认为区域经济增长是一个渐进的过程，可分为待开发、成长、成熟和衰退四个阶段。蒋清海以制度因素、产业结构、空间结构和总量水平为标准，将区域经济发展划分为四个阶段：传统经济阶段、工业化初级阶段、全面工业化阶段和后工业化阶段。

以罗斯托的区域发展阶段理论为例，判别区域发展各阶段的特点。

1）传统发展阶段。没有现代科学和技术，资金和劳动力主要投入农业，存在着僵硬的社会结构，生产率低下，人均实际收入仅能维持生存。

2）为起飞创造前提阶段。近代科学技术开始在工农业生产中发挥作用，银行等金融机构出现，商业随着交通运输业的发展而扩大。这一阶段，农业的发展有重要意义，它既要解决迅速增加的城镇人口的粮食，又要为工业发展提供市场，还要为经济建设提供积累。这一时期政治上必须适当变革，如建立中央集权制、发展统一市场、维护统一的财政制度。

3）起飞阶段。经济增长的阻力得到解决，增长成为各部门的正常状况。这就需要积累增加，生产性投资占国民收入的10%以上，农业劳动力逐渐从农村中解脱转到城市工作。

4）向成熟推进阶段。现代技术有效地应用于大部分的部门中，现代技术投资更得到有效刺激，加速了一系列新的主导部门的形成和发展，以致它逐步改造、代替旧的主导部门。在美国、西欧，新式船舰、化学品及现代工作母机等产品在经济中占主导地位，是向成熟阶段推进的重要标志。进入成熟阶段后，农业劳动力在社会就业劳动结构中降至20%左右，国民收入中有10%~20%稳定用于投资。

5）高额消费阶段。生产主导部门转向耐用消费品方面，社会对高额耐用消费品需求普遍化，城市人口比重大幅度提高。

6）追求生活质量阶段。经济主导部门从耐用消费品生产转到服务部门和环境保护部门。提高居民“生活质量”的部门（如教育、市政建设、文化娱乐、环境保护等部门）的特点是提供服务，而不是生产物质产品。人们的追求不是耐用消费品，而是环境的优美、生活上的舒适及精神方面的享受（周起业等，1999）。

2. 区域发展阶段划分指标

区域经济发展阶段的划分要依据区域经济的发育程度确定，参照国内外有关研究成果，主要形成了以下两种区域发展阶段的划分方法。区域经济学家刘再兴提出的区域发展阶段的划分指标包含九个方面，分别是：经济水平、经济增长活力、地区自我发展能力、人口文化素质、技术水平、地区城市化水平、居民社会质量、结构转换条件及工业化结构比重数。具体指标体系如图 8.2 所示。

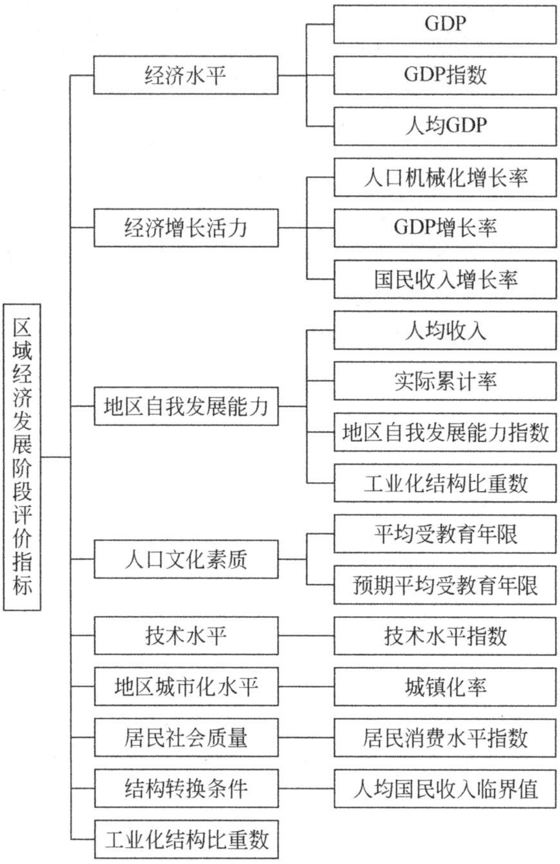

图 8.2　区域发展阶段划分指标体系

通过对其中的指标进行综合评价，得到区域发展程度的综合指标值，再将这些指标按照大小排序，并参照全国平均值，用三段法处理，将总体指标超过全国平均值 30% 以上的地区划分为“成熟阶段”地区，略高于全国平均值或低于全国平均值不足 20% 的，划分为处于“经济成长阶段”地区；低于全国 20% 以上的，划分为处于“不发展阶段”地区（刘荣增等，2011）。

3. 区域发展趋势预测

无论哪种区域发展阶段理论，从整体上来看，区域的发展均经历了一个从相对落后、成长、成熟直至衰退的过程。正确认识当前区域发展的现状条件、现状水平和优势，对把握其历史过程和发展演变规律，预测未来的发展方向、经济结构和战略重点，提供了基本依据。在此基础上，可进行区域发展趋势预测。区域发展趋势预测主要包括区域人口和区域经济发展水平预测。

（1）区域人口预测

人是社会经济活动的主体，其活动行为影响着区域的生产、分配、流通和消费等经济活动。因此在规划任何区域经济发展时，必须估算出该区域在规划期间的人口增长变化状况，作为预测区域最终需求的一个重要依据。另外，区域人口的质量、构成、分布与迁移等都会对区域发展产生影响（李芹芳和任召霞，2010）。因此，在了解区域人口现状的基础上，还必须预测人口未来的发展趋势。

人口预测可以采用历年的人口发展水平、人口构成和空间分布信息，也可以利用人口普查和每年的人口统计数据，采用适当的方法和技术进行。其预测的内容不仅包括人口总量，还包括人口构成和人口迁移等。

人口预测的方法主要包括资源承载力预测法、回归分析法、综合平衡法等，此外，还有幂函数模型、灰色系统模型、系统动力学模型和人工神经网络模型等。在具体应用时，根据掌握的相关资料、区域人口发展的状况等选用不同的方法。由于人口系统的复杂性，为使预测结果更有说服力，一般要同时采用多个方法进行预测，利用多种预测结果进行比较检验，综合分析确定出最后的预测结果。

（2）区域经济发展水平预测

正确认识和认真研究在一定区域范围内经济活动的发展变化规律和运行机制，深刻理解地区经济发展的核心问题，将有利于区域经济地理空间组织决策的优化。在分析和研究区域发展的历史和现状的基础上，预测区域经济发展的未来趋势，是区域发展决策的重要环节。

1）区域经济发展水平预测的内容。区域经济发展水平预测是立足于区域发展的现状条件，以准确的调查统计资料和经济信息为依据，从区域的历史、现状与规律性出发，运用科学的方法，对区域经济未来发展前景的测定。其理论依据是根据对区域经济发展变化规律的认识，研究从已知事物推测未来事件的方法论。

区域经济发展水平预测的内容主要包括：区域经济发展总体规模预测（GDP总量预测）、区域经济发展速率预测、区域经济增长人均水平预测、区域产业结构预测、区域各产业产值预测、固定资产投资规模预测等。

2）区域经济发展水平预测的主要方法。根据定量计算与定性分析相结合的原则，常用的几种基于定量分析的经济系统预测方法有趋势外推法、GM（1，1）数列预测法等。趋势外推法基于人们对事物发展规律的认识，用于较长期的预测分析。根据事物的发展规律归纳出各种发展规律的数学曲线形式，如幂函数曲线、对数曲线、指数曲线、修正指数曲线、双曲线等。GM（1，1）数列预测法（灰色数列预测法）可对某一指标的发展变化情况进行预测，其预测结果是该指标在未来各个时刻的具体数值。因此，确定国内生产总值未来的数值也可以采用此方法。

8.1.3　区域经济系统的可持续发展

可持续发展是区域经济发展的最高目标，是当代人类社会发展的指导原则，关系人类文明的延续，可持续发展的执行必然要落实到特定的空间或具体的区域。从系统论的角度出发，自然、社会、经济系统的全面协调可持续发展是其内涵。但在自然、社会、经济系统所构成的三维空间中，可持续发展行为的轨迹演进及其定量描述，一直是可持续发展理论所追求的“目标解”。

牛文元认为，在所构建的可持续发展系统中，将可持续发展行为分解出数量维（标示为发展度）、质量维（标示为协调度）、时间维（标示为持续度）三个方面，进而可以在定量基础上实施对可持续发展行为轨迹的充分解析。这样定义下的可持续发展系统，除了厘清词义上和关系上所产生的各类解读外，还将从理论构架和表述方式上对可持续发展的行为轨迹做出深层次的清晰识别。经过长期的研究，已经基本构建出可持续发展系统三维模型的几何解释。可持续发展的理论框架，立足于区域的发展过程与行为轨迹的本质之中，它处于生态响应（自然）、经济响应（财富）和社会响应（人文）三维作用之下，精确地对可持续发展行为的优劣实施过程比较、健康诊断、功效高低和理性程度，并可在时空统一的共同响应中被有效甄别出来。

在图 8.3 中，从 **t**（0）到 **t**（N）的矢量，代表了规范意义下的最佳发展行为。凡是偏离或背离该矢量者，均被认为是在不同程度上对于可持续发展最佳行为的失误和扭曲。只有当 G（发展度）、C（协调度）、S（持续度）三者同时落在允许的范围内，才能承认可持续发展行为是正确的。

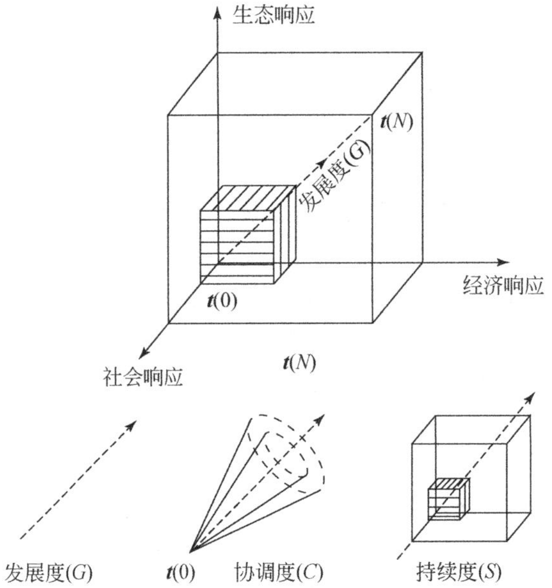

图 8.3　可持续发展理论的三维解释（牛文元，2012）

目前，区域可持续发展能力的定量测度并没有形成统一公认的指标体系方案，从牛文元提出的可持续发展的数量维度（发展度）、质量维度（协调度）和时间维度（持续度）三个方面出发，构建出区域可持续发展能力的分析评价指标体系，如图 8.4 所示，其中，发展度指标侧重于衡量区域单要素发展的质量水平，协调度侧重于多要素叠加状态下的解释指标，持续度反映了各要素发展过程中的变化情况。

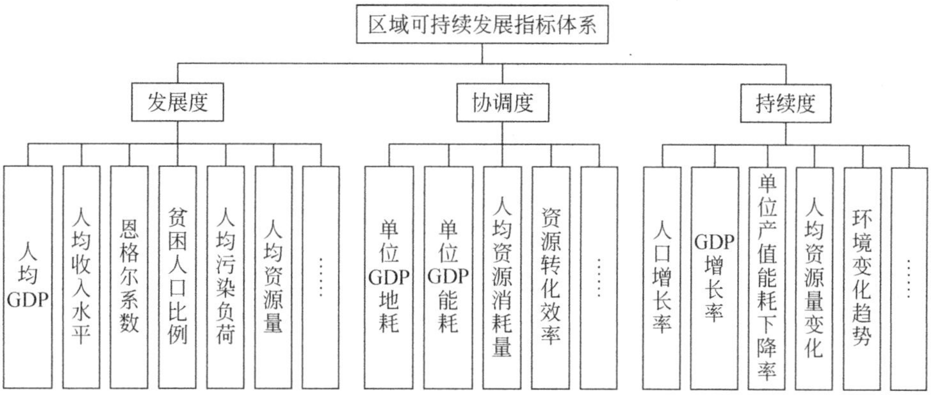

图 8.4　区域可持续发展指标体系

此外，当前国际上比较有代表性的指标体系有联合国的可持续发展指标体系、世界银行的可持续发展指标体系、英国可持续发展指标体系等。表 8.1 列出了联合国可持续发展指标体系的具体内容。

表 8.1　联合国可持续发展指标体系

分类	驱动力指标	状态指标	响应指标
社会	失业率	贫困指数 贫困差距指数 基尼系数	
经济	能源消费量 制造业增加值中自然资源密集型工业所占份额	已探明矿产储量 已探明矿物资料能源储量 已探明能源储量可开采时间 原材料的使用强度 GDP 中制造业增加值份额 可再生能源资料的消费份额	
	资源转移净产值/国民生产总值 进出口总额占 GDP 百分比	债务额/国民生产总值 债务服务/出口额	环保支出占 GDP 的百分比 新增或追加的可持续发展资金总额
	资本货物进口 外国直接投资	环境完好的资本货物进口份额	技术合作转让

续表

分类	驱动力指标	状态指标	响应指标
环境	地下水与地表水年提取量 国内人均水消费量	地下水的储量 淡水中的杂质浓度 水体中的生化需氧量	污水处理率 水文测定网密度
	沿海地区人口增长 排入海域的石油 排入海域的氮和磷	渔业最大可持续产出 海藻指数	
	土地利用变化	土地条件变化	分散型地区自然资源管理
	干旱地区贫困线以下人口	国家月度降水指数 卫星获取的植被指数 受荒漠化影响的土地	

8.2　区域经济差异分析

8.2.1　区域经济差异概述

区域经济差异，简称区域差异或区际差异，是指一定时期内，各区域之间人均意义上的经济发展总体水平的非均等化现象。区际差异的存在是绝对的，任何时候都不可能完全克服区际差异。此外，在梯度推进等非均衡增长区域发展模式影响下，区域发展过程中会出现更大的区域差异。因此，宏观经济管理的重要任务之一是避免区域差异的扩大化，促使各区域经济协调发展。

1. 区域经济差异产生的原因

区域经济差异的形成和扩大是历史、自然、社会等综合因素长期演化的结果，差距不是短期内出现的，也不是单一因素造成的，而是历史积累沉淀的产物，是综合因素造成的结果。任何事物的发生都有其内因和外因。区域的内在因素是区域经济差异的根本性原因，导致区域发展差距的自生性因素主要包括区域生产要素禀赋差异、区位条件的差异、社会文化特征的差异、历史与经济基础差异等。国家财政政策、投资政策和价格管理体制等外生性因素的地区倾斜，在客观上扩大了区域经济差异。

2. 区域差异对区域发展的影响

区域经济发展是区域之间利益格局变化的指示器，通过区域经济差异，各个区域可以发现自身利益的相对变化情况，调整区域经济的发展决策行为，维护和增大自己的利益，所以区域经济差异对各个地区能够产生多方面的影响（李芹芳和任召霞，2010）。适度的区域经济差异对社会经济发展有比较明显的积极意义：区域差异是区域经济发展的动力源泉，是区域之间竞争与合作的基础，对欠发达区域的发展是一种动力，促使区域之间生产要素的流动。当然，区域差异在发挥积极作用的同时，不可避免地产生了一系列的负面效应，较大的区域差异不利于区域社会的可持续发展，导致地方保护主义，不利于全国大市场的形成，制约国民经济的总体发展，同时，区域差异也造成了人口大规模的流动，增加了社会的不稳定因素。

8.2.2　区域经济差异的测度

区域经济差异的测度有多种方法，从最简单的单一统计指标就可以进行对比。例如，GDP 反映了区域之间生产总值的差异，人均纯收入可以反映不同区域居民的收入差异情况等。但是，单一指标的对比只能反映区域之间某一方面的差异性，为了能够从社会、经济、环境等多个方面反映区域之间的经济差异问题，诸多学者构建了不同的综合评价指标体系。除了 8.1.2 节介绍的划分区域经济发展阶段的 9 项指标外，学者们还提出了许多能够描述区域总体差异的一些指标或是模型，常用的指标主要有以下几种。

1. 基尼系数

基尼系数可用来判断收入分配公平程度。基尼系数是比例数值，在 0 ~ 1，是国际上用来综合考察居民内部收入分配差异状况的一个重要分析指标。国内不少学者对基尼系数的计算方法作了探索，提出了 10 多个不同的计算公式。张建华提出了一个简便易用的公式：假定一定数量的人口按收入由低到高顺序排队，分为人数相等的 n 组，从第 1 组到第 i 组人口累计收入占全部人口总收入的比重为 w_i，则基尼系数的计算公式为

$$G = 1 - \frac{1}{n}\left(2\sum_{i=1}^{n-1} w_i + 1\right) \tag{8.1}$$

该公式是利用定积分的定义对洛伦茨曲线的积分区域分成 n 个等高梯形的面积之和得到的。其具体含义是指，在全部居民收入中，用于进行不平均分配的那部分收入所占的比例。基尼系数最大为“1”，最小等于“0”。前者表示居民之间的收入分配绝对不平均，即 100% 的收入被一个单位的人全部占有了；而后者则表示居民之间的收入分配绝对平均，即人与人的收入完全相等，没有任何差异。但这两种情况只是在理论上的绝对化形式，实际生活中一般不会出现。因此，基尼系数的实际数值只能介于 0 ~ 1，基尼系数越小则收入分配越平均，基尼系数越大收入分配越不平均。国际上通常把 0.4 作为贫富差距的警戒线，大于这一数值容易出现社会动荡。

2. 库兹涅茨比率

库兹涅茨（Kuznets）比率是以一个以数值反映总体收入不平等状况的指标。它把各个阶层的收入比重与人口比重差额的绝对值加总起来。其公式为

$$R = \sum |y_i - p_i| \tag{8.2}$$

式中，R 为库兹涅茨比率；y_i、p_i 分别为各阶层的收入份额、人口份额。如果计算得到的结果 R 越大，表示地区之间收入差距就越大；反之，收入差距就越小。

3. 地理联系率

地理联系率是反映两经济要素在地理分布上联系情况的指标。其计算公式如下：

$$G = 100 - \frac{1}{2}\sum_{i=1}^{n} |S_i - P_i| \tag{8.3}$$

式中，G 为地理联系率；S_i 为第一要素占全国或全区同类要素的百分比；P_i 为第二要素占全国或全区同类要素的百分比。当 S_i 与 P_i 在地理上的分布较为一致时，G 较大，表明两要素的地理联系率较高；反之，当 S_i 与 P_i 的地理分布差异较大时，G 值较小，表明两要素地理联系不太密切。地理联系率可在一定程度上反映人口与工农业总产值、国民收入与人口、人均国民收入与人口、工业就业人数与工业产值、农业就业人数与农业产值等经济要素间的地理联系情况。例如，人口与工农业产值的地理联系率反映了工农业产值的配置是否与人口的分布均衡匹配。

4. 威尔逊系数

$$v_u = \frac{1}{x'}\sqrt{\sum_{i=1}^{n}(x_i - x')^2 p_i/p} \tag{8.4}$$

式中，x_i、x'、p_i 和 p 分别为 i 地区人均 GDP、背景区域人均 GDP、i 地区人口和背景区域人口。v_u 越大，地区间人均 GDP 差异越大。

5. 人口分布不平衡系数

$$U = \sqrt{\sum \frac{[y(i) - x(i)]^2}{2}/n} \tag{8.5}$$

式中，$x(i)$ 和 $y(i)$ 分别为人口数和资源（国土面积）所占的比例数。人口不平衡系数 U 越大，不平衡性越突出。

6. 集中指数

集中指数反映该地理要素在区域上的集中程度，指数高，说明集中该要素一半的地区人口少，配置不平衡；指数低，则说明在较大的范围内才能集中该要素的一半，配置比较均衡。公式为

$$C = 100 - 100H/T \tag{8.6}$$

式中，T 为全国背景区域人口；H 为集中该要素（由大到小排列）一半的区域人口（吴殿廷，2013）。

8.3　区域产业结构分析

区域产业结构是指系统内各产业之间的内在联系和比例关系。区域产业结构的形成是由区域特定的资源、区位等优势条件与全国产业经济空间布局的总体要求决定的。区域空间结构的演变与区域经济发展关系密切：一方面，快速的产业结构演进会促进区域经济的

发展；另一方面，区域经济的发展将会推进区域产业结构的演进。因此，依据区域产业结构的演进规律，对当前区域的产业结构进行分析，是区域经济系统分析的主要内容，可为区域产业规划提供基础的参考依据，从而促进区域产业结构的优化合理配置。

8.3.1　产业结构演进理论

产业结构的演进理论解释了区域产业结构变化的过程和方向。相关的理论研究主要有以下几个方面。

1. 配第-克拉克定理

1940 年，克拉克（Clark）出版了《经济进步的条件》一书，他以配第的研究为基础，对 40 多个国家和地区不同时期三次产业的劳动投入产出资料进行了整理和归纳，总结出随着经济发展和人均国民收入水平的提高，劳动力首先由第一产业向第二产业转移，然后向第三产业转移的演进趋势。配第-克拉克定理反映了产业结构变动的经济规律，该理论认为：人均国民收入较低的国家，第一次产业劳动力所占的比重相对较大，而第二次产业、第三次产业劳动力所占的比重相对较小；反之，人均国民收入水平较高的国家，其劳动力在第一次产业中所占的比重相对较小，而第二次产业、第三次产业中劳动力所占的比重相对较大。

2. 库兹涅茨法则

美国经济学家库兹涅茨在继承配第和克拉克等研究成果的基础上，依据人均国内生产总值份额基准，考察了总产值变动和就业人口机械变动的规律，揭示了产业结构变动的总方向，从而进一步证明了配第-克拉克定律。其基本内容主要有三点，分别是：①随着时间的推移，农业部门的国民收入占整个国民收入的比重和农业劳动力在全部劳动力中的比重不断下降；②工业部门国民收入占整个国民收入中的比重大体上是上升的，但是，工业部门劳动力在全部劳动力中的比重则大体不变或略有上升；③服务部门的劳动力在全部劳动力中的比重和服务部门的国民收入占整个国民收入的比重基本上都是上升的。

3. 钱纳里工业化阶段理论

钱纳里从经济发展的长期过程中考察了制造业内部各产业部门的地位和作用的变动，揭示了制造业内部结构转换的原因，即产业间存在着产业关联效应，为了解制造业内部的结构变动趋势奠定了基础。他发现制造发展受人均国民生产总值（gross national product，GNP）、需求规模和投资率的影响大，而受工业品和初级品输出率的影响小，进而将制造业的发展分为三个发展时期：经济发展初期、中期和后期。同时，将制造业也按三种不同的时期划分为三种不同类型的产业：①初级产业，是指经济发展初期对经济发展起主要作用的制造业部门，如食品、皮革、纺织等部门；②中期产业，是指经济发展中期对经济发展起主要作用的制造业部门，如非金属矿产品、橡胶制品、木材加工、石油、化工、煤炭制造等部门；③后期产业，指在经济发展后期起主要作用的制造业部门，如服装和日用品、印刷出版、粗钢、纸制品、金属制品和机械制造等部门。

4. 霍夫曼工业化经验法则

霍夫曼对工业化问题进行了许多富有开创性的研究，提出了被称为“霍夫曼工业化经验法则”的阶段理论。他根据消费品工业净产值与资本工业净产值的比例，把工业化分为四个阶段：①第一阶段。消费品工业占主导地位，霍夫曼比例为4.0～6.0。②第二阶段。资本品（指企业用于生产的机器设备，即固定资本）工业快于消费品工业的增长，消费品工业降到工业总产值的50%左右或以下，霍夫曼比例为2.0～3.0。③第三阶段。资本品工业继续快速增长，并已达到和消费品工业相平衡状态，霍夫曼比例为0.5～1.5。④第四阶段。资本品工业占主导地位，这一阶段被认为实现了工业化，霍夫曼比例在1以下。

实际应用中，霍夫曼比例往往用轻工业品净产值与重工业品净产值的比例来表示。霍夫曼的工业阶段论阐述的主要是工业过程中重化工业阶段的演变情形。

从产业结构演变的过程来看，地区的产业结构演变呈现出由农业主导逐步转向工业主导，最后当经济发展到一定水平时，由第三产业主导的情形。同时，农业是区域产业结构中的基础产业，其劳动生产水平的提高将促进劳动力从农业活动中解放出来，从而进行工业活动。第二产业是创造物质财富的主要源泉之一，其对国民收入尤其是人均国民收入增长的贡献巨大。此外，工业化可以分为多个不同的阶段，劳动密集型、技术密集型、资本密集型产业是一个不断演进的过程。第三产业在区域发展的高级阶段占据了主要地位，其对劳动力的吸纳能力和创造国民收入的能力巨大，投资少，见效快，是解决劳动力就业问题、提高国民收入的重要出路。

8.3.2 区域产业结构的分析评价

1. 区域产业结构总体评价

区域产业结构的选择是否恰当，需要从以下五个方面来考察：一是已经形成的产业结构同地区的资源结构是否相适应，即能否发挥地区的优势；二是地区产业能否有效参与区域分工；三是区内产业之间的关联度如何，即产业之间是否协调；四是产业结构的转换能力；五是结构性效益的高低，特别是主导产业的类型。为了使评价定量化，从不同的角度选用相应的评价指标和技术方法，主要指标如下（侯景新，2005）。

（1）产业结构效益

产业结构效益可以用以下公式进行计算：

$$G = \sum_{i=1}^{n} \frac{Q_i}{E} \cdot P_i - P \tag{8.7}$$

式中，G为区域产业结构效益；Q_i为区域第i个产业部门的产值；E为区域产业的总产值；P_i为第i个产业部门的资金利税率；P为区域各个产业的平均资金利税率。当$G>0$时，i产业结构趋优，其经济效益也较高；当$G<0$时，i产业结构恶化，其经济效益较低。例如，与前一个时期的某一时点相比，G值上升，则产业结构效益提高，区域产业结构优化；反之，产业结构效益降低，区域产业结构恶化。

（2）效益超越系数

效益超越系数主要用来衡量区域产业结构素质，用下列公式计算：

$$F = r/R \tag{8.8}$$

式中，F 为效益超越系数；r 和 R 分别为区域净产值的增长率和区域总产值的增长率。若 $F>1$，说明结构素质好，结构效益较大；若 $F<1$，则其区域产业结构素质差，所产生的经济效益较小。

(3) 结构影响指数

假定以资金利税率作为计算经济效益的基础指标，则结构影响指数 K 的计算公式为

$$K = \sum_{i=1}^{n} P_{ji} \cdot q_{ji} \Big/ \sum_{i=1}^{n} P_{ji} \cdot q_{oi} \tag{8.9}$$

式中，K 为产业结构影响指数；P_{ji} 为 j 区域 i 产业部门的资金利税率；q_{ji} 为 j 区域 i 产业部门的资金占 j 区域产业资金总额的比重；q_{oi} 为对比区域 o 的 i 产业部门资金占其全部产业部门资金总额的比重。$K>1$，则 j 区域产业素质高，其整体效益高于对比区域；$K<1$，则 j 区域产业结构素质差，其区域总体效益低于对比区域。

(4) 投资产出效果系数

产业投资产出效果系数可以用以下公式进行计算：

$$Z_j = \frac{\sum_{i=1}^{n} \frac{1}{p_{ij}}}{n} = \left[\sum_{i=1}^{n} \frac{1}{a_{ij} + b_{ij} + c_{ij}} \right] / n \tag{8.10}$$

式中，Z_j 为 j 产业的投资产出效果系数；p_{ij} 为投资产出系数，即 j 产业每增加一个单位的产品产出所需 i 产业的投资；a_{ij} 为流动资金投资产出系数，即 j 产业每增加一个单位的产出，所需要购买 i 产业的原料、材料、半成品的资金额；b_{ij} 为更新改造投资产出系数，即 j 产业每增加一个单位产出，用于购买 i 产业的产品作为固定资产的资金额；c_{ij} 为 j 产业每增加一个单位产出，用于购买 i 部门产品作为固定资产的基建资金。因此，$p_{ij}=a_{ij}+b_{ij}+c_{ij}$。$Z_j$ 越大，在相同投资的情况下，j 产业产出多于其他产业，或者在产业价值相同的情况下，j 产业所需投资少于其他产业；Z_j 越小，则在相同投资的情况下，j 产业产出少于其他产业。

(5) 弹性系数

产业区域经济弹性系数是指产业的相对变化量与区域经济的相对变化量之比。它可以反映出产业的发展和萎缩过程，计算公式如下：

$$\eta = \left[\frac{\theta_{i,\ t+1}}{\theta_{i,\ t}} \right] \Big/ \left[\frac{\sum I\theta_{j,\ t+1}}{\sum I\theta_{j,\ t}} \right] \tag{8.11}$$

式中，η 为产业区域经济弹性系数；$\theta_{i,t}$ 为 i 产业在 t 年的产值；$\sum I\theta_{j,\ t}$ 为区域内 j 个产业在 t 年的总产值。$\eta>1$，则 i 产业的增长速度大于区域经济的增长速度，该产业处于增长阶段；$\eta=1$，则 i 产业的增长速度等于国民经济的增长速度，该产业与国民经济处于同步增长阶段；$\eta<1$，则 i 产业的增长速度低于区域经济的增长速度，该产业呈萎缩趋势。

(6) 产业结构变动度

产业结构变动度主要衡量区域产业结构随时间推移而变动的程度，可以用产业结构变化值指标将其量化：

$$K = \sum \left| Q_{ij} - Q_{io} \right| \tag{8.12}$$

式中，K为区域产业结构变化值；Q_{ij}为报告期该产业部门在整个产业中所占百分比，Q_{io}为基期该产业部门在整个产业中所占的百分比；j和o分别为报告期和基期的年份。K越大，报告期内区域产业结构的变动幅度越大；反之，报告期内区域产业结构变动幅度越小。

(7) 产业结构变动趋势

库兹涅茨在揭示产业结构变动的一般趋势时曾经提出用两种度量尺度来检验人口平均的产值差异与部门份额差异之间的联系。同样可以按照这两种方法来研究区域产业结构的变动趋势。

方法一：根据原始资料按人均产值的高低进行分组，然后把地区按产业产值份额的大小进行分组，最后求出两者变动范围的百分比。换句话说，就是对比地区按照人均产值分组和份额分组的变动范围。通过对比，分析人均产值变动与产业份额变动之间的关系。

方法二：用反应弹性值指标来测度产业结构变动趋势。反应弹性值是指产业按人口平均的产值百分比差异与产业份额差异的比率，它反映了人均产值变动某一百分比时，人均产值变动额与产业产值变动额的比率。其计算公式为

$$E_i = a_i + \frac{a_i - 1}{r} \tag{8.13}$$

式中，E_i为产业i的反应弹性值；a_i为产业i在某一变动期间的最终份额与最初份额之比；r为人均产值在相应时间段的增长比率。由于反应弹性值代表着与人均产值的百分比相联系的产业产值的变动百分比，所以，若$E_i>1$，则产业i产值的变动比率大于人均产值的变动比率，随着人均收入的提高，该产业的份额也明显上升；反之，若$E_i<1$，意味着产业i产值的变动比率小于人均产值的变动比率，随着人均收入的提高，该产业的份额显著下降，而且E_i偏离1越多，说明人均产值的差异对产业份额的影响越大（聂华林，2009）。

2. 产业结构的专门化程度评价

产业结构的专门化程度评价指标主要有以下几个方面。

(1) 区位基尼系数

区位基尼系数常用来测算产业集聚和地理集中程度，从整体上反映了区域间的专业化分工强度，其模型为

$$G_i = \frac{1}{2N^2\mu}\sum_j \sum_k \left|\frac{x_{ij} - x_{ik}}{x_i}\right| \tag{8.14}$$

式中，x_{ij}、x_{ik}分别为i产业在j地区、k地区的产值；x_i为所研究区域i产业的总产值；N为所涉及的地区数量；μ为i产业在各地区的比重均值，经计算确定$\mu = 1/N$。G_i为区位基尼系数，其取值为0~1，距离0越近，表示产业分布越均等；距离1越近，表示产业分布越集聚。

(2) 区位熵

通过产业的专业化程度、区域专业化生产状况来揭示区域分工的基本格局，其模型如下：

$$\mathrm{LQ}_{ij} = \frac{G_{ij}/G_i}{G_j/G} \tag{8.15}$$

式中，G_{ij}为i地区j产业产量；G_i为i地区各产业总产量；G_j为全国j产业产量；G为全国各产业总产量。若区位熵$LQ_{ij}>1$，说明j产业是i地区的优势产业，LQ_{ij}值越大，说明i地区j产业的专业化程度越高。反之，则越低。

3. 区域之间的产业联系评价

区域间产业结构的差异直接推动了产业联动，因此可以通过产业结构差异推算区域间的产业联动程度。产业结构包含产值结构和就业结构，通常采用如下的产业合作潜力模型对其进行测度。

$$L_{ij} = \lambda \prod_{i=1}^{2} \exp(\mathrm{abs}(x_i - y_i)) / \sqrt{d_{ij}} \tag{8.16}$$

式中，L_{ij}为i、j地区的产业合作潜力系数；exp为以自然常数e为底的指数函数；abs为绝对值函数；i取值为1，2；当$i=1$时，x_1、y_1表示i、j两地区某产业产值占大区域该产业产值的比例；当$i=2$时，x_2、y_2表示i、j两地区某产业从业人员占大区域该产业从业人员的比例；d_{ij}表示i、j之间的距离；λ为权重系数。由于产业一般都是从经济较发达的区域转移到经济相对落后的区域，这里λ一般取x_1、y_1中的较小值。

产业合作潜力模型解释了两个区域之间产业联系的程度，对于多个研究区域，可以研究某个产业的分布在哪两个区域之间联系较强；针对两个区域进行研究时，可以分析两个区域之间的多个产业，找出区域间联系较强的产业。

4. 产业结构合理化

产业结构的合理化是区域产业结构向目标模式逐步逼近的运动过程。产业结构合理化的标志主要有四个方面：①区域经济内部资源得到充分合理的利用，地区优势得到充分发挥；②区域产业联系有序化和产业比例合理化；③区域产业技术结构具有合理性；④产业结构具有良好的弹性度（聂华林，2009）。

合理的产业结构要求社会产业结构与经济技术结构重合，其中的经济技术结构即投入产出表中直接消耗系数矩阵最大特征根所对应的特征向量。实际产业结构与经济技术特征有一定的偏离，其偏离程度可以由两向量的夹角（用弧度来表示）来衡量（吴殿廷，2013），即

$$\alpha = \arccos\left(\frac{(x,\ u)}{\| x \| \cdot \| u \|}\right) \tag{8.17}$$

式中，x为现实产业结构；u为投入产出表中直接消耗系数矩阵最大特征根所对应的特征向量。在偏离度的基础上定义产业结构合理化水平如下：

$$K = 1 - \frac{2}{\pi} \cdot \alpha \tag{8.18}$$

式中，K介于1～0。当社会生产结构与技术经济结构重合时，K取最大值1；反之，K取最小值0，且二者偏离越大，K值越小。

投入产出表全面客观地反映了产业部门之间的技术经济联系，即一定时期内具有相对的稳定性，利用投入产出表提供的信息及其他统计数据可进行投入产出分析。将投入产出分析与运筹学中的规划论相结合可以建立一个评价产业结构合理化的线性规划模型。

5. 产业结构高级化

产业结构高级化是产业结构由较低级的形式向较高级的形式发展，也称为产业结构升级。产业结构高级化的标志主要有以下几个方面：①高加工度化，即工业结构表现为以原材料工业为主向，以加工、组装工业为主的发展趋势。②高附加值化，即产业结构选择朝着附加值高的部门发展的趋势。③技术集约化，即工业资源结构趋向于以技术为主的演进过程。随着工业结构高加工度化的发展，技术资本的质量和劳动力质量将成为工业资源结构中最重要的因素。④工业结构软化，即知识和技术日益参与到工业生产活动中，从而使工业生产中知识和技术密集型产品的比重和地位逐渐提高（吴殿廷，2013）。

产业结构高度化的定量描述可以用产业结构层次系数来表示，设某地区有 n 个产业，将这些产业由高到低排列，所得的产值比例分别记为 $q\ (j)$，由此可以定义该地区的产业结构层次系数为

$$\omega = \sum_{i=1}^{n} \sum_{j=1}^{i} q(j) \tag{8.19}$$

显然，ω 越大，该地区的产业结构越高级。应该注意的是，这样求得的产业结构层次系数理论上最小者是100，最大者是 $100n$（只有最高一个层次的部门）。这一系列系数只有相对意义，只在进行区域之间的比较时才有价值（产业划分也必须一致）。

此外，还可以用产业结构变动度指标来测定产业结构的变化情况，但该指标只能反映产业结构变动的程度，至于产业是否会向高级化、合理化的方向发展，还要辅以其他指标分析。

8.4　区域空间经济联系分析

空间经济联系是区域空间联系研究的一项重要研究内容，主要表现为相关区域之间经济实体的相互作用和相互关系，区域经济联系通过物流、人流、资金流和信息流的形式得以实现，是劳动地域分工的结果。在经济全球化的大趋势下，区域经济是对外开放的，所以任何一个区域都会与其他区域发生经济联系，从系统的角度出发，空间经济联系主要表现为区域之间经济要素的流动和技术经济上的相互联系，区域经济联系对区域经济发展有重大的影响。

8.4.1　区域空间经济联系形式

区域分工与合作是区域经济联系的主要形式。区域经济子系统之间要素禀赋的差异，导致了各区域之间的经济活动方式和活动内容的分异，进而形成区域之间的劳动地域分工与商品劳务交换。区域分工的产生，形成了区域合作的基础，但也由于区域利益不完全相同，区域冲突不可避免地发生。解决区域冲突，实现区域利益增进，是促进区域经济协调发展的重要途径（张建平，2009）。

1. 区域分工

区域分工是区域之间经济联系的一种形式。由于各个区域之间存在着经济发展条件和

基础方面的差异，因此，在资源和要素不能完全、自由流动的情况下，为满足各自生产、生活方面的多种需求，提高经济效益，各个区域在经济交往中就必然要按照比较利益的原则，选择和发展具有优势的产业，于是，在区域之间就产生了分工。

区域分工的实质包含三个方面的内容：①区域分工的目的是使每个区域获得更高的资源配置收益，区域分工是出于区域自身经济发展的需要，而不是一种主观上的利他行为，至于区域分工所产生的其他有利因素，并不是参与分工的初衷。②区域分工的形式是区域的专业化生产，没有专业化生产，也就不可能产生区域分工。③区域分工利益的获得，必须通过区际贸易来实现，同时区际贸易也是区域分工产生的前提条件。④区域分工是区域经济活动的一种空间组织方式，因此需要用空间组织的基本原理来分析区域分工（李芹芳和任昭霞，2010）。

（1）区域分工的意义

对单个区域而言，区域分工可以发挥区域的比较优势，促进区域资源的合理利用，提高本区域的经济发展竞争力。对于多个区域的经济发展而言，区域分工有利于区域之间生产要素的合理流动，促使各个区域选择专业化的发展道路，形成地区特色经济格局。对于国家经济发展而言，区域分工可以促进国家经济空间布局的优化，协调区际经济关系，引导区域经济协调发展。但是，区域分工在一定条件下也会产生负面作用，例如市场调节的滞后性及信息的不对称性，各个区域在追求较高收益率的目标下发展本区域的经济产业部门，会导致区域之间的产业结构相似等情况，造成部分产业产能过剩而其他产业发展滞后。

（2）区域分工的实现形式

1）“条形”垂直分工格局。这种分工形式以高度集中的计划体制为前提，国家从宏观效益出发，由中央各类经济管理部门通过行政式的计划指令，决定生产部门在地域上的选择，建立全国性的分工协作关系，区域分工实质上演变成中央各个经济管理部门之间行政权力的分工协作，如果中央设置的管理部门越多，它们之间的分工协作关系就越复杂，“条型”垂直分工的优点在于：①能够迅速有效动员和集中地方资源；②某种程度上保证区域的局部利益服从国家的整体利益。而“条形”垂直分工的缺点主要有以下几个方面：①能够集中资源，但不一定能够优化资源的空间配置；②限制了各区之间直接进行分工合作的主动权和积极性；③由多个中央主管部门决策的资源配置和地理分工，演变为经济资源的部门所有制，导致资源的开发利用违背规模、效率、成本的优化配置准则，造成各部门之间和各区域之间曲折迂回的分工协作关系。

2）“块形”水平分工格局。这种形式的分工，以市场调节机制为基础，从地方资源优势出发，兼顾国家整体利益和区域局部利益，依靠市场力量决定区域之间的分工合作关系。其特点为：①能够充分发挥区域资源优势和区域之间的互补优势；②区域具有主动权和积极性，可能会由于其他地方决策的盲目性破坏整体效应，因此必须制定区域相关政策，通过国家调控，有效协调整体利益和局部利益；③依赖地域条件的水平分工可以减少各部门之间和各区域之间的分工关系，能够在各区之间建立直接的分工合作关系，有利于资源的优化配置。

2. 区域合作

区域合作多指区域经济合作，是区域之间为了各自的经济利益，防止或减少相互之间的经济利益损害，各区域按照一定空间范围内的优势，打破人为的条块分割，根据自愿结合、互惠互利的原则，在经济发展中以一定的方式联合起来，协调行动、互惠互利的区域经济组织形式。区域合作的形式是多种多样的，从实质上讲，区域合作是区域要素在更大范围内实现的优化组合。

(1) 区域合作的意义

区域合作的意义在于区域之间可以通过优势互补、优势共享或优势叠加，把分散于各个区的经济活动有机组织起来，把蕴藏于各个区域的经济活力激发出来，形成合作生产力，从而为参与合作的各个区域提供更大的发展机会，使合作的各区域获得更大的经济效益。通过合作所获得的经济综合优势，以及所产生的经济效益，是分散条件下难以获取的。此外，区域合作为区域经济分工提供了保障，促使区域经济专业化生产和发展，使区域分工不断深化。通过合作可以冲破要素在区际流动中的种种障碍，促进要素向最优区位流动，增强区域之间的经济联系，从而形成复杂的区域经济网络，提高区域经济运行的整体性和协调能力（吴殿廷，2007）。

(2) 区域合作的实现形式

区域合作主要有区域行业合作和区域全面合作两种形式（李芹芳和任召霞，2010）。

1）区域行业合作。区域行业合作是指区域之间同一经济部门或几个经济部门的相关企业按照一定的组织原则与方式相互结合，优势互补，共同发展。它包括了区域性的生产合作、商业合作、运输合作、物资合作、金融合作和综合的行业合作。区域性生产合作是分布于不同区域的生产企业按照相互间的原料、燃料、产品、技术、资金、设备等方面的联系组织在一起开展合作。其中，有的是由相同的生产部门和行业的企业进行合作，有的则是由相关生产部门或行业的企业进行合作。区域性商业合作是依靠分布于各区域的商业企业与其周围的生产企业的联系，扩大进货渠道，及时了解各地的市场供求信息。同时，在各商业企业之间实行联购分销、分购联销、相互调节、相互委托代办购销业务，从而有利于各商企业的发展，又有利于搞活区际商品流通。

2）区域全面合作。区域全面合作是指在有关政府的推动下，区域之间开展多方面的经济合作。区域全面合作的内容主要包括以下六个方面：①建立区域市场，促进相关区域之间资源、要素的合理流动。通过举办各种商品交易活动，建立各种大型交易市场，形成多形式、多层次、多渠道的商品流通网络，互通有无，繁荣市场。②联合开发资源，根据资源禀赋状况与需求，对各区域的自然资源、技术、资金、人力等联合开发，优化组合，提高资源利用效率。③建立跨区的交通干线和通信设施，构建联系区内外的交通和通信网络，加速区域之间商品运输要素流动信息传递。④开展资金横向融通，将各区的金融机构联合起来，形成多渠道、多形式的金融合作网，在区域之间调节资金余缺，加快资金周转。⑤建立信息网络，通过各区之间相关行业的横向合作沟通信息，建立综合信息中心来传递信息。⑥共同协调解决跨区的环境保护问题。

注释专栏4 长三角城市群的区域分工合作情况

长江三角洲城市群（简称长三角城市群）位于长江入海口的扇形冲积平原地区，包括26个城市，为上海市、江苏省的9个（南京、无锡、常州、苏州、南通、盐城、扬州、镇江、泰州）、浙江省的8个（杭州、宁波、嘉兴、湖州、绍兴、金华、舟山、台州）、安徽省的8个（合肥、芜湖、马鞍山、铜陵、安庆、滁州、池州、宣城）。长三角城市群地区面积为21.17万km^2，2014年地区生产总值为12.67万亿元，总人口为1.5亿，分别约占全国的2.2%、18.5%、11.0%，是中国经济最具活力、开放程度最高、创新能力最强、吸纳外来人口最多的区域之一，是“一带一路”与长江经济带的重要交汇地带，在国家现代化建设大局和全方位开放格局中占有举足轻重的战略地位。

（1）长三角城市群产业分工状况

长三角城市群的产业分工按照“一核五圈四带”（上海为核心，南京、杭州、合肥、苏锡常、宁波五个都市圈和沿海、沿江、沪宁合杭甬、沪杭金四个发展带）的网络化空间格局展开。都市圈、产业带的形成和发展，使不同产业部门或同一产业的不同生产阶段、不同种类的产品在不同城市或地区间进行分工协作，区域内实现优势互补和功能互补，以获得规模经济效益。各个城市在区域内的主导产业、支柱产业中寻找自己的位置，因地制宜发挥自己的优势，建立了一批优势行业和特色产业。例如，上海以金融、证券、信息为代表的高层次服务业，以信息技术、汽车制造、电子技术、生物工程为代表的新兴工业；南京的石化工业、电子工业；杭州的轻纺工业、旅游业，宁波的石化工业；舟山的海水捕捞和养殖业都具有相当规模。目前，长三角城市群已形成了以上海为核心的电子信息及设备制造业、汽车及零部件等交通运输设备制造业、黑色金属冶炼及压延加工业等技术和资金密集型产业集群；以浙江杭州湾为核心的服装、鞋、眼镜、打火机、皮革、五金、低压电器、日用小商品等劳动密集型产业集群；而江苏则兼有电子、汽车及石化等技术和资金密集型产业集群，以及棉纺织和食品加工等劳动密集型产业集群。

（2）长三角区域合作情况

从长三角区域合作的发展过程看，其区域经济合作大致经历了以民间自发推动为主要特征的区域合作时期、以企业联合推动为主的区域合作时期、以市场和政府推动型为主要特征的合作时期、以企业为主导力量的市场推动型为主的合作时期四个阶段。合作的领域和内容方面也呈现出不断扩大和上升的趋势。从目前来看，主要体现在以下几方面：①共同规划区际重大交通基础设施建设，实现交通一体化；②共同打造工商、金融、信息服务平台，实现工商、金融、信息服务一体化；③共同实施人才培养，实现人才开发一体化；④共同打造旅游市场，推进长三角无障碍旅游区；⑤共建长三角信用体系，实现信用信息共享；⑥企业间开展了多层次、多渠道、多形式的合作，实现区域经济一体化；⑦推动跨区域的环境治理，实现环境联防联治。

8.4.2 区域空间经济联系强度测算

区域经济联系强度可以用来衡量区域间经济联系程度的大小，反映某区域对周围区域的辐射能力。区域经济联系的测算可以分析得出区域的主要联系方向，有利于明确区域发展的空间结构，有针对性地扩大区际经济联系，有利于改变区域经济空间结构松散的状况，促进整个区域的协调发展。

通常测度区域之间经济联系的方法主要有节点分析、可达性分析、联系作用量分析、空间相互作用分析等。节点分析主要是通过研究区域内各节点的经济规模或实力，对节点进行等级划分，从而为区域经济联系研究奠定基础；可达性分析是通过研究区域内现有交通网络的特征，包括道路的等级、类型、长度等，对节点（城镇）间的相对可达性进行分析。在节点分析和线路分析的基础上，利用联系作用量与隶属度，分析城市与区域之间的空间经济联系及其作用范围（冯云廷，2013）。空间相互作用分析是运用引力模型或辐射模型及其改进模型等，对区域之间的相互作用进行分析，是对联系作用量模型的补充。此外，测度区际经济联系强度还可以通过城市流强度模型进行衡量。

1. 中心城市的等级划分

利用节点分析，对区域内的中心城市进行等级划分，选取城市市区非农业人口数和国内生产总值来代表城市的经济实力和经济发展水平的指标，同时考虑城市在区域经济联系中接受和消化外来技术、资金、市场信息等方面的能力的不同，将各城市具有中级以上专业技术职称的人数也作为反映城市经济规模的一个指标，在确定了上述城市规模指标体系的基础上，根据各城市非农业人口（P_i）、地区生产总值 GDP（V_i）和专业技术人员数（S_i），分别计算各中心城市的非农业人口指数（K_{P_i}）、经济职能指数（K_{V_i}）和科技职能指数（K_{S_i}）。计算公式如下：

$$K_{P_i} = \frac{P_i}{\frac{1}{n}\sum_{i=1}^{n} P_i} \tag{8.20}$$

K_{V_i}和K_{S_i}的计算公式以此类推。

在分别计算的人口、经济和科技智能指数的基础上，进一步计算各城市的中心职能强度。

$$\begin{aligned} K_{T_i} &= K_{P_i} + K_{V_i} + K_{S_i} \\ K_{E_i} &= (K_{P_i} + K_{V_i} + K_{S_i})/3 \end{aligned} \tag{8.21}$$

根据计算结果，对区域内的中心城市进行等级划分。一般，按照K_{T_i}和K_{E_i}的大小，将区域内中心城市分成不同等级。例如，$K_{T_i}>5$，$K_{E_i}>1.5$ 划为一级中心城市；$1.2<K_{T_i}<5$，$0.4<K_{E_i}<1.5$ 划分为二级中心城市，以此类推。区域中心城市等级确定之后，即可对中心城市的可达性进行分析。

2. 交通可达性测度模型

交通可达性是从两地间交往、联系方便程度的方面设置的衡量指标，可达性值越高，说明两地间交往越方便，反之则两地之间联系不便。可达性分析的具体方法是依据区域交通网络现状和线路等级规模，计算出区内某点到区域内其他点的交通联系时间，并通过交通联系所需时间的相对比较量来反映空间联系的紧密程度，区域之间的经济联系与两者之间的交通距离成反比。可达性系数的具体计算如下：

$$
\begin{aligned}
A_i &= \frac{D_i}{V_i} \\
\bar{A} &= \frac{1}{n}\sum_{i=1}^{n} A_i \\
a_i &= \frac{\bar{A}}{A_i} \\
A_j &= \sum_{j=1}^{n} a_i
\end{aligned}
\tag{8.22}
$$

式中，A_i 为 i 城市的可达性值；D_i 为 i 城市与某中心城市间的最短路径交通距离；V_i 为 i 城市与某中心城市间的交通道路平均车行速度；$\bar{A}$ 为 i 城市与 n 个中心城市间 A_i 的平均值；a_i 为可达性系数；A_j 为各中心城市 j 与各城市的交通可达系数之和，A_j 值越小，可达性越好。

3. 经济联系强度模型

经济联系强度模型能反映区域交互辐射能力和接受辐射的程度，模型如下：

$$
R_{ij} = \frac{\sqrt{P_i G_i} \times \sqrt{P_j G_j}}{D_{ij}^2} \tag{8.23}
$$

式中，R_{ij}为 i、j 两地区经济联系强度；P_i 和 P_j 为 i、j 两地区的人口总数；G_i 和 G_j 为 i、j 两地区的生产总值；D_{ij}为 i、j 之间的交通距离。

计算出两地区间的经济联系量后，就可以通过下式计算各区域相对于其周围高级中心城市的经济联系的隶属度：

$$
F_j = \frac{R_{ij}}{\sum_{j=1}^{m} R_{ij}} \tag{8.24}
$$

式中，R_{ij}为 i、j 两地区经济联系强度；m 为次级城市的数量；F_j 为经济联系隶属度，指相对于上一等级区域的经济隶属度，通过经济隶属度确定中心区域主要辐射范围。隶属度反映了在区域内城市之间经济联系中各城市的地位和影响与被影响的关系。

4. 重力模型与辐射模型

(1) 重力模型

重力模型（gravity model）是根据距离衰减原理和牛顿万有引力公式提出来的数理模型，在研究区域空间相互作用测度中具有重要地位。根据该模型，区域间的空间相互作用与区域质量成正比，与区域间的距离成反比，一般表达式为

$$
T_{ij}^{G} = k\frac{F_i F_j}{d_{ij}^{b}}(i \neq j;\ i = 1,\ 2,\ \cdots,\ n;\ j = 1,\ 2,\ \cdots,\ m) \tag{8.25}
$$

式中，T_{ij}^{G}为 i，j 区域间的空间相互作用量；n 为城市体系内所有城市的数量；F_i 和 F_j 分别为出发地和目的地的区域质量，在城市尺度研究中通常用城市 GDP、非农业人口数等表

示；d_{ij}为两地间的距离；b 为衰减参数；重力系数 k 为常数。

（2）辐射模型

辐射模型（radiation model）弥补了重力模型应用于空间联系强度模拟的多项不足，与实测数据的拟合程度较高，能够更趋近现实地模拟两地之间的流动强度。在考虑距离衰减规律时，辐射模型把距离转化为以出发地为圆心，以出发地到目的地之间的距离为半径的二维空间，即影响范围，增加了对介入机会的考虑，使两地之前的空间相互作用在不同的方向上具有差异性。辐射模型将空间相互作用看成一个受联合概率支配的随机过程，联系强度取决于出发地、目的地和影响范围的流要素分布，经过严格的理论逻辑推导，其方程表达式如式（8.26）所示。模型在应用过程中不需要进行复杂的参数设置，在缺少历史统计资料的情况下能够对地区间的人流、物流、信息流等要素流强度进行有效估算。

$$T_{ij}^{R} = T_i \frac{m_i n_j}{(m_i + s_{ij})(m_i + n_j + s_{ij})} \tag{8.26}$$

式中，T_{ij}^{R}为某要素从出发地 i 到达目的地 j 的强度；m_i、n_j 分别为出发地 i 和目的地 j 的区域质量；s_{ij}为 i 到 j 之间的影响范围（以出发地 i 为圆心、出发地 i 到目的地 j 之间的距离为半径的圆）内所有地区的质量总和（i，j 两地除外）；T_i 为出发地 i 的要素流质量。

5. 城市流强度模型

城市流是指城市间人流、物流、信息流、资金流、技术流等空间流在城市群内所发生的频繁、双向或多向的流动现象，是城市间相互作用的一种基本形式。各种城市流在城市的集聚与辐射中存在和变化着，反映了城市集聚与城市辐射的状况，也是城市规模结构不断变化完善的过程。城市流强度指在区域内城市间的相互联系中城市外向功能（集聚与辐射）所产生的影响量。

城市流强度的公式为

$$F = NE \tag{8.27}$$

式中，F 为城市流强度；N 为城市功能效益，即各城市间单位外向型功能量所产生的实际影响；E 为城市外向功能量。

由于城市流是城市在与外界联系中所产生的，因此与外界的活动即构成了城市的外向功能。城市流强度（或城市与农村）是说明城市与外界联系的数量指标，对于城市间联系极为密切的都市圈，城市间城市流影响因素、城市流规模结构、城市流规模体系的分析，将有助于认清城市之间的定量联系，在城市流强度的具体计算过程中，考虑指标选取的容易及代表性，选择城市从业人员数为城市功能量指标，城市是否具有外向功能量 E，主要取决于某些部门从业人员的区位熵，i 城市 j 部门从业人员区位熵 $L_{q_{ji}}$为

$$L_{q_{ji}} = \frac{G_{ij}/G_i}{G_j/G} (i = 1, 2, \cdots, n; j = 1, 2, \cdots, m) \tag{8.28}$$

式中，G_{ij}为 i 城市 j 部门的从业人员数；G_i 为 i 城市所有部门从业人员数；G_j 为全国所有城市 j 部门的从业人员数；G 为全国城市从业人员数。

若 $L_{q_{ji}}<1$，则 i 城市 j 部门不存在外向功能，即 $E_{ij}=0$；若 $L_{q_{ji}}>1$，则 i 城市 j 部门存在着外向功能，因为城市的总从业人员中分配给 j 部门的比例超过了全国的分配比例，即 j

部门在 i 城市中相对于全国是专业化部门，可以为城市外界区域提供服务。因此，i 城市 j 部门的外向功能为

$$E_{ij} = G_{ij} - G_i\left(\frac{G_j}{G}\right) \tag{8.29}$$

i 城市 m 个部门的总外向功能量 E_i 为

$$E_i = \sum_{j=1}^{m} E_{ij} \tag{8.30}$$

i 城市的功能效率用人均从业人员的 GDP 表示，即

$$N_i = P_i / G_i \tag{8.31}$$

式中，P_i 为城市人均从业人员的 GDP。

i 城市的城市流强度 F_i 为

$$F_i = N_i E_i = \left(\frac{P_i}{G_i}\right) E_i = P_i\left(\frac{E_i}{G_i}\right) = P_i K_i \tag{8.32}$$

式中，K_i 为 i 城市外向功能量占总功能量的比例，反映了城市总功能量的外向程度。一个城市的城市流强度实质上反映了其对外联系与辐射的能力，因此，可以通过对城市群城市流强度的分析与计算确定区域联系的中心，同时反映各城市在区域内的联系地位。

8.4.3　区域空间经济联系网络分析

在区域经济系统中，从其空间构成上来看，将城镇作为网络的节点，各城镇之间的经济联系（人流、物流、信息流等）是网络中的“边”，这些节点和边便构成了区域空间经济联系网络。8.4.2 节中对区域空间经济联系的分析主要为两个节点之间的联系及联系强度，但一个节点并非与单个节点发生经济联系，多个节点之间相互联系，构成了区域经济系统内部的空间经济联系网络。网络具有特定的结构特征，是一个有机整体，能够产生出单个点和线所不能完成的功能。因此，区域空间经济联系的测度不仅要对两个节点之间的联系进行测度，还要对节点和边形成的联系网络进行整体分析，这就需要借用网络分析的方法。网络分析是一种针对关系数据的跨学科分析方法，具有全局性分析的特点，可以揭示区域空间经济联系的总体特征，分析各区域（节点）在更大区域中的空间影响。

1. 区域空间经济联系网络的构建

节点和边（节点之间的经济联系）是空间经济联系网络的构成要素，根据研究要求，确定一定规模的节点（如人口达到一定规模的城镇或村庄）为研究对象。任意两个节点之间是否存在经济联系及联系强度的大小，是构建区域经济联系网络的基础。采用 8.4.2 节中提到的方法对任意两节点之间的经济联系强度进行测算，当联系强度达到一定要求时便认为两地之间存在经济联系，否则忽略两地之间的经济联系，在存在经济联系的两地之间连线，构成区域经济系统的空间经济联系网络。此外，在必要情况下可以将节点规模（节点某一属性值，如某城市的人口、经济总量等）与节点之间的联系强度反映在网络中，考虑节点规模与联系强度的网络分析将更符合网络分析的目的，因而更加科学严谨。

空间经济联系网络可通过构建关系矩阵来表达，常用的矩阵类型有空间邻接矩阵

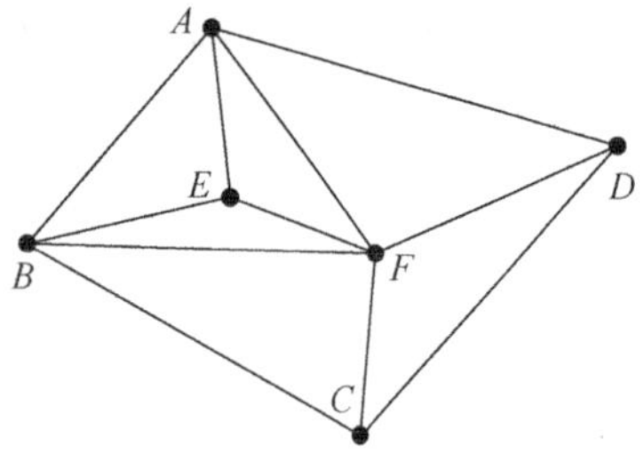

图 8.5　区域经济系统内空间经济联系网络示意图

(adjacency matrix)、关联矩阵 (incidence matrix)、数值矩阵 (valued matrix) 等。邻接矩阵可以表示网络中任意两区域是否在地理空间上相邻，若相邻则记为 1，不相邻则记为 0。关联矩阵则可以表示任意两区域之间是否存在经济联系，若存在则记为 1，不存在则记为 0。数值矩阵则表示任意两区域之间的某种关联性或关联程度，如距离、联系强度等。图 8.5 所示的空间经济联系网络，其关联矩阵如表 8.2 所示。

表 8.2　空间经济关联矩阵

	A	*B*	*C*	*D*	*E*	*F*
A	—					
B	1	—				
C	0	1	—			
D	1	0	1	—		
E	1	1	0	0	—	
F	1	1	1	1	1	—

2. 区域空间经济联系网络分析

区域空间经济联系的网络分析借鉴了社会网络分析的方法，网络分析可以分为两种类型：一种是对网络节点的分析，即探讨节点在网络中的位置与重要性；另一种是对网络整体的分析，探讨网络的整体结构与形态。对网络节点的分析可以研究某一节点与哪些节点存在经济联系，联系强度如何；整体经济联系网络分析则从网络结构出发，分析网络特征对区域经济系统内各种经济联系（人流、物流、信息流）的作用，探讨何种网络结构可以提高系统内部各种经济联系的效率。

常见的节点分析方法是对节点中心性 (centrality) 的测度，包括相对度数中心度 (degree centrality) 和中介中心度 (betweenness centrality)。对网络整体结构与形态的分析主要包括密度 (density) 分析、效率分析和可达性分析等方法。

(1) 网络中心性分析

中心性是研究网络中各区域（节点）在网络中的地位和作用的指标。一个区域在网络中越处于中心位置，其在网络中的影响力就越大。林顿 · C. 弗里曼 (Linton C. Freeman) 对网络中心性有深入的研究，提出了两个指标，分别是相对度数中心度和中介中心度。

相对度数中心度指在网络中与某区域直接相关联的区域数目（用 n 表示）和最大可能直接相连的区域数目（用 N 表示）之比。De 代表相对度数中心度，则其计算公式为

$$\text{De} = n/(N-1) \tag{8.33}$$

中介中心度测度的是一个区域在多大程度上处于其他区域的“中间”。如果一个区域处于多对区域的最短路径上，这个区域很可能在网络中起着重要的“中介”或“桥梁”

作用，因而处于网络的中心。假设区域 j 和 k 之间存在的捷径数目为 g_{jk}，j 和 k 之间存在的经过 i 的捷径数目为 $g_{jk}(i)$，第三个区域 i 控制 j 和 k 关联的能力为 $b_{jk}(i)$（即 i 处于 j 和 k 之间捷径上的概率），那么，$b_{jk}(i)=g_{jk}(i)/g_{jk}$。将 i 相应于网络中所有的点对的中介中心度相加，便得到区域 i 的绝对中介中心度。绝对中介中心度标准化便得到相对中介中心度，其计算公式为

$$\mathrm{Cb}_i=\frac{2\sum_{j=1}^{n}\sum_{k=1}^{n}b_{jk}(i)}{(N-1)(N-2)} \tag{8.34}$$

其中，$j\neq k\neq i$，且 $j<k$。

中介中心度的大小反映了区域（节点）在网络流传递过程中的重要程度。较高的中介中心度表示该区域（节点）发挥着连接其他区域（节点）的重要作用，经过该区域（节点）的网络流的比例较大（李敬等，2014）。

（2）网络密度分析

密度是网络分析中最常用的测度指标，密度表达的是网络中节点之间关联的紧密程度，指网络中实际存在关系数目与可能存在的最多关系数目之比，其取值为［0，1］。如果一个网络的密度为1，则意味着该网络中的每个节点都与其他节点发生联系；若网络密度为0，则网络中的每个节点与其他节点均无联系。对于一个规模确定的网络，节点之间的连线越多，则网络密度越大。设网络中的区域数量为 N，则网络中最大可能存在的关联关系数量为 $N\cdot(N-1)/2$（仅考虑关联关系是否存在，不考虑联系的方向）。如网络中实际拥有的关联关系数量为 L，则网络密度可表示为

$$\mathrm{Dn}=L/[N\cdot(N-1)/2] \tag{8.35}$$

（3）网络效率分析

网络效率是指在网络规模确定的情况下，网络在多大程度上存在多余的边。在区域经济增长空间关联网络中，网络效率越低，表明经济增长的空间溢出渠道越多，存在着溢出效应的多重叠加现象，网络更加稳定。网络效率的取值为［0，1］，设网络中多余边的条数为 M，$\max M$ 为最大可能的多余边的条数，则网络效率 E 可表示为

$$E=1-M/\mathrm{Max}M \tag{8.36}$$

（4）网络可达性分析

$$L=\frac{\sum d_{ij}}{n(n-1)/2} \tag{8.37}$$

式中，d_{ij} 为网络中连接 i，j 两个区域（节点）之间的最短路径的边数。平均路径距离 L 为任意两区域（节点）之间距离的平均值，可衡量整个网络的传输性能与效率，L 值越小，表示网络中任意区域（节点）之间的拓扑距离越小，网络的整体可达性越好，区域之间的相互联系较紧密，有助于人口、物资、信息等在网络中的扩散和流动。

小　结

本章紧紧围绕区域经济系统展开，阐明了区域经济系统的运行特征，分析了区域经济系统的发展条件、发展阶段和可持续发展能力；概述了区域经济差异的产生原因和测度方法，这是正确认识区域经济系统的基础。区域产业结构和区域空间经济联系是区域经济系

统分析的重要内容，本章对区域产业结构的定量测度、区域空间经济联系的形式和联系强度的评价指标进行了分析，阐述了区域空间经济联系的网络分析方法。在区域经济系统的发展决策过程中，应充分认识区域经济系统各方面的发展现状，不仅有定性的主观认识，还要有定量的客观对比，从而制定正确的区域经济系统发展决策。

思考题

1. 如何全面地认识和测度区域经济系统的发展条件和运行情况？区域经济发展的阶段有哪些，如何定量划分？

2. 区域经济差异是如何产生的，对区域经济发展有何影响？常用的区域经济差异测度指标有哪些？

3. 如何测度产业的专门化程度？产业的高级化和合理化标志有哪些？如何配置区域的主导产业/关联产业？

4. 区域分工与合作对区域经济发展有何影响？

5. 区域空间经济联系的类型有哪些？区域空间联系强度测度的模型有哪些？如何对区域空间经济联系进行网络分析？

第9章　区域经济地理空间组织优化

9.1　区域经济地理空间组织优化概述

9.1.1　空间组织与决策

空间组织研究是经济地理研究的核心内容之一，其内涵是人类为实现自身的发展目标而实施的一系列空间建构行动及其所产生的空间关联关系，旨在对现状空间发展进行研究的基础上，明确提出空间未来发展的总体架构和优化组织路径。科学的空间结构（如合理的交通和建筑布局）会给人们带来便利和愉悦，合理的空间组织可以创造更高的效率，并使各类利益系统保持协调和发展活力（可持续）（金凤君，2007）。空间组织的过程是一个进行决策并不断优化平衡的过程。

决策是人们在政治、经济、技术和日常生活中普遍存在的一种行为。无论哪个方面的决策都包含了测度（特别是定量测度）和评价（特别是多要素综合评价）两个重要环节。它是为了实现特定的目标，根据客观的可能性，在占有一定信息和经验的基础上，借助一定的工具、技巧和方法，对影响目标实现的诸因素进行分析、计算和判断选优后，对未来行动做出决定。决策一般包括确定决策目标、拟定备选方案、评价备选方案、选择方案、执行方案和回馈评估方案等过程。从经济地理学角度来看，决策者和地理环境被看成博弈的双方，方案和可能的地理状态被看成各方的可用策略，其中策略的每种组合产生参与者的某些收益，决策分析的框架总结如下：①决策者需要对备选方案进行比较分析，从中选择一个方案；②地理环境将呈现出一种可能的地理状态；③决策方案和地理状态的每种组合将产生一个效益；④不同效益的组合被决策者用于根据合适的准则找出最优解。

凡是决策都有两个基本的问题，即“最优”和“优化”的问题，什么是最优的决策/合理可行的方案（标准）？如何才能使决策（谋划设计的方案）最优/实现决策优化？顾名思义，决策优化是指使决策趋近于最优目标（结果）的过程或做法。决策优化要针对整个决策过程，应重点抓住三个主要的决策环节（决策三步曲），即决策背景分析、决策方案的排列组合（做法）和决策方案的分析评价（标准），切实综合全面地把握好、客观正确地落实好这些环节，使决策最优。

9.1.2　空间有序性与地理空间组织优化

地理事物的空间排布不是杂乱无章的，在某种程度上是严格有序的。空间有序性大致包括以下五种地理事物特性。

1）地理事物的大小或范围：反映着“等级”的观念，人们可以将地理事物从大到小或从宽到窄地进行排序（反之亦然），如从国家到省再到市、从城市到乡村，从而形成一种有序的布局。

2）地理事物的形状：反映着“分类”的观念，人们可以将不同地理事物的形状，按其相似程度进行分类，如道路和水系的线状延伸、城市用地的面状扩展，从而形成一种各自独立的、非等级的事物划分体系。

3）地理事物的属性划分：它与第二类的基本观念相同，只不过前一类代表了事物的外部特征，后一类代表了事物的内部本质，前者为“形”，后者为“神”。同样都是一种分类观念的反映，后者对事物刻画的深度比前者有相应的提高。

4）地理事物在运动速度上的差异或在参考位置距离方面的差异：这反映了地理事物在动态特性上的划分体系。与前述三种状况不同的是，它摒弃了纯静止状态的描述，将位置大小等静态特征与地理事物的发展、演化等动态特征偶联在一起，形成了空间有序表达上的更为复杂的层次，从而把地理有序性和空间决策的认识，扩展到一个新的范围。

5）地理事物的空间组织性与可排布性：地理事物的有序性除了指某个特定地理范围或某特定的地理事实的性质外，还体现在由空间位置、形态、组成、空间层次、空间格局、空间联系、空间制约关系等一系列关系所组成的总和的有序性和可识别性。

地理空间组织优化正是在对空间有序性认识的基础上进行的，既然地理事物存在一定的空间有序性，那么在一定的人、事、时、空背景下，对这种空间有序性进行科学合理的组织，以实现人地关系的和谐与可持续发展，就需要对区域内社会经济、人口、资源和环境等要素及其所产生的空间关联关系进行组合布局与优化配置。区域经济地理空间组织是以区域为范围，将经济活动系统组织落实到地理空间中去的决策过程，既包括对区域经济系统与地理环境系统相结合的系统状态（目标）的整体设计，也包括对“相结合”过程的、为实现这个目标状态而采取的一系列行动、步骤及措施等的统筹安排，这两方面内容正是区域经济地理空间组织优化的基本内涵，目的正是处理好区域的社会经济发展与人口、资源和环境的关系，使区域自然社会经济系统协调可持续发展。

9.1.3 经济地理空间组织优化体系

经济地理空间组织优化包含决策背景分析、组织规划整合和优化平衡三个主要方面（图 9.1）。

区域经济地理空间决策背景分析主要是针对区域系统，抓住区域系统（包括区域经济系统、区域环境系统）的结构性特征、功能性特征和动态性特征，区域结构性包含了人口结构、产业结构和土地利用结构等，是评价区域整体发展条件与状态的基础；结构决定功能，区域功能性与其人口、产业和用地结构息息相关，人口与产业结构影响其经济功能的发挥，用地结构直接反映了区域生产、生活和生态功能的状态与水平；区域动态性是指区域在不同发展阶段的演化过程和动态变化。区域结构性、功能性和动态性特征可围绕区域系统评价和子系统状态评价展开，分析区域系统及子系统的功能与效益、发展阶段和动态变化，把握区域系统发展的数量特征、质量特征和趋势特征，为区域经济地理空间组织因地制宜、因时制宜地决策提供科学依据。

区域经济地理空间组织是对区域系统未来发展的谋划设计，既要有利于区域发展的优势发挥，又要针对系统薄弱环节解决系统现状存在的不合理问题，还要符合系统发展规

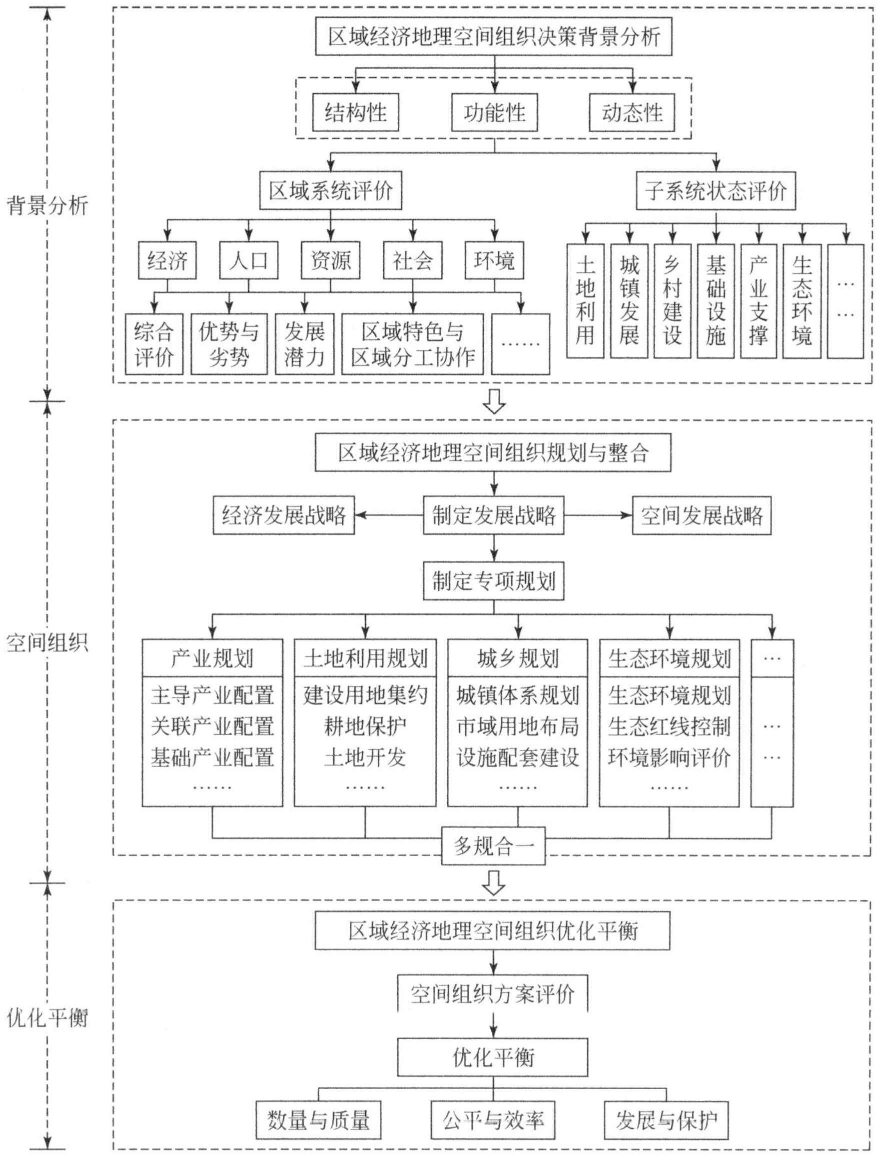

图 9.1　区域经济地理空间组织优化体系

律，考虑区域发展条件的动态变化，顺应区域发展的趋势，具有前瞻性。区域经济地理空间组织内容包括全局性和长远性的重大谋划（区域发展战略决策）及区域系统要素地理空间组织的专项规划（城乡规划、土地利用规划、环境保护规划等）。无论是全局性的整体部署，还是针对子系统的规划及项目（活动）建设的决策，都应讨论不同的目标设计、不同的经济要素组成（经济结构）、不同的用地选择、不同的集聚分区、不同的空间结构，以至每个活动要素（包括新增、改造、消除等方面）不同的位置、强度与关系（排列组合）的可能性，以及不同规划之间的空间一致性和相容性。

区域发展现状到战略目标实现的过程中必然会涉及诸多问题与矛盾，这是一个不断优化平衡的过程，应尽可能综合全面地思考。地理空间组织不可能兼顾所有目标，但在目标确定过程中需要关注不同区域尺度相同目标之间的层次性，以及同一区域尺度不同目标之间的关联性，需要重点处理好数量与质量、公平与效率、发展与保护的关系，用什么标准来衡量和优选出空间组织方案，是这个环节的核心问题。

9.2 区域经济地理空间组织决策背景分析

影响区域经济地理空间组织决策的因素很多，包括地理区位、城乡体系、资源环境等，难以逐一全面分析，关键是要找出主要的影响因素。针对区域不同层次（区域系统与子系统）空间组织的目标与要求，区域经济地理空间组织决策背景分析主要从区域系统综合评价与子系统状态评价两方面展开。

9.2.1 区域结构性、功能性与动态性

1. 结构性

区域结构性分析是指对区域自然、社会与经济系统中各组成部分及其关系变动规律的分析，如自然资源的组成与结构分析、人口数量与质量结构分析、国民生产总值中三次产业的结构与消费和投资的结构分析等。区域结构与发展水平和状态直接对应，如随着区域城市化水平的提高，产业结构中的二、三产业比例不断提高，而这种产业结构的变化又会反过来促进城市化水平的进一步提升。区域结构性分析主要是一种静态分析，主要包括资源结构、人口结构、用地结构、城乡结构、空间结构和产业结构等，每一类结构又可进一步从组成要素与比例关系和变化等进行分析，进而把握区域发展的优势和劣势。

2. 功能性

区域功能性分析是指对区域环境、经济和社会功能状态和表现的评价。相对而言，区域的结构是内在的与相对稳定的，而功能是比较外向的和多变的，任何有人类活动的区域空间都具有多功能的属性（谢高地等，2009）。不同区域自然资源禀赋与社会经济发展的区域差异显著，其资源的利用方式、结构和强度等存在高度的空间异质性，需要因地制宜地通过有效的地理空间组织合理地发挥其不同要素的功能性。区域多功能性的协调统一一直是地理空间组织者追求的目标，以人文本的规划强调生产、生态与生活功能的整体发挥，但这种功能性规划与组织是以区域结构性为前提，以人与自然的和谐为最终目标的。区域功能可以概括为五类（曹淑艳等，2012）：①人口容载功能，指区域支持人类居住与适于人类居住的能力；②社会支持功能，指区域支持社会协调发展的能力，包括提供就业岗位规模与质量的能力等；③经济发展功能，指区域具有的经济发展潜力，拥有发展竞争力与活力的能力；④资源供给功能，指区域提供自然资源的能力；⑤生态维衡功能，指区域维持生态过程、净化环境污染的综合生态服务能力。

3. 动态性

动态性是区域核心能力的特征之一，也称为时空性。区域动态性分析是指归纳区域不

同要素的结构及其功能随时间变化的特征与规律。区域动态性包含三个方面内容：一是发展惯性，即区域在一段时间内有保持相对稳定发展状态的态势，如区域相对稳定的GDP增速、人口变化和产业发展水平等，基于这种发展惯性，通常可以将保持相对稳定发展惯性的某一段划分为一个发展期，如成长期、成熟期、衰退期等。二是开放性，区域动态性强调与外部区域能量与信息的交换，进行区域分工与协作，从而带来资源、发展机会与创新能力，区域一体化与经济全球化是这种开放性的结果和动因。三是主观能动性，即区域根据自身发展的优劣势，结合其周边环境的开放特征，积极主动采取利于自身发展的政策，改变其发展惯性的速度与方向，这是地理空间组织决策的重要内容。

9.2.2　区域系统综合评价

区域系统综合评价是对区域自然社会经济系统协调可持续发展状态的量度，关注的是区域系统的整体（子系统之间）协调性和平衡性，可用多层综合指标表征，是制定区域整体发展战略（国民经济发展规划）的基础。正确把握区域系统的综合发展水平，有利于从区域发展的实际出发，正确选择区域发展的战略方向、战略目标、发展模式和途径，从而实现构建和完善协调可持续发展的自然社会经济系统的目标。

1. 评价指标体系

中国科学院可持续发展研究组（1999）在《1999中国可持续发展战略报告》一书中指出，区域综合发展水学平取决于区域的五个子系统协调可持续发展的状态水平，包括生存支持系统（自然资源系统和农业系统）、发展支持系统（经济系统）、环境支持系统、社会支持系统（社会系统）和智力支持系统（人口系统），参见图9.2，这五个子系统的划分与通常所划分的五个子系统（即人口子系统、资源子系统、环境子系统、经济子系统和社会子系统）稍有区别。

（1）生存支持系统

生存支持系统是指维持人类基本生存需求所需要的各种要素构成的一个相互联系的有机整体，其中包括被看作是自然经济与社会经济综合体的农业，它影响和制约着区域系统对现有人口的支撑能力和未来人口的承载潜力。对该系统的状态水平的分析，主要从生存资源禀赋与反映农业系统生存支撑能力的农业投入水平、农业资源转化效率和农业持久支撑能力等方面入手。生存资源禀赋状况，如数量的多少、质量的优劣、组合与匹配程度、开发难易情况等，对一个地区人口的生存非常重要，是该地区可持续发展的先决条件；农业投入水平的高低主要包括物能投入水平和劳资投入水平，对农业稳产高产、可持续发展有重大影响；农业资源转化效率是农业资源利用程度的一种度量，主要包括反映农产品生产的物能劳资消耗状况的生物转化效率和经济转化效率，对农业系统来说，担负着为全社会提供最基本的食品服务及作为国民经济的基础服务于社会经济建设的责任，应保证两个效率的统一，以使整个农业系统形成良性循环，不至于成为经济发展的瓶颈；农业持久支撑能力是指农业维持生存的持久支撑能力及潜力，主要从农业的稳定程度、农业抗灾能力、农业分配公平度等方面来衡量。

（2）发展支持系统

发展支持系统是指为满足除了生存必需的食物、饮用水之外的更高更多的需求而进一

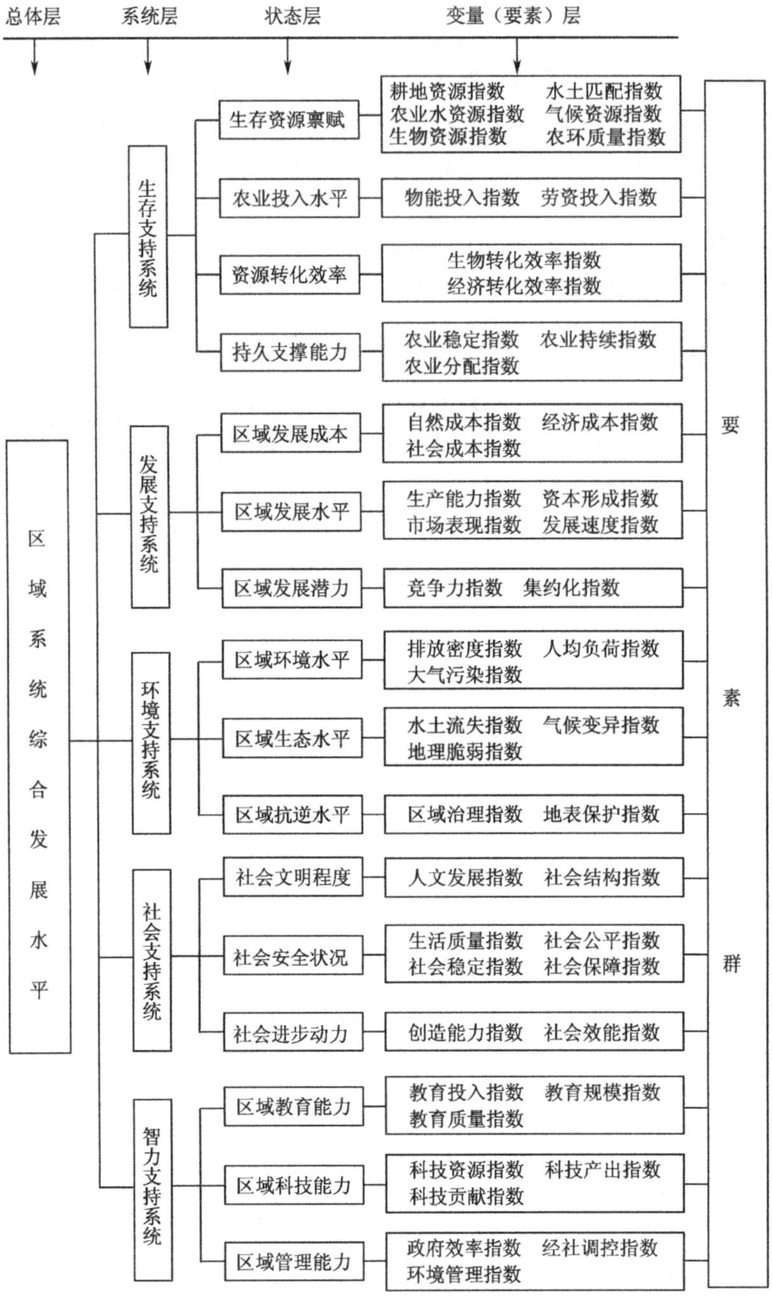

图 9.2　区域系统综合发展水平指标体系（改自《1999 中国可持续发展战略报告》）

步通过消耗不可再生资源、应用多要素的组合能力、产生更多的中间产品所需要的各种要素构成的相互联系的有机整体，其状态水平直接反映了区域的各种基本经济要素（资源、人力、技术和资本）对区域系统可持续发展目标的支持水平和保障程度，可从区域发展（开发）成本、区域经济发展水平（效益）和区域经济发展潜力等方面入手分析。

区域发展成本是指一个地区为了支持其经济起飞并实现区域战略发展目标必须进行基础设施建设所花费的成本。衡量区域发展基础设施的成本高低，归根结底由克服自然条件障碍和人文条件障碍的难易程度所决定，也就是影响区域发展成本的主要因素既包括该区域的立地条件、自然特点、地理分异特点等自然基础，也包括由该区域的前期经济积累、区域经济规模、实力（指一个区域已经形成的物质基础和经济实力距离本区域完全开发的差异程度）等经济基础和人口素质、观念习俗等社会基础。

区域经济发展水平是对区域当前经济发展现状进行的定量描述，主要针对经济产品（实物）和社会再生产体系的生产、流通、交换和消费四个环节运转的有效程度，从生产能力、资本形成能力、市场表现和经济增长速度四个方面来考虑。区域生产能力主要取决于实物基础能力、基础设施负担能力和区域经过长期的资本积累而形成的单位面积上的经济规模和生产能力（经济强度），是区域经济发展水平高低最直接的反映。资本存量的多少、资本能力形成的快慢是决定区域经济增长的重要因素，可从投资和储蓄两个方面来揭示区域资本形成能力。经济发展的最终目的是提高人民物质文化生活水平，其最终成果也应表现为人民生活质量的提高。因此，衡量区域的经济发展水平也应从生活消费品市场方面考虑，可分析区域人均居民消费水平和人均社会商品零售总额。GDP 增长率是研究经济发展问题时最普遍最常用的一个指标，GDP 增长率是对该区域经济发展活动及在国际和区际的竞争力大小的更直接、更直观的度量。保持区域经济适当的正增长，是区域经济地理空间组织决策实现的重要战略目标。在衡量区域经济发展速度时，不能忽略了区域人口总量的影响，因此还要分析人均 GDP 的增长速度。

区域经济发展潜力的分析主要从区域竞争能力和区域集约化程度两方面加以考虑。区域竞争能力是指区域国民经济在国内竞争中表现出综合实力的强弱程度，即意味着区域竞争力的衡量，是在国际国内市场上区域之间相互进行的整体比较和被其他区域依赖的程度，主要表现在国际国内市场中的地位（市场占有率、产销率等）、区内产业结构的合理程度和区域宏观经济效益状况等方面。关于产业结构合理程度，从国家层次来看，产业结构随着经济发展水平呈现出规律性的动态变化。我国总体的产业结构呈现出资源开发导向的特征，对自然资源的依赖程度较高、消耗量大，但随着经济的发展，总体产业结构将向着低耗、高效、优化、高附加值、资源节约型产业结构的方向演化。从区域层次来看，产业结构特征呈现出多样性和差异性。衡量各个区域产业结构的比较优势：一方面要分析其结构中各产业部门的比例是否符合产业结构高级化的大趋势；另一方面要分析其结构中各部门之间的配合与协调程度。农业内部向商品基地生产、规模化专业化生产、生态经营型农业方向发展，第二产业内部以产业结构高级化为目标，第三产业则向着信息化、技术化、文化信息方向发展。区域宏观经济效益的高低直接反映了该区域的比较优势得以发挥的程度和水平，可采用反映区域投入要素的生产效益的指标（包括利税占有率、资金利税率、成本收益率等）来衡量。

区域经济发展潜力的另一制约因素是经济增长方式，采用何种经济增长方式——“粗放型”还是“集约型”，是决定区域是否具有发展后劲和可持续发展能力的又一关键因素。一般认为，“粗放型”增长方式主要依靠增加要素的投入，通过外延扩大再生产来实现经济的增长，因而也称为“数量型”“速度型”“外延型”；相应地，“集约型”增长方式又称为“质量型”“效益型”“内涵型”，它的增长方式主要来自于单位投入的产出率的提高，主要靠科学技术的发展、劳动力素质和质量的改善，通过内涵扩大再生产和提高综合生产率来实现经济增长，通过综合要素生产效率的提高，降低对稀缺要素的需求，减少物耗和能耗，减少废物的产生，以支持经济的可持续增长。

因此，衡量区域集约化程度时常分析区域物耗度（每生产单位价值的产品所消耗的物质投入）、能耗度（每生产单位价值的产品所消耗的能源）、产废度（每生产单位价值的产品所产出的废物）和全员劳动生产率等指标。

（3）环境支持系统

环境支持系统是以人类为主体的整个外部世界的总和，是人类赖以生存和发展的物质能量基础、生存空间基础和社会经济活动基础的综合体。人类对于区域的开发、资源的利用及自然的改造，均应维持在资源环境允许的容量之内。广义的区域容量或区域环境容量，是指区域（资源环境）对人口、人类活动或建筑物等的承受能力（承载能力），资源环境人口承载力的研究一般包括水资源承载力、矿产资源承载力、土地资源承载力等。土地人口承载力是衡量评价区域发展战略的重要指标之一。在区域发展战略研究中分析土地人口承载力的目的，不仅仅是探讨该区域能够养活多少人，而是要提出增加土地潜力、集约化利用土地和调控人口的对策。狭义的区域容量或区域环境容量，是指环境对污染物的承受能力，包括环境缓冲能力、环境抗逆能力和环境自净能力等方面。

对环境支持系统的分析可重点从区域污染物对大气、水、土壤等环境系统的危害程度、区域生态灾害和生态退化对环境系统的影响程度及人类保护环境与环境自净能力对生态灾害的抗衡作用等方面入手。污染物对环境的危害是工业化的副产品，从工业化过程开始，大量废水、废气、固体废物、农药、化肥等排入环境系统，并不断积累，造成大气、水、土壤等的污染，给环境系统和人类健康造成很大的危害。生态灾害和生态退化是指生态系统、生态过程（能量转化和物质循环）的异常变化给自然社会经济系统所造成的危害，是能量和物质输入输出不均衡或系统各部分的平衡失调所致的，它对区域系统的危害除了直接扰动和打击（如洪水、风灾）之外，更重要的还表现为生态系统功能（生产力或资源供给能力）的衰退。这种生态灾害具有反馈放大效益和不可逆性。如果忽视人类行为不当所造成的生态后果，如水土流失、气候变异、地质灾害等，生态灾害和生态退化将会造成整个社会的不可逆衰退。人类保护环境，培育和加强环境系统对生态灾害的抗衡能力，主要表现为对污染物的处理、自然生态保护和保持一定的森林覆盖率。

（4）社会支持系统

社会支持系统是指以协调人与人之间在社会公平、生活富足、环境舒适、道德文明、整体有序等各方面关系所需要的各种要素构成的相互联系的有机整体，可从社会文明程度、社会安全能力和社会进步动力三个方面来描述：社会文明程度代表社会有序水平的自觉维系；社会安全能力代表社会稳定程度的内在表征；社会进步动力代表社会发展能力的本质索引。社会文明程度可利用人文发展指数和社会结构指数来衡量。人文发展指数（human development index，HDI）由联合国开发计划署于1990年创立，用以评价世界各国的社会发展水平，并得到全世界的认同。它由健康水平（用出生时的预期寿命标识）、教育程度（综合入学率）和生活质量（人均GDP）三项组成，是衡量社会平均水准的权威性指标。社会结构指数反映整体社会结构，包括产业结构和家庭结构的合理程度。社会安全状态可从生活质量、社会公平、社会稳定和社会保障四个方面来衡量。社会进步动力的大小主要由一个区域的创新能力水平和全社会劳动效率所决定。区域创新能力水平的分析可从人的体能、技能、智能三者之间的社会贡献分析入手。

（5）智力支持系统

智力支持系统包括三大基础部分，即教育、科技和管理。区域的教育系统代表了智能支持系统的基础，是产生科技创新的土壤；区域的科技系统代表了智能支持系统的核心，是财富积累和经济增长的动力；区域的管理决策系统代表了智能支持系统的灵魂，是优化组织人才资本、自然资本、社会资本、生产资本的全部。这三个基础部分共同组成了智力支持系统的完整体系，承担起对于可持续发展战略的制订、施行、监测、调控、推进及把握整体的角色。

在设计区域人类经济活动系统与地理环境系统相结合时，实际上是在调控这五个子系统的协调发展。因此，既要明确能满足人类基本生存需求的生存支持系统（资源子系统）的基本状态，也要明确满足除生存必需外的更高更多的物质需求的发展支持系统（经济子系统）的基本状态，同时要把握环境支持系统（环境子系统）的许可阈值，人类的生存支持系统和发展支持系统如果超出环境支持系统的允许限度，则会崩溃，人类不但达不到可持续发展的战略目标，就连自身的存亡也变得无法保证。上述三个子系统更多涉及的是“人与自然”的关系协调，而社会支持系统（社会子系统）和智力支持系统（人口子系统）则更多地涉及“人与人”的关系协调。如果说，前三个子系统的基础和状况都没有超出可持续发展总体要求的范围，也就是生存支持系统和发展支持系统对人类的生存和发展有较好的保证，环境支持系统有较好的容量可供使用，但社会支持系统出了问题，如分配不公、贫富悬殊过大、各利益集团之间的矛盾不可调和、战争的威胁或侵略，系统可持续发展也就陷入了无法实施的境地，前三个子系统就破坏殆尽。从这个意义上说，这个社会子系统是前三个子系统的更高层次的限制因子。智力支持系统主要涉及一个区域的教育水平、科技创新能力、管理能力和决策能力，是前四个子系统的最终限制因子。如果说一个地区的教育水平和科技创新能力不高，就意味着可持续发展没有后劲，不具有“持续性”的基础，不能够随着社会文明的进程不断地以知识和智力去改善、引导和创造更加科学、合理、协调有序的新世界。尤其是全社会的管理水平与决策水平的高低，更是一个体现智力支持系统作用的关键性因子，例如20世纪50年代我国的“大跃进”，往往一项决策就可以破坏全部的生存支持系统、发展支持系统、环境支持系统乃至社会支持系统。因此在进行区域经济地理空间组织决策时，一定要综合考虑人口、资源、环境、社会、经济系统的共同作用和综合作用，这种考虑应贯穿整个决策过程，包括决策的分析、谋划、选择与执行过程。

在全面评价这五个系统的基础上，开展区域发展的优劣势分析、发展潜力评价、区内特色与区际分工协作评价等多个方面的综合研究，为地理空间组织决策提供科学依据。

2. 区域发展的优势与劣势

区域发展优势和劣势分析，是为了进一步明确区域发展的有利条件和存在问题，因地制宜地开展区域经济活动地理空间组织，形成具有区域特色、优化的区域经济地理空间组织决策方案。

(1) 区域发展优势

在大多数的场合，人们几乎将区域优势与区域的各种有利条件等同起来，认为区域优势就是在区域差异的基础上对生产或生产部门的发展具有促进作用的各种有利条件。由于优势的形成及其发展均是一个动态的过程，静态的有利条件能否表现为经济效率并不是一个必然的结果，因此，以有利条件替代区域优势，易于引起误解，而生产优势并不能体现出市场经济制度的经济特征，生产与收益并不是一个对等的概念。优势必须体现为效益，从而经济优势的本质体现在成本与收益的对比中纯收益的大小。

基于这种认识，根据比较优势理论的新进展，尤其是波特的竞争优势理论，可以得出区域发展优势的基本概念，它是指区域在其发展过程中（主要是经济发展过程），所具有的特殊的有利条件，并且这些条件的存在，使该区域更富有竞争力，具有更高的资源（包括社会、自然资源等）利用效益和更优的区域空间结构，从而使该区域总体效益处在一个较高的水平。不同区域有不同的区域发展优势，同一区域在不同时间也有不同的发展优势，区域优势包括区位优势、资源优势、建设条件优势、技术优势、产业优势、创新潜力优势、政策制度、文化传统优势等多个方面。

在分析自身有利条件的同时，区域发展的优势应放在更大的区域范围内进行综合比较分析，分析它在更大区域系统中承担的角色、重要性及在同一层次区域系统中的排序，即区域地位。明确区域在更大区域中所处的位置、所起的作用和适宜扮演的角色，有利于在更大区域系统中统筹安排各项国民经济建设。

(2) 区域发展劣势

对应于区域发展的优势，区域发展的劣势就是指阻碍区域经济发展的不利因素。区域发展的优势与劣势是相比较而存在的，劣势是相对于优势而言的。相应的，区域发展劣势也可包括区位劣势、资源劣势、产业劣势、建设条件劣势、技术劣势、经济发展水平劣势、区域系统结构劣势、区域经济空间格局劣势、区域创新潜力劣势和区域政策制度劣势等。同样，也可区分出有形或无形、绝对或相对、局部或全局、空间或时间不同特征。

认清区域发展的劣势，找出区域经济发展的障碍，有利于在进行区域经济活动地理空间组织优化决策时做出相应的安排或补救措施。例如，对于区域区位劣势，可以通过增加交通、通信等基础设施的投入，加强和促进区域的对外联系，提高交通便捷度，克服区位的劣势给区域发展带来的不利影响；对于资源短缺劣势，则可通过寻找替代资源或加强与资源富集地的联系，实现资源的方便补给；对于区域经济结构或布局不合理造成的区域发展劣势，则可通过在区域经济活动地理空间组织优化时进行结构调整和产业布局调整等措施来改变这一劣势状况。

3. 区域发展潜力

区域发展潜力是指区域复合系统在维持可持续发展的前提下，其支撑体系所具有的潜在能力。也就是说，发展潜力是可持续发展的支撑体系所具有的潜力。从发展潜力的支持系统来看，其构成应包括人口、资源、环境、经济、社会、科教及管理调控等子系统。此外，考察发展潜力还应考虑区域优势（包括地理位置和行政地位）对可持续发展的促进作用。陆大道（2003）认为区域可持续发展应包括基础系统、协调系统和潜力系统，其中潜力系统是反映一个地区未来可持续发展能力的指标，由科技生产、区际交换能力和管理决策能力三部分组成。

区域发展潜力深受其影响要素制约，且潜力的形成不是单个要素作用的结果，而是诸多要素共同作用的产物。区域发展潜力影响因素分析，存在两个视角：一是以区域经济增长潜力为区域发展潜力的核心，分析其影响因素。在评价潜力时，既注重综合发展潜力的影响因素分析，又密切关注单一发展潜力的影响因素研究。二是在可持续发展理论框架下评价区域发展能力时，涉及区域发展潜力影响因素研究，在小尺度范围可持续发展能力研究时，提出地方性影响因素（马仁锋等，2009）。

4. 区内特色与区际分工协作

各个地区有不同的自然条件、自然资源和不同的经济发展水平、特点、地理位置，为了充分发挥各地区的优势，各区域经济地理空间组织不能千篇一律，而是要根据各地区不同的特点和条件形成不同的决策方案，在区域优势和特色基础上推进地区专门化生产，实现区内特色与区际分工协作的协调发展。

国内把具有产业区特征的经济体称为区域特色经济，国内外的主流研究称之为新产业区。它是指在一定的区域范围内，依据本区域现有的经济、社会、文化状况、资源禀赋和生产力水平，能最大限度地扩张经济总量，产业结构合理且主导产业优势突出，经济效益显著，具有明显产业区特征的区域经济体。这种经济体往往形成具有鲜明区域特点的经济发展模式，如改革开放初期以家庭工业和专业化市场的方式发展非农产业，从而形成小商品、大市场发展格局的温州模式，以及通过发展乡镇企业实现非农化发展的苏南模式。地区生产的专业化是体现地域特色的一个重要方面，各区域在进行区域经济地理空间组织时按照区域发展的条件，组织专业化的生产，形成区域特色经济。同时，与区域生产的骨干部门相适应，还要综合发展辅助部门和自给性部门。既要把有限资源进行倾斜式的投向和配置，又要使这种倾斜度不致过度。以美国为例，其小麦的生产集中于南达科他、北达科他、堪萨斯和俄克拉荷马四州，化工出口品的生产集中于俄亥俄州的“化学湖岸”和墨西哥湾的德克萨斯州，钢铁在匹兹堡，汽车在底特律，计算机在明尼阿波利斯。

根据要素禀赋理论，生产要素数量的差异决定分工和生产格局，进而决定贸易格局。通常，一些拥有国际竞争优势的产品或行业，其生产活动常常集中在某国的一个或少数几个地区。产品生产的区域越集中，其国内区际贸易量就越大（钟昌标，2002）。当然，它不是要求各地区自成体系，自给自足，而是自觉地把本区经济放到更高级的区域系统中去平衡，避免不同区域之间产业结构趋同和结构趋同的不合理经济现象，这就要求在各自特色经济与专业化发展的基础上进行区际分工协作。区际分工协作是指相互关联的社会生产体系受一定利益机制的支配而在地理空间上发生的分异，各地根据自己的优势进行专业化生产，通过区际交换来实现其专业化部门生产的产品价值，以及满足自身对本区域不能生产或生产不利的产品的需求，从而扩大区域的生产能力，增进区域利益。区际分工协作可在生产、经济和技术等多个层次展开，通过人流实现劳动力资源与市场的优化配置，协调区际人地关系；通过物流实现物品从供应地向接收地的实体流动，联结区际供给和消费；通过信息流实现信息及时交流与共享，提高区际分工协作效率。

9.2.3　子系统状态评价

区域子系统包括了自然、社会与经济三大子系统，每个子系统又可进一步划分为多个层次的微系统，结合当前区域发展战略与部门规划关注的主要方向和重点领域，子系统状态评价主要包括区域土地、城乡、设施、产业、环境等（图 9.3），关注的是子系统内部要素的结构、功能与效益，是制定区域系统要素地理空间组织专项规划（土地利用、城镇发展、基础设施、产业支撑、生态环境等）的基础。

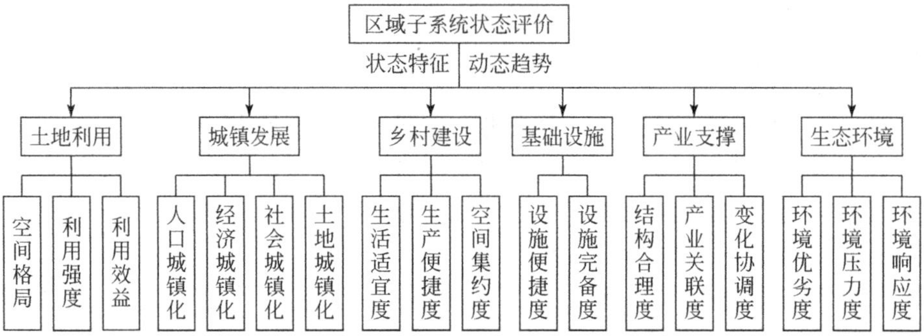

图 9.3　区域子系统状态评价指标体系

1. 土地利用状态

土地利用是指人类对土地自然属性的利用方式和目的意图，是一种动态过程。一个国家国民经济各部门的生产建设都要落实到土地上，土地利用的广度、深度和合理程度是它的生产规模、水平和特点的集中反映。对地理空间组织而言，土地利用决策就是决定土地利用的方式、数量和位置，那就是“什么”“多少”和“在哪里”。这些有关“选址”和“规模”的问题能用许多种方式提出来：“这种用途适合这个地点吗”“这种用途最好安排在哪里”“这些安排在同一地点或临近地点的用途是否协调”“这种用途需要多少土地”等（梁鹤年，2003）。

从空间角度评价土地利用状态需要重点关注格局、强度与效益。土地利用空间格局内涵包含了土地利用类型、数量与分布，可从数量结构和空间分布两个方面进行评价。数量结构评价包括农用地面积比例、农村建设用地面积比例、城市建设用地面积比例、人均耕地面积等指标；空间分布评价包括耕地连片度、城市紧凑度、居民点离散度等指标。土地利用强度至少包含两个维度：平面与立体，与之对应的评价指标是密度和容积率，如城镇建筑密度、城镇建筑容积率，这直接反映了土地利用的集约化程度。从城市中心到城乡结合部，土地利用强度从中心到外围应逐步降低，并大致呈现出商务→工业→居住→农业用地的空间结构模式（杨永春等，2008）。土地利用效益包含了社会经济与生态环境效益：社会经济效益评价指标包括单位农用地（建设用地）产值、地均 GDP、人均粮食产量等；生态环境效益指标包括森林覆盖率、人均水资源量、城市人均绿地面积等。

2. 城镇发展状态

城镇发展的速度与质量直接关系国家新型城镇化目标的实现。城镇化是指第二、三产业在城镇集聚，农村人口不断向非农产业和城镇转移，使城镇数量增加、规模扩大，城镇生产方式和生活方式向农村扩散、城镇物质文明和精神文明向农村普及的经济、社会发展过程。一个完整的城镇化过程实际上应该同时包含人口转移、空间扩张、社会转型和角色转变等四个相互关联的方面。前两个方面是物质和技术层面上的城镇化，后两个方面则是社会文化和个体层面上的城镇化。只有在这两类属性的城镇化同时推进的情况下，城镇化的动态平衡才能长期被维持（文军，2013）。

城镇化水平是衡量城镇发展状态的重要指标，国家和部门统计中，往往将人口城镇化作为核心指标来衡量一个区域的城镇化水平，但需要说明的是，中国户籍制度的存在，导致大量的农村人口游离在城镇与乡村之间，他（她）们一方面被看作城镇的常住人口纳入人口城镇化统计的分子；另一方面，又没有实质性地享受到城市居民的教育、医疗和社保，导致了“伪城镇化”现象的出现。因此，在评价区域城镇化水平的时候，需要综合考虑城镇发展在经济、社会与土地中的实际效果，即引入经济城镇化、社会城镇化与土地城镇化的评价指标。其中，经济城镇化可根据区域第二、三产业产值占区域总产值的比重衡量，土地城镇化可根据城镇用地面积占城乡建设用地比重予以确定，而社会城镇化评价内涵相对更丰富，包括城镇人均住房面积、受教育水平、社（医）保覆盖率等，这些要素与指标均可以在不同尺度空间予以测度和可视化表达。

3. 乡村建设状态

区域发展不可能局限于城镇，更不可能脱离广袤的农村地区，关注乡村建设不仅是因为城乡发展的现实差异，也是源于农村自身发展的重要性。世界上许多国家在工业化有了一定发展基础之后都采取了工业支持农业、城市支持农村的发展战略。我国国民经济的主导产业已由农业转变为非农产业，经济增长的动力主要来自非农产业，根据国际经验，我国现在已经跨入工业反哺农业的阶段，乡村建设的重要性日益凸显。按照社会主义新农村建设的界定，乡村建设包括对农村进行经济、政治、文化和社会等方面的建设，涵盖“生产发展、生活宽裕、乡风文明、村容整洁、管理民主”五个方面的要求。

从区域地理空间组织的角度来看，乡村建设需要重点关注农民生活适宜度、生产便捷度和空间集约度，生活适宜度、生产便捷度表现为农民日常空间接触机会的满意度。其中，生活适宜度主要基于日常的购物、访友、教育、医疗、娱乐等方面的可达程度考虑，在指标测度上包括城镇邻近度、交通可达性、居民点地形位等，用于测度到城镇、商店、学校、医院和公园等时间成本距离和居民点居住地形条件；生产便捷度主要通过耕作半径和上班距离（如到工厂的距离）进行测度，包括耕作可达度、有效灌溉面积、耕地连片度、工矿邻近度等。空间集约度体现了农村土地利用的合理程度，尤其是农村居民点的合理性测度，城镇化的快速推进带来了城镇的繁荣和乡村的没落，当前我国农村居民点散、乱、空现象比较普遍，土地浪费严重，亟须通过农村土地整治重构乡村空间，测度指标包括人均居民点面积、居民点平均斑块面积、居民点离散度等。农村地区生产、生活要素的空间特征测度，为城乡空间统筹规划和公共服务设施均等化布局提供了决策依据。

4. 基础设施状态

基础设施是指为社会生产和居民生活提供公共服务的物质工程设施，是用于保证国家或地区社会经济活动正常进行的公共服务系统。《1994 年世界银行发展报告》将基础设施分为两个类型，即经济基础设施和社会基础设施。经济基础设施包括供排水系统、能源系统、交通系统、通信系统、环境系统和防灾减灾系统等，一般将经济基础设施定义为狭义的基础设施；社会基础设施包括教育、科技、医疗卫生、体育、文化等社会事业。基础设施被称为社会先行资本，是区域发展的基本条件，一个国家或地区的基础设施是否完善，是其经济能否长期持续稳定发展的重要基础（谭俊涛等，2014）。

基础设施的评价可以从完备度和便捷度两个方面展开。对于一个地方的发展来说，没有完备的基础设施，就没有坚实的支撑。这里以交通系统为例予以说明，交通完备度评价主要包括城镇道路密度、农村道路密度、人均公路里程、高等级公路里程（高速公路、一级、二级公路）、农村道路硬化率、对外交通网络环度、对外交通网络连接度、对外交通网络线点率等指标。完备度侧重于空间布局的均衡性，某种程度上强调的是空间距离，而便捷度则关注人们出行的空间可达性，这种可达性可以通过时间距离进行测度，而时间距离又与道路完备度息息相关。因此，交通设施便捷度评价对内交通可结合路网密度与等级进行可达性测度，对外交通可围绕火车站、汽车站、高速入口等关键交通节点展开，主要包括上述几类对外交通节点的服务范围内最长可达时间、服务范围内平均可达时间等指标。通过完备度和便捷度评价发现区域道路覆盖的盲区，打通关键的连接线，提升区域交通基础设施的整体网络性服务功能。

5. 产业支撑状态

产业发展总是以一定的经济地域空间为载体，从经济基础视角看，第一、二、三产业协同发展，将推动区域社会经济发展进程。第一产业为非农产业的发展提供原材料、资本和劳动力，促进第二产业、第三产业的发展。第二产业规模的扩大，会带动周边区域相关产业的发展，大量劳动力、资金、技术在产业内集聚，在一定区域内集中，逐步形成了规模经济效应。有了第二产业的支撑，区域内将兴起相关的生产服务业和生活服务业，城市的规模不断扩张，农村生产、生活功能也不断完善（刘珂和汤颂，2015）。我国地域广阔，各地产业发展水平不平衡，产业结构呈现“非均衡”发展的特征。例如，东部沿海地区经济发展较好，特别是在全球经济一体化背景下承接了大量国际产业转移，相比之下中西部地区产业发展相对较弱，分析产业支撑的着力点与薄弱环节，对于区域经济空间重构具有十分重要的意义。

产业支撑评价可从产业发展平衡度与产业发展协调度展开，产业发展平衡度关注的是产业结构与空间的双重平衡，产业结构是经济系统的有序组织形式，可以通过第一、二、三产业占 GDP 的比重进行测度；产业空间平衡可以按照区域尺度的不同选取评价单元，如在省级尺度选取县（市、区）行政单元或公里网格单元，也可在县（市、区）行政单元内部进一步选取实际的产业点状或面状单元进行评价。产业发展协调度关注区域产业之间的耦合性和联动性，各产业之间保持合理的投入与产出关系，才能相互促进，推动整个经济系统有序、和谐的运行，包括第一、二、三产业投资增长率之间的协调性和各产业产值增长率之间的协调性，以及各产业投入产出比之间的协调性。

6. 生态环境状态

生态环境是指影响人类生存与发展的水资源、土地资源、生物资源及气候资源数量与质量的总称，是关系社会和经济持续发展的复合生态系统。良好的生态环境对于提高人民生活质量、促进社会经济的可持续发展具有重要意义。与前面的环境支持系统的内涵不同，这里的生态环境侧重于从空间规划角度评价生态环境的质量优劣、容量大小和响应力度，即环境优劣度、环境压力度和环境响应度。其中，环境优劣度主要参照《生态环境状况评价技术规范》（HJ/T192—2015），从植被覆盖、水资源、生物丰度等方面进行评价，是一种自然环境评价；环境压力度可按行政单元（如县、镇）、类型（如湖泊、森林）测算其环境容量大小，是一种基于自然环境、面向人类发展的协调关系评价；环境响应度则可从“三废”（废气、废水、固体废弃物）的排放与治理情况进行评价，如工业废水排放达标率、地均二氧化硫去除量占总排放量之比等指标，是一种基于人类活动的环境保护力度评价。

生态环境问题是指人类为其自身生存和发展，在利用和改造自然的过程中，对自然环境破坏和污染所产生的危害人类生存的各种负反馈效应。生态环境问题究其本质是发展方式、经济结构和消费模式问题，在生产、流通、分配、消费的各个领域，都不同程度地利用资源、影响环境，需要从制度与空间上予以双重引导。在生态环境评价的基础上，按照人口资源环境与经济社会生态相统一的原则，调整空间结构，合理开发，实现环境保护的宏观调控和综合管理，使生产空间更为高效、生活空间更为宜居、生态空间更为山清水秀。通过实施主体功能区战略和环境功能区划，推动各地区严格按照主体功能定位发展，构建科学合理的城市化格局、农业发展格局和生态安全格局。

9.2.4 系统耦合评价

区域发展指在一定的时空范围内以资源开发、产业组织、结构优化为中心的一系列经济社会活动，涉及生存支持系统、发展支持系统、环境支持系统、社会支持系统和智力支持系统五个系统的耦合，以及土地、城乡、设施、产业、环境等各子系统的协调发展。常见的系统耦合评价包括土地利用与生态环境、生态环境与经济发展、经济发展与人口增长、交通发展与产业布局等。

1. 土地利用与生态环境

土地利用是在人类活动持续或周期性干预下，进行土地自然再生产和经济再生产的复杂社会经济过程。从系统观点看，它实质是土地自然生态子系统与土地社会经济子系统以人口子系统为纽带耦合而成的土地生态经济系统。其中，土地自然生态系统是土地利用系统物质与能量的来源，是系统运行的基础。在形式上，表现为气候、地貌、土壤、植被等自然生态因子在一定地域空间内的不同组合及由此生成的区域自然生态系统。区域土地利用与生态环境之间存在复杂的、非线性、动态耦合关系，这种耦合关系可以看作是二者以土地自然生态系统为公共界面耦合而成的具有鲜明耗散结构特征的复合系统（李边疆和王万茂，2008）。

从内容实质来看，二者关系可看作是由数组非线性的动态反馈链条相互耦合而成的复杂网络。在正向上，土地利用作为生态环境变化的首要驱动力因子，通过改变地表性质，影响生态环境因子变化和区域物理、化学过程；在反向上，生态环境则以土地自然生态系统为依托，在为土地利用提供物质与能量的同时，也通过生态因子特性、景观结构与生态系统阈值等属性约束土地利用强度，限制土地利用方向。二者相互影响，共同演化。从演化进程来看，二者关系在土地利用强度的驱动下表现出明显的“V”形轨迹。在人类社会初期，土地利用强度较低，土地利用对生态环境影响也十分有限，二者关系也较为和谐。随着社会经济发展，土地利用强度日益提高，环境容量瓶颈效应开始显现，二者关系出现恶化；此后，随着文明程度提高，人们开始意识到生态环境的重要性，并有意调控土地利用方式以改善生态环境，进而促使二者关系趋于协调。

2. 生态环境与经济发展

环境压力和经济发展之间的关系是一个长期争论的话题。环境保护与经济发展是对立而又统一的两个方面，环境为人类的生存和发展提供了物质基础，而人类活动和经济发展又给生态和环境带来了污染与破坏。经济发展与生态环境的耦合是经济发展系统与生态环境相互作用，由低级共生逐渐走向高级协调的发展过程，通过“耦合度”来衡量城市经济发展-生态环境各子系统间的耦合程度，能反映出经济发展-生态环境系统耦合的阶段性特征（张荣天和焦华富，2015）。需要说明的是，经济发展系统和生态环境系统都是一个极其复杂的概念，科学合理地建立系统评价指标体系是研究区域经济发展与生态环境耦合协调关系的关键。生态环境状态评价可从生态环境质量与生态环境治理两个方面构建指标体系进行评价，经济发展状态评价则可以通过经济发展规模、水平和潜力进行分析，通过不同时期生态环境与经济发展的结构性、功能性和动态性评价，分析两者的协调耦合状态。

3. 经济发展与人口增长

人口与经济发展的关系是人类社会最基础、最重要的问题之一，很早就引起国内外专家学者的关注和研究。亚当·斯密认为，人口的不断增长是一个国家和区域经济繁荣的象征，既是经济发展的结果，又是推动经济发展的原因。区域人口与经济协调发展问题，可以分别构建人口系统和经济系统发展评价指标体系，采用定量模型评判人口系统与经济系统交互作用的关联耦合程度，也可以将其简化为人口分布与经济发展的空间一致性问题。例如，封志明和刘晓娜（2013）通过构建人口经济一致性系数和人口经济偏离度指数，分别从离散时间序列（2000 年、2010 年）分县和分省、连续时间序列（1978 ~ 2010 年）全国及四大地区等不同时空尺度系统评价了中国人口分布与经济发展的空间一致性，定量揭示了中国人口分布与经济发展的空间一致性水平、地域分布特征及其时空演变格局。经济发展与人口增长耦合评价是区域经济持续增长的重要内容，也是制约和影响区域经济可持续发展的关键因素。

4. 交通建设与产业布局

产业布局是产业结构在地域空间上的投影，对区域空间结构调整具有重要支撑作用。产业布局与交通建设二者是相互影响的。一方面，产业布局的调整影响交通需求的变化。产业是就业的载体，产业布局影响着就业人口的分布，就业人口在居住地与就业地之间位移，不可避免地产生交通流，从而影响交通流的分布。而产业集聚作为产业发展的必然趋势，大量产业高密度的集聚，吸引了大量人口来此就业，就业人口密度持续增加，必然增加交通需求。另一方面，交通建设对产业布局具有明显的引导带动作用，便捷的交通是吸引产业集聚的基础条件。古典与现代区位论都讨论了交通运输条件对经济活动区位选择的影响。随着经济活动空间的不断拓展和交通运输条件的不断改善，区域经济的空间演化与交通系统的联系不断密切，劳动、技术、资本等各类要素在空间上向交通枢纽周边或沿交通干线集聚与扩散，逐步形成以交通枢纽为核心的经济集聚中心和以交通干线为发展轴的经济集聚带，这是交通系统与产业发展在空间上长期相互作用的结果（郝伟伟和张梅青，2014）。

9.3　区域经济地理空间组织规划与整合

9.3.1　区域经济地理空间组织规划层次

区域经济地理空间组织决策，是针对区域系统及其组成的定性、定量、定位和定时系列决策的集成。根据区域系统的层次结构性、动态性和组成要素的复杂性特点，可将区域经济地理空间组织决策体系归纳为区域发展战略、区域总体规划、区域专项规划和分区规划的集合。它们之间的层次关系如图9.4所示。

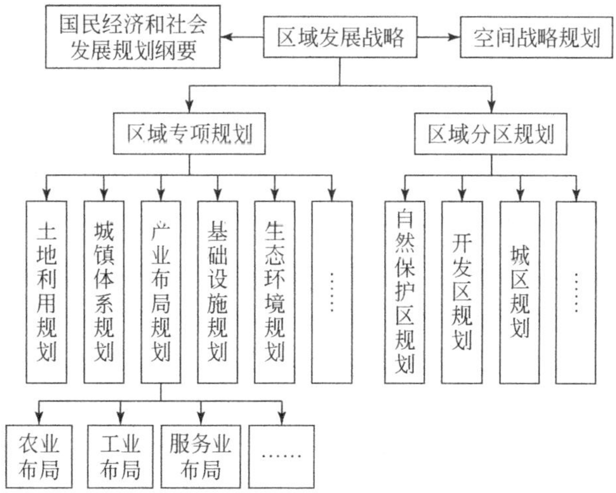

图9.4　区域经济地理空间组织规划层次

其中，区域发展战略为区域发展的全局性、长远性的重大谋划；区域发展总体规划是在区域发展战略制订的区域发展方向和目标下，对区域经济系统地理空间组织的整体部署；而区域发展的专项规划则是分别针对不同的区域系统组成要素，规划落实区域总体规划的各项规划指标和空间布局安排；分区规划则是对区域系统中某些重点地区、功能子区或行政子区，针对其不同特点和发展要求进行的专门经济活动集聚区地理空间统筹安排。从决策内容和空间范围来看，区域专项规划是针对整个区域范围中的某一组成要素所进行的决策，而区域分区规划则是对全区域内某一子区域系统的全部要素进行的规划决策。

9.3.2　区域经济地理空间组织规划内容

1. 区域发展战略

区域发展战略是指对区域整体发展的分析、判断而做出的重大的、具有全局意义的决策与谋划。它从区域经济发展的全局出发，分析构成经济发展全局的各个局部及因素之间的关系，找出影响并决定区域经济全局发展的局部或因素，主要依据区域的优势及其地位、社会需求和区域发展的潜力而相应做出决策。其核心是解决区域在一定时期的基本发展目标和实现这一目标的途径。区域发展战略对推动区域乃至整个国家的发展具有重大意义，属高层次宏观决策。

区域发展战略的主要内容包括区域发展战略依据、战略方向与目标、战略重点和战略措施等。区域发展战略可分为经济发展战略和空间开发战略两大部分，其中经济发展战略包括经济总体发展战略和部门、行业发展战略等内容；空间开发战略是对区域发展经济战略目标和重点在具体区域的空间安排，以构建合理的区域经济空间结构。

(1) 区域经济发展战略

区域经济发展战略是指在较长时期内，根据对区域经济、社会发展状况的估量，考虑区域经济、社会发展中的各方面关系，对区域经济发展的指导思想、所要达到的目标、所应解决的重点和所需经历的阶段及必须采取的对策的总筹划和总决策。制定战略发展规划的过程是战略管理者对战略未来发展思考、选择和策划的过程。它的使命在于在深刻分析战略发展的历史和当前情况、科学预测未来发展趋势的基础上，预先处理战略未来发展的不确定性，探索战略有效发展的道路，促进战略长期、稳定和持续发展。

国家发改委经济研究所课题组等（2012）提出面向2020年的六大中国经济发展战略：经济与社会并重的协调发展战略；创新驱动的产业结构优化升级战略；以消费升级为重点的扩大内需战略；以农民工市民化为突破口的深度城市化战略；破除资源环境约束的可持续发展战略；包容、平衡的经济大国战略。

1）经济与社会并重的协调发展战略。我国已进入中上等收入国家行列，但居民收入差距、城乡差距、地区差距仍不断扩大，公共服务供给长期匮乏，社会进步明显落后于经济发展，已经导致社会矛盾日趋尖锐，长此以往，终会阻滞经济发展能力的提升，落入“中等收入陷阱”。为此，发展重心必须兼顾经济与社会，将公平正义的理念贯彻于各项经济政策之中，推动经济与社会的协调发展。

2）创新驱动的产业结构优化升级战略。我国工业化进程正处于中期向后期的过渡阶段，由此决定了产业结构升级的主要方向是高加工度化，要求加快技术创新来实现在全球价值链上的动态攀升，并为工业化后期产业结构向技术集约化阶段演进做准备。因此，必须实施以创新主导的产业结构优化升级战略，从单一依赖技术引进向本国创新和技术引进

“双轮”驱动转变。

3）以消费升级为重点的扩大内需战略。我国进入中等收入阶段后，消费结构升级成为促进消费长期增长并对经济增长发挥持续拉动作用的重要力量。居民消费结构升级的主要内容已经告别了衣、食、用等，开始向住、行等更高层次转变。面向 2020 年的以消费升级为重点的扩大内需战略的核心，是根本改变房地产调控方向，变“限制”住房需求和住房供给（土地供给）为增加住房供给，并长期坚持鼓励购房的政策取向。此外，应尽快完善房地产税收体系，开征房产保有环节税，配套完善遗产税和赠与税，引导合理住房需求，大力发展租房市场，提高住房资源利用效率；完善实物配租和货币补贴相结合的住房保障体系，最大限度地保障“住有所居”目标的实现。

4）以农民工市民化为突破口的深度城市化战略。树立“以人为本”的城市化推进理念，以农民工市民化为突破口，积极推动综合体制改革，确保城市化维持较高速度，逐步实现城市化与工业化的平衡发展。深度城市化战略包括三大支点：一是保持较高的城市化增长速度；二是实现我国城市化质量的战略性提升；三是大幅度提高城市综合承载能力，积极提高城市综合管理和服务水平。

5）破除资源环境约束的可持续发展战略。将战略重点放在可持续发展的基本制度安排和政策保障方面。需从“开源”和“节流”两个方面同时入手，开源即提高资源保障能力和环境承载力，节流则是减少资源的低效率利用和减少对环境的损害。第一，应提高资源的持续供应保障能力；第二，完善高效利用资源和环境保护的激励与约束制度；第三，促进形成节能减排的长效机制。

6）包容、平衡的经济大国战略。一是要更加平衡的开放。由以往的单向流动转向双向流动，即从扩大出口为主转向扩大出口和扩大进口并重，从吸引外资为主转向吸引外资和资本输出并重。二是要更加包容性的开放。使世界特别是发展中国家从中国的发展中更多地受益，与发展中国家发展经贸关系时，要更加关注经济发展的社会影响和改善民生。更多地参与全球性问题的解决，增强中国的软实力。三是更加有作为的开放。积极参与国际经济体系的改革和重构，扩大在国际经济事务上的话语权，提高人民币的国际地位。

（2）空间发展战略

空间发展战略是对全域空间的整体设计，是一定区域、一定时期发展的“总设计图”。空间战略规划是根据具体情况，为实现最终目标而制定的一系列概念、过程和工具的集合。Healey（1997）将空间战略规划定义为，一个由来自不同制度关系和地位的人们组织在一起，为了管理空间变化，设计规划编制过程内容和战略的社会过程。这个过程产生的不仅是以政策和项目建议形式的正式成果，还是一个决策框架，它可以影响相关主体在未来的投资，并规范他们的行为。因此，战略规划是一个行动框架，用于指导不同权力机构、不同部门和有关私人参与者的行为。空间发展战略总体上可划分为非均衡发展战略和均衡发展战略。

1）非均衡发展战略。由于各国及各地区自然资源禀赋的差异性和社会资源配置的非均匀性，存在经济发展的区域空间差异。区域经济发展的非均衡性是经济发展的普遍规律，世界经济发展史也证明，崛起的区域总是集中在极小的地理范围内，只有这样，生产要素才能获得最佳配置。西方经济学家在研究区域经济发展规律时提出了许多有关区域经济非均衡发展的理论，主要有循环积累因果原理、增长极理论及区域经济梯度转移论。其中，区域经济梯度转移论是最具代表性的区域经济非均衡发展理论，该理论由美国经济学家弗农等首创，其主要内容是：在一个大区域范围内，由于地理环境、发展条件、历史基础等，区际经济发展是不平衡的，客观上存在经济技术梯度。经济创新活动所包含的新兴产业、新产品、新工艺、新技术和新管理方法的创建和运用首先发源于高梯度地区，然后随着时间的推移逐步向低梯度地区转移。

我国的非均衡发展战略借鉴了西方发展经济学的理论，是邓小平经济发展理论的重要内容，包括“先富带后富”“先沿海后内陆”和“三步走”等内容。20 世纪 80 年代，国家提出“沿海开发开放”和“梯度开发”的区域发展总体战略，动员全国资源向沿海集中，形成沿海地区与内陆的发展落差，加快沿海地区的外源型发展，而对内陆的“梯度开发”缺乏实质性安排，是一种典型的非均衡发展战略。

2）均衡发展战略。均衡发展战略强调区域发展、产业发展等各方面的均衡，是使地区之间的经济发展水平、发展速度、人均国民收入等经济发展指标处于大体相当的状态的发展战略。政府选择均衡发展战略时，有些问题是必须考虑的，如如何在内部增长和外部增长之间、贫富之间、发达地区和欠发达地区之间、城乡之间寻求一种平衡。此外，还必须在政府和市场之间寻求一种平衡。在研究制定均衡发展战略时，一个很困难的问题是如何权衡两种关系的利弊，即如何在满足公民对安全保障体系要求的同时，保证每个公民都能履行自己应尽的义务。诺贝尔经济学奖获得者斯蒂格利茨认为，成功的发展战略应该不只重视国内生产总值的增长，还要重视可持续发展和平等的发展，重视人们生活水平的提高。可持续发展至少包含两个方面：一方面是环境的可持续发展，另一方面是社会的可持续发展。

我国在改革开放初期采取沿海地区优先发展的经济发展战略，之后则开始实施均衡发展战略，如在 1999 年提出并实施了“西部大开发”战略，在 2003 年开始实施振兴东北老工业基地的发展战略，2006 年又提出了“中部崛起”的计划，这些促进区域发展的举措事实上已经涵盖了除东部沿海地区之外的所有地区，从而形成较为均衡和完备的国土层面空间战略体系。需要说明的是，地形地貌、人居环境、耕地分布、人口密度等诸多发展条件决定了我国区域发展的差异性。作为疆域辽阔的大国，仅有一两个核心城镇群难以实现区域发展的均衡战略。李晓江（2012）基于对中国核心城镇群、国家中心城市和国家新区发展的持续实践与观察，归纳出中国“珠三角-长三角-京津冀-成渝”四大城市群组成的“砖石结构”空间战略格局。珠三角是远离国家政治中心的对外门户，长三角是国家经济命脉，京津冀是国家政治中心，成渝是国家战略实施的西部核心。四大核心城镇群的形成，与国家的资源、环境和人口分布特征高度吻合，是带动我国不同区域发展，实现国土层面相对均衡发展的增长极。

区域空间发展战略规划包括三个重要环节：①确定区域开发方式，如核心开发方式、梯度开发方式、点-轴开发模式、圈层开发方式等。②确定重点开发区。重点开发区有多种类型，有的呈点状（如一个小工业区），有的呈轴状（如沿交通干线两侧狭长形开发区）或带状（如沿河岸分布或山谷地带中的开发区），有的呈片状（如几个城镇连成一块的开发区）等；有的开发区以行政区域为单位，有的开发区则跨行政区分布。重点开发区的选择与开发方式密切相关，互相衔接。③制定区域开发政策和措施。着重研究实现战略目标的途径、步骤、对策、措施。

2. 区域专项规划

专项规划既是区域规划编制体系的重要组成部分，也是区域发展建设的主要依据。概括地讲，区域专项规划是指在区域战略规划和总体规划或分区规划指导下，为了更有效地实施规划决策而对区域要素中系统性强、关联度大的内容，或对区域整体、长期发展影响巨大的建设项目，从区域整体利益出发对其进行定性、定量、定时、定位的系统研究。

不同区域根据不同的自然资源和环境条件，以及社会经济发展的方向和重点，在区域总体规划的基础上，设立专项规划的内容和数目不完全相同，但基本上应包括以下五个方面的内容。

(1) *产业布局规划*

产业是区域经济发展的主体，也是区域生产力布局中的重要内容。产业布局是指产业在一国或地区范围内的空间分布和组合的经济现象。产业布局在静态上是指形成产业的各部门、各要素、各链环在空间上的分布态势和地域上的组合。在动态上，产业布局则表现为各种资源、各生产要素乃至各产业和各企业为选择最佳区位，在空间地域上形成的流动、转移或重新组合的配置与再配置过程。从区域规划的角度看，区域产业布局规划应着重研究区域产业发展方向、产业发展与产业布局关系及产业空间规划三个方面的内容。

区域产业发展方向要根据区域产业特征、优势、市场需求等因素，确立区域发展的主导产业、基础产业和关联产业，并设计相应发展和规划的方向和内容。产业发展与产业布局的关系需重点考虑农业产业化与工业发展的关系、城市化与农村现代化的关系、主导产业与基础产业和设施的关系、集中与分散的关系。产业空间规划是产业发展在空间的具体落实，产业空间规划要根据区域产业布局现状，结合产业发展和布局的理论，发挥各产业的特点和优势，按照市场经济规律与政府宏观调控相结合的方式，以最大限度地利用空间资源、促进产业的协调和持续发展为目标，在空间上合理配置和引导产业发展。

区域产业发展方向的确定是区域产业布局规划的基础，也是区域产业规划的核心内容。因此，合理选择区域的主导产业、关联产业并对基础产业进行有效配置，是产业布局规划要面对的首要问题。

1）主导产业选择。区域主导产业选择是产业组织的核心，是实现资源有效配置的重要途径，主导产业的升级与优化是促进区域产业结构优化的关键。主导产业的配置过程中应注意以下几个标准：①产业关联效应基准，即政府应选择关联效应（前向关联、后项关联、旁侧关联）大的产业作为主导产业进行优先扶植，直接或间接地带动其他产业的共同发展。②比较优势基准。主导产业的选择必须建立在地区优势的基础上，只有具有一定的基础条件且生产商比较优势较大的产业部门才能够成为主导产业。③收入弹性基准。某种产品的需求增长率与国民收入增长率之比，反映了产品需求增长对收入增长的敏感程度。选择收入弹性高的产业作为主导产业，将促进整个产业保持高增长率，有利于创造更多的国民收入。④生产率上升率基准。按生产率上升率基准选择主导产业，就是选择技术进步快、技术要素密集的产业作为主导产业。优先发展全生产要素生产率上升快的产业，有利于技术进步、提高创汇能力、改善贸易条件和贸易结构，提高整个经济资源的使用效率。

⑤就业基准。主导产业应具有强大的劳动力吸纳能力，能创造大量就业机会，缓解就业压力。⑥可持续发展基准。区域主导产业的投入要素在较长时期内应具有持续性，不可因资源的枯竭而使产业衰亡，确保区域经济的持续性增长。从社会、经济可持续发展的角度来看，区域主导产业的选择，还要特别强调环境保护。

2）关联产业选择。关联产业是与主体产品或服务运行密切相关的产业。关联产业是直接配合和围绕主导产业发展起来的产业，它在投入产出或工艺、技术上与主导产业的联系最直接也最密切，可以说是为主导产业的建设发展而存在的。关联产业是主导产业的配套协作部门，因主导产业的不同而有所不同。关联产业的选择中应注意以下几点（聂华林，2009）：①以主导产业为核心，依据区域的具体情况，选择和发展为主导产业配套的各个关联产业。②以主导产业发展为起点，尽量延长整个产业链条。③关联产业在规模和空间布局上应与主导产业发展相协调。④以大、中、小不同层次和不同功能的契合的合理组合来避免关联产业之间重复建设和过度竞争。⑤在主导产业与关联产业之间建立较为稳定的经济技术联系，保障区域产业的顺利发展。⑥以区际合作的方式解决本区域没有条件或基础的关联产业的配套问题。

3）基础产业配置。基础产业是指社会经济活动所依赖的基础设施（道路、水利、通信等）、基础工业（能源开采、基本原材料开采等）与公共设施（教育、医疗等），它是支撑一国经济运行的基础部门，决定着其他产业的发展水平。区域的基础产业越发达，经济的发展后劲越足，经济的运行就越有效，人民的生活就越便利，生活质量也越高。基础产业具有两个重要的属性特征：①基础产业具有外部公益性，因此其投资经营往往由政府主导。政府通过直接的方式对基础产业进行投资，无偿提供或进行非商业性经营；部分受益对象不明显、具有排他性的基础产业项目也可通过提供贷款的方式进行间接投资，由私人部门进行商业化经营。②基础产业的配置具有超前效应，当基础产业超前发展时，可以对其他产业的发展提供必要的中间需求，促进其发展。反之，当基础产业发展滞后时，在其他产业需要中间需求时可能出现结构性的短缺，形成产业发展过程中的“瓶颈”。因此，政府必须重视基础产业的配套提升，与其他产业发展同步配置，在一定条件下可进行超前配置，以促进产业发展。

（2）土地利用规划

区域土地利用总体规划是在一定区域范围内，根据当地自然和社会经济条件，以及区域发展的战略要求，协调土地资源的供给与需求，确定或调整土地利用结构和用地布局的宏观战略措施。其核心是确定或调整土地利用结构和用地布局，其作用是宏观调控和均衡各业（活动）用地，总体包括农用地、非农建设用地和未利用地，农用地又可进一步分为耕地、林地、园地、牧草地等，非农建设用地包括商服用地、工矿仓储用地、公共设施用地、公共建筑用地、住宅用地、交通运输用地、水利设施用地和特殊用地等。根据不同的区域尺度范围和土地利用总体规划的总体要求，可选用不同层次的分类系统。

土地利用总体规划的目标是在土地利用结构研究的基础上，根据区域发展战略目标对土地资源的需求、土地资源的供给状况、土地的人口承载能力和土地利用战略研究的成果，提出规划年所应实现的土地利用目标。具体包括：①农业特别是耕地得到有效保护和综合整治；②在保障重点建设项目和基础设施建设用地的前提下，建设用地总量得到有效控制；

③土地整理全面开展，未利用地得以适度开发；④土地生态环境有比较明显的改善。

其任务可概括为三个方面：①土地利用的宏观调控，土地利用总体规划通过协调国民经济各部门的土地利用活动，从而建立适合经济、社会和市场发展需要的合理土地利用结构，合理配置土地资源，有效地利用土地资源和杜绝土地资源浪费；促进节约、集约利用土地。②土地利用合理组织，土地利用总体规划在时空上对区域各类用地进行合理布局，引导土地资源的开发、利用、整治和保护，以保证充分、合理、科学、有效地利用有限的土地资源，防止对土地资源的盲目开发。③土地利用的规范监督，土地利用总体规划具有法律效力，任何机构和个人不得随意变更规划方案，各项用地审批必须依据规划，土地利用总体规划是监督各部门土地利用的重要依据，规划方案的修改与更新也必须按法定的程序进行。

（3）城镇体系规划

城镇是区域经济增长的核心，也是区域自然社会经济系统关系最为复杂的地域，因此研究区域内城镇体系规划是区域专项规划的主要内容之一。城镇体系规划是指一定地域范围内，以区域生产力合理布局和城镇职能分工为依据，确定不同人口规模等级和职能分工的城镇的分布和发展规划。城镇体系规划要达到的目标：通过合理组织体系内各城镇之间、城镇与体系之间，以及体系与其外部环境之间的各种经济、社会等方面的相互联系，运用现代系统理论与方法探究整个体系的整体效益。

城镇体系规划既是城市规划的组成部分，又是区域国土规划的组成部分。它的主要目的是通过城镇的合理布局，协调区域体系内各城镇之间，城镇与其外部环境之间的各种经济、社会等方面的联系，运用系统论的理论与方法，努力促进区域自然社会经济综合效益最优，实现区域系统整体利益的不断增长。城镇体系空间组织结构是城镇体系规划的核心，它关注城镇体系内各个城镇在空间上的分布、联系及其组合形态，其空间组织结构包括单中心体系类型和多中心城镇体系类型。城镇体系规划应避免以某一个或几个城市为绝对中心的单一区域主导型格局，重视不同规模等级城镇体系的培育，引导各城市立足自然资源、交通地理条件和经济基础，统筹规划发展，突出各自的特色和重点。

（4）基础设施规划

区域基础设施是区域经济系统中为社会生产和再生产提供一般服务的物质载体和基本条件的总和，是区域社会系统的重要组成部分。它是相对于区域主体产业而独立存在与发展的一个系统部门，是与社会化大生产密不可分的，因此区域基础设施规划也是区域规划的重要内容之一。基础设施规划可按城乡差异划分为城市基础设施规划和农村基础设施规划两大类。

城市基础设施建设与城市发展的均衡协调是保证城市科学发展、可持续发展的前提。这种均衡协调包括基础设施与城市规模、功能和空间的均衡，与城市发展阶段和城市外部环境的均衡，城市基础设施系统本身及各个子系统的完整性和有效性，各子系统之间的均衡和协调等。在强调均衡的基础上，城市基础设施的投资建设必须适度超前，避免建设的滞后和盲目性。城市基础设施规划除了交通、能源、饮水、通信等的供给外，已经扩展到环境保护、生命支持、信息网络等新的领域。农村基础设施的规划重点是解决农民在饮水、行路、用电和燃料等方面的困难，搞好农村污水、垃圾治理，改善农村环境卫生。注重村庄安全建设，防止山洪、泥石流等灾害，加强农村消防工作及农田水利设施建设。

(5) 生态环境规划

区域生态环境规划是以区域的地形、地质、气象、植被等自然生态条件和人类在该区域的各种活动结果所表现的社会、经济、历史、文化为主的区域特性为基础，以区域生态环境资源的有效利用为目的，通过环境预测与规划决策，从长远的观点出发，保护以城市为中心的区域生态环境，努力调整各种自然生态系统和人工系统的关系，保障经济建设和生态环境保护的统一，使管理体系顺利进行而做的技术规划。

3. 区域分区规划

区域系统是一个综合复杂的大系统，不仅不同区域间具有明显的地域差异，区域内部自然条件的不同、社会经济发展的历史有别，也导致区域系统内部不同子区域系统呈现不同的特性和发展要求。因此，为满足区域系统各子区域系统的不同要求，在进行区域总体规划的基础上，也可在区域系统内分不同子区域（功能子区或行政子区）进行分区规划。根据区域的实际情况不同，各区域在设计分区规划的数目和类型时各不一样，但一般包括以下三种基本的分区规划。

(1) 自然保护区规划

自然保护区是指对有代表性的自然生态系统、珍稀濒危野生动植物物种的天然集中分布、有特殊意义的自然遗迹等保护对象所在的陆地、陆地水域或海域，依法划出一定面积予以特殊保护和管理的区域。从空间分区角度而言，自然保护区规划需要合理划定核心区、缓冲区和外围区三个部分。核心区是保护区内未经或很少经人为干扰过的自然生态系统的所在，或者是虽然遭受过破坏，但有希望逐步恢复成自然生态系统的地区。该区以保护种源为主，又是取得自然本底信息的所在地，还是为保护和监测环境提供评价的来源地。核心区内严禁一切干扰。缓冲区是指环绕核心区的周围地区。只准进入从事科学研究观测活动。外围区，即实验区，位于缓冲区周围，是一个多用途的地区。可以进入从事科学试验、教学实习、参观考察、旅游及驯化、繁殖珍稀濒危野生动植物等活动，也可以进行一定范围的生产活动，还可有少量居民点和旅游设施。

(2) 开发区规划

开发区从本质上来讲是城市的一个组成部分，往往是城市的一个区，同时由于其特殊的内涵和外延，它们与城市的一般社区或功能区又不同。因此，它的规划既有城市规划的某些共性内容，又有些个性的成分。在深度上，它属于城市分区规划的层次，但又具有城市总体规划和详细规划设计的某些内容。开发区规划内容上涵盖了选址、分区、土地利用和设施布局等，其中，土地利用与功能分区是规划的重点。首先，开发区的功能分区要根据产业的特点、产业的构成要素进行合理的组合，形成有机联系。其次，在进行功能分区的同时提倡土地的混合使用，以提高土地的使用效率，以创造丰富的土地利用模式。例如，工业园区可以考虑划分为：工业生产区、出口加工区、生产服务区、科研区和商业贸易服务区等。

(3) 城区规划

城区规划主要指城市建成区范围内的经济活动地理空间组织决策过程。这类区域一般地理位置优越，交通方便，综合性加工工业发达，为区域经济活动集聚的主要场所，处在区域的核心地位。规划的重点是要解决城市内部的合理分工，二、三产业的布局调整与改善，城市市区规模的控制，城市功能分区、基础设施的加强，区内的环境治理与保护及相关的城市生活保障设施的安排。

9.3.3 区域经济地理空间组织规划整合方式

规划引领发展，具有整体统筹特性，必须与时俱进，主动顺应经济要素一体化配置、生态环境全域化保护、城乡关系融合化发展等大趋势。规划体现了一种秩序，一个规划一种秩序，多个规划就形成了多种秩序，这就要求规划之间必须协调对接，保证整体秩序的衔接顺畅。我国现行规划体系庞杂，各层次、各行业规划之间因上位法律、管理主体、实施方法、时限范围、技术标准等各不相同，各自为战，缺少有效衔接，“交叉”“打架”现象比较严重。据统计，我国现行法律法规授权编制的规划有83种之多，且在各类规划中，国民经济发展规划侧重定“目标”，调控时限一般是5年；土地利用规划主要是定“指标”，调控时限一般是10年；城乡总体规划侧重定“坐标”，调控时限一般是20年，等等。这些差异的存在，使得在同一空间内往往会出现多张主体不同、内容各异、标准不一的“蓝图”，造成发展秩序的混乱。同时，现行以行政单元和行业部门为主的规划管理体制，也使很多规划在编制时不能站在全局高度对空间资源使用、产业总体布局、环境承载能力等进行整体统筹安排，甚至一些地方为了短期利益，在规划时盲目拉开城市框架、无序扩张城镇空间、超出负荷“大干快上”等，不仅导致重复建设、城乡分离等乱象，还使得资源利用粗放、环境压力加大等问题凸显。特别是产业发展定位不清，导致产业结构雷同、同质竞争严重，对区域发展秩序产生根本性、甚至不可逆转的负面影响（杨玉经，2015）。因而，针对区域规划的多重性和动态性，需要从一个整合的角度来进行区域经济地理空间组织规划整合。

1. 多规合一

“多规合一”是指在一级政府一级事权下，强化国民经济和社会发展规划、城乡规划、土地利用规划、环境保护、文物保护、林地与耕地保护、综合交通、水资源、文化与生态旅游资源、社会事业规划等各类规划的衔接，确保“多规”确定的保护性空间、开发边界、城市规模等重要空间参数一致，并在统一的空间信息平台上建立控制线体系，以实现优化空间布局、有效配置土地资源、提高政府空间管控水平和治理能力的目标。“多规合一”的基本职能决定了“一”不应是一个规划，或者说重点不是求解现有多个平行规划的“最大公约数”，而应是一个总分有序、层级清晰、职能精准的规划体系。从我国城乡规划体系的编制、审批和实施看，推进“多规合一”还应溯源而上，从规划体系结构出发，建立一套纵向衔接、横向协调的规划体系，并由此牵动相应规划内容的调整，联动相关规划协调机制的建立，督促规划编审机制改革，从而逐步推进各类规划的有机协调。在转变理念、摸清家底的基础上，按照“多规合一”的要求，系统设计国家、省、市、县四级规划体系（图9.5），加快建立以顶层规划为统领，各类规划定位清晰、功能互补、统一衔接的规划体系（黄勇等，2016）。

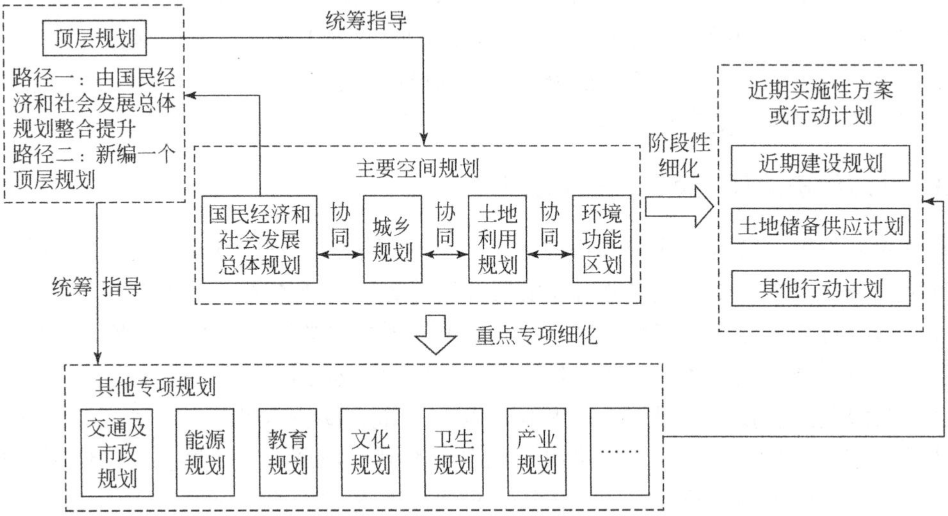

图 9.5 “多规合一”规划体系框架

(1)“多规”矛盾的本质特征

1)“多规”差异的客观性（刘彦随和王介勇，2016）。中国正处于计划经济向社会主义市场经济的过渡时期，新型城镇化与城乡发展一体化上升为国家重大战略，而计划经济体制下长期形成的部门分割、条块管理和利益博弈方式，使得早期各部门规划相对独立，衔接不够，进一步统筹与协调的难度大。虽然经过了一系列的改革，但造成这一问题的深层矛盾仍未得到有效解决。由于各部门规划根据相应的法律法规自成体系，并分别有其规划编制技术规程与标准，因此，在当前部门管理权利诉求和部门利益最大化的驱使下，多规差异和矛盾是客观存在的。这是深入开展“多规合一”工作的认知基础，需要实事求是地正视“多规不合”的本质问题，找出根本原因。

2)“多规”矛盾的复杂性。各部门规划主体不同、法律地位不同、空间尺度不同、实施效用不同、社会影响不同，导致多规之间的矛盾及差异的复杂性。国民经济和社会发展规划是依据《宪法》规定而编制的；土地利用总体规划的法律依据是《土地管理法》；城乡总体规划则依据《城乡规划法》编制，强调与土地利用总体规划的衔接；生态环境规划依据《环境保护法》编制，强调与主体功能区规划、土地利用总体规划和城乡规划等衔接。多规矛盾的复杂性，需要人们厘清现有规划的服务主体及其要求，逐步逐层调整多规矛盾和具体问题。

3)“多规”空间的同一性。各项规划虽然在基础数据、规划目标、规划内容、保障措施等方面有着诸多差异，但是，多规的实施所指导的人类活动最终都要落在同一个地域空间。国民经济和社会发展规划（强调重点项目）、城乡总体规划（城镇空间布局）、土地利用总体规划（保护耕地及用途管制）、生态环境保护规划（保护生态环境）布局等都需要在同一个地域空间内完成。不同部门发展最大化的空间需求与多规空间有限性的矛盾，是多规冲突的主要原因，也是协调解决多规矛盾的突破口。

(2)“多规合一”的技术方法

1）统一规划编制期限和时序。针对现有各类规划之间编制基期和期限各异的情况，建议首先明确规划编制基期，并统筹考虑法律法规要求和相关规划的特点，探索按照近期（5年）、中期（10年）及远景（20～30年）3个期限，确定统一协调的规划中期年限和目标年限，作为各类规划衔接目标任务的时间节点，按照近实远虚的原则实现规划目标、任务的协调衔接。此外，修编制度统一为五年一次。

2）建立规划空间布局约束框架。共同遵循的地方发展框架，是推进“多规合一”引导相关规划协调发展的先决条件。提高空间布局的约束力和指导性，维护生态安全、倒逼开发转型，关键要引导各部门共同参与未来蓝图（总图）的规划，形成包括生态红线、永久基本农田、城镇增长边界等管控红线（图9.6），确保各项规划既合得起又分得开。

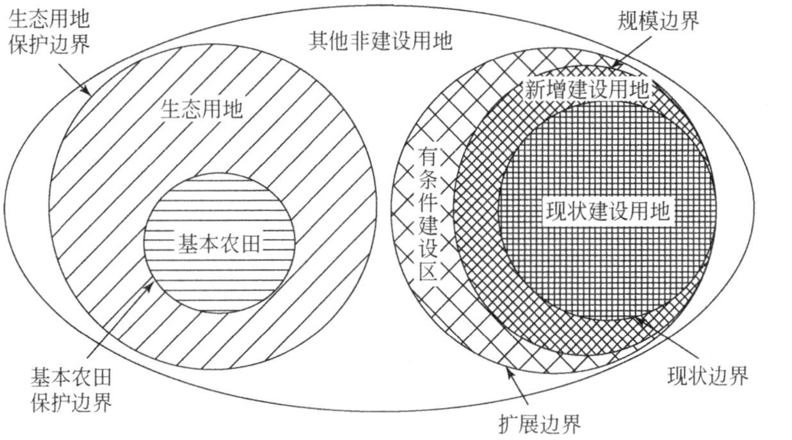

图9.6　“多规合一”管控边界

3）开展规划技术标准对接。统一基础数据统计口径与空间图件编制标准，在实现空间图件用地分类内涵和使用范围对接的前提下，对于“多规合一”过程，以城乡规划与土地利用规划为主的建设用地的“斑块”差异，确保“总量控制”之下，建议以重点项目布局、现状用地性质等情况为依据，研究差异协调原则和方法，提出分类差异处理建议，对于争议较大的“斑块”，提请规划协调平台审议。在此基础上，对差异图斑的具体处理情况逐一建档，最终实现“多规”图层叠合，确保空间的无缝衔接。

4）建立规划公共信息平台。统筹建设公共信息平台，打造统一的后台基础数据库、统一的规划编制平台和统一的规划信息查询、审批办公系统三大主体功能，通过制定公共信息管理平台基础数据对接标准，实现各规划编制部门资源共享与整合，实现信息数据的快速导入。将“多规”涉及的用地边界、空间信息、建设项目等多元化信息统一到“一张图”上，并利用信息化手段，将“一张图”成果通过公共管理信息平台展现出来，实现“一张图”管理模式。

2. 产城融合

传统产业布局规划立足于产业需求对城市空间资源进行组织，往往忽视产业发展与城市功能的协同，导致产业布局与城市发展不匹配，造成产业空间与城市空间的分割与冲突。产城融合是在我国转型升级的背景下相对于产城分离提出的一种发展思路，是指产业与城市融合发展，以城市为基础，承载产业空间和发展产业经济，以产业为保障，驱动城市更新和完善服务配套，进一步提升土地价值，以达到产业、城市、人之间有活力、持续向上发展的模式。城市没有产业支撑，即便再漂亮，也就是“空城”；产业没有城市依托，即便再高端，也只能“空转”，产城融合要求产业与城市功能融合、空间整合，达到“以产促城，以城兴产，产城融合”的良性循环。

（1）产城融合内容体系

产城融合发展必须坚持空间统筹的结构前提，新型城镇化中的产城融合不仅涉及时间维度的均衡发展，还要做到空间上的统筹规划。一要促使产业区与职工居住区的空间布局合理有序，避免结构混乱和模糊不清的特殊现象；二要完善产业区的配套公共服务，依据产业区的建设需要规划城镇新区，实现“有城镇有产业”的共存局面；三是考虑产业区建设由水平开发向立体开发转变，提倡紧凑型城镇建设，提高土地的利用效率，增加单位土地的产出率和容积率，强化与城镇功能的契合。其内容体系如图 9.7 所示（何立春，2015）。

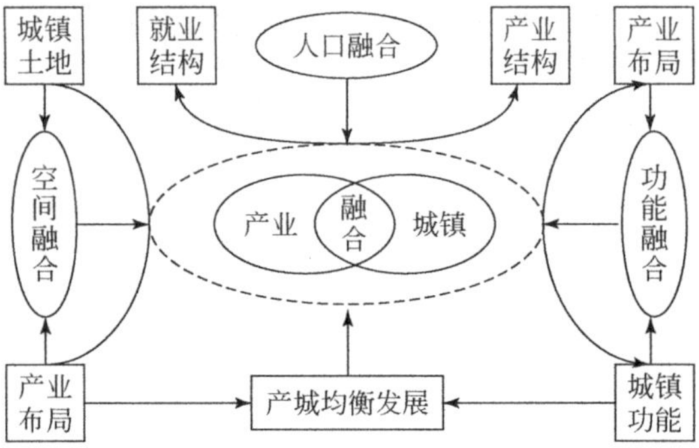

图 9.7　产城融合内容体系

1）产城均衡发展。产城均衡发展不仅是产城融合发展的重要动力机制，还是产城割裂现象的根源之一。产城非均衡、产城割裂、产城不融合三者之间形成了恶性循环的机制链条。未来新型城镇化中必须坚持以产城均衡发展为战略依托，把产业布局和城镇功能完全整合，破除“一边沉”的发展现象，使得产业发展和城镇空间基本适应和匹配，完成由产城非均衡向均衡的转变，促进整个产城融合链条的良性运转。

2）人口融合。传统的城镇化过度注重物而轻视人，混淆了城镇化的本质要求，导致半城镇化和被动城镇化的畸形现象；外加政府主导模式的导向，城镇发展仅是简单的人口迁移，而没有使城镇真正成为产业发展的基地，也无法为转移人口提供充分的就业岗位，这不是真正意义上的城镇化。因此，产城融合发展必须坚持以人口融合为战略内核，把就业结构和产业结构高度结合起来。

3）功能融合。功能融合主要是指产业园区功能、空间布局和城镇功能之间的融合。中国部分城镇在产业发展中自身定位不明确和部分模糊政策误导，导致各产业的功能定位不清晰，空间布局及功能不适配。城镇发展中原本是为产业提供交通、土地等公共产品的市场主体，却演变成为私人产品的提供者，产城融合的进展程度受到限制。这就需要在未来的新型城镇化运行中坚持以功能融合为战略保障的产城融合机制，确保产城融合高质高效的推进。

4）空间融合。空间融合主要是指产业布局和城镇土地的空间融合。在城镇土地数量一定的情况下，产业布局的分散性导致城镇土地的利用效率和集约化程度相对较低。产业空间优化和城镇土地集约使用也要求产城融合发展要坚持空间融合的战略导向，合理规划产业园区和生活居住区，实现宜居宜业的空间发展状态。

（2）产城融合发展路径

1）产城规划先行，实现产城互动。核心在于产业、城市做好前瞻性的规划和定位，避免盲目地城市化导致城市空心化，真正落实产业定位，实现城市与产业发展之间的相互促进作用。

2）把握产业趋势，引领产业变革。产城融合在于突破早期城镇化的弊端，将城市更新的土地资源、空间资源用于发展新兴产业（或未来前沿产业），具有非常重要的城市发展意义，如此落实产城融合，城市才具有发展的可持续性。

3）兼顾国际化城市竞争。国际化竞争格局是中国新型城镇化不可回避的问题，当前，全球产业正在发生新的重点转移。应借助产业结构转型机遇，吸引优质产业，鼓励企业做大做强，积极参与国际化竞争，不断提升城市的国际影响力。

9.4 区域经济地理空间组织优化平衡

9.4.1 空间组织方案评价

区域经济地理空间组织方案评价是整个区域经济地理空间组织的重要环节。区域经济地理空间组织决策在实施过程中、区域发展过程中究竟发挥了什么作用，这种作用的效果如何，直接影响并决定了决策在整个区域中的地位，也决定了社会公众对决策的认识。而就决策自身来说，可以通过评价全面地考量决策实施的结果和过程，有效地监测、监督既定决策的实施过程和实施效果，并在此基础上形成相关信息的反馈，从而为决策的内容和政策设计及运作制度的构架提出修正、调整的建议，使区域经济地理空间组织决策过程良性循环。

1. 评价内容体系

空间组织方案评价贯穿于区域经济地理空间组织的全过程，主要包括决策实施前评价、决策实践评价和决策实施结果评价三个重要环节。

（1）决策实施前评价

决策实施前评价主要包括综合效益评价、特色评价和环境影响评价三个方面。

a. 综合效益评价

效益，特别是综合效益是区域经济地理空间组织决策的出发点和归宿，也是评价检验决策方案是否合理、是否科学的一个基本标准。综合效益就是在协调持续发展状态下区域经济效益、社会效益和生态效益尽可能大，总体最优。运用区域经济地理空间组织的基本原理，从以下四个主要方面来衡量综合效益。

1）有利于因地制宜形成相互促进、协调发展的有机整体。区域经济地理空间组织应通过区域经济系统结构和布局的调整，使经济活动（物产）得其所，地理空间（地）尽其用，形成相宜和谐的局面，使经济活动间的有利联系得以加强，不利联系得以削弱或消除，促进区际联系与协作，形成相互促进、协调发展的有机整体。

2）有利于集中与分散相结合，避免出现两个极端。就区域经济地理空间组织来说，根据经济自组织原理，会同时存在集中和分散两种趋势，它们是相互制约的两个方面。必要的集中是社会化大生产的客观要求；随着技术的进步，不同企业生产之间的联系更加紧密，要求集中布局，取得集聚经济。然而，过分的集聚又会带来一系列的问题，如超出区域承载能力，给区域发展带来严重的障碍。因此在进行区域经济地理空间组织时，一方面要有利于提高产业的集聚规模，另一方面要保证适当的分散，避免出现超出区域环境容量的过渡集聚或不利于形成规模经济的过度分散布局的现象。

3）有利于促进区内经济协调发展，促进区内经济差距的缩小。传统的区位论和经济学都比较强调效率。而实际区域自然社会经济复合系统的优化不仅要求保持运行的最大效率或产出最大化，还要使各组成要素、子系统和区域整体系统协调发展。

协调各经济活动个体和各经济活动部门之间的用地矛盾，体现一定效率前提下的公平，即效率与公平的统一是区域经济地理空间组织的基本目标。协调区域经济发展主要载体城镇和乡村综合发展，在区域经济地理空间组织一方面要求有利于城镇的发展，推进城镇化发展；另一方面，为保证区域均衡发展，避免城乡“二元结构”，也应实现城乡统筹规划，促进城乡一体化发展。

4）有利于集约、节约利用资源，保护环境、维护生态平衡，促进区域可持续发展。制订区域经济地理空间组织决策时必须意识到，依靠大量消耗资源支撑经济增长，将会使区域资源供需矛盾更加突出，也制约了经济增长质量和效益的进一步提高。必须在发展中充分考虑资源和环境的承载力，充分运用区域的体制资源、人力资源、自然资源、资本资源、技术资源及区外资源等方面的有利条件和有利因素，着力提高经济增长的质量和效益，实现速度和结构、质量、效益相统一，做到经济发展和人口、资源、环境相协调，实现自然生态系统和社会经济系统的良性循环，不断保护和增强发展的可持续性，为子孙后代留下充足的发展条件和发展空间。

b. 特色评价

如何发挥地区优势？肯定地说就是要求各地区发展特色经济，走区域经济特色化道路，这是唯一正确的选择。它不仅符合李嘉图比较成本学说“优者取其重，劣者取其轻”的原则而达到了维护本地区经济利益的目的，更重要的是，它使中央政府与地方政府在产业结构调整过程中的博弈行为达成了某种均衡。因为：①地区经济发展走区域经济特色化道路是解决地区产业结构中同构化问题的关键。产业结构同构化是长期困扰地区经济的最突出的问题。产业结构同构化是指各地区产业结构变动过程中不断出现和增强的区域间结构的高度相似趋势。它表现在：各地区盲目投资，低水平的重复建设，相互争项目重复引进，最后形成产业结构“大而全”“小而全”及生产能力利用率低下的局面。各地区着力发展特色经济，即可有效地防止地区产业结构同构化问题继续出现，提高经济资源配置的效率。②各地走区域经济特色化道路是中央政府全面推进产业结构高度化进程的有效途径，也是实现产业结构均衡化的前提。

判断一个区域经济地理空间组织决策方案是否具有特色，可以从以下三个方面考虑。

1）是否坚持因地制宜，发挥资源优势和区域比较优势。分析决策方案是否根据区域地理、气候、资源和技术等条件，因地制宜地选择本区域资源优势，提出了本区域与其他区域的资源差异，以及在相关产业上的比较优势，正确处理发挥比较优势与取得和培育竞争优势之间的关系，选择区域发展的主导方向和主导产业，将地区的资源禀赋潜在优势转化为现实的经济优势。

2）是否围绕区域特色产品培育和发展，制定相关的产业政策。特色产品是特色经济的核心，特色产品的特征集中体现在特殊的内涵和特殊的使用价值上，同时特色产品的供给也应该有着不可替代的地域性，稀缺性较强。特色产品的特殊使用价值、特色内涵及产品供给的特定地域性都应该汇聚于产品的品牌上。因此发挥区域特色的区域经济地理空间组织应围绕特色产品、特色品牌制定相关的产业政策和措施。构建能有效发挥比较优势且有特色的区域经济系统，形成优势互补的区域分工格局，集中力量开发和培育有市场竞争力的特色产品，形成特色产业和产业群，取得地区竞争优势。

3）是否有产业关联度较高的科技贡献率。构成一个地区特色经济的支柱产业及骨干企业集团、产品系列，应在其整个国民生产总值中占有相当的份额，对经济增长的带动作用比较大，并与产业结构优化的要求相一致，以利于带动相关产业的发展和整个产业结构的升级。同时，一个地区特色产业、特色产品的科技含量高，就意味着决定产业、产品较大开发潜力和较高市场份额，在产品成本、结构换代、产品附加值等方面具有明显市场优势。因此，培育和发展区域特色经济，要求区域经济地理空间组织时要提高区域产业关联度，并安排较高份额的科技投入，培育、提高区域经济科技贡献率。

c. 环境影响评价

评价、对比区域经济地理空间组织决策方案优劣的另一个方面就是要预测决策方案实施后可能对区域环境带来的影响，包括从整体上对规划方案的环境影响预测评价，即规划环境影响评价（属战略环境影响评价）和决策方案安排的重大工程项目的环境影响评价——项目环境影响评价两个方面的内容。2002 年 10 月 28 日第九届全国人民代表大会常务委员会第三十次会议通过的《中华人民共和国环境影响评价法》规定："国务院有关部门、设区的市级以上地方人民政府及其有关部门，对其组织编制的土地利用的有关规划，区域、流域、海域的建设、开发利用规划，应当在规划编制过程中组织进行环境影响评价，编写该规划有关环境影响的篇章或者说明。规划有关环境影响的篇章或者说明，应当对规划实施后可能造成的环境影响作出分析、预测和评估，提出预防或者减轻不良环境影响的对策和措施，作为规划草案的组成部分一并报送规划审批机关。未编写有关环境影响的篇章或者说明的规划草案，审批机关不予审批。"

战略环境影响评价（strategy environment assessment，SEA）是指政府颁布政策、规划、计划，以及进行重要决策时，事先对可能产生的环境影响作出评价，也称为国家发展政策，即公共政策实施后的环境影响评价。战略环境影响评价在应用上主要表现为三种形式：部门战略环境影响评价、区域战略环境影响评价和间接战略环境影响评价。部门战略环境影响评价对象主要是废物处理、供水、农业、林业、能源、娱乐、运输及工业房屋建筑与冶炼等方面的计划；区域战略环境影响评价的评价对象主要是区域规划、城市规划、社区规划、区域再发展规划、乡村规划及机场规划、大学城规划和其他有关发展地点选择的决策；间接战略环境影响评价的评价对象主要是科学与技术政策、理财政策和法律规定等。

建设项目环境影响评价是指对规划和建设项目实施后可能造成的环境影响进行分析、预测和评估，提出预防或者减轻不良环境影响的对策和措施，进行跟踪监测的方法与制度。建设项目环境影响评价可立足于两个基本点：一是是否满足环境保护的法规要求；二是它的环境负载是否能够促进可持续发展。评价可采用以下四类指标或标准：①基础指标，即生产过程中产出单位产品、产量和产值的能耗、物耗及相对环境附加影响值等。②常规指标，即在正常生产情况下，建设项目生产过程的末端排污水平及其对环境质量的影响。③特殊指标，即基础指标和常规指标未能涉及，而又对某项技术带来的环境负载有重要的直接影响，或可能造成重大潜在影响的指标。例如，相关稀缺资源的使用量，或在生产过程中使用和生成有毒、有害、易燃、易爆的原料和中间产物等。④延伸指标，即超出建设项目建筑生产设施服役期和制造阶段产品生命周期的一些环境负载影响，如建筑、生产设施退役拆除后的环境负载影响，主要原料的环境负载影响，产品废弃后的循环再生性等。

（2）决策实践评价

1）决策行为的评价。主要调查评价决策的内容和结果。一般通过对决策行为机制的研究来评价决策的实践，不仅关心行为的过程，还联系实施的现实情况。

2）描述规划过程和规划方案的影响。对决策方案利用的基础资料的完备性、准确性，形成决策的指导思想、原则，技术路线及所采用方法的科学性、合理性等方面展开分析和评价。

3）政策实施分析。政策实施分析就是探究决策颁布实施之后所产生的影响，通常这类影响分析关注的是政策内在的行政管理过程，以及这个过程是否发生偏差的原因。同时，政策实施分析也包含了对管理者行为策略、目标公众接纳能力，以及对它们产生直接或间接影响的政治、经济、社会网络的分析。目前，政策实施分析和程序评价已经由对程序结果的检视发展到对整个实施步骤的解释。

（3）决策实施结果评价

对决策实施结果的评价主要是对已付诸实施的决策，在实施一段时间之后所形成的结果与决策设计蓝图的内容是否得到真正实施进行评价。这类评价倾向于运用实证技术的方法以分辨决策目标与实践结果间的对应关系，其分析的重点应集中于规划实施前、后关系的对比上。同样，对决策实施结果的评价不仅要反映结果本身所存在的问题，还要揭示决策形成过程中所存在的问题和决策实施组织方面的问题。

2. 评价方法

（1）定性研究方法

它是对决策实施问题本质属性的分析，是整个分析过程中最基础的部分，只有通过大量的定性分析，才能在掌握决策实施、运作规律的基础上，对决策实施做出正确而全面的分析判断。定性评价是利用专家的知识、经验和判断通过记名表决进行评审和比较的评标方法。定性评价强调观察、分析、归纳与描述。专家咨询论证与公众参与决策是当前空间组织方案定性评价的主要方法，寻求专家理性与社会价值选择的平衡。

1）专家咨询论证。实现政府决策的科学化与民主化目标，要求专家咨询成为一种持续稳定的活动。为保证专家制度化地参与决策过程，需要构建一系列政府与专家相关关系的规范体系，即政府决策专家咨询制度（张颖春，2015）。咨询业在西方被称为“智力服务业”，它的发展已成为衡量一个国家发展水平的重要标志之一。兰德公司是美国乃至世界最负盛名的决策咨询机构，在为美国政府及军队提供决策服务的同时，兰德公司利用其旗下大批世界级的智囊人物，也为商业、企业界提供了广泛的决策咨询服务，并以“企业诊断”的准确性、权威性而享誉全球。中国也在全力打造中国特色新型智库，推动科学决策与民主决策、提高国家软实力的战略高度。不同政府层级管理的事务是不一样的，所以不同政府层级有不同的决策领域和决策咨询体制。在国家层次，负责维护整体国家利益的重大决策，包括政治、外交等国家安全领域和宏观经济调控、科技发展等社会领域；在较低层次，政府主要负责涉及社会方方面面的局部领域，通过专家咨询论证提供专业化的问题诊断与政策建议，同时对行政机关制定的政策进行评估，起监督和制约作用。

2）公众参与决策。公众参与出现于政治领域，最早源自美国，之后逐渐被运用到行政立法、政策制定、环境保护、城市规划、遗产保护等多个方面。公众参与是指政府之外的个人或社会组织通过一系列正式的和非正式的途径直接参与到权力机关立法或政府公共决策中，它包括公众在立法或公共政策形成和实施过程中直接施加影响的各种行为的总和（王周户，2011）。

公众参与的方法主要包括以下几类：①信息交流。信息交流包括提供信息和收集信息。信息交流的方法包括信息包、小册子、传单、情况说明书、网站、展览、电视和广播、调研、问卷调查、焦点小组等。②咨询。咨询通常针对更加具体的计划和政策，让公民参与其中、各抒己见，而不是像调查一样做各种选择题。咨询的方法包括研究、问卷、民意调查、公共会议、焦点小组、居民评审团等。③参与。参与的形式是互动工作小组、利益相关人的对话、公民论坛和辩论等。④协作。协作是让公众积极参加、同意分享资源并做出决定。协作参与的方法是顾问小组、地方战略伙伴和地方管理组织等。⑤授权决策。授权决策是参与的最高阶段，是一种权力从掌控者手中转移的合作参与形式。决策者与参与者交换各自资源和意见，使原本的参与变成了由决策者与参与者共同做出决策。参与的方法是地方社团组织、地区座谈小组、社区合作伙伴。

（2）*定量研究方法*

该方法就是通过选取一定数量、引入相关模型的实证分析，来获得对决策实施效果的量化评价。最常用的如多因素综合分析评判法，该方法通过构建一套完整的决策实施评价指标体系，然后根据决策实施过程对各指标进行量化分析和综合评价。

这里以土地利用总体规划的实施评价为例予以说明，土地利用总体规划实施评价的关键是建立评价的指标体系。这个体系是一系列有内在联系和典型代表意义的、一定排列顺序和内部结构的指标组合。土地利用总体规划实施评价指标体系应充分体现衡量规划实施过程中的各种影响因子对规划实施效果的作用和规划实施结果的各种指标。如图9.8所示，评价的目标层次代表了土地利用总体规划实施评价目的；子目标则对应了规划指标实施情况、规划空间调整情况、规划实施管理有效性、规划实施环境保障度、规划实施效益和规划实施的社会影响。

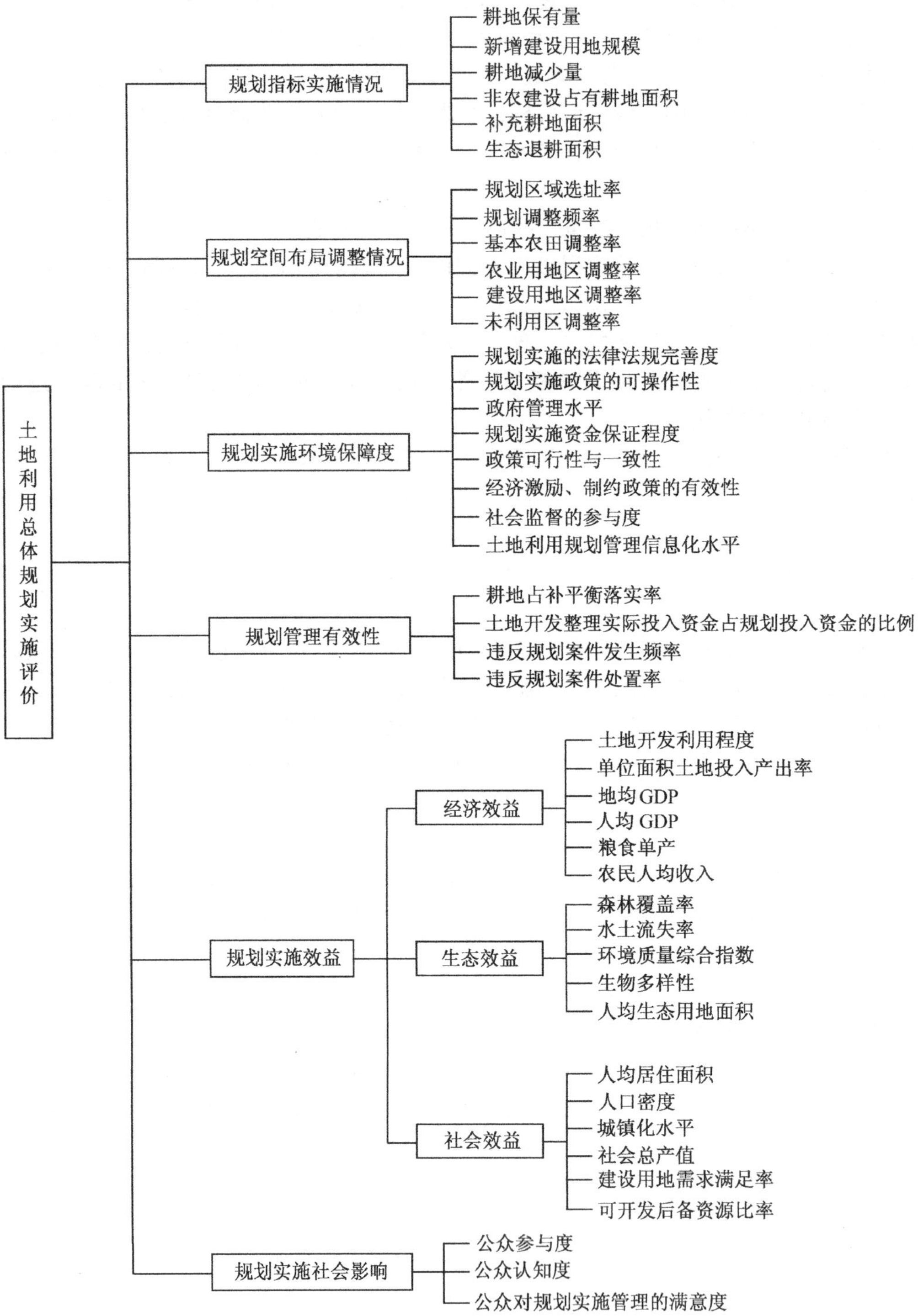

图 9.8　土地利用总体规划实施评价

运用该指标体系，根据具体区域的实际情况确定各指标的权重和指标的量化方法，并通过相关的综合评价方法（几何平均值法、聚类分析法、因子分析法等相关统计分析法或模糊数学评价法、灰色系统评价法、神经网络评价法等非线性评价方法），就可得出区域土地利用总体规划实施的效果，为新一轮规划的编制和实施提供科学指导。

注释专栏5　公众参与规划决策的方式

随着中国公民意识和政府决策透明度的提高，公众参与规划决策越来越成为规划界普遍关注和讨论的问题。目前在主要专项规划（城市规划、土地规划、环境保护规划等）中的公众参与方式可划分为以下四种。

1）通知型：通知型参与方式中公众不参与规划目标的设定及规划方案决策，并且处于从属地位。这种参与方式的本质是政府从公众那里收集必要的信息，将规划决策结果告知公众，使公众了解政府的规划意图，增进双方的交流。另外，通过参与对公众进行规划宣传，帮助公众提高自己的参与能力和参与心理成熟度。

2）协商型：协商型参与方式中公众参与的领域已经涉及规划目标确定，但是其主要作用还是辅助，即辅助政府完成规划目标的确定和规划方案的选择：由政府准备多个方案交由公众讨论确定。这种方式还处于任务导向性阶段。公众具备一定的规划知识，与其进行规划目标和规划方案协商，可以促使规划目标、方案按照人们的需要制定，但是其心理的不完全成熟性还需要政府进行引导，即只有政府的决定才能保证实现社会最大利益。

3）合作型：合作型参与方式是以关系为导向的参与方式，即通过协商社会各种利益关系达到更完美的规划效果。这种方式中公众已经具有很大的参与权利，从规划目标的制定到规划评审、决策一系列规划过程中，公众都占据主导角色。它适用于公众工作参与能力和心理参与的成熟度已经到了一个很高的水平，迫切地需要在规划中实现自我价值的情况。

4）授权型：授权型参与方式中公众的权利在所有参与方式中最高。除了政府给出限定的规划条件和要求外，其他过程都由公众自己完成。这种方式中，公众积极独立地完成规划，不仅有利于规划项目达到自己和政府的要求，还可以极大鼓励公众参与项目实施，使规划项目高效建设。从本质上讲，这是一种比较完美的规划运作过程。日本很多社区规划中都采取这种参与方式，取得了良好效果。

摘自：莫文竞，夏南凯．2012. 基于参与主体成熟度的城市规划公众参与方式选择．城市规划学刊，(04)：79-85

9.4.2　空间组织优化平衡

在掌握区域发展特征与规律的基础上，通过不同层次规划确定未来一定时期内区域发展需要实现的结构、功能与关系优化目标，然而，目标确定是一个权衡利弊之下的取舍过程，地理空间组织不可能兼顾所有目标，但在目标确定过程中需要关注不同区域尺度相同目标之间的层次性，以及同一区域尺度不同目标之间的关联性，需要重点平衡地理空间组织中的数量与质量、公平与效率及发展与保护的关系。

1. 数量与质量

数量与质量是区域经济地理空间组织不可回避的两个基本量，空间规划实质是一种以区位质量提升为目的的空间要素数量结构优化。城市规划追求土地供给的区位质量和空间数量的统一，土地规划追求耕地数量与质量的动态平衡等。当前，中国区域发展规划涌现，如何从数量转化为质量备受关注。例如，在经济开发区规划建设中，一些地方理解过于片面，尤其是在唯 GDP 的驱动下，盲目发展经济开发区，造成大量的重复建设。最后的结果是，遍地经济开发区，但千篇一律，无任何产业特色，除了土地、税收之外，并未能给企业发展带来好的发展环境，因规划不科学、服务不到位、管理粗放，很多地方的经济开发区没有形成产业集聚。中国的城市化浪潮持续高歌猛进了 30 余年，期间城市数量、城市规模和城市人口以几何倍数增长，但也带来了一系列问题。区域发展必须从数量增长转向质量提升，在空间组织规划目标确定上，需重点关注质量目标和条件的约束，在规划实施过程中，强化过程评估和动态监管。

2. 公平与效率

效率表现为资源在社会各生产部门的有效配置，就与效率的关系而言，公平可以理解为平等，主要指机会的平等和收入的平等。改革开放以来中国实行"效率优先、兼顾公平"的原则，促进了我国社会生产力和国民经济持续、稳定、高速的增长，人民的生活水平有了普遍的大幅度提高。但城乡之间、地区之间仍存在较大差距，兼顾公平与效率是区域空间组织规划优化平衡的重要方向之一。从理念上需要明确，经济活动的经济和利益关系的平衡是可以兼顾的，从而在制定政策和进行优化的时候，就需要考虑区域发展效率和公平如何兼顾的问题，不能专门为了平衡而失去效率，应充分发挥各地的比较优势。总的来说，针对公平与效率的优化平衡可以从如下几个方面去努力（朱敏和黄寰，2011）。

1）要使国家的各种政策和体制扁平化，尽可能地创造各个地方公平竞争的条件，使各种资源要素能够充分流动和有效配置，特别是打破人口流动中的各种障碍。

2）强化公共服务均等化和社会福利一体化的政策设计。在自由竞争的条件下，由于各个区域之间的历史积累、要素禀赋的差异，难免会出现发展差距。公共服务均等化、社会福利一体化的关键，则在于财政的转移支付制度。德国作为一个联邦制国家，《联邦财政平衡法》就是通过一系列的制度设计，平衡政府所掌握的用于全体居民公共服务、生活保障的人均财力，只有人均财力相当，才能提供平等的公共服务。控制的结果是使区域之间的财政支付差距尽可能缩小，其中最高的不超过平均水平的 5% 左右，最低的则不低于平均水平的 7% 左右，最终使各个地区之间的教育和医疗等社会福利实现平等。

3）要完善区域指向性政策。扁平化、一体化和均等化政策等相对宏观，适用于全国，而区域指向性政策则主要针对某一特定区域进行设置，从发达国家的发展经验来看，区域指向性政策，主要针对"问题区域"，如资源枯竭型区域、生态脆弱区域等。

3. 发展与保护

是追求长远、可持续的发展，还是短时间的经济增长，这是各个地区都会面对的矛盾与选择。空间组织规划决策中常见的发展与保护关系包括经济发展与生态环境保护、城镇建设与耕地保护、旅游开发与特色文化保护等，这些关系都是空间组织决策优化平衡需要重点考虑的内容。发展与保护的关系具有两面性，有矛盾冲突的一面，也有协调促进的一面，在不同的发展阶段，两者关系呈现出不同的重点。在资源有限的前提下，区域经济发展与生存环境的保护之间至少在短期存在着矛盾，必须对如何在经济发展与环境保护之间分配资源的问题做出取舍，资金短缺的发展中国家，这一矛盾尤其尖锐。但是从长期看，环境保护与经济发展并不一定是矛盾的。环境的改善可能有助于经济的发展，而经济的发展则能为环境保护提供资金和技术。

当前，国家明确提出了“在保护中发展，在发展中保护”，强调以资源禀赋、环境容量、生态状况确定发展的进程、规模、结构、布局等，突出了资源环境在国家发展中的基础性地位。发展与保护相结合实际上就是强调一个关键词：可持续发展，即满足当前需要而又不削弱子孙后代满足其需要之能力的发展，强调的是代际公平和区际公平。区域经济地理空间组织需要统筹好城乡之间、区域之间的发展与保护关系，以经济增长为基础，以所有人的利益增进为标准，以追求社会全面进步为最终目标，实现区域经济的可持续发展。

小　结

无论哪个方面的决策都包含了测度（特别是定量测度）和评价（特别是多要素综合评价）两个重要环节。本章紧紧围绕区域经济地理空间组织决策的优化问题展开讨论。在9.1节中阐明了三个重要的观点：①区域经济地理空间组织是一个规划决策过程，是包括两方面内容的决策过程，即对区域经济系统与地理环境系统相宜和谐结合的系统状态（目标）的设计和为实现这个目标状态而采取的一系列行动（调整、工程等）、步骤及措施等的统筹安排，这个过程集中表现为对区域国民经济建设的总体部署决策——区域规划。②空间有序性是地理空间组织优化的基础。③区域经济地理空间组织优化包含了决策背景分析、组织规划整合和组织优化平衡三个重要的环节。在区域经济地理空间组织决策背景分析中，重点讨论了区域系统综合评价和子系统状态评价要素和内容；在区域经济地理空间组织规划与整合的讨论中，重点介绍了区域地理空间组织规划的层次、内容和整合方式；在区域经济地理空间组织优化平衡分析中，重点讨论了空间组织方案评价和优化平衡，形成了面向不同层次的经济地理空间组织体系和不同类型规划整合与优化平衡的决策体系。

思 考 题

1. 如何理解区域经济地理空间组织的决策过程？
2. 如何理解空间有序性与地理空间组织优化的关系？
3. 简要说明区域经济地理空间组织优化的内容体系。
4. 如何理解区域系统综合评价中五个子系统的相互关系？
5. 如何理解区域系统综合评价与子系统状态评价的关系？
6. 区域经济地理空间组织规划层次包括哪些内容？
7. 区域发展战略包括哪些基本内容？
8. 结合我国改革开放以来的空间发展战略，说明非均衡发展战略的内容。
9. 为什么要推进“多规合一”？
10. 说明“多规合一”的技术方法。
11. 产城融合的内容体系包括哪些？
12. 谈谈你对专家咨询论证与公众决策参与关系的理解。
13. 空间组织优化平衡需要重点考虑哪些关系？为什么？

第四篇　原理应用与区域经济发展决策

第 10 章　区域农业布局

10.1　农业生产与农业布局

10.1.1　农业生产

农业是人类历史上第一个出现的物质生产部门，它是人们通过社会生产劳动，利用自然环境提供的条件，依靠动植物自身的生物机能，促进和控制生物与自然环境相互适应，将自然环境中的物质、能量转换成社会需要的农产品的生产，以及附属于这种生产的各部门的总称。这里“附属于这种生产的各部门”，包括农产品的简单加工业，以及其他农村副业等。农业是一个“自然环境—生物—人类社会”的复杂系统，是一个多层次、多序列的完整体系，是一个统一整体。

农业的基本含义是与人类社会文明发展程度密切相关的，其内涵和外延有着明显的动态特征。传统的农业最初单指种植业，属于狭义的农业，主要包括粮、棉、油、麻、丝、茶、糖、菜、烟、果、药、杂；随着社会生产力水平的增长和社会分工的细化，分离为种植业、林业、牧业、副业、渔业 5 个部门，即通常所说的大农业，为广义的农业。而目前发达国家的农业指种植业与畜牧业为主导，集生产、加工与流通为一身的产业，形成贸工农一体化的现代农业模式。当今世界新一轮科技革命的兴起，推动着农业向持续农业高级化模式发展。

在国民经济中具体确定农业的范畴时，不仅以上述产品再生产的特点为依据，也考虑一定的社会生产力水平下形成的各类生产之间的经济联系。目前，我国农业划分为种植业（农作物栽培）、林业（造林营林）、畜牧业（畜禽饲养）、渔业（水产捕养）和副业。其中的副业并不具有农业生产的根本特点，但它是在一定社会生产力水平下，形成于农村的依附性生产活动，因此也列入农业的范围。

农业生产作为社会物质生产的一个部门，一方面具有与其他生产部门相同的共性，即都是为了满足社会一定时期的需要，都必须服从于一定社会经济形态下的共同的经济规律；另一方面，由于农业生产的对象是动植物，是有生命的东西，因而农业生产又具有与其他生产部门所不同的特点，主要表现为以下五个方面。

1. 自然与经济再生产过程的交织和统一

动植物的生长、发育、繁殖需要一定的时间和自然条件，这个自然再生产过程是农业的经济再生产过程的基础。人类根据生物体与外界环境相统一的原理，通过有目的、有意识的劳动，采取各种不同的农业技术措施，对生物有机体的生命过程进行定向的干预和调节，从而获取一定数量和质量的产品，以满足社会的各种需要。因此，马克思在《资本论》中指出：“经济的再生产过程，不论其独特的社会性质如何，总会在这个范围（农业）之内，同一个自然的再生产过程密切联系在一起”。这个论断揭示了农业生产的本质特点，同时也指明了农业生产作为经济的再生产过程，它服从于一定的社会经济形态，受社会经济规律所支配；而作为自然的再生产过程，则较其他国民经济部门更多地受自然条件和自然规律的作用与影响。综上所述，农业自然再生产是经济再生产的基础，而经济再生产决定着前者的发展方向、内容及规模，形成不同的农业生产类型和生产专业化区域。农业产业受自然与经济的双重规律的制约，在制订农业发展战略、调整生产结构及其布局方向和实施发展新举措时，必须遵循上述基本规律。

2. 季节性和周期性

农业生产地域空间所处的气候带不同，农业发展环境及其资源构成有着鲜明的时间季节变化。而农业生物的生长过程也有严格的季节时序。为此，农业的各项生产及其布局安排，应突出时空结合，合理构筑符合时间季节规律的区域农业结构及其运作方式，以提高资源利用率和农业生产率。农业劳动的生产过程呈间歇性，有农忙和农闲之分，存在着季节性劳力、物质资料、资金等供需平衡的问题。一般来说，农业生产的上下周期之间及上下代之间，都有紧密的联系，彼此之间不能中断。同时，生产的周期较长，大多数农作物从下种到成熟，需要几十天、几个月、几年或更长的时间。因此人们在安排农业生产时，要统筹考虑当季、当年、多年及更多周期内获得好的效果。

3. 地域性

起源地不一的农业动植物，生态习性差别很大，对自然环境空间的适应能力和要求不同；广阔的地域空间存在着明显的水平和垂直地带性分异，构成千差万别的农业发展环境和资源组合类型。农业生物生态习性要求与农业空间环境相统一，形成了不同的农业生产地域类型。此外，对农业生产有重要影响的社会经济条件和农业技术条件也具有明显的地域性。因此，农业布局必须树立地域空间观念，依照农业生产的地域分布规律，确定不同区域的农业发展方向、生产结构及其相应措施，因地制宜，而不能千篇一律。

4. 对土地资源的依赖性

农用土地既是农业劳动的场所，又是最基本的生产资料，并在相当长的时间内，其他生产资料难以取代。农业用地的数量及其生产潜力的高低，直接关系国家或区域农业发展方向、利用方式及生产规模。因此，对土地资源的合理开发利用与保护必须给予高度重视，特别是耕地保护和维持区域农业生态的平衡。加强土地立法和执法监督，加强土地资源的科学管理，制订合理的利用规划，不断提高农用土地利用率与生产率，以适应社会持续发展日益增长的农产品需求。

5. 综合性

农业生产所创造的物质（动植物）实际上包括了“生物产量—经济产量—收益”三个方面。农业经济效益就是通过这三个彼此关联的环节体现出来。其中，生物产量是单位面积上所有植物生产的干物质总量，是反映潜在优势的重要标志；经济产量是指生物产量中为人类直接利用的部分，即构成产品的那部分；收益是单位面积上各类产品的盈利总和，是从事农业生产活动的经济目的，是权衡是否发挥了优势的主要标志。以栽培作物而论，它所生产出来的干物质中，可供人类食用的，一般只占 1/4，其余的根、茎、叶、花等利用甚少，但可以把人类不能直接利用的那部分植物资源（包括牧草等）用作牲畜饲料，使之转变为人类可以利用的肉、乳、脂、毛、皮等畜产品。另外，又把大量非经济品通过消化排泄而返回土壤，使植物得到更有效的利用。所以耕作业与畜牧业之间的密切结合，对充分利用废物、保持土壤肥力和提高农业生产力具有重要意义。不仅如此，林业、水产业与耕作业、畜牧业的结合，也具有十分重要的意义。可见，农业生产是一种综合性的多部门相结合的生产事业，只有农、林、牧、副、渔互相结合，综合经营，才能促进各部门共同发展。

10.1.2　农业布局

农业布局需要研究以下三方面的基本内容。

(1) 区域农业生产条件分析与评价

影响农业生产的条件主要有农业自然条件、技术条件和社会经济条件等方面。缺少对这些条件的分析与评价，就无法安排农业生产、进行农业布局。因此，分析、评价农业生产条件对农业布局的影响是研究农业生产布局的一个重要方面。农业生产条件评价实际上是对农业区位从自然、社会经济和技术等多个层面进行全面深入分析，衡量其对农业生产的适宜程度和开发利用的潜力。

(2) 区域农业总体布局

区域农业总体布局是以地区为基本单位，研究农业区域的总体布局问题。以农业生产条件评价和农业区位选择为基础，考虑区域内的需求满足和区域农业发展的区际意义，制订区域农业发展目标。区域农业总体布局着重于确定区内农业主导部门和次要部门，以建立合理的区域农业结构，包括农业经济结构、农业空间结构、农业生态结构和农业技术结构等，实现农业生产的区域化和专业化。

(3) 区域农业部门布局

农业部门布局是在分析农业现状的基础上，从各农业部门的生产特点出发，根据它们所需要的环境，结合各地区的生产条件，选择适宜区；并通过研究各部门的分布状况、发展变化特点和存在问题，确定农业各部门的发展方向、规模、水平、分布与增产途径的布局方案。

10.2　区域农业布局条件分析

影响农业生产布局的因素包括自然条件、技术条件和社会经济条件等方面，其中最直接的是自然条件。一个地区的自然条件很少只适合发展一种作物，而是存在着发展多种作物或部门的可能性。在这种情况下，往往就要由技术条件来决定，同时要根据社会经济条件和生产力发展水平，根据主要农业部门或作物的经营特点，综合评价各种条件的优劣和相对的利用价值。

10. 2. 1　自然资源条件分析

影响农业布局的自然条件，主要包括气候、土地资源、水资源、地形地貌等方面。

(1) 气候条件分析

气候条件是影响农业生产的重要条件，包括太阳辐射、日照时数、热量、水分和空气等。农业气候条件分析主要是分析对农业生产有影响的气候因素，即气温、积温、季节变化、霜冻期长短、降水条件，以及各类灾害性天气（如旱灾、水灾、低温灾害、台风、冰雹、干热风等），并根据各类作物的农业指标温度和生长发育过程所需的气象条件，对农业气候条件供给进行综合评价。然后从农业气候资源的分布情况，分析农业的部门结构、耕作制度，以及农业气候资源被利用的程度，并提出提高农业气候资源利用程度的可能性和途径。

(2) 土地资源的分析

土地资源是农业生产的基本条件。土地生产力的高低是自然与社会经济各个因素的综合反映。自然条件方面需要考虑田面坡度、排灌条件优劣、地下水深度、土壤性质及土壤受侵蚀强度等因素。社会经济条件方面，则有土地利用现状、单位面积产量等。对区内土地状况应进行全面普查，弄清区内各类土地（指耕地、园地、林地和牧草地等）的等级、面积及历年利用状况，各类主要作物用地的分布、面积和单产情况，并做出土壤等级分布图、土地生产潜力图和适种农作物分布图，以便为制订土地利用规划提供科学依据。

(3) 水资源分析

水资源状况是影响农业生产的重要条件，如地区内水资源条件、降水量的年分配和月分配的特点，对作物生长的影响；地区内的地表水径流量和地下水动储量及其年内分布情况，水资源对农业、工业和其他各项事业用水的保证程度，水利建筑的分布和经济效益，农业用水量和各部门的用水特点，工、农业之间用水的协调情况，用水矛盾的主要地段及其合理分配水资源的情况，合理利用和综合利用区内水资源的可能性和方向等。

(4) 地形地貌条件分析

各种不同的地貌形态，如山地、丘陵、高原、盆地、平原、沼泽、洼地，都直接影响农业的生产和布局。一般以地形的海拔高度、坡度、坡向、地面切割程度等因素的影响最为明显。局部区域的小地形和微地貌，是人类最易改变的自然条件之一。从平面分布上统计各类地形的面积和分布，在立面上分析各类地形的高度、坡度、坡向和微地貌，研究其对区内不同类型农业生产和作物分布的影响，并结合农田基本建设分析改造地形的可能性。

10. 2. 2　社会经济条件分析

社会经济条件对农业生产发展和布局的影响，主要表现在以下五个方面。

(1) 国民经济的需要及市场需求

国民经济对农产品的需求，决定着农业生产布局的基本特征。因此，国民经济对农产品的需求主要表现在：人口增长与消费水平提高对粮食与副食品的需求，工业生产对各种农产品原料的需求，出口的需求，农业生产（种子、饲料等）及国家储备的需求等。

市场对农产品的各种需求对农业布局有重要影响。在市场经济体制下流通决定生产，农业生产也应该形成以市场为导向来组织生产销售的运作机制。

(2) 工业及城市条件

农业与工业、城市的内在联系，要求农业为工业、城市、工矿区提供粮食、副食品、原料和市场；而农业的发展及其现代化，则有赖于工业的支援与配合。因此，工农业的生产与布局，在地区上必须互相结合、协调发展。

一般来说，在分析工业与城市对农业布局的影响时，应考虑以下三个方面：①分析所在地区内工业、城市的规模与性质对农业的影响；②分析农业机械、农业动力、农业化学、农副产品加工和饲料工业等工业部门可能为农业提供的生产资料的种类、型号、数量和质量，并作出评价；③分析工业和城市对农业适应的状况，并对发展远景进行评价。

(3) 交通运输条件

交通运输，一方面可以为农业生产输送各项必要的生产资料；另一方面，可以把农产品送到消费区，推动农业商品生产的发展，促进农业生产的区域化、专业化。

从交通运输条件对农业生产和布局的影响来说，交通运输业的发展水平直接关系工业对农业的支援及其规模，也影响发展商品农产品的可能性和规模。同时，农业内部各部门之间及各个农业区之间的经济联系，也必须通过交通运输业来实现。

(4) 劳动力条件

分析影响农业生产布局的劳动力资源，主要包括：掌握区域内农业劳动力的总数量，每一劳动力的生产率和提供商品粮及工业原料的数量；劳动力资源地区分布的不平衡性和各地区居民劳动素养的差别；在一定技术水平下农业部门对劳动力的不同要求和各地区劳动力的保证程度，劳动力利用的季节变化，以及在不同技术发展阶段与劳动力供需平衡的可能变化；要进一步了解劳动力的部门分配和构成的比例关系、耕地面积和人口与劳动力的比例关系，找出地区差异；了解劳动者的劳动素养、当地的农艺特点及每个劳动力负担耕地的情况；结合机械化程度和作业性质等情况进行分析，从中找出劳动力是否合理利用及可能挖掘的潜力；了解人口和劳动力的增长情况，分析地区内农业机械化过程，提高劳动生产率；了解节约劳动力的详细情况和典型经验，把握劳动力使用的季节性和主要矛盾及其解决办法；了解剩余农业劳动力转移到其他部门的可能性和宜工宜农的经验与途径。

(5) 农业生产与布局的原有基础

包括国家或地区农业生产与布局原有的历史与现状。任何地区的农业生产与布局，均有其历史原因和一定的历史继承性，所以必须充分注意原有历史基础对农业布局的影响。对于原有历史基础中有利于农业合理布局的因素，应当科学地加以继承和发扬；而对于其中不利于今后农业生产与布局的因素，则应加以摒弃和改造。而农业生产与布局的现状，则反映了农业生产已经达到的水平和规模、对农业资源开发利用的程度，以及农业生产结构和农业地区分布的状况，这也是论证农业布局新方案时所应当充分考虑的必要依据。在后面的原有农业发展水平分析中将有详细论述。

10.2.3　技术条件分析

影响农业生产布局的技术条件主要包括农业工艺技术、农业技术装备和劳动素养等三方面。农业布局规划中，对农业新技术应用的可能性进行深入分析对于科学把握农业发展潜力、确定农业发展目标是非常必要的。农业技术条件分析的最终目标是确定在目前或将来一段时间内，可以采用的农业新工艺、农业技术新装备、劳动新技能等。

农业生产工艺技术包括良种培育、作物栽培、技术经验、农业技术管理、植物保护、灌溉施肥技术等，其中对农业布局影响较大的是良种培育。一个新的优良品种的出现能促进产量的显著提高，而且作物新品种往往具有一些适合新环境的生物学特性，因而常引起农业分布的变化。

农业技术装备包括犁耙、整地、播种、施肥、中耕、排灌、收割、脱粒、除尘、烘干、储藏，以及水果、林业及畜牧业生产装备等各种机械设备。运用现代技术装备，能大大提高劳动生产率。

劳动素养，指劳动者的文化素质、劳动技能和精耕细作的水平。一般来说，劳动者的文化素质高，劳动技能操作熟练，能掌握比较先进的农业生产技术，则有利于良种培育和先进技术装备的使用；精耕细作，实行集约化生产，有利于提高劳动生产率，实现商品性生产等。

所以技术条件的改进，可以改变人与自然的关系，减轻农业生产对自然环境的依赖，从而引起农业布局面貌的变化。

10.2.4 原有农业基础分析

研究新的农业布局方案，调整现有农业结构，进一步改进农业资源开发利用状况都应在原有基础上进行。因此，必须首先分析农业生产已达到的规模和水平、农业资源开发利用程度，以及已经形成的农业内部结构和分布状况。原有农业基础是进一步发展农业生产的起点，是农业布局调整和决策的重要依据之一。我国农业生产历史悠久，广大劳动人民在长期的生产实践中，对于合理利用自然条件因地制宜地发展生产，积累了丰富的经验。由于各地区的自然和生产条件极不相同，在发展生产时，必须从实际出发，全面调查和分析地区内农业原有基础、生产特点、主要矛盾和当前生产中的薄弱环节。

分析研究原有农业基础，主要应把握以下五个方面。

1）分析农业发展规模、技术水平、经济效益和发展速度等。主要通过对农业总产量、产值、单位面积产量与人均产量、产值、商品总量、商品率，以及生产投入和产出、单位面积劳动耗费、物质技术基础等进行分析，并研究区域在全国、全省和地区国民经济中的地位与作用，分析历年农业生产的发展变化特点及规律，以及现有各农业部门的结构和作物组合，从中总结经验，为制订农业发展方案提供依据。

2）分析农业生产结构、总体布局态势与土地综合利用状况，即对区域内农、林、牧、渔等组成比例、地区分布与占用土地状况进行分析，考察其历年变化与地区差异，找出土地利用和劳动力安排等方面的主要矛盾和薄弱环节，为调整农业内部结构、土地合理利用提供依据。

3）分析研究粮食作物与经济作物、商品性生产与自给性生产、集中种植与分散种植等的关系及其历史演变规律，为调整农业生产布局提供依据。

4）分析农业生产条件变化与农业资源开发程度变化。分析农业基本建设、农业现代化发展及农业产业化程度，并结合农业产量与农业生态环境变化进行对比分析，为进一步改变生产条件、充分开发资源、拟定新的农业技术措施提供依据。

5）分析区域农业收入分配和消费状况。包括农业总收入、总费用与分配总额、积累与消费比例及农民人均收入消费水平等，为改善农民生活水平和提高农民消费水平提供依据。

10.2.5　区域农业发展潜力分析

在分析区域内现有的自然资源条件、社会经济条件和技术条件的基础上，进一步分析其充分利用、优势发挥和条件改造或改良的可能性，从而确定区域农业发展潜力。区域农业发展潜力的主要任务是测定农业生产潜力。

农业生产潜力的测算，主要从以下九个方面考虑。

1）本区在规划期内扩大耕地及其他农用地面积的可能性和数量，调查可开发利用的农用地面积总量。

2）测算在充分利用土地资源、气候资源、水资源的前提下，区域自然资源的理论生产潜力。

3）区域农业生产与先进水平的差距及其原因。

4）农业现代化、农业机械化、农田基本建设事业的发展对农业生产的影响，农业基础设施的建设或改造的可能性。

5）农业生产的人力、财力、物力投入对产量的影响。

6）农业生产生物技术改良措施对产量的影响，主要是新品种、新方法的应用。

7）农业生产障碍性因素（如土地盐碱化、水土流失等）消除的可能性，农业生态环境改良的对策。

8）区域农业经济政策对农业发展的促进或限制作用，充分调动农民生产积极性对农业增产的影响。

9）已有大面积的丰产经验与先进典型增产经验的运用与推广的可能性，以及主要增产措施的增产效果估计等。

10.3　区域农业总体布局

区域农业总体布局是从区域全局的角度出发，通过全面分析区域内自然资源条件、社会经济和技术条件的现状和改造或改良的可能性，合理安排各种农业生产活动的位置、强度与关系，高效配置资金、技术、劳动力等生产要素，并按照主导产业的发展要求以适当比例发展相关产业，提高农业生产率，在区域内形成一个主次结合、相互支撑、生态平衡的高效农业生产系统。区域农业总体布局的核心是合理安排区域农业经济结构。

10.3.1　区域农业经济结构

农业经济（生产）结构是指由一系列关系，包括经济关系、技术关系、生态关系等将农业各经济部门（主要指生产部门）联结成的整体。

区域农业经济（生产）结构（或农业生产地域结构），是指农业结构（包括农业经济结构、农业技术结构和农业生态结构）在地域上的反映，既反映了农业经济（生产）部门（作物）在一定区域内的组合关系，也反映了农业经济（生产）部门各组成部分在该区域内的空间关系（空间结构），它是一定区域内在不同的资源、环境、经济、技术等条件长期综合作用下逐步形成的大小不一、特点各异的农业生产地域子系统的集成。

区域农业经济（生产）结构的实质是一定地域内农业生态系统和农业经济技术系统的综合。每个地区的农业生产，从自然方面看，是光、热、水、土等自然资源通过栽培植物和家畜的成长与繁殖实现能量与物质转换的农业生态系统；从经济技术方面看，是在一定社会条件下人们投入活劳动和物化劳动（生产资料等）而获得农产品的农业经济技术系统。由于栽培植物和饲养家畜实现的能量与物质转换是人们在经济技术力量的干预和促进下进行的，因而这两个系统不是各自独立存在的，而是错综交织、互相紧密结合的，形成一个地区特有的农业结构，也就是该地区农业生产特征的综合表现。

各地根据不同的资源条件，主次部门结合，主导部门优势发展，次要部门互相配合，走“专业化与综合发展相结合”的道路，这是区域农业经济结构（生产类型）的普遍性（共性）。各个地域类型的主要部门不同，主次结合和空间结构也不一样，各有特点，这是区域农业生产结构的特殊性（个性）。普遍性与特殊性是辩证结合的，在分析区域农业生产结构时必须正确把握。

区域农业经济（生产）结构特征可以从以下四个方面进行分析。

1）资源的地域结构，是土地、水文、气候、生物等资源在地区的结合，是相互影响的，一般以土地类型为主要标志来综合反映其相互结合的特点，是区域农业生产结构的基础。可以通过土地类型构成、土壤类型构成、水资源结构等来反映。

2）农业的生态结构，是农、林、牧、渔与生态环境的结合，是互相依存、相互制约的，一般以食物链（营养关系）为主要标志，反映生态系统状态。主要通过各种种养结构、生物种群结构、农业废弃物的处理结构等来反映。

3）农业的经济结构，是农业各经济部门的相互结合及比例关系，一般以产值、产量比重为主要标志，反映其经济结构体系。可以通过各部门的产值结构、土地利用结构、播种面积结构、农业劳动力构成、资金占有结构等反映。

4）农业的技术结构，包括各种物理、化学、生物技术的组合，原始技术、传统技术和现代化技术的组合等，对农业生产有极大的影响。主要通过各种农业生产机械的比例、化肥施用结构、农膜使用比例等反映。

上述四种结构中，资源的地域结构是农业发展的基础，优化的技术结构是农业生产率不断提高的动力，合理的生态结构是农业可持续发展的保证，协调的经济结构是农业健康发展的必要条件，也是农业发展水平、状态和规模的集中体现，是农业的经济产出效果及其在国民经济中的地位和作用的集中体现。确定合理的农业经济结构是区域农业总体布局的关键任务之一。

10.3.2　区域农业经济结构的合理性分析

1. 区域农业经济结构的基本特征

一般来说，区域农业经济结构应具备以下三项基本特征。

1）充分发挥资源优势，主导产业具有较大竞争力。挖掘资源潜力，因地制宜地布局农业生产，发展优势主打产业成为区域农业生产的龙头。主导产业具有区域特色，在较大范围内区际分工协作的基础上具有明显优势，产品具有显著的竞争力。

2）主导产业与相关产业协调发展，采用先进的技术手段，获取较高的综合经济效益。在农业经济方面要求每个地区的农业都成为一个主导部门与辅助部门密切结合、多部门经济综合发展并具有最佳经济效果的农业经济系统。地区内农业综合发展之所以必要，是因为每个地区除了发展具有地域分工意义的商品性生产部门以满足国民经济需要外，还要尽可能就地满足农产品需要，以消除或减少不合理的农产品运输；同时，也因为要采取多种方式才能充分合理地利用每个地区多种多样的自然条件和自然资源。农作物生产的季节性显著，生产时间和劳动时间有差异，使得一年中忙闲不均，只有多部门和多种作物才能使劳动力的利用得到平衡。多部门经济利于使各种农副产品得到充分合理的利用，使各部门互相支援，特别是实行农、林、牧合理结合，更重要的是有利于促进生物多样性，提高农业生态系统的自我调节能力；多部门经济的发展有利于平衡收入，获得最大的经济效果，活跃整个农村经济。

3）农业生产与环境相协调，实现良性循环的农业生态系统。发挥资源优势，发展优势产业要求有较高的能量与物质转换效率（如农作物与牲畜的高产优质），但同时又要能保持各种自然因素间的协调和平衡，保证自然资源的不断更新，如土壤肥力的不断提高，森林、草原生产能力的不断增长等，以实现能量与物质转换的良性循环，保证农业生产的稳定增长。而不合理的农业结构则往往表现为对自然资源片面的掠夺式利用，从而破坏各种自然因素的协调和平衡关系，使自然资源更新能力衰退，导致资源耗竭，环境恶化，形成恶性循环，如耕地重用轻养而导致土壤肥力锐减，滥垦陡坡导致严重的水土流失，滥垦过牧草原导致土壤退化与沙化，林区重采轻造导致森林资源锐减，水域酷渔滥捕导致水产资源枯竭等。

总之，一个合理的区域农业经济结构应能够充分发挥地区优势，既具有区内特色又具有区际意义；专业化生产和综合发展相协调，各部门是一个有机的整体，获得较高的经济效益；必须实现农业生物与环境的密切结合，建立良性循环的农业生态系统，能促进农业生产的可持续发展。这也正是一个合理的区域农业经济结构（生产系统）应具备的基本特征。

2. 区域农业经济结构合理性衡量指标

衡量一个区域的农业经济结构是否合理，应着重把握以下指标。

1）资源利用状况，包括各类土地资源的分布状况及其利用率、土地生产率、分析优势资源是否得到最有效的利用，劳动力资源的分布和利用率，副产品及其他资源的利用率等。

2）生态环境状况，包括森林覆盖率、自然灾害发生率、土壤有机质含量、土质水质中有害物质含量等。

3）经济效益大小，包括农业劳动生产率、单位产品成本、投入产出比、单位投资收益、单位面积纯收益、人均收入等。

4）满足社会需求的程度，包括农产品商品率、商品交售量、人均农产品商品量、商品总值、主要农产品人均消费水平、主要农产品进出口量等。

同时还可进一步对区域农业生产各子系统进行具体分析，主要包括：

1）主导产业是否利用了优势资源区位。

2）主导产业布局是否同时具有劳动力、技术、交通等综合优势，并且由此产生较高的经济效益。

3）其他各产业的布局是否有利于与主导产业形成较好的协作和互相促进的关系，取得较好的综合效益。

4）农业生态系统是否形成良性循环，保持生态平衡，生态环境改造是否与产业布局相协调并有利于其发展等。

10.4　农业部门布局

区域农业部门布局，应从各部门（包括种植业、林业、畜牧业和水产业）的生产特点出发，根据国民经济发展的需要，正确把握经济活动地理空间组织的基本原理，对各农业生产活动的区位条件要求和区域条件供给进行具体分析和匹配，将它们组织落实到地理空间。

10.4.1　种植业布局

1. 种植业特征分析

种植业是农业的基础。通常所说的种植业，从广义上说包括农作物栽培业、林果栽培业、人工牧草栽培业和水生植物栽培业，但其主体是农作物栽培业。所以，有时也常常把农作物栽培业称为种植业。主要栽培作物可分为粮食作物和经济作物两大类。

1）粮食作物。粮食作物包括谷类、豆类和薯类三大类型。谷类包括所有禾本科粮食作物，如水稻、小麦、玉米、高粱。豆类包括大豆、蚕豆、小豆等。薯类包括番薯、马铃薯等所有块茎、块根粮食作物。粮食作物分布存在地域性特点。

2）经济作物。经济作物包括纤维作物（棉、麻等）、油料作物（花生、芒麻、油菜）、饮料作物（茶、可可、咖啡等）、嗜好作物（烟草）和蔬菜作物。经济作物区位选择性强、适应性小，分布地域性比粮食作物更明显，生产技术难度大、花费劳动多、生产成本高、产品价值高。经济作物是工业原料，商品率较高，市场价格对其布局有较重要的影响。

种植业具有下列基本特征：

1）季节性很强。绝大多数种植作物需要按照农时季节来安排诸如播种、栽培、中耕、施肥、除虫、灌溉、收获及其他各种农事活动，目前的技术条件下，只有部分蔬菜、瓜果作物可以温室栽培。

2）生产周期较短。以栽培一年生草本植物为主，生产周期较短，与土地关系最密切。

3）作物种类多。种植业种类很多，各地应因地制宜，安排好作物组合。

4）种植业土地生产率高。土地利用结构和农产品产出结构的不一致，是世界各国普遍存在的现象。在我国，种植业的土地生产率明显高于林业，而林业又高于畜牧业。

根据上述特征，为了提高土地生产率，将种植业各种作物进行合理的安排与搭配以充分利用土地并获得较多的产品，因此农业布局除了要对种植业各部门在空间上进行合理配置外，还要形成一定的种植制度（耕作制度或农作制度）。

2. 种植业布局方式

种植业农作物布局的主要决策包括以下五点。

(1) 农作物适生区的划分和适生地的选择

主要是研究各种农作物的生物学特性及其对生态条件的要求，结合对各地区自然环境条件的分析，选择和划分各种作物适生区和适生地。每种农作物对自然环境条件都具有一定的选择性和适应性。选择性强的农作物，适应性弱，其分布地区局限性大；选择性弱的农作物，适应性强，其分布地区局限性小。按照农作物对环境条件的适应性强弱、选择性大小和地区分布的局限性大小，可以识别各种农作物的适生区，进而选择适生地。农作物的适生区一般称为某种农作物的适宜区划，大体上可分为最适宜区、适宜区、勉强适宜区和不适宜区。

(2) 农作物生产基地和集中产区的确定

选定了适宜区和适生地，再结合历史生产现状和远景生产任务，大体上就可以确定某种农作物的集中产区，从而进一步选择作物生产基地。粮食生产基地，一般要求有足够的耕地用于粮食生产，同时注意单一经营带来的不利影响，综合发展，因地制宜，适当发展一些经济作物、特产品及养畜业。经济作物区，应适当集中连片，进行规模经营。

(3) 农作物生产结构的组合

农作物生产结构是一定地区内各种农作物的比例关系的表现形式。每一种作物组合结构就是一种作物生产类型，如粮棉类型、粮油类型、小麦玉米棉花类型等。农作物生产结构的组合类型是由需要和可能条件决定的，首先取决于社会需要，其次是自然、技术和社会经济条件的制约。

(4) 农作物种植方式和种植制度的确定

在确定了一个地区的农作物生产结构的基础上，可以进一步研究和确定农作物的种植方式和种植制度。

农作物的种植方式和种植制度是落实作物布局的具体形式。种植方式是指种植作物所采取的方法，如单作、间作、套作、混作、连作等。种植制度是指为了提高土壤肥力和作物产量而采取的综合性农业经营制度，它以轮作制度和作物布局为中心，包括土壤耕作、栽培、灌溉、水土保护等多种农业技术措施的合理运用。

熟制有一年一熟制和一年多熟制。一年一熟制即在一块土地上，一年只种一熟庄稼的农作制。一年多熟制即在一块土地上，一年内可以收获两熟或两熟以上庄稼的农作制，如一年两熟、一年三熟或四熟，两年三熟、三年五熟、三年七熟等。我国从北向南，熟次逐渐增加。熟制（指一年可种几次收几次）和复种（一年中实际种了几次）相关，一般来说，熟次越高，复种次数可越多。但二者是不同的概念。同是一年三熟的地区，复种可有高有低。这种高低的差别常用复种指数来表示。复种指数是指某一地区作物的实际播种与耕地面积的百分比。

复种指数的高低分布，也有明显的地域性，从南到北逐渐减少。例如，五岭以南一般为230%；五岭以北—长江以南一般为200%；长江以北—秦岭淮河以南一般为160%；秦淮以北—长城以南一般为120%；长城以北，一般应尽可能地利用已有耕地，减少撂荒面积，在可能的地方力争扩大复种面积。

实践证明，合理的轮作能提高作物产量、减少病虫害、改良土壤结构、提高土壤肥力，是用地与养地相结合的一种形式。轮作也叫做换茬，是在同一块土地上更换种植不同的作物。轮作的内容极为丰富，有年内短周期的轮作，有多年长周期的轮作。例如，成都平原的水稻—油菜轮作，是一年两熟的短期轮作；雷州半岛的春花生—晚水稻—冬红薯轮作，是一年三熟的年内短周期轮作；上海郊区的两旱一水年内三熟轮作制为蚕豆或大麦—旱玉米—晚水稻；过去陕西关中盆地有10年为一周期的多年轮作制，即苜蓿3年—春作物1年—小麦3年—豌豆1年—小麦2年，包括苜蓿和豌豆两个提高地力的环节和后茬小麦两个利用地力的环节。

作物复种的配合方式有很多种，如湖北水田两熟制的搭配方式就有麦稻、油稻、芋稻、豆稻、肥稻稻、麦肥稻等。

由于复种、轮作等多种耕作形式的发展，我国农民在长期种植实践中，逐步认识了各种作物的特性和作物之间关系，创造了多种多样间、混作和套作的形式，这是农田生态学和作物生态学的具体应用，是精耕细作的发展。

在同一块土地上，同时种植两种或几种作物，叫做间作或混作。间作是同时在一块地上成行成带，间隔地种两种以上生长期相近的作物；混作是在同一块地上，在同一行内或穴内混种生长期相近的作物。两者虽为不同概念，实质都是在同一生长季节内同一块地上充分利用土地和阳光，只是混作的作物搭配比间作要严格些。无论间作或混作，都要合理地安排作物的田间结构，使主次作物比例得当，并有相当的栽培技术措施，从而解决其矛盾的一面而促进其协调的一面，达到增产的目的。作物的搭配要充分掌握作物的生物学特性和当地的自然环境条件。生物学上主要是注意作物的株形、叶形、根系的深浅、生长期长短和对外界环境的适应性，如一高一矮、一肥一瘦、一圆一尖、一深一浅、一早一晚的搭配经验是值得推广的。

套作是利用一些作物苗期生长缓慢，占地少的情况，在前作物生长的后期，将后作物播种在前作物的行间，"老少结合"，主要是为了保证后作物有足够的生长期。间作和混作是在同一时间内充分利用空间，套作则是在空间里充分利用时间，它们都是充分利用光、热、水、土资源的良好形式。

（5）农业生产条件的改善

在针对一定地区条件将农业生产活动组织落实到地理空间后，可对农业生产条件（环境）进行改造和完善，主要包括排灌工程、田间道路工程、土壤改良、农田整理等方面。

不难看出，上述农作物布局的决策无外乎是针对农作物在地理空间中的位置、强度和关系及具体的地理环境的，每一个决策都应建立在充分把握农作物布局影响因素（决策背景）分析、农作物布局方式排列组合（方案）、农作物各种布局方案的评价选择和农作物生产条件改善的排列组合及评价的基础之上。

10.4.2　林业布局

1. 林业特征分析

林业是森林植物为主要对象的生产部门，包括森林营造、森林经营、森林利用三个方面。其生产全过程具体包括森林保护、育林、造林、采伐、集运、加工等一系列生产环节，是一个综合的物质生产部门。森林是以木本植物为主的植物群落与周围的非生物环境相互联系、相互制约所构成的生态系统。森林经营的目的不仅在于获得木材和其他林副产品，尤为重要的还要发挥森林涵养水源、保持水土、防风固沙、调节气候、净化空气、减少噪声、防止污染、保护和美化环境，以及保护生物种类资源的作用。

林业生产特点表现在：生产周期长，投资回收慢；森林培植和护理简单，所需劳动力少；林业有较大的适应性，分布范围广，可以有效地利用土地资源，可耕性差的荒山、荒坡均可营造森林。

根据森林的不同功能，我国将森林划分为五种类型：①防护林，以防护为主要目的，包括水土保持林、水源涵养林、防风固沙林、农田牧场防护林、护岸林、护路林、国防林等。②用材林，以生产木材、竹材为主要目的，如杉木林、毛竹林等。③经济林，以生产果品、食用油料、工业原料、药材等为主要目的，如板栗、油茶、核桃、桑树、果树等。④薪炭林，以生产燃料为目的，如速生和再生能力强的乔木、半灌木和灌木林。⑤特种用途林，以保护和美化环境、科学实验等特殊用途为主要目的，如实验林、风景林、自然保护区等。

2. 林业布局研究

林业布局研究的内容主要有：森林的类型、特征及地理分布规律，森林资源的数量、质量评价及地区分异；不同地区森林的经营类型、经营方针及林业分区研究等。实际工作中，林业布局有如下要求。

1）适地适树，不同的立地条件，选择不同的适生树种。我国从南到北树种分布呈明显的地带性规律。在华南南部等地以常绿阔叶、针叶林等热带和南亚热带树种为主；在华中、西南等亚热带地区，生长着常绿阔叶、针叶、落叶及阔叶树种；在华北温带地区，生长着针叶、落叶及阔叶树种。

2）根据栽培的不同目的，选择各类林木的分布地区。根据森林功能划分的五大类森林作用不同，其布局要求也不同，如防护林以防护为主要目的，包括水土保持林、水源涵养林、护路护岸林、田间防护林等。不同的防护目的，其适宜树种、分布地区、方式也不同。例如，水土保持林配置在水土流失区，以选择根系强大的乔、灌木为宜；农田防护林布置一般呈网状结构，且树干不宜过于高大；护路林则以树冠大和美观的风景林为主。又如，经济林可生产木本粮油、工业原料、药材、香料及果品等。这些树种具有特殊的经济价值，生物学特性各异，对产品质量和规格要求严格，都需要特定的环境条件和精细的管理，一定要选在适生区布局。

3）农、林、牧结合，合理安排林业用地。森林是一种多成分的、复杂的植物群体，森林生态系统对自然环境起着极为重要的平衡作用，对农业生产具有保护和促进作用。因此，一要保护现有森林资源；二要大力造林；三要全面考察、统筹规划。

4）以营林为基础，造管并举，采育结合，综合利用。这是我国总结多年经验提出的林业建设和林业布局的根本方针。林业生产周期长，少则几十年，多则上百年，在这较长的生产周期中，必须有营造、有管理、有采伐、有更新。只育不管、不采不育，都不能保证林业的发展，不能提高森林覆盖率和增加蓄积量。另外，各林区要尽可能开展综合利用。既要利用原木加工成品、半成品，又要利用采伐、加工的剩余物，制造人造板、纸浆、纸张、酒精、树脂等林产化工产品。

5）充分利用土地，发展林业生产。在建立林业基地的同时，大力进行各项绿化建设，城市还应进行公共绿化园林建设，充分利用一切可以利用的空间，实现大地园林化，既增加经济效益，又增加生态效益，改善生活环境。

10.4.3　畜牧业布局

1. 畜牧业特征分析

畜牧业是通过动物饲养、繁殖获得产品的物质生产部门。利用天然或人工栽培植物饲养牲畜和家禽，是畜牧业有别于其他农业部门的突出特点。畜牧业可以为种植业提供役畜和肥料，为工业提供肉、乳、蛋、皮、毛等多种原料。畜牧业有如下基本特征。

1）畜牧业的适应地域比农林业更为广阔。不仅广大的农业区可以发展畜牧业，而且不能从事农、林业生产的天然草原也可以进行畜牧业生产。但这并不是说畜牧业可以不考虑因地制宜，畜牧业的生产对象是动物，而动物各有特点，生态习性、种群结构特点和饲料各不相同，在有条件发展畜牧业的地方也应选择最适合的品种。

2）畜牧业产品营养价值高，其在农业中的地位越来越高。生产力水平的提高和人口饮食结构的改善，为牧畜业的发展提供了前提条件和动力。近年来，我国畜牧业生产的主要特点是猪肉和禽蛋产量的增长速度放慢，牛羊肉和奶类产量高速增长。目前，我国畜牧业产值占农业总产值的比重约为 33% 。与发达国家相比差距还比较大，如美国占 60% ，加拿大占 65% ，英国占 70% 。

3）畜牧业发展涉及两个过程：一是牲畜本身的生产过程；二是饲草、饲料和生产过程。必须将两者结合，才能从事畜牧业生产。首先，饲草、饲料生产畜场发展的前提，关系着畜牧业的规模和数量。对于牧区，草原是畜牧业的基础，草原的适宜载畜量是由草原的产草量、种类和质量及其生长条件决定的。农区饲草饲料的来源为：①建设专门的饲料生产基地；②利用城市或粮油副产品剩余物加工饲料，利用郊区蔬菜残次品作为青饲料；③利用四周草地自由放牧；④利用粗粮。其次，牲畜本身对自然条件的适应能力是不同的。例如，马、骡、牦牛、骆驼、绵羊等，一般不能适应湿热的气候环境，而水牛不适于在干燥的寒冷地区生长，山羊是山区饲养的主要对象。

2. 畜牧业布局原则

畜牧业布局主要解决草原规划、人工饲草饲料基地的布局、畜牧生产基地的选择和布局及畜禽产品加工和牧用工业的布局问题。

1）根据生产目的合理布局。畜禽按生产目的可分为役用、食用和毛皮三大类。若以发展役畜为主，应繁殖马、驴、牛等大牲畜；若以提供肉、蛋、乳食品为主的畜禽基地，一般设在消费区和有大量饲料来源的地区；以皮毛生产为目的牲畜，一般受自然条件影响较大，有其特定的繁殖和生产地区。

2）以草定畜，以料定畜。饲草饲料种类、数量及其质量是畜禽品种构成和畜禽群发展规模的先决条件，要首先研究各地的饲草、饲料结构和产量，以及各种牲畜的食草需求，才能确定畜禽品种的构成和规模。

3）牧工、牧农、牧林相结合。牧业与林业、农业既有相互依存、相互促进的一面，又有相互矛盾的一面，要妥善处理。牧工结合有两个途径：一是建立牧用工业，主要是为畜牧业服务的工业，包括饲料加工、各种牧用机械的制造与修配等；二是在畜牧业基地建立畜产品加工工业。

10.4.4 水产业布局

1. 水产业特征分析

水产业是水生经济动植物的捕捞、养殖、保鲜、加工、运销等生产环节的总称。以鱼类的捕捞、养殖和加工为主，所以又常称为渔业。

水产业是一个综合性的生产部门，捕捞带有狩猎、采集性质，水生动植物养殖具有农业性质，加工、运输具有工业性质，而保鲜、销售具有商业性质。

水产生产，包括海洋水产和淡水水产两部分。从经营方式看，可分为捕捞水产和养殖水产两类。捕捞水产是以一定水域的天然水生动植物为劳动对象，通过捕捞作业获取水产品。养殖水产是以天然水域或人工水域进行水生动植物养殖而获取产品的，所以又具有与种植业和畜牧业相似的特点。

2. 水产业布局要求

水产布局时应充分考虑以下因素。

1）水产业必须在一定的水域中才能生产，其生产和分布主要取决于水域的性状和饲料。水产业要与水生生物的生存规律相适应。

2）要有供渔民生产、生活的场所和渔船停泊的港口。同时也需要加工、保鲜的生产储藏基地。

3）水产业是一个综合性很强的部门，它要求在捕捞、养殖、保鲜、加工、运输和渔船、渔具生产与修理等各个环节协调发展，建立合理的比例结构。

10.4.5　城郊农业布局

城郊农业，是指在城市郊区发展起来的特殊农业部门（类型），主要由园艺业（包括蔬菜、瓜类、果园、花卉等）、牲畜和家禽饲养，以及部分耕作业所组成。

城郊农业一般需要劳动力多、集约化要求高，并要求具有丰富的生产技术经验和良好的运输条件，以及距离城市近等条件。因此，在具体布局时，必须根据蔬菜、瓜、果、牛奶等产量的多少，价值的高低，含水分的多少，耐储藏程度及成本高低等情况进行分析比较，选择最佳方案，实现合理布局。

城郊农业的类型，一般根据距离城市中心的远近、交通运输条件、圈层形式等，分为近郊农业与远郊农业。近郊农业以发展蔬菜、牛奶等为主；高纬度地带的城市，温室栽培也多集中在近郊区。远郊农业一般以发展耐储藏和便于运输的蔬菜与瓜果类为主，也可发展畜禽饲养及一些特产作物等。其中值得注意的是运输条件和费用这两个重要因子对城郊农业布局的影响。

小　结

本章详细地分析了农业生产的特点，包括农业生产交织统一的自然与经济再生产的过程，以及农业生产的季节性、周期性、地域性、对土地资源的依赖性和综合性；讨论了区域农业布局条件的分析评价，包括自然资源条件、社会经济条件、技术条件、原有农业基础和区域农业潜力等方面的分析评价；在区域农业经济（生产）结构基本特征分析基础上，重点讨论了区域农业总体布局的核心任务——区域农业经济结构（农业生产地域结构）确定的基本步骤和基本要求，以及区域农业经济（生产）结构合理性衡量指标；针对区域农业主要部门，重点讨论了种植业布局，并对林业布局、畜牧业布局、水产业布局和城郊农业布局的基本问题进行了概略介绍。

思 考 题

1. 如何理解农业生产的“自然与经济再生产过程的交织统一”这一主要特征？
2. 针对农业生产的综合性特征，区域农业经济（生产）结构建立过程中有何考虑？
3. 区域农业经济（生产）布局条件分析过程中，如何把握优势和发展潜力？
4. 如何理解区域农业经济（生产）结构？如何把握区域农业经济（生产）结构的实质？从哪几方面来分析区域农业经济（生产）结构的基本特征？
5. 如何理解区域农业总体布局的核心任务是合理确定区域农业经济（生产）结构？
6. 区域农业总体布局或区域农业经济结构（生产系统）建立时，如何体现因地制宜的基本原则？
7. 区域农业经济（生产）结构的合理性体现在哪些方面？如何定量描述？主要衡量指标有哪些？
8. 如何理解农业生产地区专门化与综合发展相结合？
9. 如何理解种植业布局的基本要求和主要决策？

第 11 章 区域工业布局

工业是国民经济的主导部门，它制约着其他经济部门的发展和进步。工业不仅生产人类所需要的生活资料，还为各经济部门生产原材料、能源和生产工具，是装备各经济部门的物质基础。区域工业布局是针对工业生产的特点和区域工业发展条件，运用一定的原理或遵循一定的原则将与之相适应的工业体系组织落实到该区域中的一系列决策，主要包括区域工业结构的确定和在工业区位（用地）选择基础之上的区域工业区的组织等。

11.1 区域工业布局条件分析

11.1.1 工业生产特点

工业生产活动包括两方面：一方面是对自然界物质财富的采掘和采伐（采矿工业和伐木工业）；另一方面是对矿产、农产品和畜产品等物质财富的再加工，使之变形或变质（各种加工工业、化工业及高新技术工业等）。

工业生产无明显的季节性和地域性。由于工业生产主要是物理和化学的变化过程，以及一定数量微生物的作用过程，因此，不像农业生产那样受到热量、水分、土壤资源所引起的时间（季节）和空间（地带）的严格制约，除少数部门（如制糖、制茶、晒盐等）外，只要具备原材料、设备、技术和劳动力等条件，人们就可以根据需要，进行生产和调整其发展规模。

工业生产过程与农业生产（作物栽培、动物饲养）的连续过程不同，可分为相对独立的许多阶段，如钢铁工业分为采矿、选矿、烧铁、炼铁、炼钢和轧钢等，但这些阶段可以依次安排，也可同时交错进行；可以在同一地点集中，也可分散在各地。

工业生产的阶段从生产完成的整体来看，其先后次序及比例关系是一定的（连续性和比例性），因此前向、后向关联的企业规模应是相适应的。

工业生产的专业化和协作化特性特别突出，随着技术的进步，为了产生更大的经济效益，工业内部日益走向专业化生产，产品单纯化和单一化使生产分工越来越细、越来越复杂，体系与协作越来越广泛，生产工业产品进行国际合作与联系已是非常普遍的，这一特性对工业布局的集中与分散、地区专门化与综合发展的决策有重要的影响。

工业生产不仅要求资源、能源条件的保证，在企业具体落实到地理空间中时，还要求有一定的建厂条件，包括用地、用水、用电、交通运输劳动力及环境卫生等条件。选择良好的建厂条件，其优点是投资省、建设周期短、工程质量高，易于迅速形成生产能力，发挥最佳的技术经济效果，有利于资源的合理利用和环境保护。

11.1.2　工业布局条件

区域工业布局条件的分析旨在通过定性、定量、定位、定时地把握区域各种影响工业布局的自然因素、社会经济因素和技术条件，明确区域发展的基础，评估潜力，找准区域工业发展优势和限制条件及存在的问题，为区域工业布局提供决策的依据。

对于大多数工业来说，影响工业布局的各种因素是错综复杂、变化多端的，它们相互联系、相互制约并受更大区域系统（包括国际因素）的影响，共同综合地对工业布局起作用，因此分析区域工业布局条件和把握区域工业发展的优势、不利因素和限制条件等，主要从以下六个方面考虑。

1. 原料因素

原料是生产资料的重要组成部分，是工业生产的加工对象和物质前提。原料按其加工程度，可分为原始原料和材料两类。凡是直接由农业和采掘工业提供的原料（如各种矿石、原油、原棉等）一般称为原始原料；经过进一步加工的原料（如金属、水泥、木材等）称为材料。两者统称为“原材料”。原材料按其在生产过程中所起的作用不同，可分为主要材料和辅助材料。凡是在生产过程中构成产品主要实体的原材料，称为主要材料。而参加生产过程，但不构成产品主要实体的，则称为辅助材料。原料按其来源不同，可分为工业原料和农业原料。工业原料包括矿物原料和人造原料两种。矿物原料包括各种矿石、煤、石油等。农业原料包括植物性原料和动物性原料。任何工业生产都离不开加工对象，工业产品的质量直接取决于加工对象原料的质量；工业生产的规模也取决于原料的来源、数量。因此，原料的质量和原料在地区的分布状况、分布范围、分布方式及分布数量，直接影响着工业的布局。

工业生产靠近原料基地，这对许多工业生产部门的布局来说都有很大的经济意义。工业生产靠近原料基地，可以就地取材，大大减少原料的运输距离与运费，减少产品的社会劳动总量，降低生产成本。特别是对于原料消耗量大的产品生产来说，更具有决定性的意义。

综合利用原料，是节省社会资源的巨大源泉。特别在化学工业的分布中，综合利用原料有着最普遍和最显著的经济意义。有时，那些低劣废料，往往可以作为其他工业部门的重要原料。综合利用原材料，也是工业生产联合化的基础。

2. 动力因素

动力因素对于经济区的生产力布局与国民经济发展有重大的影响。国民经济发展水平与社会劳动生产率的提高，直接依赖于动力发展的水平。

动力工业是国民经济的一个主要环节。动力工业的发展应该走在国民经济其他部门的前面。工业技术的进步使电能越来越广泛地应用到各个生产过程中，引起生产工艺过程中用电量的提高。

工业接近电源布局，可以产生巨大的经济效果，特别对那些用量大的企业来说尤其如此。需要接近电源的工业主要有有色金属工业（如炼铝、镁、钛、锂等）和电石等化学工业。它们是耗电量最大的工业。每吨产品的耗电量达1.6万~10万度。因此，它们的布局应尽可能接近大型的电源地区——大型水电站或使用廉价燃料的火电站。

3. 消费因素

工业生产尽可能接近消费地区是所有工业部门在工业布局时应当考虑的重要方面。市场容量和需要的变化决定工业的规模和种类。对许多工业和机械制造业来说，不宜运输、不易保鲜的产品多在市场附近生产。

4. 运输因素

这个因素应理解为将原料、燃料运到生产地，并将成品运到主要消费地区的运输工作总量和运输成本。运输因素对工业布局的影响是十分明显的，特别是对货运量大的工业的布局来说，往往起着决定性的作用。运输是社会物质生产的继续，在其他条件相同的情况下，由于交通运输不便，会增加运输费，提高产品成本。便利的交通，对缩短运输距离、降低运输成本有很大的经济意义。

5. 劳动力因素

各个工业部门和各种生产的技术特点对所需劳动力的数量和技能有不同的要求。劳动力数量和劳动力技能的保证程度，对于配置需要大量职工的企业或者技术干部比重大的企业具有重要意义。

工业活动对高素质的科技劳动力的需求越来越大，并且对于任何地区来说，高素质的劳动力都是不可多得的稀缺资源。

6. 工业原有基础

工业布局不是在原始自然状态中进行的，而是在前人已有的建设基础上开展的。工业原有基础，既包括历史遗留的物质基础，如工业发展水平、经济实力、基本建设设施、各种配套设施等，也包括历史遗留下来的精神财富，如工业科技水平、经营管理水平等。既要充分把握和利用其有利的、积极的一面，也要改造其不利、不合理的一面，如工业经济结构的不合理、工业布局零乱、基础设施不配套、污染严重等。

11.2 区域工业结构优化

区域工业结构是在区域条件分析基础上，建立起来的由各种关联关系将工业各部门连接起来的整体，它可反映出：区域工业产业链，生产技术联系与生产经济联系；区域工业的部门分工与协作及其在区域经济发展中的作用，包括主导产业、关联产业，基础性及地方服务产业；区域工业对生产力各要素投入程度的差异（关系），包括劳动密集型、资金密集型、能源密集型和技术密集型等产业；区域工业对当地资源的拥有和利用程度的差异，包括资源型、加工型和资源-加工混合型产业结构。区域工业结构的优化充分体现出区域工业布局应遵循因地制宜、地区专门化与综合发展相结合，统筹兼顾与综合平相衡结合的原则，系统科学地确定出合理的区域工业结构，集中表现出与区域资源结构相适应（发挥地区资源优势）、与技术发展水平相适应（技术集约化）、与区域各产业关联协调（分工与协作）、与区域系统变化及更大区域系统协调（应变能力）、与高加工度化和高附加值化结构性效益相一致等特征。

本书第7章比较系统地讨论了区域经济结构优化的标准及方式，以及主导产业、辅助配套产业和基础性产业所构建的区域产业结构模式，这里不再赘述，仅介绍资源型、加工型、资源-加工混合型产业结构的优化模式。

11.2.1 资源型产业结构

在自然资源（包括工业自然资源与农业自然资源）十分丰富的国家和地区，主要依靠当地资源发展工业、农业，并在此基础上形成相应的产业结构，即属于资源型产业结构。如俄罗斯、加拿大、澳大利亚和我国的黑龙江、内蒙古和山西等省份均属于资源型经济地域。

（1）资源型产业结构的特征

1）产业结构以当地的资源为基础，第一产业发达，基础工业雄厚，能源或原材料或农牧产品生产在全国或国际劳动地域分工中占重要地位。

2）这种产业结构类型的地域，向外输出的产品主要为能源、各种原材料、农矿初级产品、重型机械，输入的产品主要有高科技产品、各种机械及一些轻工产品。

3）资源型产业结构以重型结构为主，除初级产业外，加工工业则以耗能高和耗原材料多的部门为主。因此，资源型经济地域输出往往大于输入。在其发展的初级阶段，一般是投入多、产出少。

4）资源型产业结构层次的高低主要受生产力发展水平的直接制约。其生产结构的层次，有一个逐渐提高的过程：在发展的初级阶段，以农矿产品为主；到高级阶段，不但基础工业发达，而且加工工业的发展也具有较高的水平。

5）在资源型经济地域内，各大产业部门之间的生产联系远较加工型经济地域密切，如煤炭工业与钢铁工业、机械工业之间的紧密联系，石油开采与石油加工之间的紧密联系等。

6）资源型经济地域在其探明资源数量不变的情况下，由于生产的发展和资源的耗费，其经济类型将由资源型逐渐向资源-加工混合型，乃至向加工型过渡。

（2）资源型产业结构优化途径

1）构建生态化、低碳化发展模式是资源型产业转型升级的主要目标。当前，气候变化、生态环境等问题日益凸显，低碳、减排、绿色、环保正引起人们的高度重视，并成为国家乃至地区获取新的竞争优势的关键。只有构建生态化、低碳化发展模式，实现人与自然、经济与社会和谐发展，才能真正推进资源型产业可持续发展。具体而言，资源型产业应遵循生态经济发展规律和生态系统的高效、和谐、优化原理，以低能耗、低污染、低排放为基础，综合运用生态工程手段和现代科学技术改进生产方式，消除高能耗、高污染的根源，协调好保护生态与发展经济之间的关系，实现集约、高效的无废、无害、无污染生产。

2）提升自主创新能力是资源型产业转型升级的有效手段。资源型产业转型升级的过程，也是技术创新能力提升的过程。资源型产业要实现由粗放经营向集约经营转变，关键在于提升自主创新能力。应遵循生态发展规律，以循环经济理念为指导，以自主创新为手段，加大技术研发投入，利用现代高新技术和先进适用技术改造提升资源型产业，创新生产工艺，构建起符合循环经济要求的资源型产业高技术发展模式，以提高自然资源的开采率、利用率、回采率，实现剩余物与排放物的再利用与再循环。

3）完善体制机制是资源型产业转型升级的坚实保障。一方面，推进资源性产品价格改革。通过理顺资源性产品价格形成机制，促进资源型产业转型升级和健康发展。一是推进电力、天然气、成品油等能源价格改革，逐步理顺天然气与可替代能源的比价关系，继续完善成品油价格形成机制；二是稳步推进水价改革；三是全面推行城市污水、垃圾及医疗废弃物等处理收费制度，建立危险废弃物处理保证金制度，继续推进排污权交易试点，完善排污费征收使用管理制度等。另一方面，抓紧研究环境税、生态补偿、排污权交易等环境经济政策，按照市场经济规律的要求，运用价格、税收、财政、信贷、收费、保险等经济手段，建立激励和约束机制，调节和影响市场主体的行为，以有效引导资源型产业的发展方向，实现经济发展与环境保护双赢。

俄罗斯是一个典型的资源型国家，自然资源十分丰富，且种类繁多，在此基础上，形成强大的基础工业，如具有相当规模的农牧业。其产业结构如图 11. 1 所示。

俄罗斯的资源型产业结构属于中层次的资源型产业结构，农业、食品、轻工业仍是薄弱环节，其产业主要为资金密集型产业，技术密集型产业所占比重较小，还要经历较长时期才能发展成高层次资源型产业结构。

11. 2. 2　加工型产业结构

在缺少工业资源或者有一定资源，且生产发展水平较高，位置交通信息条件优越的国家和地区，往往形成加工型的经济地域。就国家来讲如日本和新加坡，就地区来讲如我国的上海和俄罗斯的中央区，都属于加工型经济地域。加工型经济地域的产业结构主要有下述六个特征。

1）这类经济地域主要不是发挥自然资源（主要是指工业资源）的优势，而是发挥位置交通信息条件和已有的经济基础优势，借助外地的能源和原材料，侧重于发展加工工业，因而，称之为加工型经济地域。

2）机械工业和化学工业为区域的主要部门，有的地区轻工业和食品工业也很发达。但各个地域由于条件和发展特点不同，具体的机械、化工，或轻工、食品的主要专业化也不一样。有的以汽车工业为主（如长春），有的以化工基本原材料工业为主（如吉林），有的则以发电成套设备制造为主（如哈尔滨）等。

3）加工型经济地域的第三产业较资源型地域发达，科技文教与信息化水平较高，加工型地域的城市群往往经济比较发达。

4）加工型经济地域内，大部门内的经济联系较大部门间的经济联系密切；与外区的经济联系较资源型地域密切、频繁。例如，俄罗斯的中央区形成机械、化工、纺织三大部门，其主要能源和原材料来自区外，产品主要销往区外各地。大部门内的各个细小部门之间联系十分密切，由零部件、半成品、中间产品到成品之间联系十分频繁。相比之下，机械、化工与纺织三大部门之间的生产联系则比较薄弱。

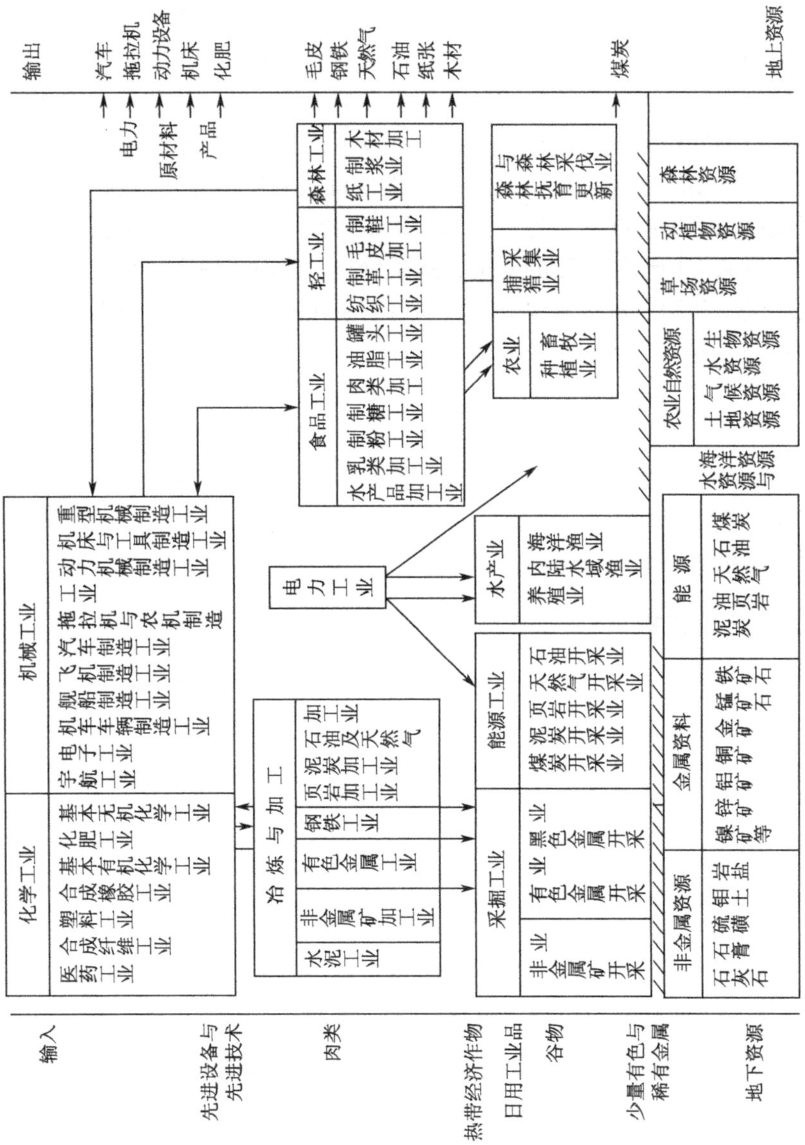

图11.1　俄罗斯资源型产业结构图

5）由于加工型经济地域的能源与原材料均来自区外，产品也主要销往区外，加工型工业多为减重工业，因此，输入量远大于输出量，一般投入少而产出大。

6）加工型产业结构的层次也有高低之分，低层次的主要指以劳动密集型和资金密集型为主的加工工业地域，多为一般性加工工业部门；中级层次的主要指资金密集与科技密集混合型的经济地域，加工工业的水平较高，如我国上海属于这一类型；高层次加工型地域主要指以科技密集型产业为主的经济地域，如美国的硅谷，日本的筑波城等，参见图 11.2。

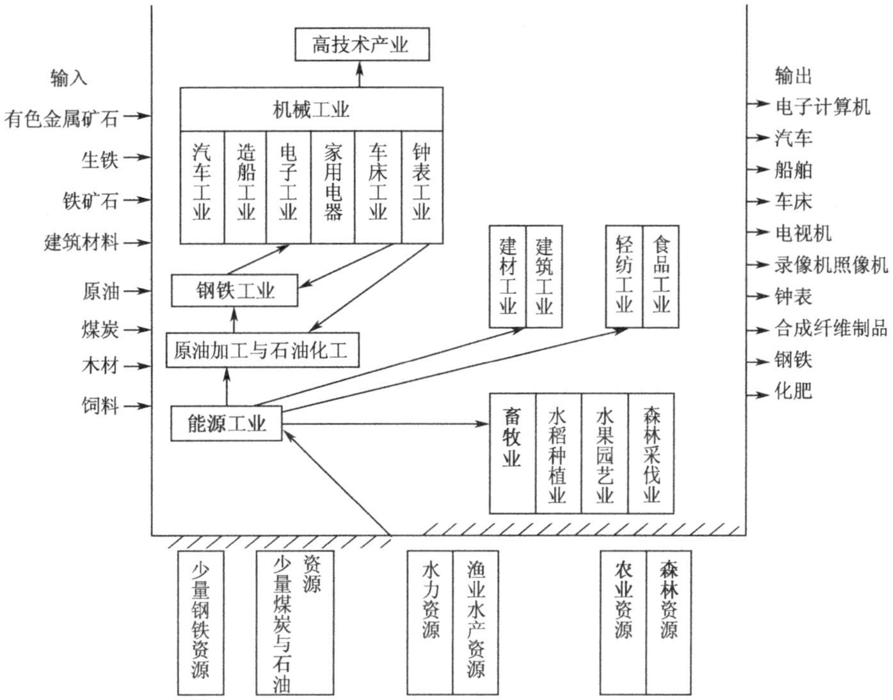

图 11.2　日本加工型产业结构图

加工型产业结构的特点及优化途径应包括以下三个方面：①以总部经济带动我国加工贸易产业结构调整。通过发展总部经济，使高新技术及研发机构更多地转移到我国，促进中心城市发挥产业和技术方面的优势，达到引导加工贸易朝高端产业发展的效果，争取让中心城市担当起高新技术产品开发和研究的重任，进一步提高和改善技术匮乏的状况，带动加工贸易技术的研发；形成我国的自主品牌，消化和吸收总部经济带来的新技术，进行积极的创新活动；改变我国加工贸易劳动密集型产业为主的现状，向技术密集型产业转变。要发挥政府的政策导向作用，通过政策上的优惠来吸引跨国公司设立总部。将技术水平高、增值潜力大的一些环节转移到我国，如研发机构等，用以发展新型的制造业（崔珏，2009）。其中，要以电子信息技术、环保型高新技术产业为重点，引导产业结构的调整和优化。②政府积极引导加工贸易的产业结构调整和优化。在促进我国加工贸易产业结构调整优化的过程中，政府的作用不可忽视。政府应营造激励加工贸易企业进行自主创新的政策环境，鼓励企业向研发、设计等环节转移；鼓励加工贸易企业设立自己的研发机构，向自主研发领域投资；加快我国国有企业的体制改革，让国有企业发展成为技术创新、产业结构优化的主力军，发挥模范带头作用。对于民营企业，政府要在政策上支持，鼓励民营企业走出小圈子，与大企业多开展交流合作。加工贸易企业要开展技术创新，就一定要有人才。政府不仅可以采取鼓励外资企业人力培训的政策，还需要从宏观层面出发，把握好大专院校的教育培养方向，使人才的培养适应于企业的需要。另外，政府可以出台切实可行的政策、措施等推动自主品牌创建。③通过企业转型带动加工贸易产业结构调整。产业结构的调整离不开企业的转型，尤其在加工型企业加大研发投入，设立研发机构方面要重视起来，在引进技术的同时，要消化、吸收、创新，形成自身的技术创新体系。企业要花大力气增加在研发方面的投入，从物质上保障企业研发活动的顺利展开，并设立自己的研发机构，增强自己的研发能力。此外，企业还应促使自己的研发机构积极与大专院校和科研院所进行合作，提高自身技术水平和创新水平。当今世界，品牌竞争已经成为一种主要的竞争，加工型企业要强化自主品牌发展的意识，注重保护知识产权，创立并发展自己的品牌。可与专业公司合作，创建培育自主品牌。通过企业转型带动加工贸易产业结构调整，对人才培养的注重是十分必要的，企业要投入教育经费对企业内员工进行培训，为人才的脱颖而出创造有利条件。总之，加工贸易企业应该增加人才和研发投入，逐步增强自身的技术研发实力和创新能力，创建培育自主品牌，实现从中国制造向中国创造的转变，并以此促进加工贸易产业结构的调整和优化。

11.2.3 资源-加工混合型产业结构

资源-加工混合型产业结构是由资源型向加工型的过渡型，即两者的混合型。有些国家和地区拥有某些资源，并具有区际意义，但是主要资源种类不全，需依靠其有利的位置交通条件，利用外地的资源发展加工工业。也有些国家和地区，原为资源型经济地域，但由于某些资源逐渐枯竭，利用外区资源的比例逐渐增加，从而形成资源-加工混合型地域。

资源-加工混合型地域既有以上提到的资源型的特征，又有加工型经济地域的特点。这一类型经济地域的产业结构依据其生产力发展水平，也有高、中、低层次之分。我国吉林省是处于较低层次的资源-加工混合型的经济地域。该地域具有一定的资源优势，在丰富的森林资源和优越的农业资源基础上，形成了森林采伐—木材加工—林产化工、粮食—饲料与食品加工—轻工业两大部门系列。同时，其位置、交通条件比较优越，利用外区的钢铁原材料和一定的能源，形成了以汽车为主的机械工业和化学工业两大系列。吉林省产业结构模式见图 11.3。

资源-加工型产业结构的特点及优化途径应包括以下几个方面。

1）区域产业结构层次，都有一个从低级层次不断向高级层次转化的过程。认识这一规律，掌握产业结构的发展变化过程，调整一、二、三产业的结构。重点提升支柱性产业和高技术产业所占比重，如农产品加工业、电子信息、医药、石化、新材料和装备制造业等，从经济地域的实际情况出发，积极创造条件，促使产业结构的不断完善和层次的不断提高。

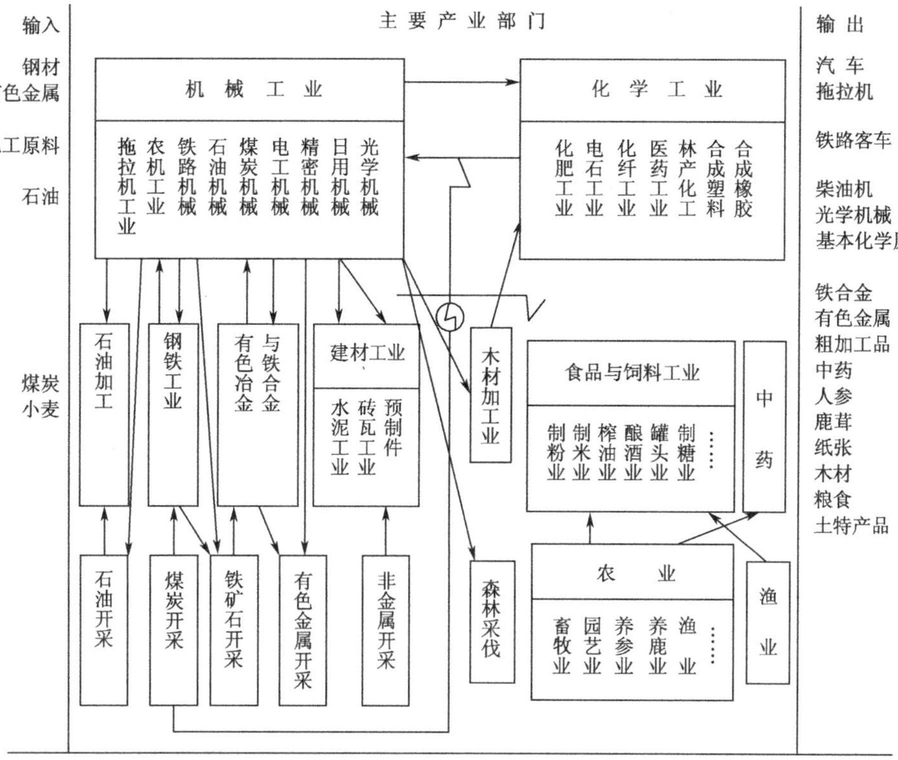

图11.3　吉林省产业结构模式图

2）任何区域在其资源探明储量没有明显变化的情况下，随着生产力的不断发展、资源的逐渐消耗，产品结构也应随之发生转变。应大力开发和生产低能耗、高附加值产品，选择有市场前景、对经济发展拉动作用大的高新技术项目，发展循环性产业，最终实现产业结构由资源型逐渐向资源加工混合型，最后向加工型演变。

11.3　工业区的组织

工业区是工业成组布局的地理空间表现形式，是指在一定地域范围内相对集中的若干生产、技术、经济相互联系的工业群体（有机整体）。工业区是工业专业化的生产地域组合，以专业化生产为核心进行工业生产各种形式的协作是其主要特征。

把工业适当集中在工业区内，具有以下优点：①便于进行生产协作，如在原料、燃料、产品、生产技术和加工过程等方面进行协作，能加快生产过程，降低原料和相关成品的运输费用，有利于生产的发展。②有利于原料的综合加工，如合理的副产品及“三废”的回收利用（如磷肥厂和氮肥厂之间的副产品相互回收利用和处理）。③可以建设各种公用设施，节约投资，如共同铺设铁路专用线、敷设工程管线、修建热电站和辅助车间、建立联合供水和排水设施、共同修筑道路及服务性的福利设施等。④节约用地，如联合修建办公室、食堂、卫生所、消防站、车库等。

11.3.1 概述

1. 工业区的性质

工业区是城市用地的重要组成部分。一般根据生产特点和生产中的协作关系组成各种不同的工业区，如以某种工业为主、具有密切联系的同一性质的冶金、化工、纺织、机械、建材等专业工业区，根据协作关系形成的综合工业区，对环境有共同要求而形成的综合工业区（以电子、仪表工业为主的工业区，以资源开发为基础的工矿区，多分布于综合工业区）。

在专业工业区中以主体工业为主，配套工业为辅。例如，冶金工业区除炼铁、炼钢、轧钢等主要工业外，同时建有热电、炼焦、耐火材料、机修等配套厂；机械工业区则包括各种不同的机械厂，如20世纪80年代湖北武汉关山工业区内，汽车配件厂、鼓风机厂、汽轮机厂、汽车标准件厂、农机厂、缝纫机厂、电机厂、微型电机厂等形成了有机的整体。

工业区应该有一个统一的规划，区内布局应该紧凑，各厂不应自成一套，要注意节约用地。

2. 工业区的组成

工业区的基本组成包括：①生产厂房。以工厂为单位，包括生产车间和辅助车间，是工业区的重要组成部分。②仓库。包括原料、设备、成品、半成品仓库。③动力及市政设施，如氧气厂、电站、空压站、油库、水厂、污水处理厂及各种工程管线应统一修建，共同使用。④维修与辅助企业，如机修、工具车间等可联合修建成专业厂，既可提高设备利用率又可减少环境污染。⑤综合利用和加工工业。利用工业“三废”、边角料，以及为大工厂配套加工的工业，既解决生产需要，又有利于各种劳动的安排。⑥运输设施。联合修建铁路专用线、公路、航运码头、连续运输的管道、索道等，可显著节约投资，加快建设速度。⑦公共服务设施。包括厂区公共服务设施，如办公室、医院、食堂、浴室、车库、停车场等。当企业规模小时更要求工业区内联合修建公共设施。⑧科学实验中心。包括设计院、研究所、实验室、技校等。由于近代工业的发展主要依赖科学技术的发展，工业区中科研机构的设置成为不可缺少的内容，这些科研机构可布置在厂前区（行政区）中，也可布置在居住区或工业区之内。如哈尔滨动力工业区中的电工学院，哈尔滨量具刃具厂技校设置在相应的厂前区中。⑨卫生防护带。根据工业生产特点确定所需宽度，也可与休闲娱乐场所很好地结合，并起到美化环境的作用。以前我国一般工业区内，都安排有与工业生产配套的职工住宅及生活服务设施，如学校、商店、邮电局、医院等用地，属典型的生产-生活地域综合体。早期许多科技工业园也将职工住宅、生活环境的建设作为重要组成部分。随着经济的发展和社会的进步，住宅建设社会化，城市中住宅区（生活）与工业区（生产区）逐步分离。

最近，随着可持续发展战略在全球的推行，传统的以资源粗放利用和废弃物任意排放为特点的线性经济活动逐渐被一种新兴的以循环利用、废弃物回收利用和资源节约利用

(recycle, reuse, reduce, 简称“3R”) 为特征的循环经济被提出，相应地出现了生态工业区这种新型工业园区。它从保护人类健康和全球环境的高度出发，摒弃片面强调产品收益的高投入、高消耗、高污染的传统生产模式，摒弃转嫁污染和以末端处理为主的被动污染防治战略，加强物质、能量的循环利用，变“废”为宝，将污染物消除在工业生产过程中，走一条污染防止的发展之路，并对产品的生产、流通、交换和消费的全过程进行监制。

3. 工业区规模

工业区的规模随着城市的性质、工业的内容与性质、工业区在城市中的分布及建设条件和自然条件而有所不同。工业区规模过小，无法提高各种设施的协作效益；工业区规模过大，会产生集聚不经济。因此在城市中组织工业区应注意其合理规模。我国城建部门曾提出这样的标准：工业用地面积不超过800hm^2，职工人数不超过6万，工业区中项目则以10～15个为宜。在30万人口以下城市可安排1～2个工业区，30万～50万人口城市可安排2～3个工业区。

4. 工业区的布置方式

影响工业区布置方式的因素是多方面的，如工厂的工程地质要求、运输方式及工程管线的联系等。但重点是研究如何正确处理工业区与居住区之间的位置关系。合理处理工业区与居住区之间的关系应注意下列主要条件。

1）用地发展条件。工业区与居住区的用地，不应妨碍它们的正常发展，应避免居住区包围工厂，使工厂难于扩充，或工业分割，切断居住区等。必须保证它们得到协调和健全地发展。

2）卫生条件。保证居民避免或少受有害气体、烟尘、废渣、废水和噪声的影响。

3）交通运输条件。工业区尽量接近居住区，与居住区有便利的交通联系，同时也要保证有便利的生产通道，生活、生产通道不要相互干扰。

4）市政设施条件。工业区与居住区的布置，应能共同使用市政、给排水（工业和生活污水的处理）、热力、煤气供应系统等。

布置工业区时，必须同时考虑居住区的布置、工业区与居住区的相对位置和布置形式，一般有以下三种布置方式。

1）工业区与居住区平行布置（图11.4）。城市干道一侧为工厂，另一侧为居住区，长边相对。这种布置的优点是工业区与居住区的关系比较好，市政设施便于共用，职工上下班方便，并有林荫路隔开，工业区与居住区各向平行发展，相互干扰小。

2）工业区与居住区垂直布置（图11.5）。这种布置方式的优点是工人上下班的道路不为工业区内铁路所隔断，但不可避免地要穿过整个厂区。正面的长度较短，防护带减少，可以节约建设费用，市政设施条件便于共用。

3）混合布置方式（图11.6）。工厂区及居住区分散布置，基本上是一厂一个居住区。部分职工上下班虽然比较方便，但是工业区和居住区干扰，用地极不紧凑，市政工程建设极不经济，也难以组织公共服务设施。

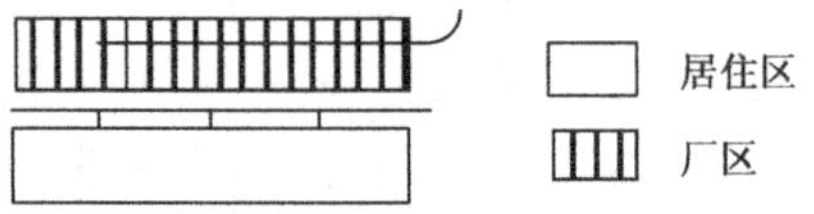

图 11.4　工业区与居住区平行布置

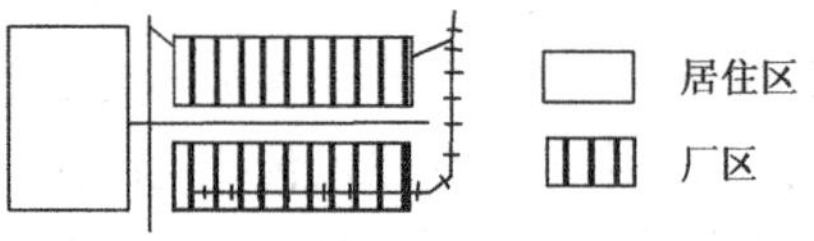

图 11.5　工业区与居住区垂直布置

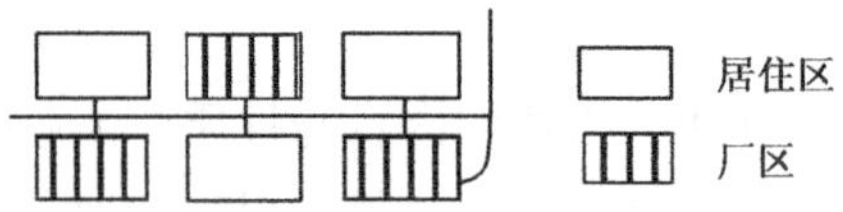

图 11.6　工业区与居住区混合布置

11.3.2　城市工业区

城市工业区往往是区域的经济主体，是城市的重要组成部分。

工业在城市中的位置，可以根据生产的卫生类别、货运量及用地规模分为三种情况：布置在远离城区的工业、城市边缘的工业和城区或居住区内的工业。

对工业的各种特点（如原料来源、生产协作、运输、能源、水源、劳动力、有害影响等）进行全面分析，确定影响工业布置的主要因素，将各工业布置在城市的不同地段。特别要指出的是各类工业布置在城市的不同地段且有许多不同特点，必须细致分析，才能使布局真正科学合理。例如，木材加工工业中地方性木材加工，一般布置在城市边缘，但木材加工联合企业则宜布置在原料产地附近，远离城市地段。捷克建筑研究院编制了不同性质的各类工业在城市中的常设位置及适宜位置表（表 11.1）。

表 11.1　各类工业在城市中的位置

工业部门	工厂位置		
	城　外 工矿地区	城市中的 工 业 区	居住区附近 的生产小区
1　采掘工业	■	▒	
2　动力工业	■	▒	
3　化学工业	■	▒	
4　冶金工业	■	▒	
5　机器工业和金属加工厂	▒	■	▒
6　建筑材料、玻璃、陶瓷工业	■	▒	
7　木材工业	▒	■	
8　纺织、服装、制革工业	▒	■	▒
9　印刷、电影、留声机工厂		■	▒
10　食品工业	▒	■	▒
11　地方性工业	▒	■	▒

注：■工业通常设置的位置；▒工业适宜的或容许的位置。

1. 布置远离城市的工业区

由于经济、卫生和安全的要求，有些工业宜布置在远离城市的地方，如砖瓦、石灰、矿、木材加工等原材料工业，有爆炸、火灾危险的工厂，有严重污染的钢铁联合企业和石油化工联合企业，有色金属冶炼厂等。为了保证居住区环境质量，这些工厂与居住区之间应保留足够的防护距离。

对城市污染不大的工业，规模又不太大时，不宜布置在远离城市的地段。例如，与第二汽车厂配套的电器厂和工具厂，只有 1000 人，对城市污染不大，却布置在远郊区，由于居民有限，公共设施无法配套，造成了居民生活上的不方便。

2. 布置在城市边缘的工业区

对城市有一定污染、用地大、货运量大、需要采用铁路运输的工厂应布置在城市边缘。这类工厂有生产、工艺、原料、运输等各方面的联系，宜集中在几个专门地段形成不同性质的工业区，但不应形成对城市的包围，要有利于各自的发展。

3. 布置在城市内或居住区的工业

一些污染小、用地小、无需采用铁路运输、货运量不太大的工业可布置在城市内或居住区内。这类工业包括：①小型食品工业，如牛奶加工、面包、糕点、糖果厂。②小型轻纺和服装工业，如缝纫、服装、刺绣、鞋帽、针织厂等。③小五金、小百货、日用工业品和小型服务修配厂，如小型木器厂、藤器厂、纺织厂、搪瓷厂。④文教、卫生、体育器械工业，如玩具、乐器、体育器材、医疗器械等。

机械与半机械操作、对外有协作联系、货运量达 3000 ~ 4000t/a，有噪声、易燃物和微量烟尘、用地达 $30hm^2$ 左右的中型厂（食品厂、粮食加工厂、纱厂、针织厂、木材加工厂、制药厂、机械修理厂、无线电厂等），则应布置在城市内的单独地段。这种地段形成的工业街坊应布置在靠近交通道路的地方，而不宜布置在居住区内部。

对居住区毫无干扰的工业为数不多，一般工厂都有一定的交通量和噪声。由于工厂规模较小，布置得当，可以使居住区基本上不受影响，如缝纫、玩具制作、文教用品工厂及其他手工业、手工艺制作等。这类工厂可以布置在小区或街坊的边缘，或者居住建筑底层，有时也可沿街布置（某些为生活服务的手工业等，可在后面生产，临街作为销售门市部）。

有些用地不大、生产上要求有较好的卫生条件和安静环境的工厂，如精密仪器、香料厂等，这类工业在建筑造型上可处理得较好，因此，可以布置在小区与小区绿化、生活中心相结合处，也可以布置在城市绿化区之中。

11.3.3　高技术区

按照功能的差异，可将高技术区划分为科技工业园区、技术城和高新技术加工区三种类型。

1）科技工业园区。是一种科学研究与工业生产相结合的综合体，是科研成果商品化的区域，其功能以研究开发为主，包括产品试制和开发生产，而不具有大批量制造、销售、管理或其他实业性功能。园内主要从事高技术产品的研究与开发活动。它是一种加强大学和科研单位与工业生产相结合而发展起来的空间形式。例如，美国的硅谷是斯坦福大学建立起来的科技工业园区，波士顿128号公路旁的科技工业园区建设吸引了麻省理工学院等学校实验室、科技人员组建高技术公司并向495号公路发展，形成了巨大的科技工业园区。

2）技术城。最早来源于日本，是一种具有研究开发、产品生产和生活居住三种功能的新型的产业城镇。这种技术城与科技工业园区最大的区别是技术城追求一种理想城市环境，把高技术产业、优美的大自然环境和现代文明融合为一体，如日本的筑波城，法国巴黎南部的法兰西科岛科学城等，这些技术城都具备了研究开发、产品生产和生活居住等功能。

3）高新技术加工区。高新技术加工区是世界出口加工区（又称自由贸易区、自由关税区即保税区、工业投资区、边境工业区等）由劳动密集型向技术密集型转换过程中出现的新型加工区。最早出现出口加工区是爱尔兰在香农国际机场附近建立的发展出口加工工业为目的自由贸易区，20世纪60年代以后发展中国家和地区为发展本国经济，苦于缺少资金和技术，并受到香农加工区的成功启发，希望利用本国丰富的劳动力资源，引进资金和技术，建立出口加工区以刺激经济发展。另外，发达国家在发展高新技术时，本国的研究开发能力有限、技术工人不足，并发现发展中国家劳动力成本较低，将廉价劳动力经培训后，即可把高新技术生产转移到出口加工区，而高技术产品轻、薄、小，并且运费成本低，也为高新技术生产业向出口加工区转移创造了条件。因此高新技术加工区在发展中国家有一定发展，如波多黎各的马亚圭斯、印度的坎德拉。我国台湾的高雄楠梓区和台中等出口加工区逐步由劳动密集型向技术密集型发展，形成了高新技术加工区。

影响高技术区的区位因素与传统产业区或城市有很大不同，这主要是由作为高技术区主体的高技术产业的特征所决定的。

传统产业由于往往是资源制约型的产业，对原材料、能源、劳动力等依赖性很强，同时其原材料、产品的运输是生产过程中一个重要的组成部分，所以，传统产业的区位选择往往要考虑接近原材料产地、接近市场、接近水源地、劳动力资源丰富、交通便捷等因素。

而高技术产业所需原材料与传统产业相比要少得多，对资源的依赖性不像传统产业那么强，其产品体积小、重量轻、运输方便，自然运量较小。所以其选址不必像传统产业那样受到自然环境的限制。但是，高技术产业要求较高的智力资源，对信息的依赖性强，对资金的需求量大，对环境质量的要求高，对各种服务的需求多。也就是说，高技术产业对于软环境的要求远比对于硬环境的要求高得多。特别是在选择高技术区这样一种集约发展模式时，这些软要素的影响更加突出，几乎对区位选择起到决定性的作用。

综合各国的经验教训，高技术区的区位选择，应该集中考虑下列因素：智力密集程度、开发性技术条件、信息资源条件、基础设施条件、生产和生活环境。

(1) 智力密集程度

智力是一种资源，不仅包括个人的才智，更主要的是指智力资源组织形式，即具备相当科学知识与专业技能的人才所构成的研究机构或开发部门，如大学、研究所等。也就是说，是否具备高水平的研究和开发能力。

例如，美国著名的硅谷，区内拥有 8 所大学、9 所社区大学和 33 所技工学校，其中，斯坦福大学是著名的电子学研究中心，拥有大量多学科的专门人才。这些智力资源一方面不断地为高技术产业进行指导、咨询，另一方面为硅谷输送大量人才，使得硅谷在电子科学领域处于领先地位。又如，美国波士顿 128 号公路技术园区的建设，得益于区内的麻省理工学院和哈佛两所世界名牌大学的智力支持。中国的高技术区一般也是首先依托于智力资源比较密集的地区。例如，北京新技术试验区主体中关村电子一条街就是获益于附近的中国科学院众多研究所和北京大学、清华大学等几所大学。

这种高层次的智力资源与生产直接结合，为高技术产业的发展提供了必不可少的支撑条件，有利于把科研成果直接转化为产品，创造出经济效益和社会效益。因而，这种资源的富集程度往往成为高技术区区位选择的首要导向因素。另外，高技术区可以为智力资源提供科研选题的导向，为科研成果的商品化提供最简捷的途径，为学术交流、人员培训提供最好的机会。所以，智力资源的开发也有赖于高技术区的发展，二者的有机结合是时代发展的必然。

（2）开发性技术条件

智力资源密集为高技术的发展提供了可能性，但是，高技术产业能否在某一特定区域内健康地发展还有赖于与其发展相关联的市场、服务等因素。主要包括四个方面：①作为开发基础的区域技术开发能力。也就是说，该地区是否具有能把研究成果迅速转化为产品的技术素质，拥有新材料、新能源及相应的科学技术手段和运用这些手段的技术人才。②区域开发技术能力。一般认为，高技术产业的发展需要有基础性技术、关键性技术、先导性技术等，它们为开拓新产业奠定了技术基础。而这几方面一般都是在一个大城市或区域内比较集中。因此，高技术产业往往在大城市地区孕育。③具有多种方向的中试功能。高技术产业产品更新换代远比传统产业快，新产品不断问世，对于产品中试的需求特别大。通过中试，把成熟的技术孵化为产品，为大规模总人口化生产做好准备。因而，不是要求一般的实验室生产车间，而是要求装备精良、人员素质高、具备工业性试验的条件。因此，拥有中试孵化功能的区域往往表现为经济、技术条件较好的产业发达地区。④拥有能够吸纳高技术的大工业基础。高技术以精细为主要特点，但是，其产业化的产品同样包括大量传统工业的成果，因此无法脱离传统工业而独立存在，需要大工业客观存在的技术支持，促进产品扩散，同时，大工业也需要依靠高技术实现生产的现代化。也就是说，以高技术的创新为龙头，包括创新、吸收、扩散一系列完整的过程，带动整个区域经济的发展。

（3）信息资源条件

谁拥有信息，谁就在生产竞争中处于优势地位，对传统产业如此，对于高技术产业更是这样。随着世界由工业社会逐步进入信息社会，世界各国已经将信息资源视为一种与材料、能源、资金同等重要，甚至更加重要的资源。对于信息资源条件的评价一般包括以下几个方面的因素：信息资源的数量、覆盖面积、传递速度、相互关联程度、获得的方便程度等。

(4) 基础设施条件

高技术产业除了一般产业发展要求的基础设施条件外，特别强调基础设施的质量。例如，交通运输方面，高技术产业不像传统产业那样消耗大量的原材料，产品体积往往也不大，因而，对于运输的要求是快速、方便，尤其以航空或高速公路为理想的运输方式。通信条件的好坏对于高技术产业至关重要，特别是大通量、网络化的通信媒体更是必不可少。能源方面，要求洁净、可靠的能源供应，供水方面对于水质的要求也比传统产业苛刻得多。效率在高技术产业的发展中占有特别重要的地位，因而，适于其发展的环境往往是大城市地区。

(5) 生产和生活环境

高技术产业对于环境的要求非常严格，这是由其生产特性所决定的。例如，微电子产品的生产往往要求恒温，空气中悬浮尘埃、有毒成分的比重必须达到非常低的水平等。因此，这类产业的布局一般选择在环境质量好的地区，这样可以降低维持日常环境所需的费用，保证产品质量。

另外，高技术产业的就业岗位对于人员的素质要求很高，其中科学家、设计师、熟练技术工人占绝大多数，他们一方面要求良好的工作环境，另一方面也追求良好的生活质量。在他们生活的社区里，希望能有良好的社区设施、美好的居家环境，而且要求一种激励创新的氛围。

从以上的分析可以看出，高技术产业区的建设首先要选择智力资源密集、具有一定技术孵化能力的地区，这些地区一般要求有良好的交通和通信条件、丰富的信息资源、洁净的环境及优良的社区生活品位。这些都是在高技术区规划建设中应该充分考虑的因素。

11.3.4 生态工业区

生态工业区是依据生态学原理由多个企业相互结合而成的有一定物质循环、能量流动、信息传递和价值增值等内在联系的工厂群体。在生态工业区内各个企业是按一定的生态工业链（网）加以联结构成一个完整的有机整体。在生态工业链（网）的每一个环节中，即每个企业的生产过程中，都不仅是经济投入和产出，也不仅是生态的投入和产出，而是生态和经济相综合的投入和产出。

生态工业区与传统工业区有重要的区别，其运作是由体现生态学原则的园区设计来实现的。主要包括以下五条原则。

(1) 生态链原则

要求在设计生态工业区时，首先考虑成员之间在物质和能量的使用上是否形成类似自然生态系统的生态链或食物链。只有这样才能实现物质、能量的封闭循环和废物最少化。园区的组织是有着市场供需关系的成员在地域上的邻近，成员之间是否具有供需关系，以及供需规模、供需稳定性均是影响生态工业区发展的重要因素，特别是废物、副产品的供需关系影响园区的废物再生水平，如果供大于需，即废物的产生量大于相关企业的需求、消纳能力或者是种类上不匹配，则废物减量化目标难以实现。

(2) 工业生态系统整体性与成员个体性相统一的原则

生态工业区既追求园区整体乃至整个区域的经济和环境效益，也追求成员自身的经济效益和环境业绩，即需要保证系统整体性和成员个体性的统一。

(3) 多样性原则

工业区组成和相互间的联系要多样化，而且要有创新性，不能一成不变，这样才能保证工业生态系统的平衡和稳定发展。

(4) 经济、社会和环境和谐的多功能性原则

经济、社会和环境的和谐是可持续发展的基础，是生态工业区建设的基本目标。因此，生态工业区必须要具备经济、社会和环境的多种功能和多重效益。

(5) 园区空间组织和联系的高效性原则

在追求经济成本和环境成本优势的市场里，仅仅是地域上的邻近已不足以确保现代企业的竞争力。因此生态工业区要求形成高效的工作系统，区内保持良好的友邻关系，即园区内企业、政府和社区间有着紧密、高效的合作和交流关系。

由于生态工业区是具有一定循环利用资源的工矿企业在生态城市一定地域的集聚，因此在生态工业区选址、布局和安排产业结构与企业类型时，要有利于各种资源的综合利用，或能在空间上为综合利用资源创造有利条件，要求所在的地域能够提供资源条件、交通条件和空间条件，以便于在生态工业区内建立各个企业共用的交通运输、能源电力等基础设施或自然资源。即要求在生态工业区规划和建设时，要依据当地的优势资源条件和发展潜力，将各个专业工厂有机地联系成一个综合生产体系，统一组织物料的纵向和横向联系，形成生产链和生产网络，确保原料的充分利用，并消化各种“废料”，实现物料的再循环，推进工业区生态环境、生产和生活的最优化，同时减少工业区运输量，减少能源消耗。此外，还应重视厂区绿化，应主要针对污染，结合工厂类型、性质和特点布局相应树种，确保生态要求的第一位，一般生态工业园区的绿化面积至少要占厂区总面积的 30% 以上。

生态工业园中的企业模仿自然界生态系统，相互之间存在协同和共生关系，最大限度地充分利用资源和减少负面环境影响，最终达到工业可持续发展的目标。它是一种将经济和环境有机结合起来的新思维，是一种开拓未来的战略，注重经济的可持续发展。具有以下基本特征：①紧密围绕当地的自然条件、行业优势和区位优势，进行生态工业示范园区的设计和运行；②通过园区内各单元间的副产物和废物交换、能量和废水的梯级利用及基础设施的共享，实现资源利用的最大化和废物排放的最小化；③通过现代化管理手段、政策手段及新技术（如信息共享、节水、能源利用、再循环和再使用、环境监测和可持续交通技术）的采用，保证园区的稳定和持续发展；④通过园区环境基础设施的建设、运行，企业、园区和整个社区的环境状况得到持续改进。

以美国俄克拉荷马州规划中的 Chactaw 生态工业园为例，园区充分利用当地丰富的特定资源，采用绿色的废物资源化工艺构造出革新工业生态链，并围绕核心工业生态链进一步扩展成工业生态网（图 11.7）。

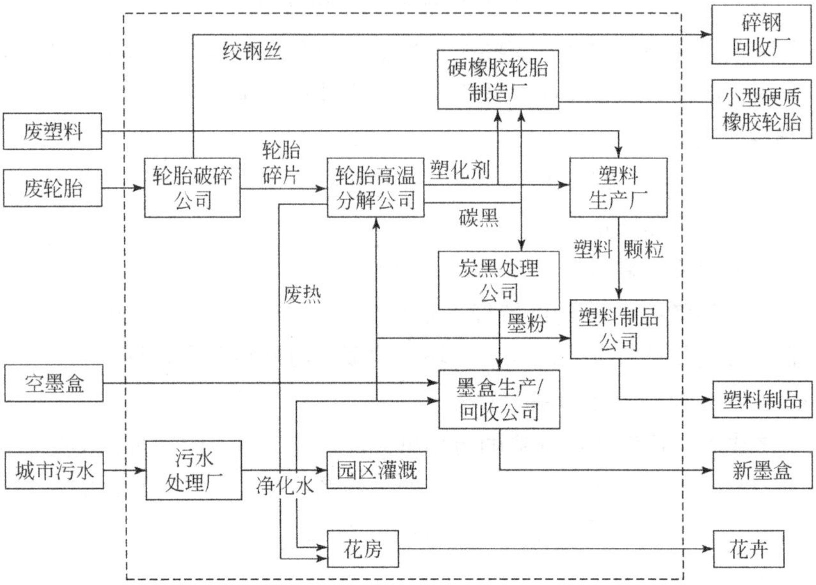

图 11.7　美国俄克拉荷马州规划中的 Chactaw 生态工业图

11.4　工业布局的环境保护措施

11.4.1　环境问题

在农畜牧业产生以前，人类只是自然食物的采集者和捕食者。从人与环境的关系看，这一时期，人类只是利用环境，而很少有意识地改造环境，因此出现的环境问题，主要是人口自然增长和乱采乱捕、滥用自然资源所造成的物种的减少、生活资料的缺乏，以及由此引起的饥荒。

农业畜牧业的出现，是人类生产发展史上的一次重大变革。这一时期，随着农业和畜牧业的发展，人类对环境的改造作用不断地加强，与此同时，人类也因为破坏环境而受到了自然环境的惩罚。例如西亚的美索不达米亚、中国的黄河流域，本来是人类文明的发源地，但由于大规模地毁林垦荒，造成严重的水土流失、河水泛滥，以致良田美地逐渐沦为贫壤瘠土。又如，盲目兴修水利，发展灌溉业，造成土壤盐渍化、沼泽化及血吸虫病的蔓延。而且在这一时期，城市附近的水质变坏，不能饮用，导致城市迁移。例如我国在隋唐时代，长安城由汉朝的旧址向东南迁移，其主要原因是原长安城的饮用水源遭到了污染。可见，农耕时代的环境问题远远超过了漫长岁月的采集捕食时代的环境问题。

现代工业的出现，是人类与环境史上又一次重大的变革。现代工业，在大幅度提高劳动生产率、扩大人类利用和改造环境能力的基础上，能够大规模地改变环境的组成和结构，从而也改变环境中物质、能量和信息的传递系统。人类活动领域扩大，丰富了人类的物质生活条件，但也带来了新的环境问题。这个新的环境问题主要是工业生产资料的生产，把大量深埋在地下的矿物资源开发出来，投入到环境之中，许多工业产品在生产和消费过程中排放的废水、废气、废渣大多是生物和人类所不熟悉的、难以降解同化和忍受的。其规模之大，影响之深远是前所未有的。特别是20世纪50年代以来，社会生产力和科学技术突飞猛进，人类征服自然的能力大大加强，与此同时，环境的反作用也日益剧烈。

11.4.2　环境污染

环境污染是指污染物进入环境中的量超过了环境对污染物的承受能力——环境容量，即环境容纳、消除和改变这种代谢产物的能力时，环境质量恶化，最终对人体健康、动植物正常生长或自然生态造成危害的现象或情况（状态或过程）。

环境污染是多方面的，内容和形式也极其复杂。按照不同的受污领域可分为大气污染、噪声污染、水体污染和土壤污染等。按污染作用的性质和形态可分为物理性（声、光、热、辐射等）、化学性（有机物和无机物）、生物性（霉素、病菌等）污染。

环境污染源是多种类型的，内容和形式相当复杂。污染源是指产生污染物的设备、装置和场所等。根据污染源的动态特征，可分为固定性污染源和移动性污染源。考虑与生产生活过程相一致的排放特点，还可分出工业污染源、农业污染源及生活污染源。工业生产排出的废气、废水、废渣，是造成环境污染的主要污染物。

11.4.3　环境保护措施

工业布局在用地选择时，应根据各地区的环境容量，特别是环境自净能力的特点（环境容量的地域分异），尽可能地发挥环境自净能力，选择环境自净能力大的地区；处理好污染工业自身的集聚与分散；处理好工业（污染源）与其他要素，包括居民点、生活设施的关系（上下游、上下风向、距离远近等）；处理好工业与环保配套设施的关系，以及与绿色防护带（防护距离）的关系，从工业布局的位置、强度与关系方面来考虑环境保护对策。

1. 工业布局要注意保护水源，包括地下水源和地表水源

地球上的淡水不是一种自然循环、取之不尽的天然资源。人类为满足生产和生活需要，不断地从地上或地下汲取天然水体中的水，使用之后污水被排入自然界，最后又归到天然水体中。为了保证循环水体不受污染，必须做到取水有源、排水有方。

工厂选址多倾向于地下水资源丰富、地基基础较为有利的地带。最好不要选在山麓洪积、冲积扇上，因为这类地段虽然往往水源丰沛，但同时地下砂砾石层较厚，孔隙率大，渗透系数高，截污能力小，工业生产过程中的污水很容易污染到下游城市的地下水源（包括地面水源）。

一般不能在一段河道上布置污水排放浓度超过河流自净水平的工业企业。特别是在湖泊、水库等水流缓慢的水体附近布置工业，其排放的污水浓度要远小于水体自净能力。

一般情况下，多以流域为单位，兼顾上下游，合理布局。通常将水体污染大的工厂布置在流量大的河段，污染小的布置在流量小的河段；污染大的工厂布置在下游，污染小的布置在上游，使流域内相邻的城市或工业区的排水保持足够的距离（有防护带），以保持河流良好的自净能力。

实践表明，要正确处理给水、排水等上下游的关系，合理部署工业，必须开展统一的

流域规划，这是一种积极保护环境的手段，通过流域规划保护水源，合理解决污水排放，促进工业生产的发展。

2. 工业布局要防止大气污染

工业企业由原料进厂到产品出厂的生产过程，每个环节都可能排出污染大气的物质。工业废气主要包括烟尘、黑烟、臭味和刺激性气体及有毒气体等。从工业企业污染源排出的废气对大气的污染程度取决于多种因素，其中重要的是自然环境因素和排放方式等。

向大气中排放的有害物质，主要依靠大气的流动，被输送到下风向，同时又与周围空气混合稀释，使有害物质在大气中的浓度逐步降低。在自然条件下，风、雨、云、雾、太阳辐射、大气稳定度及特殊的逆温层等气象条件，都对大气污染有一定的影响。

由于空气的运动，要知道污染物的去向，首先要识别风向，污染区总是在污染源的下风方向，风对污染物有冲淡稀释的作用（即大气扩散），风速越大，单位时间内从污染源排放的污染物被很快地拉长，这时混入的外界空气越多，污染物浓度越小，在其他条件不变的情况下，污染物的浓度总是与风速成反比。

气温的垂直分布（温度层结，即垂直方向的温度梯度）与空气污染有十分密切的关系。气温垂直分布（距地面几十米的一层）一般有三种情况：气温随高度递减（如晴朗的白天、风力不大时）；气温基本不随高度变化（如阴天、风力比较小时）；气温随着高度增加而增加。正常情况下，气温是随着高度递减，所以气温的这种倒置现象称为逆温。由于逆温的存在，大气处于稳定状态，阻碍了空气垂直运动（如湍流）的发展，严重影响了污染的垂直扩展，尤其是由局部地区的地形形成的地形逆温对大气污染的影响应引起足够的重视。

为消除工业对空气的污染，结合平原地形特点与低层大气结构和大气扩散规律，一般要求排放大量烟尘的工厂布置在城市或人口稠密区的下风方向。对于受东亚大陆季风影响的地区，根据其夏季多偏南风、冬季多偏北风的特点，应按全年拥有两个风频相当、风向相反的盛行风向因地制宜地布置工业。在一般情况下，工厂与居住区应分别布置在盛行风向的两个最小风频侧。

国内一些学者对在风向频率大的风向的下风侧是否污染机会多和污染严重的问题进行了一些研究，认为大气污染是个复杂的问题，单从气候角度来看，主要取决于天气状况，即与风、大气稳定度、混合层厚度和降水的冲洗作用等有关系，提出了运用污染指数和污染几率指标来考虑各风向可能出现污染的程度和各风向可能生成大气污染的风向几率，这样城市的规划布局就会更符合客观实际。

空气流动总是受下垫面的影响，即地形地貌、气压、风向、风速、湍流等气象因子的变化，从而对大气污染物的扩散产生间接的影响，同时也包括下垫面，特别是绿色植物的吸收作用。

在一定的地域内，山脉、河流、沟谷的走向，对主导风向具有较大的影响，气流沿着山脉河流、沟谷流动。地形、山脉的阻滞作用，对风速也有很大的影响，尤其是封闭的山谷盆地，因四周群山的屏障影响，往往静风、小风频率占很大比重，不利于大气污物的扩散。我国是一个多山之国，许多城市位于山间河谷盆地上，静风频率高达30%以上，如兰州的静风频率就高达 62%。

地形和地貌的差异，造成地表热力性质的不均匀性，往往形成局部气流，其水平范围一般为几公里至几十公里，局部气流对当地的大气污染起显著的作用。最常见的局地气流有海陆风、山谷风和城市热岛效应等。

（1）海陆风

白天由于太阳辐射，地面温度高于海面，陆地附近空气受热上升，海面空气即来填补，所以白天空气自海而吹向大陆可达数公里至几十公里，这就是海风。在夜间，情况则相反，出现陆风。海陆风出现时，白天海风吹向陆地，上升后折回海面，形成环流，有时会使该地区的污染不能全部输送出去，有一部分在此循环，使污染浓度可能逐步增高（图 11.8）。

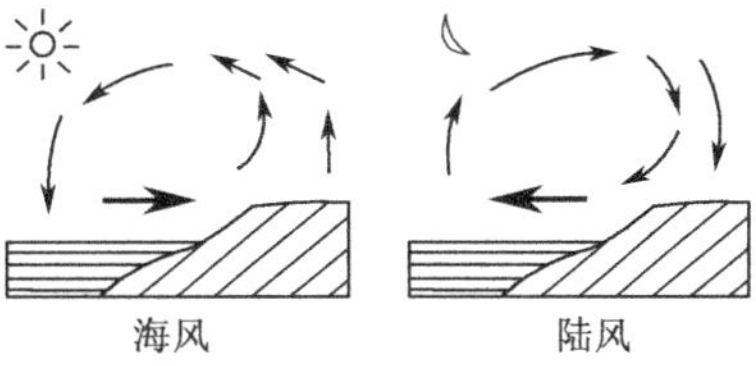

图 11.8　海陆风

（2）山谷风

山谷风的产生，主要是由于山坡和山谷底受热不均。在系统性大气演变不剧烈时，遇天气晴朗的夜间，山坡冷却而使坡地上的空气密度大于谷底同高度的空气密度，冷而重的空气即顺坡向下流动，形成坡风。沿河谷各处下泄的气流汇合起来，构成一股速度较大、层次较厚的气流，顺河谷流向下游平原，即山风。白天的情况相反，坡地上暖而轻的空气顺坡上升，而沿河谷有股来自平原的气流，即谷风（图 11.9）。

在不受大的天气形势（气压、气温及风的分布状况）的影响时，山风和谷风在一定的时段内进行转换。清晨以后，山风转为谷风；接近黄昏时，谷风又转为山风。山谷风的产生是局部加热冷却的差异所引起的，有时会在山谷构成闭合的环流。在稳定的山谷风环流地区，由于局地气流的影响，污染物往返积累，常常会达到很高的浓度。图 11.10 为山谷污染物聚集示意图，谷地烟囱排出的烟（污染物）遇到山风被压回谷底，加上山风冷空气沉入谷地形成的逆温，更加重了污染，有时出现持久的高浓度。

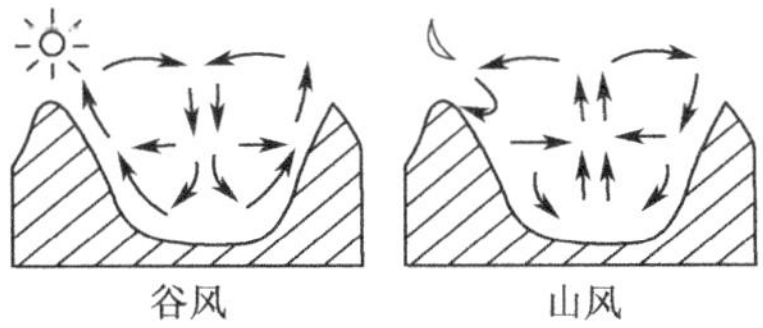

图 11.9　山谷风

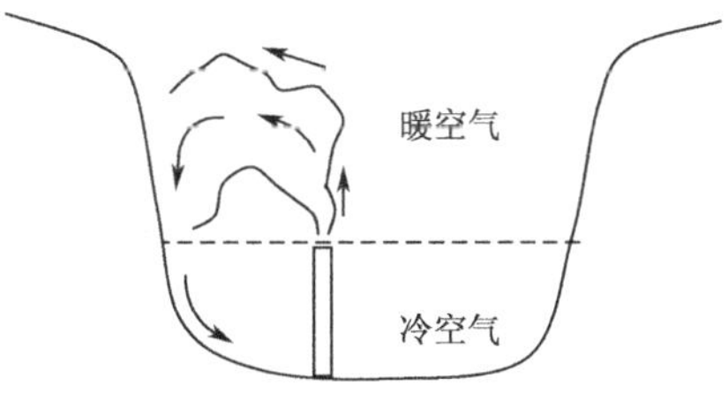

图 11.10　夜间山谷凹地中的污染

（3）城市热岛效应

城市建筑物的密集，使城市的粗糙度加大，空气经过城市要比经过开阔平坦的农村更易产生湍流。但在一般情况下，城市风速比郊区农村的风速小，城市“热岛”效应即城市比郊区热。由于生产、生活的燃料释放热量，据估计这部分能量在城市中心或闹市区，甚至可达到与来自太阳辐射的热量同量级。另外，城市中相当大的面积为建筑物及路面覆盖，蒸发比农村少，因此地面相对耗散少，大部分以湍流热的形式传输给大气，使气温增高。此外，城市夜间因空气污染物大量存在，对地面长波辐射的较强的吸引，也导致城市温度高于周围农村（图 11.11）。日本的北海道旭日市，市郊是山地丘陵，市区为平地，有 20 万人口，在市郊周围山地布置了工厂，由于城市热岛效应，周围市郊工厂的烟尘涌入市区，市中心烟雾弥漫，反而使没有污染源的市区的污染浓度，比有污染源的工业区高 3 倍，使市区受到严重的污染。因此，工业布局要特别重视局部气流对当地大气污染所起的显著作用。

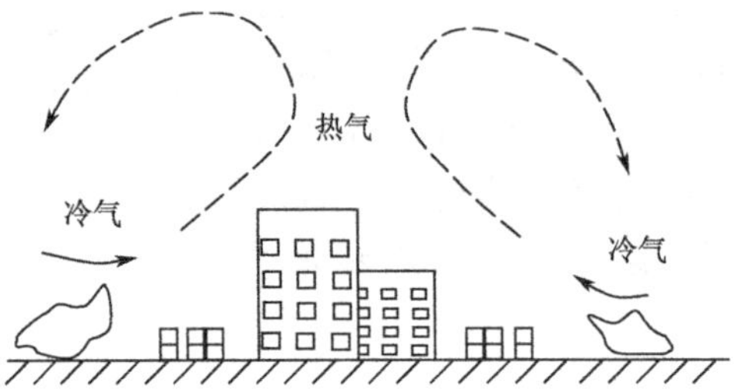

图 11.11　城市“热岛”形成的环境

为了便于烟气向周围排放，应充分利用和发挥大气的扩散作用（图 11.12）。在城市中布置工业不宜过分集中，同一工业区里不宜集中布置排出废气较多的工厂，以减少烟的重复污染，因为个别工业排出废气可能未达到污染大气的程度，但当集中的工厂同时排放的废气叠加起来时，会产生重复污染，将大大加剧空气污染程度。

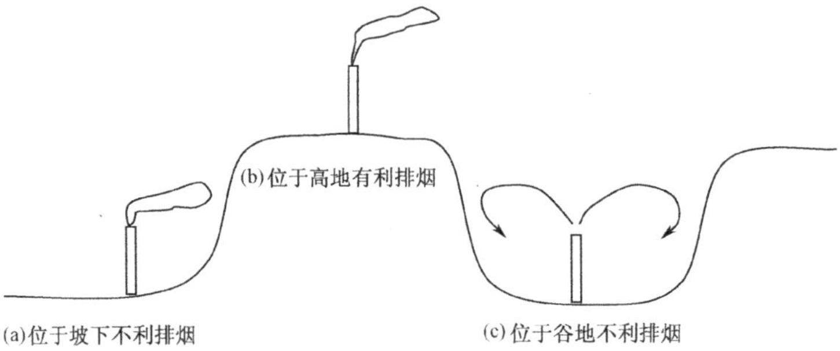

图 11.12　烟囱在山地的布置

3. 工业布局要防止废渣排放污染

废渣指人类生产和生活中排放的固体废弃物，包括工矿企业废渣与城市生活垃圾。工业废渣对排放单位来说可能是废物，而对另一些部门则可能是可利用的资源。工业废渣一般排放量大、性质复杂，有些还含有害物质。工业布局中，应注意配套工程的安排，变废为宝，化害为利，既保护环境，又为国家创造财富。国内外生产实践证明，工业废渣综合利用途径是广泛的。

对废渣进行综合利用，最好在选择排放废渣厂址的同时，提出对废渣的利用方案，并一起解决综合利用工厂的生产用地的安排。例如，山东某铝厂生产过程中排放出大量赤泥，为综合利用这种废渣，在渣场旁建立了一个水泥厂，组成了一个冶金、电力、建材生产系统。

对暂时无法利用的各种工业废渣，应合理布置废渣堆放场地。渣场应充分利用荒地、山沟、废河道与河滩淤泥地；尽量少占农田，避免对农田水利的危害；位于厂区和住宅区的最小风频的上风向，并将废渣分类堆放，便于以后综合利用时分别开采加工。

4. 工业布局要控制和减少噪声干扰

噪声是一种令人烦躁并对人们生活和工作都有妨碍的声音。工业噪声主要对工厂工人和附近居民产生影响，虽然是局部的，但对人体的健康危害较大。

控制工业噪声应从多方面考虑，除采用现代技术进行吸声减噪（如隔绝、减震和消声）外，还可应用规划措施来减噪，如将有噪声源的工厂布置在居住区的盛行风的下风向；在工厂与居住区间保持声学间距等。

总体来看，环境污染与危害，是以环境变化的形式表现的。因此保护环境首先要着眼于研究环境因素，尤其自然环境因素，使工业布局不违反生态规律，使自然资源和大自然的自净能力不致受到破坏。在充分发挥环境自净能力的基础上，工业布局要注意统筹安排“三废”处理配套工程和设立防护带。

小　结

本章针对工业生产的特点分析了区域工业布局的条件，讨论了若干区域工业结构模式，重点阐述了工业区的组织，特别是作为区域经济主体的城市工业区的地理空间组织和工业布局及生态工业区组织的生态学原则。在条件分析时，要抓住影响工业布局与发展的主要因素，包括原料因素、动力因素、消费因素、运输因素、劳动力因素和工业原有基础来综合分析区域工业布局与发展的有利条件、不利因素及限制条件等。在工业区地理空间组织的讨论中，要抓住组团布局（成组布局）的特征，特别是优点，定性、定量、定位地将工业区组织落实到地理空间中。要掌握城市工业区根据生产的卫生类别、货运量及用地规模在城市中的三种区位类型（即布置远离城区的工业、城市边缘的工业和城区或居住区内的工业）。在明确环境污染主要取决于污染源（污染物种类及浓度）、环境自净能力和人工环保设施的处理能力三种因素的基础上，掌握工业布局的环境保护措施（做法），在生态工业区组织时注意从生态系统的生态流、能量流和信息流的角度，从经济、社会和生态综合的投入与产出分析其布局时的具体做法。

思 考 题

1. 试针对工业生产特点来分析工业布局（位置、强度、关系）的具体要求。
2. 试比较分析本章给出的三种工业结构模式的共性和个性特征。
3. 为什么要将工业适当集中布置在工业区内?
4. 在工业布局中，如何正确处理工业区与居住区的关系?
5. 在城市工业布置中为什么会出现三种不同的情况，即布置远离城区的工业、城市边缘的工业和城区或居住区内的工业?
6. 如何把握生态工业区中的生态关系与生态学原理?

7. 工业布局时，采用什么措施来保护水源/防止大气污染/解决废渣排放污染问题/控制和减少噪声干扰？
8. 什么是环境容量？试分析环境容量的地域分异。
9. 读图 11. 13 分析以下问题。

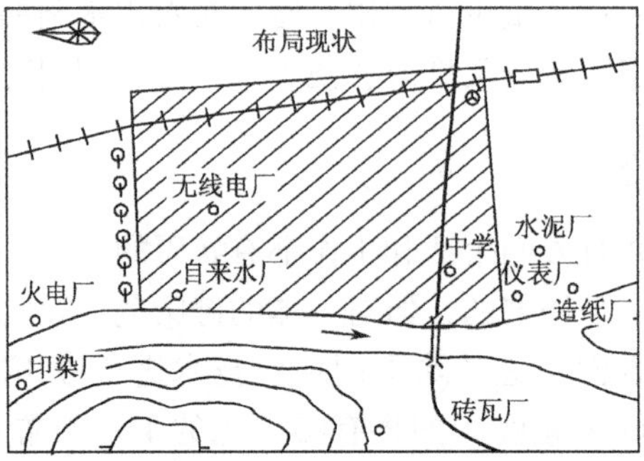

图 11. 13　某区域布局图

(1) 该区主要污染源有哪些？

(2) 从环境保护角度分析城市布局现状，特别是工业布局现状中哪些是合理的？哪些是不合理的？为什么？若不合理可采取什么措施？

第 12 章　区域旅游规划

12.1　旅游业概述

旅游是人们物质文化生活的一个组成部分，是人们离开居所外出旅行和游览，旅行是手段，游览是目的。旅游目的对于具体的旅游者来说可能是多种多样的，如欣赏山水观赏名胜古迹，了解异国异地历史文化和风土人情，改换生活环境、增进身体健康，探亲访友追怀故旧，或者是各种目的兼而有之。尽管人们在另一个地方进行吃、住、行、游、娱、购等活动，但总的来说，仍是以游览为主要形式，都可以说是为了寻求新的感受而表现出来的物质文化活动的组成部分。与旅游活动（如开发旅游资源、经营旅游设施和旅游商店、组织旅游机构、接待游客和进行有关旅游宣传等）有关的一切企事业活动，统称为旅游业。旅游业是一种高度综合性行业，按照我国目前情况，涉及旅游的企事业部门包括旅行社、旅馆膳宿供应、交通、通信、银行保险、游览娱乐、宗教文化、园林艺术、旅游商品，以及医疗卫生、公安海关等部门，任何部门都不能单独完成对旅游者的全部服务。

12.1.1　旅游业的特点

旅游业与工业、农业和交通运输业相比，有如下的主要特点。

1. 旅游业是非物质生产部门

旅游业与物质生产部门的工业和农业不同，属于非物质生产部门，属于第三产业，具有服务业的特点。旅游业的产品不是具体的物质产品，而是旅游者愿意出资购买的包价线路，包括能吸引游客观赏的旅游网点（各种旅游资源和设施）与服务。如果旅游网点（或旅游点群）和服务能吸引众多游客，此旅游路线就是高产量热线，能使旅游业获得更大的经济效益（旅游业的净产值）。例如，我国桂林到阳朔风景区的旅游线，北京到八达岭、明十三陵的旅游线，西安到秦兵马俑馆的旅游线等，都属于能吸引游客的高产量热线。

旅游业作为一种产业，旅游者观赏和旅游的开始就是生产的开始，旅游活动的结束就是消费的终结，旅游生产不能存储、不能转移，也不能用另外的产品替代。

2. 旅游业是综合性服务部门

旅游业与运输业虽同属于服务性质的产业，但是它涉及的问题比运输业要广泛得多，是综合性的服务业，需要各产业的互相配合，因而其发展也可以带动许多产业和行业的发展。旅游业的发展必然推动许多服务业，以及与旅游有关的生产部门的发展（旅游物资的生产、旅游设施的建设、旅游交通运输等）。为了发展旅游业，还需建立旅游学校及旅游专业，从而推动教育事业的发展。有人对青岛市的国内旅游业做了如下计算（假设商业、服务业发展的其他因素不变）：每增加 1 位游客，将增加 90. 9 元的商业、服务业的经营额，增加13. 3 元的利润；每增加1 名旅游服务人员，将增加4. 5 个商业职工和2. 5 个服务业职工；每增加 1 个旅游服务网点，将增加 28 个商业服务网点；每增加 1 元的旅游经营额，将扩大 21. 9 元的商业经营额；每增加 1 元的旅游利润额，将扩大 25. 9 元的商业利润额。可见，旅游业对商业、服务业的影响是很大的。

3. 旅游业的季节性

旅游业与农业相似点是，在某些情况下，供旅游者观赏的路线和网点有季节性特征，如承德避暑山庄、北戴河海滨浴场、哈尔滨冰灯等。当然有些旅游路线和网点是全年性的，如海南岛的三亚海水浴场，冬季水温也在 20℃ 以上，因此全年都是游客群集的旅游热点。

有些旅游网点虽然可以全年利用，但是由于季节不同，其内容也有较大差别。例如，哈尔滨市作为整体的旅游网点，冬夏都集中大量游客，但夏季由于气候凉爽宜人，为避暑胜地；冬季则主要以冰雪吸引国内外众多游客。

旅游业的季节性也受社会经济、文化因素的制约。例如，各种宗教旅游网点特定时期的集会；麦加与麦地那穆斯林朝觐期；云南的景洪是傣族区游览网点，每年傣历 6 月（公历 4 月中旬）举行 3 ~4 天的泼水节，吸引大量游客前往。

4. 旅游业的异地性

由于旅游是游客离开原住地从事观光、游览、休憩、锻炼身体、获得知识等活动，因而旅游与其他产业相区别的最大特点是异地性。不论旅游网点距住地多远，旅游活动都在异地进行，与原住地有一定空间距离，有时可远达万里。

另外，一些旅游资源的分布具有地域不平衡性，如和煦的阳光和洁静的海滩，只分布于沿海少数地区；历史古迹局限于一定地域；登山者景仰的 8000m 以上的 14 座高峰皆集中于喜马拉雅山脉一带。旅游资源分布的不平衡和地区差别大，也导致了旅游的异地性。

5. 旅游业的多样性

旅游包括休憩、疗养、观光、体育健身、朝圣、购物、考察、探险等。游客的旅游目的多种多样，使旅游业呈多样性特点，在旅游景点建设、旅游线路设计时要注意以新、特取胜，创造具有多样性特色的旅游路线，以满足游客各方面的要求。

12. 1. 2　影响旅游业发展的主要因素

旅游业是联系旅游主体（旅游者及其活动）和旅游客体（旅游环境）的纽带，因此分析影响旅游业发展与分布的主要因素应从旅游的客源市场形成与扩大和旅游环境建设与发展入手。

1. 旅游客源市场形成与扩大因素

旅游客源产生（旅游需求）是由内动力、外动力和中间条件三方面综合作用的。

（1）内动力——旅游者动机

动机是激发人们去行动达到一定目的的内在原因。动机产生于人的需要，而人的需要是多方面的，且随着社会经济发展而不断变化。当人们满足最基本的生存需要而有多余的钱、时间和精力时就产生了旅游的动机。旅游动机一般可归为四类：①精神动机，有欢乐、欣赏知识、长见识等要求。②健康动机，有治疗、保健、运动等需求。③心情动机，有信仰、交流、思乡等心情。④其他动机，有购物、考察、参加会议等目的。

不同的旅游动机往往构成旅游活动不同的行为层次：①观光旅游，能陶冶情操、增加知识、给人以美的享受。②参与娱乐旅游，在野外进行各种娱乐、健身活动，如游泳、划船、钓鱼、打猎及参与民族风情活动等。③专业旅游，如休闲疗养、会议考察、宗教朝拜等。各层次行为可以同时并存，也可以在低层次出现后向高层次发展。所以，观光旅游是最基本层次的大众化旅游。

（2）外动力——旅游景观相互作用形成的吸引力

各地区的自然景观是千差万别的，各地的人文景观和民族文化也是因地而异的。这种与人们日常生活区内的景观、环境出现的差别和差异越大，则景观对人们旅游的吸引力越大。长期生活在城市里的人们总希望到视野开阔、环境清新、风景优美的自然界中去游玩；而长期与自然融为一体的居民往往又向往城市的繁华，为高楼林立、车水马龙的繁忙景象所振奋。

（3）中间条件——距离、费用和旅途条件

旅游者出游是有条件的，最重要的是距离远近、费用高低、旅途舒适安全状况等。

不同年龄、文化素质的人群，由于兴趣爱好、能力、气质和性格不同，对旅游景观的偏爱有很大差异，不同收入状况和消费水平的人群表现出的旅游需求也是不同的。

2. 旅游环境建设与发展因素

（1）旅游资源

旅游业发展的关键是旅游资源吸引力的大小。为了发展旅游业，各国不断地开发旅游资源，增加各种旅游网点和新奇事物。例如，巴哈马是哥伦布在中美洲首次登陆的地方，巴哈马就宣传首位旅游者是哥伦布，于是在哥伦布当年登陆的地方和首都拿骚，为哥伦布建立了不少纪念地和纪念碑，借以吸引游客。由于巴哈马的领土是由700多座小岛和3000多块礁石组成的，为了便于观览岛屿风光，他们购置了速度不快、可乘坐6人的小飞机，经常往返低飞（离地面只有200m左右）于岛屿之间。这样使乘坐飞机的游客在较短的时间内可将岛上绚丽多姿的风光一览无遗，从而使其成为最能吸引游客的一项活动。香港为了招揽游客，仿我国古代开封，修建有城门和内街的“宋城”，服务员也都着宋代服饰，以此吸引游客。虽然古城的“复制品”面积很小（仅为广州市文化公园的一半），但吸引的游客却非常多。再如，奥地利北部阿尔卑斯山区的泽费尔德村庄，由于村民在山里逐步开拓了185km长的越野滑雪道，修建了网球场、滑冰场、高尔夫球场、跑马场、游泳池等体育运动设施，每年冬夏两季游客高达几十万人次。1964 年和 1976 年两届冬季奥运会的越野滑雪比赛在那里举行，更使其成为世界闻名的旅游和冬季体育运动的胜地。

(2) 运输手段

从一定意义上讲，旅游活动就是人（游客）的移动，人从原住地到观光地，再回原住地，因此交通运输业发达与否直接影响着旅游业的发展。要扩大旅游业，必须搞好交通建设，尤其是直接为旅游服务的交通建设（如登山路、山间索道、直通旅游地的高速公路及高速铁路等）。

各国为发展旅游业，在运输改革上展开竞争，在开发旅游新网点时把开辟交通路线作为先决条件。游客如到某特定旅游点去，乘相应旅游公司的车、船、飞机等都实行费用优惠，甚至免费接送。

(3) 旅游服务设施与服务水平

游客到外旅游，都希望有良好的环境和舒适的生活条件。为了吸引游客，各国都努力使旅游服务设施现代化（主要是旅馆），同时也建立了一些供低收入者或青少年旅游者使用的收费低廉的设施，如汽车旅馆、帐篷旅馆和乡村旅馆等。各国旅游业服务人员的服务水平都比较好，一般都使游客旅途舒畅、精神愉快，这对扩大旅游业起了重要的作用。

(4) 社会秩序

旅游的目的是在异地寻求某方面的享受。欲吸引大量游客，就必须保持社会安定，确保游客的人身安全，减少社会的刑事犯罪率，使游客安心旅游。第二次世界大战后 60 余年来，虽然屡有局部战争发生，但从全世界看，多数国家的政局相对比较稳定，有利于旅游业的发展。尤其是经济发达的旅游区（西欧、北美），政治动乱较少，因此能吸引较多的游客。相反，游客的安全得不到保障，必然严重影响旅游业的发展。

(5) 组织机构

国际间及各国的旅游组织，负责组织并承办旅游团体的旅游活动。各旅行社还包办游客生活、交通及信贷等旅游业务。这样既降低了旅游费用，又便于旅客安全、有计划地旅游。日本地理学界每年都组织人员到国外进行地理旅游考察活动，并配备著名学者作学术指导，使参加者既得到去国外观光的机会，又能在业务上有所收获，因而很受欢迎。在组织工作中最关键的是确定正确的旅游政策和做好旅游地区规划，以保证不断地扩大旅游区和旅游人数，并能很好地保护旅游环境。

(6) 旅游宣传

凡旅游业发达的国家都十分重视旅游宣传工作，如瑞士，从中央到地方，都成立有关官方的旅游局，其主要任务是提出旅游宣传口号，发行旅游书刊资料，并与驻外机构密切配合，形成旅游宣传网。西班牙培养了一批高水平的宣传队伍，从事旅游业的口头宣传工作。他们还在国外设立了近 30 个旅游办事机构，与国内配合，形成庞大的宣传网。各国在宣传形式上别出心裁，生动活泼，主要有：出版各种旅游书刊、画报和地图；制作旅游电影片、电视片、幻灯片；利用广播、电视、报纸宣传和刊登旅游广告；举办流动旅游展览会；举行记者招待会，回答有关的旅游问题、散发旅游资料等。

12.2　区域旅游资源评价

12.2.1　旅游资源及旅游地

旅游资源，是指对旅游者能够产生观赏吸引力的客体资源。由于人们对旅游的兴趣日趋广泛，所以旅游资源的内容也不断发展。有些过去不受人们重视的新奇事物，一旦被吸引观赏，也就成了旅游资源。

旅游资源一般可以分成自然旅游资源和人文旅游资源两大类，二者有时是互相结合、不能截然分开的。

1. 自然旅游资源

大自然各种特殊的地理地质环境、景观和自然现象，如形态奇特的各类名山，景色秀丽的江河湖泊、流泉飞瀑，形神兼备的奇石异树，幽深神秘的地下洞府，景象万千的各类风景地貌（如喀斯特景观、丹霞景观、断块上升山地、大峡谷、火山口、第四纪冰川遗迹等），多姿多彩的岩石海岸、岛屿和沙质海滩，稀有珍贵的野生动植物和自然保护区等都可成为旅游的自然资源。当然这些自然资源需经开发并兴建旅游设施以后才能利用。

2. 人文旅游资源

在人类社会发展过程中形成的各种具有鲜明特色的社会文化景观，如古人类遗址和文化古迹、文化名城、现代大都市、著名建筑、古代宫殿和庭院、园林苑囿、宗教圣地、有特殊风俗习惯的乡村、体育馆、博物馆等都是旅游的人文资源。

无论是自然旅游资源，还是人文旅游资源，都是相互结合而存在的，并在一定的区域中共同组合而体现出各自的特点，从而在地域上形成不同的风格。这种旅游资源的地域组合就是旅游活动的主要地区，即通常所指的旅游胜地（旅游地）。旅游地依其主要性质和功能，可划分为以下六种主要类型。

（1）温泉旅游地

温泉旅游地发展较早，这与它的开发和设施简单有关，一般只需附以简单设备就可成为旅游疗养地。许多温泉可用于医疗，当其疗养价值很大时，被称为疗养型温泉地。但有些温泉只可用于观光，而不具疗养价值，则称为观光型温泉地。还有一些温泉兼有疗养与观光两种性能，可称为中间型温泉地。

（2）山地旅游地

世界许多国家把山地开发为旅游胜地。山地旅游地可分为以下四种类型。

1）登山基地。我国的珠穆朗玛峰、慕士塔格山，日本的英彦山、富士山，欧洲的阿尔卑斯山诸峰等都是世界著名的登山基地。登山基地为夏季旅游胜地。旅游设施主要是运输设备、基地的营地建设、物资供应、向导配备等，这些条件越优越，越能吸引登山运动员前往参加登山和旅游活动。

2）滑雪山地。为冬季旅游山地，有条件时可与登山基地相结合，供人们冬季滑雪、夏季登山。日本和西欧许多滑雪山地设有比滑雪场高的索道、电梯等现代化设施，以吸引人们既可参加登山活动，又能滑雪。

3）观光娱乐山地。例如我国的庐山、黄山，多为避暑胜地。观光娱乐山地最好山上有较广阔的空地，以便建设旅游设施（旅馆、饭店等）。

4）综合型山地。既是观光地，又是登山基地和滑雪场。日本日光地域的山地为典型代表。山麓未照宫地域一带有瀑布、战场原、汤之湖等名胜古迹；里日光地域则有温泉湖、高原、瀑布、植物等综合自然资源。夏季适于观光和登山活动，冬季适于观光和滑雪运动。

由此可见，山地旅游地一般是向着一年四季都能充分利用的综合型方向发展。

(3) 海岸旅游地

海岸地带拥有丰富的旅游资源。海岸常有良好的自然景观（如沙滩、沙洲、断崖绝壁、海岛、潟湖、海洋动植物）、人文景观（灯塔、海港、渔港、渔村、渔业加工厂等），对游客都有很大的吸引力。海岸除观光外，还可进行海水浴、划船、捕鱼等丰富多彩的活动。

海水浴场是海岸旅游地的中心场所，往往还是避暑、避寒、休养等综合性的旅游场所。海水浴季节性强，游客多，因此要求交通方便、设施完备、床位充足和生活舒适。

某些国家利用海岸优越的自然条件建立海中公园，水下设海中瞭望塔、海中游廊等。日本还利用海岸建设人工岛和海上城市，海上城市不仅有商业和居住功能，还有海洋开发研究设施和实验中心，并建立饭店和游艇基地，形成全新的旅游区。

(4) 宗教旅游地

宗教中心、宗教圣地和著名的寺院庙宇等，每年吸引大量信徒朝拜，也是一种重要的旅游资源。许多寺庙，除教徒外，吸引了大量有兴趣的游客，参观古建筑和艺术珍品，许多宗教旅游点往往还是大商业集散地。

(5) 城市旅游地

无论大小，城市都是附近地区的商业中心或观光中心，有一定的旅游价值。一些特大城市则吸引力更强。一般国家的首都往往是全国人民向往的中心，所以具有很强的吸引力。城市越大、历史越久、古迹越多，旅游作用也就越强大。

(6) 其他类型旅游地

除上述五种主要的旅游地外，还有以参观少数民族文化生活为主要内容而发展起来的旅游地，如美洲的印第安人、日本的阿伊努人等，都设有专门的旅游组织，引导游客参观他们的生活与文化。日本北海道白老地区设有阿伊努民族博物馆，不仅展示阿伊努人的发展历史、民族风情，还有众多的阿伊努人身着民族服装跳舞唱歌，观光者络绎不绝。

也有由历史古迹发展而来的旅游地，如我国大同的云冈石窟、敦煌的莫高窟和北京的八达岭等。

还有科学、教育发达而吸引广大游客前往的旅游地，如日本的筑波，不仅集中了日本重要的科研部门和大学，也集中了许多有名望的科学家。因此，它对科研、文教等领域的从业人员吸引力极大。

也有因专门组织召开国际会议而成为著名旅游城市的，如日内瓦，每年至少举行 3 万次国际会议。在全城 16 万居民中，仅外交官就占 35%，每年前往访问的外国人竟超过 200 万人次。

12.2.2　区域旅游资源评价

对区域旅游资源进行评价实质上是对区域旅游资源做出客观的价值评估，包括旅游资源的吸引力、开发利用现状、开发利用可能性和开发序位等方面，是区域旅游资源开发利用的前提和基础，即使在旅游地建成之后，也要不断地对旅游资源进行评价，以适应不断变化的旅游需求。

对区域旅游资源的评价，要重点把握以下九个方面（图 12.1）。

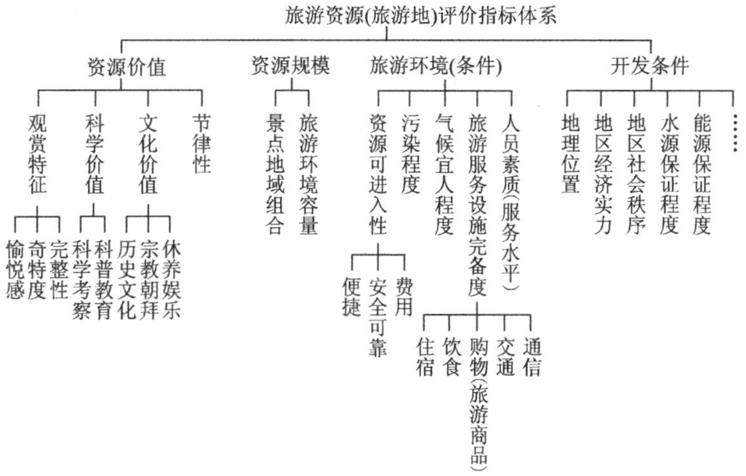

图 12.1　旅游资源评价指标体系

（1）历史意义

这取决于其产生年代、与重大历史事件和著名历史人物的关系、文物古迹的多少等。一般，历史越悠久的评价越高，如古建筑、出土文物等；与重大历史事件和著名人物的关系越密切者评价越高，如重大事件发生地、名人故居等。其意义在于它们是人类历史和社会变迁的佐证，或直接称作“历史的载体”，可以引人思发古之幽情，了解历史进程，探索社会和人生之真谛，作现实之借鉴。

（2）美学意义

这取决于自然风光的美感种类与强度，即自然美的状况，人文旅游资源的艺术成就和造诣，即艺术美和社会美的状况，包括形态美、色彩美、声音美、结构美、质感美（质感是物质的各种物理与化学属性，如硬度、温度、比重、韧性、气味、牢固程度等给人的视觉、触觉、嗅觉的刺激而形成的综合印象）、嗅味美、动态美和巧合美等。一般，奇绝超群者评价为高，如名山等的意义在于它们可以使人获得美的享受，陶冶人的情操，提高人的文化素养。

（3）科学意义

这取决于其在某一科学发展史上的地位与能否代表其产生时代的科技水平。一般，具有标志意义的事物或人类社会首次出现的事物意义最大，如最早的猿人化石发现地、第一架飞机、第一枚火箭等。大自然的恩赐同样受到重视，如古木、化石、冰川擦痕等。其意义在于它们可以使人了解人类智慧的发展，探索大自然的奥秘。

(4) 相关因素的数量与地位

某些旅游资源与造诣很高的文艺作品、优美的传说故事等有密切关系，这些相关因素会大大提高旅游资源的价值。苏州寒山寺建筑一般，然而名扬海内外，归功于张继的《枫桥夜泊》诗。形状似人的山岩并不罕见，但云南石林的阿诗玛、长江三峡的神女峰、天子山的将军岩格外引人注目，这是因为它们与阿诗玛、巫山神女的传说和贺龙的事迹联系在一起。有些地方之所以成为名胜，是由于相关因素的作用，如因为《念奴娇·赤壁怀古》词和《赤壁赋》，产生了黄州“东坡赤壁”，其名声竟凌驾于赤壁市真正的“三国赤壁”之上。文学名著《罗密欧与朱丽叶》和《基督山伯爵》脍炙人口，才使一座普通的房屋、一个平常的小岛成为旅游胜地。这种相关关系有时表现为一种综合观念，其影响就更为广泛。例如，上海的旅游资源算不上丰富，但由于其发展史等多方面的原因，共同形成了“上海是举世闻名的大都会”这一概念，便使其成为我国一个主要的旅游城市。

(5) 环境质量

现今人们旅游的重要动机之一便是暂时摆脱严重污染的环境，到少污染、最好是没有污染的地方，以恢复健康、增强体质。根据马斯洛的需求层次理论，认为这是属于生理、安全的需求，是低层次的，即基本的需求，其中也包含自我发展的需要。因此，这种旅游需求是数量大的一种类型。当然，出于其他目的的旅游者，也会对旅游地的环境质量提出要求。由此可见，较好的环境质量是发展旅游的先决条件。

旅游环境质量的好坏不仅取决于环境是否受到污染，还取决于旅游环境的宜人程度，特别是气候宜人的环境对发展旅游业是极为有利的，不单可以吸引更多的客源，而且可以减少供暖、降温的开支，可以延长旅游季节。许多旅游胜地的吸引力主要在于气候宜人，如地中海沿岸、夏威夷和“春城”昆明等。

气候宜人，是根据皮肤的温度、出汗量、热感和人体热量调节系统所承受的负担来确定的，它主要取决于使人感到舒适的气温、湿度与风效三项指标（风效指数是根据大多数人的裸露皮肤在风的作用下感觉冷暖的程度确定的）。

(6) 组合状况

指旅游资源的地域组合状况。若旅游资源在地域上有良好的组合，形成一个丰富多彩的综合型旅游区，那么旅游资源的吸引力便可得到很大的提高，其价值便成为复合值。例如，青山兼有绿水，自然风光又兼备文物古迹等，即为良好的组合。

(7) 旅游环境容量

指某项旅游资源自身或所处地区同一时间所容纳的游人数量。必须说明，该容量并非指可以跻身其中的游人最大数量，而必须要考虑旅游资源的性质及由此而决定的旅游活动方式、观赏要求，旅游点及其周围环境，游人的反映，经济与社会效果等。只有当这些方面的要求都得到较好的体现时，游人数量的最高值才是旅游场所的最佳容量。

旅游环境容量因旅游资源性质和游人活动方式不同而相差悬殊。某些壮观景色（如日出、海潮、佛光）、节庆活动等，游人常常摩肩接踵，欢声动天，无人提出异议，且只有如此方足以呈现热烈、欢乐的气氛，若非如此反觉扫兴。一般自然风光、文物古迹，需要给游人留有适当的自由活动空间，保持一定安静程度。重点文物古迹、古典园林、文艺和博物展览等，则必须充分考虑游人数量对观赏对象及其环境的影响和游人观赏的要求。游人过多时，足踏、呼吸、体温都会对文物、环境造成损害。游人要品评玩味，因此要保持幽静，保证游人有自由停留的时间，在曲折幽深的洞穴、古墓穴、石窟中，还必须考虑游人呼出的水汽与二氧化碳对环境和游人的影响。而风景区内险峻陡峭的地段，更要切实限制游人数量，确保游人安全。总之，每一旅游地都有一定的最佳容量；在同一旅游区内，不同景区、景点、地点的最佳容量是不同的。一般，环境容量大者，旅游价值较高。

（8）适应范围

指旅游区适于开展的旅游项目的多寡和适用对象的范围及每年可利用时间的长短。一般，适应范围越广价值越高。例如海滨，可以海浴、避暑、观景、潜水捕捞、行船、滑水、疗养、品尝海鲜，男女老幼皆宜，所以成为重要的旅游资源。而同为海滨，低纬度地区较高纬度地区的旅游季节长，那么前者价值便优于后者。像节日、庆典、体育比赛、文艺汇演等，只在特定日期举行，可利用时间便很短。若在某些方面有实用价值，则更会受到青睐。例如矿泉有医疗功能，所以各国都列为重要的旅游资源。沙漠相对来说旅游价值较小，非洲虽建有沙漠旅馆，也仅是为了观赏沙漠风光，其吸引力毕竟有限，但是在我国吐鲁番境内，可以埋沙疗法治疗多种疾病，沙漠具有了实用价值，因此其意义也相应提高。

（9）开发条件

这主要取决于其地理位置、交通、电信、水源、能源、其他基础设施等条件，以及当地的资金、劳动力、生活供应能力、社会秩序等状况和旅游资源保存的完好程度。各方面条件好的，可减少开发投资，缩短施工周期，易于扩大接待规模，降低经营成本，旅游者也节省交通费用，缩短在途时间，因而乐于前往。

在上述九项指标中，前六项为衡量旅游资源特异程度的主要指标，表明其在同类旅游资源中的地位，是决定其吸引力的关键性因素。后三项则主要对其经济效益产生直接影响。从长远来看，前六项可视为根本因素。若条件优异则应优先开发，即使暂时不具备开发条件，也应着意保护。

根据《旅游景区质量等级的划分与评定》（GB/T 17775—2003）关于 A 级景区的评价可分为三个部分。

1）服务质量与环境质量评分细则（图 12.2）。

2）景观质量评分细则（图 12.3）。

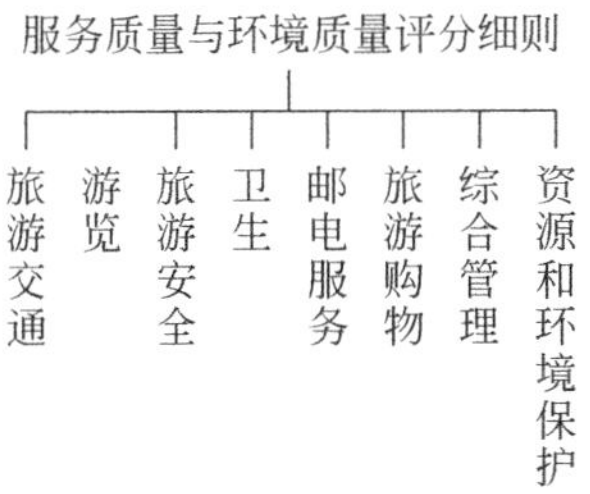

图 12.2　服务质量与环境质量评分细则

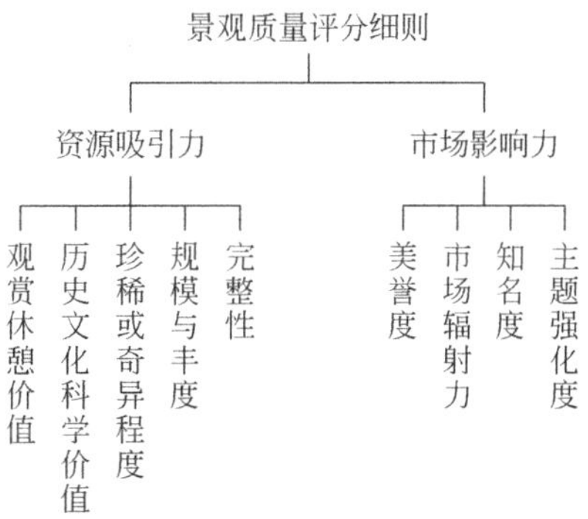

图 12.3　景观质量评分细则

3）游客意见评分细则（图 12.4）和各等级景区需达到的条件（表 12.1）。

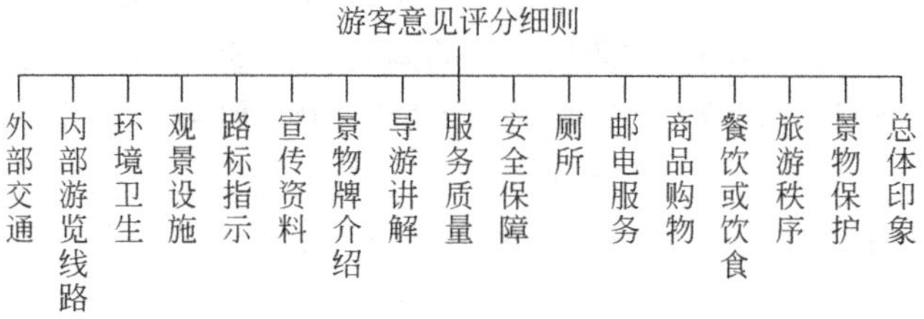

图 12.4 游客意见评分细则

表 12.1 各等级景区需达到的条件

等级	细则一	细则二	细则三
5A	950 分	90 分	90 分
4A	850 分	80 分	80 分
3A	750 分	70 分	70 分
2A	600 分	60 分	60 分
1A	500 分	50 分	50 分

12.3 旅游规划内容

12.3.1 旅游规划的基本要素

旅游是一项涉及多个行业的经济活动，旅游规划需要针对自然、社会、经济等多种因素。因斯克普（E. Inskeep，1991）认为，旅游规划涉及的基本要素包括以下六个方面：①旅游吸引物及活动，包括能吸引游客的所有自然、文化资源，以及与旅游相关的活动。②住宿设施，包括宾馆、汽车旅馆、旅社、膳宿公寓、野营地，以及旅游车营地等。③其他旅游设施和服务，包括旅行社旅游信息服务、餐馆、旅游纪念品商店、银行、医疗保健、公共安全、邮政服务等。④交通设施和服务，包括进出旅游区及旅游区内的交通。⑤其他基础设施，包括供水、供电、垃圾处理、排水系统及通信管网等。⑥社会因素，包括市场营销计划和促销方案、与旅游业相关的立法和法规、公营和私营旅游业组织机构、吸引私人投资旅游业的鼓励措施、旅游从业人员教育培训计划、提高公众对旅游业的认识的计划，以及环境和社会经济计划等。

这些基本要素不是孤立的，考虑了在国际、国内旅游市场及当地居民对旅游景点、设施、服务和基础设施的利用框架下自然、文化和社会经济环境对其产生的综合影响，参见图 12.5。

12.3.2 区域旅游发展规划

根据规划的目标、内容等主要特征将旅游规划区分为旅游发展规划和旅游开发建设规划。旅游发展规划的主要任务是明确旅游业在国民经济和社会发展中的地位与作用，提出旅游业发展目标，优化旅游业发展的要素结构与空间布局，确定旅游业发展优先项目，促

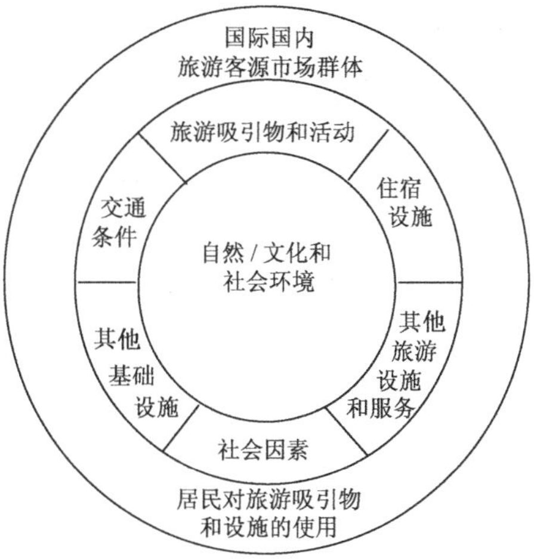

图 12.5　旅游规划的基本要素

进旅游业持续、健康、稳定发展。旅游发展规划包括近期发展规划（3～5 年）、中期发展规划（5～10 年）或远期发展规划（10～20 年）。旅游发展规划按规划的范围和政府管理层次分为全国旅游业发展规划、区域旅游业发展规划和地方旅游业发展规划。地方旅游业发展规划又可分为省级旅游业发展规划、地市级旅游业发展规划和县级旅游业发展规划等［《旅游规划通则》（GB/T 18971—2003）］。

旅游发展规划具有以下四个方面的鲜明特点：①是旅游行业发展的宏观指导性规划，是规划区域国民经济和社会发展总体规划的组成部分。②始终以市场需求为导向，以市场需求和资源优势的结合作为项目开发和设计的出发点与指导思想。③一般只提出整体旅游形象、旅游产业发展指标、旅游产品开发的总体布局、旅游中心区域主题功能、重点项目、旅游市场营销、投入产出匡算及实现发展目标的措施。④具有前瞻性和项目考虑的适度超前性，以保证旅游业的可持续发展。

旅游业是现代服务业的重要组成部分，带动作用大。加快旅游业改革发展，是适应人民群众消费升级和产业结构调整的必然要求，对于扩就业、增收入，推动中西部发展和贫困地区脱贫致富，促进经济平稳增长和生态环境改善意义重大，对提高人民生活质量、培育和践行社会主义核心价值观也具有重要作用。

国家旅游局 2000 年 10 月颁布的《旅游发展规划管理办法》（中华人民共和国国家旅游局令第 12 号）就旅游发展规划的基本内容拟定了七个方面的规定：①综合评价旅游业发展的资源条件与基础条件。②全面分析市场需求，科学测定市场规模，合理确定旅游业发展目标。③确定旅游业发展战略，明确旅游区域与旅游产品重点开发的时间序列与空间布局。④综合平衡旅游产业要素结构的功能组合，统筹安排资源开发与设施建设的关系。⑤确定环境保护的原则，提出科学保护利用人文景观、自然景观的措施。⑥根据旅游业的投入产出关系和市场开发力度，确定旅游业的发展规模和速度。⑦提出实施规划的政策和措施。

12.3.3　区域旅游开发建设规划

区域旅游开发建设规划是在区域旅游发展规划的基础上，对区域旅游资源开发项目和设施建设项目所做的进一步安排，是区域旅游发展规划的落实与细化，一般为 5 年以下短期规划。区域旅游开发建设规划包括旅游区（地）规划、旅游线路规划和旅游项目规划。

旅游区规划是指对旅游区（包括旅游度假区、游览区等）的旅游资源开发和设施建设所做的规划。陈传康于 1990 年主持完成的我国粤北地区丹霞风景名胜区旅游规划具有代表性，规划内容包括总体规划和专项规划。专项规划主要包括保护系统规划、游赏系统规划、旅游服务系统规划、旅游活动组织规划、规划的分期实施方案和旅游管理规划等方面。旅游线路规划是指对特定行程、线路内旅游产品的开发与组合所做的规划。旅游项目规划是指对一组具有独立功能的项目所做的开发建设规划，如某个景点和旅游宾馆的具体安排。

旅游资源是吸引游客的最基本因素和物质基础。旅游业成功与否主要取决于旅游资源的开发和利用。旅游资源开发中应注意以下六点。

1）突出和保持原有旅游资源的特色。旅游资源能吸引游客，主要在于其具有与众不同的自然景观和人文景观，在制定规划时要千方百计地突出和保持这方面的优势。因此，规划时要在规划范围内对旅游资源做全面系统的调查，了解其数量、质量、规模、分布等特征，分析旅游资源的组合优势，突出旅游资源的个性和风格，以增强其对旅客的吸引力，如“泰山看山，曲阜看古，西湖看景”等都突出了各自的风采。

2）保护旅游资源，注意生态效益。开发旅游资源是为了使大自然的美得以发挥作用，对游客具有魅力，因此决不能破坏自然之美，并要防止污染，注意生态效益，对一些历史文化、古迹要突出其“古”意。

3）注意经济效益。新建、改建和扩建旅游资源，都应做好调查工作与市场论证，尽量少花钱多办事，贯彻节约精神。对吸引力强、观赏价值大、经济效益好的旅游资源应尽早开发。要最大限度地利用现有基础设施，充分发挥现有设施的利用率。

4）与市场需要密切配合。旅游者的行为动机和需要是常有变化的，市场研究不好，开发的旅游资源也会同其他消费品一样，过时或缺乏吸引力。因此，旅游资源的开发必须适应市场需求变化和未来趋势，也要确定旅游区内旅游集散的辐射面，从而预测资源开发的规模和方向。

5）注意“可进入性”，把交通条件和地理位置的关系作为规划的重要部分。如果行程困难，即使景色秀丽也难广招游客。如西藏拉萨的布达拉宫，新疆博格达山的天池，尽管中外驰名，但受交通条件和地理位置的限制，目前也不像内地“热点”那样吸引人。

6）要有“新奇性”与“舒适性”。旅游者到旅游地多为探奇和休憩。

小　结

本章针对旅游业的特点，从影响旅游业布局与发展的主要因素（包括旅游的客源市场形成与扩大因素和旅游环境建设与发展因素）入手；重点讨论了区域旅游资源评价的指标体系；在旅游规划的基本要素，包括旅游吸引物及活动、住宿设施、其他旅游设施和服务、交通设施和服务、其他基础设施、社会因素等六个方面的分析基础上，从旅游发展规划和旅游开发建设规划两个层次上介绍了区域旅游规划的主要内容。在区域旅游资源的评价中，要着重把握旅游资源的历史意义、美学意义、科学意义、相关因素的数量与地位、环境质量、组合状况、旅游环境容量、适应范围和开发条件等方面，对旅游资源的吸引力(特色)、开发利用现状及开发利用可能性和开发序位等做出客观的评价，为区域旅游资源的开发利用提供科学的依据。

思 考 题

1. 旅游资源的主要特点是什么？与工业、农业、交通运输业相比，有哪些异同点？
2. 如何理解旅游客源取决于旅游者动机（内动力）、旅游景观相互作用形成的吸引力（外动力）和距离、费用、旅游条件（中间条件）三方面的综合作用？
3. 如何理解影响旅游业发展的主要因素（包括它们起什么作用及如何起作用等方面)？
4. 如何正确分析评价区域旅游资源（包括从什么方面、根据什么标准、运用什么方法等一系列问题)？
5. 旅游规划的基本要素是什么？在旅游规划要素的地理空间组织中，如何正确把握规划要素的新建、扩建、改建、拆除和迁移等决策？
6. 如何从规划要素的地理空间组织（位置、强度、关系）角度，来理解区域旅游发展规划的基本内容？
7. 在区域旅游开发建设规划中，如何正确把握旅游资源的开发和利用？试简要说明。

第 13 章　区域基础设施规划

13.1　基础设施的特征与作用

基础设施又称基础结构，词义是“基础”“下部（底层）结构”“永久性基地（设施）”，原属军事用语，指后方军事工程中的固定设施或永久性基地，如导弹基地、机场、军用物资仓库等。随着社会经济的发展，基础设施获得新的含义，泛指国民经济体系中为社会生产和再生产提供一般条件的部门和行业，包括交通、邮电、供水供电、商业服务、科研与技术服务、园林绿化、环境保护、文化教育、卫生事业等技术性工程设施和社会性服务设施。仅就社会经济在传递方面的基础设施看，基础设施可以分成四个层次：第一层次是交通运输设施，用以输送人和货物，实现人和货物的位移；第二层次是动力和水利设施，包括电力网和供气、供排水系统等，用以传递动能、水源和排涝；第三层次是通信设施，包括电报、电话、广播和电视等，用以传送音像信息；第四层次是计算机网络，用以把各种各样的数字信息系统连接起来。21 世纪是知识经济和信息化的时代，以数字化和网络化为特征的信息技术的发展，使全球（尤其是发达国家）的经济增长越来越依靠知识的生产、扩散和应用。

区域性的基础设施一般指四大系统，即交通运输系统、给水排水系统、动力系统和通信系统等部门。其中，交通运输系统包括铁路、公路、水运、航空、管道的线网、港站等设施。给水排水系统包括给水的水源工程、输水管道、自来水生产和供应设施，以及雨水排放管网和污水排放的处理设施。动力系统包括电力生产及输变电设施，区域性的煤气、燃气、石油液化气的生产输配设施和热力生产供应设施。邮电通信系统包括邮电局所、各种通信手段的收发和传输设施。

13.1.1　基础设施的特征

较之工农业等生产部门，基础设施具有以下五个特征。

（1）公共性

基础设施不是为特定的部门、单位、住户及企业而设置的，而是为一国或一地区社会经济整体服务的，大家共同使用、共同享受。同时，基础设施也是社会共同劳动与联合劳动的结果，大多由国家投资或各企事业单位联合投资建设。

（2）两重性

基础设施既为物质生产服务，又为人们的生活服务，两者难以截然分离。道路上行驶着货车，也有大量客车；电话输送着商务信息，也传递着亲人的问候；自来水、电力更是工业生产和人民生活必不可少的物质条件。

（3）系统性

基础设施是一个有机的综合系统，它是国民经济体系的一个运转载体，交通、电力、电信、给排水既互相独立又互相依存，成为社会经济发展的支撑工程体系。各类基础设施按其自身要求形成独立的网络系统。同时，它们在布局、规模、建设时间上又需要互相协调，形成一个有机的整体。

例如，要建成一个水力发电站，不仅需要整修河道、建筑水坝和水库，还需要建设电站建筑物，购买电机设备、建设输电系统、修筑公路、安装通信设施、建造有关生产服务设施和生活服务设施等。这样，工程一开始就要有大规模的投资预算，而且这些投资缺一不可。先投资建设水坝，没有发电设备和必要的通信设施，即使电站建成了也不能投入使用。因此，基础设施必须有一个最小规模的大额投资才能建成，并且要有相应的辅助设施才能投入使用，形成生产能力。否则，如果投资量小，或工种不配套，即使项目建成也无法产生效用，只会半途而废甚至造成浪费。

(4) 长期性

基础设施施工周期长、消费周期长、效益回报期长。基础设施建设一般规模较大、资金较多、建设难度较大、施工周期较长，大多数年到数十年。一旦建成，维护得当，可运营数十年至上百年。投资效益不可能在短期内集中得到反映，需要通过相当长的一段时间才能使经济效益、社会效益、环境效益逐步体现出来，这些效益的影响是深远的、长期的。

(5) 间接性

基础设施具有较大的外部经济性，其投资效益往往分散体现在其服务对象的效益上，这种间接效益远远超过了直接效益。

从资源配置的角度分析，由于决策者主体不对受影响者收费，某些效益被给予没有参加这一决策的人，例如，某矿场主修建一条公路把矿场地与销售地点连贯起来，从而使公路两侧每一矿场的运输成本大大降低。显然，外部经济性会导致资源配置的低效率。因此，基础设施的建设不能完全着眼于获得自身的经济效益，而应立足于为整个区域社会经济发展服务，提高整体实力和总体效益。

注释专栏6　基础设施消费上的特征

西方公共产品理论认为，一切物品根据其在使用中是否具有非排他性和非竞争性这两个标准，可以大致区分为以下四种类型：①同时具有非排他性与非竞争性的纯公共产品。②同时具有排他性与竞争性的纯私人产品。③具有非排他性与竞争性的公共资源。④具有排他性与非竞争性的准公共产品。

有人认为基础设施服务属于“公共产品”或“准公共产品”，实质上，由于基础设施涵盖的内容十分广泛，不同部门间、部门内部和各种技术类型之间，基础设施产业的经济特征大不相同。既有纯公共产品和准公共产品，也有公共资源和纯私人产品。

纯公共产品的非排他性源于其技术不易排斥众多受益者，或虽然在技术上可以排他，但排他的成本十分昂贵，以致在经济上不可行。纯公共产品在消费上的非竞争性源于其具有的不可分割性。由于纯公共产品的不可分割性，因而在其产生拥挤之前，每增加一个消费的边际成本等于零。也就是说，当一种公共产品还未达到充分消费之前，每增加一个消费量不必相应增加生产的可变成本。于是，在该公共产品一定的供给条件下，一个人的消费可能性与他人的消费量无关。农村公路、街道清扫服务、交通标志设施等均是典型的公共产品。

当城市间的收费高速公路不太拥挤，从而不太具有竞争性时，它就是典型的准公共产品。因为增加一辆车、一个司机并不影响其他人使用公路的效益，而其在技术上可以排他而且排他的成本并不昂贵（设立收费站）。而与此相反，城市道路在交通高峰期十分拥挤，具有很强的竞争性。但直到现在，也很难有技术上的措施可以防止其他人使用城市公路，或者对高峰期和非高峰期使用道路者根据使用量征收不同的费用，无法排他，这是一种典型的公共资源。

大多数的基础设施产品或服务性质是私人产品，具有竞争性和排他性，如供水、供电、煤气、电话、铁路、教育等，并不如通常人们所认为的它们属于公共产品或“准公共产品”。应该认识到，尽管大多数的基础设施产品或服务是私人性的，但它们依然产生外部效应或外延效应——其中许多会影响环境。如发电时使用矿物燃料排出的废气可能产生严重的负外部效应。

摘自：唐建新，杨军. 2003. 基础设施与经济发展. 武汉：武汉大学出版社

13.1.2 基础设施的作用

基础设施是实现国家或区域经济效益、社会效益、环境效益的重要条件，对区域经济的发展具有重要的作用，主要表现在以下五个方面。

（1）基础设施是社会经济活动正常运行的基础

基础设施是区域经济发展的物质基础和支撑条件，虽然大多数设施不生产物质产品，但却是物质产品社会化再生产过程中的必备条件，缺少这些设施，各项事业都难以维持和发展。若把国民经济视作人体，基础设施则犹如人体的生理系统，交通是人体的脉络系统，邮电是人体的神经系统，给排水是消化和泌尿系统，电力是血液循环系统，维持人体正常运转，这些系统缺一不可，任何一方面失灵，都将导致人体失衡。同理，基础设施严重滞后，会造成区域经济的混乱，甚至处于瘫痪状态。试想一个城市如果停电断水，交通阻塞，不仅物质生产不能保证，连正常生活也难以维持，会带来整个社会的振荡。

（2）基础设施是社会经济现代化的重要标志

基础设施是生产力要素的一种体现，它反映了一个现代化社会的物质生活丰富程度。人类社会从人力、畜力、自然力发展到机械力进入电力时代，不能不说是社会技术进步和现代化的体现。先进的卫星通信和电子邮件、高速的交通设施、超高压电网和大容量的给排水工程无不显示出一个国家和地区的现代化程度。同时，这也是人们追求现代物质文明的重要目标。

（3）基础设施是经济布局合理化的前提

基础设施是国民经济建设的基础，一个新工业区的开发，农业基地的建立，流通大市场的建设，都离不开基础设施的先行。当前“要想富，先修路”已成为全民的共识，这也是解决贫困地区经济发展脱贫致富的重要措施。

（4）基础设施是拉动经济增长的有效途径

基础设施是一个产业关联度大，劳动密集型的部门。它的建设与三大产业密切相关，是一种生产性消费，需要消耗大量的钢铁、建材、木材、机械和人力，建设投资中的60%左右成为实物形态的固定资产，40%左右转化为劳动者工资收入和生活消费基金，可以创

造更多的就业岗位，为劳动力素质不高的农村剩余劳动力和下岗职工提供新的就业机会，增加工资收入，从而推动日用消费品市场的兴旺。这种“乘数效应”必然拉动国民经济的增长。据有关专家估计，公共基础设施投资可带动国内生产总值增长的比率大致为1∶4。

(5) 基础设施是国防建设的组成部分

基础设施在某种意义上具有半军事性质，要直接为军事服务。一旦战争发生，这些战备公路、军用机场和港口、军事通信、军用物资运送、军事基地和军事工程设施都需要基础设施为其服务，成为国防实力的组成部分。

13.2　基础设施的发展模式

在经济资源总是有限的情况下，面对工业现代化过程中对基础设施投资的巨大需求，协调基础设施与直接生产部门投资之间的优先次序和投资比例，避免基础设施“瓶颈”的生成而制约经济发展，是发展中国家政府必须认真做出的政策选择。基础设施发展模式是指一个国家为实现发展这一总目标所确定的基础设施与直接生产部门的建设优先次序及投资比例上的战略筹划与安排。西方经济学家针对发展中国家资金不足的前提，提出了以下三种不同的发展模式。

(1) 优先发展模式

优先发展模式，指优先发展基础设施。英国经济学家P. L. 罗丹于1943年在《经济学》杂志发表的文章提出了“社会分摊资本”的概念和超前建设的观点。他认为在消费品工业建立以前，必须大规模地筹集大量不可分割的社会分摊资本，建立起基础设施部门。这些资本通常占总投资的30%～35%，只依靠私人和市场积极性是无力做到这一点的，必须通过倡议、计划或规划等步骤，为工业部门创造投资机会。基础设施工期长、投资额大、资本产出率高，应根据社会经济发展预测，有计划、有步骤地进行投资和建设，不然就会导致工业发展后力不足、道路不畅，临时弥补又会出现巨额资本无法筹集，从而丧失时间、制约经济增长等问题，所以基础设施应优于直接生产部门超前发展。从经济学的意义上来说，社会分摊资本是遍及整个社会利益的公共设施投资，这些基础设施的建设可为直接生产部门提供外部经济效果，从而达到收益递增的目的。

(2) 滞后发展模式

滞后发展模式，指优先发展直接生产部门、滞后建设基础设施部门。美国经济学专家赫希曼，是不均衡增长理论的主要倡导者，他从投资效益出发，认为有限的资本应首先发展工业部门，然后建设基础设施部门。他批评传统的优先发展基础设施理论，认为这是一种“超能力的发展”，不能刺激引致投资（引致决策）；而优先发展部门，虽然是一种“短缺的发展”、不平衡的增长，但能产生最有效的投资结果，刺激进一步的投资，实现“引致决策”最优化。所以在资本有限的情况下，应集中投资于直接生产部门，尽快地获得收益，增加收入，待直接生产部门发展成长并有了较大的收益后，再利用一部分资金投资于基础设施，推动基础设施建设。从经济学的角度看，这是一种利用低成本追求利润最大化的行为，以便加速资本的原始积累，从而实现扩大再生产。

(3) 同步发展模式

同步发展模式，指基础设施与其他国民经济部门按比例投资、共同发展。经济学家纳克斯是大推进理论的倡导人，他于1953年在《不发达国家的资本形成问题》一书中，主张对工业、农业、外贸、消费品生产、资本品生产、基础设施等国民经济各个部门，同时按不同比例进行大规模投资，实行平衡增长战略。他认为，发展中国家贫困是经济落后、收入太低，导致供给方面储蓄水平过低，需求方面市场容量太小，投资引诱不足，从而造成贫困恶性循环，这就是“纳克斯陷阱”。必须同时对国民经济各个部门进行大量投资，均衡发展，使经济增长迅速达到一定的高度，人均收入突破一定的限度，才能彻底冲破低收入造成的贫困恶性循环。著名经济学家钱纳利、廷伯根及后期的P. L. 罗丹都同意这一观点。

根据国外基础建设的实践经验，上述三种发展模式各有优缺点，但从综合效果来看，以同步发展模式为最好，优先发展模式次之，滞后发展模式较差（表13.1）。

表13.1 三种基础设施发展模式比较表

发展模式	国家	基本特点	对经济发展的影响	投资效果影响	国民经济效果	综合评价
优先发展型	英国	基础设施的发展超越生产在一个时期的需要	促进经济发展	较差	较好	一般
同步发展型	美国	基础设施与生产部门同时发展	与经济协调发展	较好	较好	较好
滞后发展型	苏联	基础设施的发展在一个时期落后于生产的需要	阻碍经济发展	较好	较差	较差

13.3 区域交通运输规划

交通运输系统是基础设施的骨架，是国家或区域社会经济发展的先行条件。区域交通运输系统规划的任务是：在全国统一交通运输网的指导下，根据地区社会经济、人民生活和国防建设的需要，以及区内自然条件、自然资源和经济布局的特点，选择合适的交通运输方式和各运输方式之间的合理分工与协作，有秩序地构筑地域综合运输网。

13.3.1 各种交通运输方式的特点

当代主要的运输方式有铁路运输、公路运输、水路运输（包括内河运输和海洋运输）、航空运输和管道运输。由于各种运输方式的技术性能（速度、运输能力、通用性、连续性和机动性等）、对地理环境的适应程度及经济指标（投资、运输成本、运输能耗、固定资产效率和劳动生产率等）不同，它们各有其合理的使用范围，在综合运输网中发挥着不同的作用（表13.2）。

表13.2 各种运输方式技术经济特征比较表

运输方式	基建投资		运载量	运输成本	速度	连续性	灵活性	劳动生产率	安全性
	线路	运具							
铁路	6	2	2	4	3	1	3	4	3
河运	3	4	3	2	6	6	4	2	4
海运	1	3	1	1	5	5	5	1	5
公路	4	5	5	5	2	2	1	6	6
管道	5	1	4	3	4	3	6	3	1
航空	2	6	6	6	1	4	2	5	2

注：表中数字表示各种运输方式在某一方面的优劣次序。

因此，应在把握各种交通运输方式的主要技术经济指标，包括由单位线路造价与运输工具每马力造价决定的基本建设投资、交通运输业单位产品运营支出的运输成本、以从事运营工作人员分摊的吨千米工作时计算的劳动生产率、反映运输方式受自然环境影响和现状的运输连续性和灵活性、表示运输产品周转状况的货物运达速度等特征的基础上，根据国民经济所产生的运输需求特征（包括对运输量、运输时间、运输速度和运输成本的具体要求），统筹各种交通、运输方式的协调发展，构建合理的地域综合运输网。

13.3.2 综合运输网的构建

综合运输网是指由多种运输方式的线路、港站和枢纽共同组成的，彼此协作、相互补充、紧密联系的交通运网，是交通运输点与点连线的集合。

1. 运网中的线

运网中的线是指运输工具借以运行的天然或人工的轨道或轨迹，是运输发生的基本因素之一。地球表面的交通线路可分为三种类型：①铁路、公路和内河航道等交通线属于一维空间线路，受自然环境限制大，运具只能循着线路轨道行驶，为克服地形和水文状况造成的运行阻力，提高线路行车速度和扩大货物通过能力，需经人工建造和整治，如遇上特殊困难地段还需绕道行驶，回路指数（两点间线路长度与其直线距离之比）大于1。②海洋航线属于两维空间线路，其活动场所是辽阔的海面，船舶可在上面自由行驶，并能以比较大的曲线半径绕过暗礁，回路指数近于1。③航空线属于三维空间线路，其活动范围是广大的天空，飞机可任意升降和飞翔，实现两点间直线运输，回路指数可等于1。对于铁路、公路、内河航运等陆上交通来说，还存在某些共同特点，如反映位置和形态特征的长度、走向和起讫点；反映人工影响程度的线路质量标准和最大通过能力等。

运输线路（主要指陆上运输线路）的布局主要针对三个要素，即运输线路的走向、运输线路的类型和运输线路的技术标准。正确地确定这三者，对减少运输建设投资、节省运输费用、提高社会效益具有重要作用。

(1) 确定运输线路的走向

社会对运输的需要决定着各条运输线路的起止点，但是，社会对运输的需要是多种多样的，不仅要求按运输需要的主要集中地确定起止点，还必须考虑运输线路所经地区的运输要求和自然地理条件，确定起止点间运输线路的具体布局。此外，运输方向上已有运输线路时，还要考虑充分利用现有运输线路的可能性。例如，我国大量的山西煤炭要运往江苏、上海、浙江地区，虽然这些运输需要决定了要在山西向苏、沪、浙地区建设能力强大的运输线路，但在布局时，还需考虑这条运输线路所经地区的其他物资（如钢铁、非金属矿石、化肥等）和其他地区煤炭生产（如徐州、两淮煤田等）运输需要，一举多得，考虑两点间现有运输线路（铁路、水运）的使用情况及其技术改造，以及提高运输能力的可能性。

(2) 选择运输线路的类型

运输需要是多种多样的，从旅客运输来说，旅客的职业不同，各地区人民的消费水平不一，旅客旅行距离不同，因而对运输速度、舒适程度的要求也不一样。从货运来说，货流的构成不同，规格、品种、价格不同，对运输速度、运输服务质量要求也不一样。同时，运输线路通过地区的自然地理条件也千差万别。在不同的条件下，选择不同类型的运输线路，对运输建设投资、运输费用都有很大影响。此外，各种运输方式的技术经济特点，对运输需要和自然条件的适应程度也不相同。因此，正确选择运输线路的类型是充分发挥各种运输方式的优势，实现综合运输网络合理布局的前提，也是以最少的社会劳动消耗，满足社会运输需要的保证。

根据以上分析，在一般条件下，运输线路的选择应该是：对于数量大、价值较低、运输距离长的大宗物资，如煤炭、矿石、木材、钢铁和粮食等，在有水运资源的地方应充分利用水运，在无水运资源或利用水运而过多增加运输距离和运输费用时，应使用铁路运输；对于运量少、运距短的旅客运输，或货物价值高、运距不太长、要求运输速度快的物资，应选择公路运输；对于长距离的旅客运输，或者运量小的贵重货物，或者地形条件很差的线路，可考虑使用民航运输；对于石油及其制品或天然气，应尽量使用管道运输。

(3) 确定运输线路的技术标准

运输线路的技术标准是指运输线路必须达到的技术要求，对铁路来说，包括限制坡度、最小曲线半径、牵引种类、机车类型等；对公路来说，包括路面质量、路基、路面宽度、车道数量、运行速度和桥梁负荷等；对内河航道来说，包括水深、宽度、跨越航道建筑物的净空、过船建筑物的尺寸和运输船舶的吨位等。因此，运输线路的技术标准就决定着运输线路的通过能力、运输工具的运行速度和运输质量，一般来说，运输线路采取较高的标准，可增大运输线路的通过能力，提高运行速度和运输质量。但是技术标准过高，投资就大，花费的人力、物力、财力及占用的土地和水资源也就越多。

各种运输线路的技术标准，国家一般都通过线路分等，并进行具体规定。因此，选定运输线路的技术标准，实际上就是确定线路的等级。

a. 铁路

根据铁路的不同级别和运输能力，以安全、高效、经济为原则，对铁路技术要求中的弯度和坡度做出如下规定（表 13.3）。

表 13.3　中国铁路经济技术要求

级别	年运输能力/(万 t/km)	行车最高时速/(km/h)	最小曲率半径/m		最大限制坡度/‰	
			一般地段	困难地段	一般地段	困难地段
Ⅰ	>800	120	800	400	6	12
Ⅱ	≥500	100	800	400	12	12
Ⅲ	<500	80	600	350	15	15

铁路电气化是铁路现代化的重要组成部分。由于电气化机车牵引力大于内燃机车和蒸汽机车，其技术速度比蒸汽机车高 20% ~30%，时速可达 170 ~210km，可爬行 15‰的坡度，运输达 3000t，比蒸汽机车快 1 倍。电气化铁路需要有独立的供电系统、电力线和电气机车，投资较大。

b. 公路

根据 1998 年我国交通部发布的公路工程技术标准，公路分级要按照使用任务、功能和适应的交通量分为高速公路、一级公路、二级公路、三级公路、四级公路五个等级。

高速公路为专供汽车分向、分车道行驶并全部控制出入口的干线公路。四车道高速公路一般能适应按各种汽车折合成小客车的远景设计年限年平均昼夜交通量为 25000 ~55000 辆；六车道高速公路一般能适应按各种汽车折合成小客车的远景设计年限年平均昼夜交通量为 45000 ~80000 辆；八车道高速公路一般能适应按各种汽车折合成小客车的远景设计年限年平均昼夜交通量为 60000 ~100000辆。

其他公路为除高速公路以外的干线公路、集散公路、地方公路，分四个等级。一级公路为供汽车分向、分车道行驶的公路，一般能适应按各种汽车折合成小客车的远景设计年限年平均昼夜交通量为 15000 ~30000 辆。二级公路一般能适应按各种车辆折合成中型载重汽车的远景设计年限年平均昼夜交通量为3000 ~7500 辆。三级公路一般能适应按各种车辆折合成中型载重汽车的远景设计年限年平均昼夜交通量为 1000 ~4000 辆。四级公路一般能适应按各种车辆折合成中型载重汽车的远景设计年限年平均昼夜交通量为：双车道 1500 辆以下，单车道 200 辆以下。

公路路线设计应根据公路的等级及其使用任务和功能，合理地利用地形和技术标准，并考虑车辆行驶的安全舒适及驾驶人员的视觉和心理反应，保持线形的连续性、与当地景观的协调性。

公路在选线时，应尽量避免穿过地质不良地区和城镇，贯彻保护耕地、节约用地的原则，少拆房屋、方便群众，依法保护环境、保护古迹。对于不同的选线方案，应对工程造价、自然环境、社会环境等重大影响因素进行多方面的技术经济论证，在条件许可时，应尽量选用较高的技术指标（表 13.4）。

表 13.4　各级公路主要技术指标汇总简表

公路等级	高速公路						一级		二级		三级		四级	
计算行车速度/(km/h)	120			100	80	60	100	60	80	40	60	30	40	20
车道数	8	6	4	4	4	4	4	4	2	2	2	2	1 或 2	
行车道宽度/m	2×15.0	2×11.25	2×7.5	2×7.5	2×7.5	2×7.0	2×7.5	2×7.0	9.0	7.0	7.0	6.0	3.5 或 6.0	
路基宽度/m 一般值	42.50	35.00	27.50 或 26.00		24.50	22.50	25.50	22.50	12.50	8.50	8.50	7.50	6.50	
路基宽度/m 变化值	40.50	33.00	25.50	24.50	23.00	20.00	24.00	20.00	17.00				4.50 或 7.00	
极限最小半径/m	650			400	250	125	400	125	250	60	125	30	60	15
停车视距/m	210			160	110	75	160	75	110	40	75	30	40	20
最大纵坡/%	3			4	5	5	4	6	5	7	6	8	6	9

注：本表仅为简单汇总，所列各项技术指标应按有关条文规定选用；根据《公路工程技术规范》(1998)。

c. 内河航道

中国内河航道可分为六级，由于运量和船队标准不一，对航道有不同的要求（表 13.5）。

表 13.5　枯水期最小航道尺度

航道等级	通航驳船等级/t	天然渠化河流/m 浅滩水深	天然渠化河流/m 底宽	人工运河/m 水深	人工运河/m 底宽	曲率半径/m	桥净高/m
1	3000	3.2	75 ~ 100	5	60	900 ~ 1200	12.5
2	2000	2.5 ~ 3	75 ~ 100	4	60	850 ~ 1000	11
3	1000	1.8 ~ 2.5	60 ~ 80	3	50	700 ~ 900	10
4	500	1.5 ~ 1.8	45 ~ 60	2.5	40	600 ~ 750	7 ~ 8
5	300	1.2 ~ 1.5	35 ~ 50	2.5	30	200 ~ 500	4.5 ~ 5.5
6	50 ~ 100	1 ~ 1.2	20 ~ 30	2	15	150 ~ 400	3.5 ~ 4.5

2. 运网中的点

运网中的点，是指线路终端的港、站和枢纽。线路的运输作用是通过港、站、枢纽实现的。根据输送功能的差异，运网中的点分港（站）、枢纽（单一运输方式的枢纽）和综合运输枢纽三个等级规模。

(1) 基本特征与布局要求

车站（港口）、枢纽的运输职能主要是通过专门的技术装备和建筑物办理客货到发及中转的服务业务和运输技术业务，包括车船停靠、编组、整修和上水、上油、上煤。综合运输枢纽是指两种以上运输方式的衔接部分，共同办理长途、短途、城市和企业内部客货运输所需要的各种运输设备的统一体。枢纽内有各种运输方式的客货联运。综合运输枢纽集中了各种运输方式，是统一运网的心脏。综合运输枢纽的类型有如下三种。

1）铁路–公路运输枢纽。主要由铁路枢纽和公路枢纽组成。其中铁路枢纽为骨干，公路担负为铁路枢纽集散货物和输送旅客的任务。这种枢纽具有完备的铁路运输设备，如客货运站和办理列车始发、终到及中转作业的编组站（需要进行大量改编车辆作业的车站，主要将到达城市的货车列车车辆送到城市各地区，如货运站、工业区、港口等；把货站、工业区、港口装好的货物汇集到编组站，进行改组后发往各目的地）。

2）水路–公路运输枢纽。由内河码头或海港与公路配合而成。在海港、公路运输枢纽内，公路一般起着为海港集散客、货的作用。在内河码头，公路枢纽内，河运与公路的作用视枢纽构成与经济状况而异，或公路枢纽为主，河运为公路干线集散客、货，河运发达，则公路为河运服务。这类枢纽大部分属于地区性的，作业量小。

3）铁路–水路–公路运输枢纽。又可分为三种类型：①由海港、铁路、公路组成的综合运输枢纽，具有办理水陆联运设施，包括港前编组站、港湾站、地区车场、码头线、场库线、联络线等，如我国大连、青岛等城市。②由内河码头、铁路、公路构成的综合运输枢纽，如我国武汉、重庆等城市。③铁路、海港、内河码头、公路综合运输枢纽。其中铁路、海运起骨干作用，河运公路担负为铁路、海运集散客货的任务。

车站（港口）、枢纽和综合运输枢纽，其职能和规模有很大差别，但在布局上却有许多共同要求：①要考虑其在统一运网中的地位和作用，吸引范围运量及运输特点，合理安排枢纽能力和设备，以满足枢纽的运营要求。②要与城市规划和工农业生产布局相适应，既要方便运输，又要防止运输对城市和生产的干扰。③枢纽用地较多，要充分估计地形、地质、水文气候条件对枢纽布局的影响。对于港口布局来说，除上述条件外，还要考虑航行停泊条件，就是要求允许规格的船舶可不分季节、昼夜，安全迅速地进出港口，必须有短、直、深、少淤积的入港航道，防止潮差、冰冻、雾日和能见度差、泥沙回淤、波浪潮汐的冲击等自然因素的不利影响，并且要求具有供船舶安全抛锚、系泊及装卸、倒驳的足够广阔的水域和深水岸线。

(2) 城市对外交通布局

现代城市往往是现代交通运输的枢纽，它以铁路、公路、水道、航空、地下铁道、电车、汽车等各种运输方式组织城市的内外交通运输。城市对外交通是指以城市为基点，与城市外部进行联系的各类交通运输方式的总称。它是城市存在与发展的重要条件，也是构成城市的不可缺少的物质要素。

城市对外交通的布局不仅对城市的形成与发展有密切关系，还对城市总体布局有极大的影响。

对外交通运输设备的布置在很大程度上影响城市工业、仓库、居住区的位置，如有大量货运的工业，仓库往往需要接近对外交通运输设施布置，而居住区为防止干扰则必须与它们保持一定距离。

对外交通运输的布置还影响城市发展用地的选择，如港口城市的用地就受岸线位置的牵制；而有铁路经过的城市，其铁路干线走向与城市用地的发展方向有很大关系。

对外交通还影响城市道路系统。城市对外交通的车站、码头、机场是城市市内交通的衔接点，它必须通过城市道路与城市各组成部分取得方便的联系，另外，车站、码头之间联运也要有便捷的城市道路连接，以便于各类对外交通之间的联运。

城市对外交通的旅客车站、客运码头、民航机场是城市的大门。因此，站前广场及车船入城干道沿线、沿岸，必须注意反映城市的面貌和特色。

a. 铁路在城市中的布局

无论把铁路布置在市中心，还是布置在城市边缘，对城市或多或少会产生诸如噪声、烟尘和阻碍城市进出交通等不良影响。对于这些不良影响，可以从布局规划及铁路技术的角度来解决。

为了合理地布置线路，减少对城市的干扰，一般有以下五方面的要求。

1）铁路在城市的布置，应该有利于城市的功能分区。当铁路将城市分割成几部分时，应在被分割部分的内部设置独立的生活、文化福利设施，以减少分割地区之间的频繁交通。

2）通过城市的铁路线，最好布置在城市绿带里。这样可以避免铁路对城市产生干扰，又有利于借助绿带来调节城市小气候和形成较好的城市面貌。铁路两旁的树林，不宜成密林，更不宜太靠近路轨，最好间距能保持在 10m 以上，以保证司机和车厢旅客有开阔的视线。铁路与居住区之间的防护林带的宽度，最好能在 50m 以上。

3）尽量减少铁路和城市道路的交叉。在进行城市总体布局时，就要综合考虑城市道路网和铁路的布置，使它们紧密配合，为城市创造迅速、安全的交通条件。

铁路与城市干道的交叉有平面交叉和立体交叉两种方式。铁路在郊区与道路交叉时除铁路干线与国家公路及其他高速道路外，一般都可以采用平面交叉；大、中城市的次要道路和通行量很小的铁路专用线交叉时，可根据条件采用平均交叉或立体交叉。平面交叉不仅不安全，增加日常的经营管理费用，更重要的是阻隔城市交通，甚至每一次阻隔时间长达 13 ~ 30 分钟，给城市带来很大的不便。

4）经过或进入城市的铁路和车站，犹如城市的门户，因此，铁路的布置应有利于观瞻和改善城市的面貌。

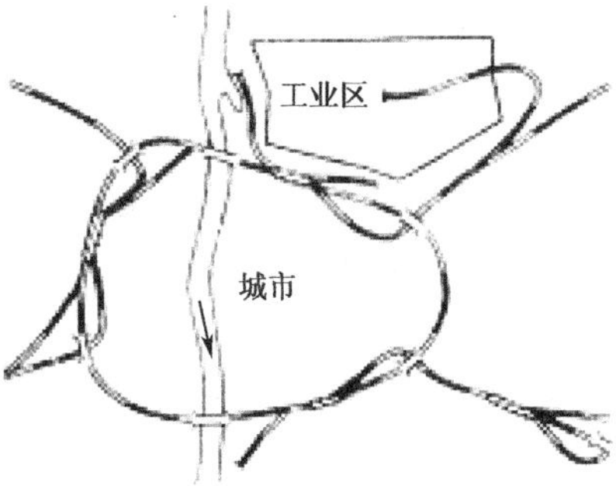

图 13.1　铁路包围城市情形之一

5）在布置铁路时，应避免妨碍城市的发展。城市总体布局和铁路布局时，必须注意预留城市发展和铁路发展的用地，避免铁路把城市用地分割得破碎零星或包围城市。图 13.1 就是一种失败的布置，它不仅包围了城市，还隔断了工业区和居住区的联系。

不仅环形铁路造成城市包围，有时只有一条铁路也能造成城市包围，妨碍城市的发展，参见图 13.2。但在图 13.3 的布置中，就避免了这种缺点。

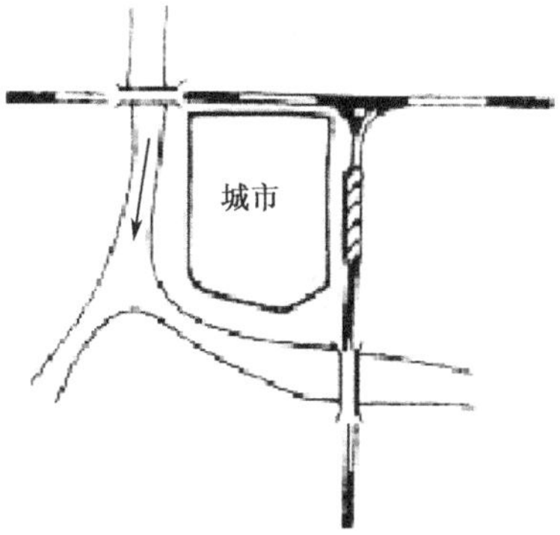

图 13.2　铁路包围城市情形之二

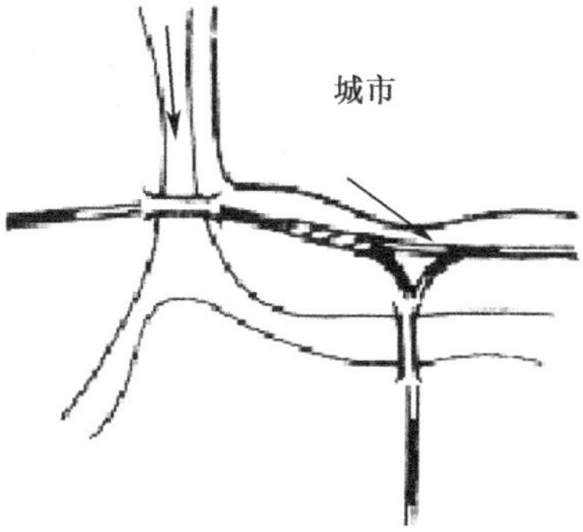

图 13.3　铁路沿城市边缘布局

b. 公路在城市中的布置

公路与城市关系极为密切，也可以说公路是城市干道的延续。为避免由公路与城市道路混杂、功能不分而造成的既不利于行车，也不利于居民正常生活，且容易发生交通事故和环境污染的不良情况，最好在市区边缘以外用城市环形交通干道将城市公路连接起来（图 13.4），使与该城无关的过境车流在市区外转入另一条公路，而不必进入市区。

c. 港口在城市中的位置

港口位置的选择是城市规划中一项重要的工作。只有港口位置确定后，通向港口的铁路走向和编组站场位置、港口直接对外公路、港口与城市联系的干道走向，以及需要大量水运的工厂位置等才可以进行全面合理的安排。

在选择港口位置时必须全面考虑，既要满足港口在技术上的要求，又要符合城市总体发展的利益。选择港址，应该在合理安排居住区、工业区的同时进行，统一解决港口、居住区、工业区的矛盾，使之形成有机的整体。因此，在选择港址时，必须满足港口技术和城市建设两个方面的要求。

港口本身的技术要求包括：①港口位置应选在水深及海（河）岸稳定处，风浪小，没有或很少冲刷淤积，并有适合的流速及良好的地质条件。②港口必须有足够的水域面积，以便船舶能方便而安全地进出港口，在港区的水域中能顺利地运输和停泊，并使水上有进行装卸作业的可能。③港区要有足够的码头岸线及良好的避风条件。④港口陆地面积必须保证能够布置各种作业区及港口的各项工程设施，并有继续发展的余地。⑤港口位置应使建港工程造价及以后的经营管理费用减少到最低限度，并有方便的水、电、建材等供应条件。

港口在城市建设上的要求包括：①港口位置的选择应与城市总体布局相协调，尽量避免将来可能产生的港口与城市建设的矛盾。②港区作业布置应不妨害城市卫生、不影响居住区和工业区的安全。③城市客运码头应接近市区中心，布置在城市生活居住区以外的地区。④港口布置应不截断城市交通干线，要与城市取得方便的交通联系，并保证城市有水陆联运的条件。

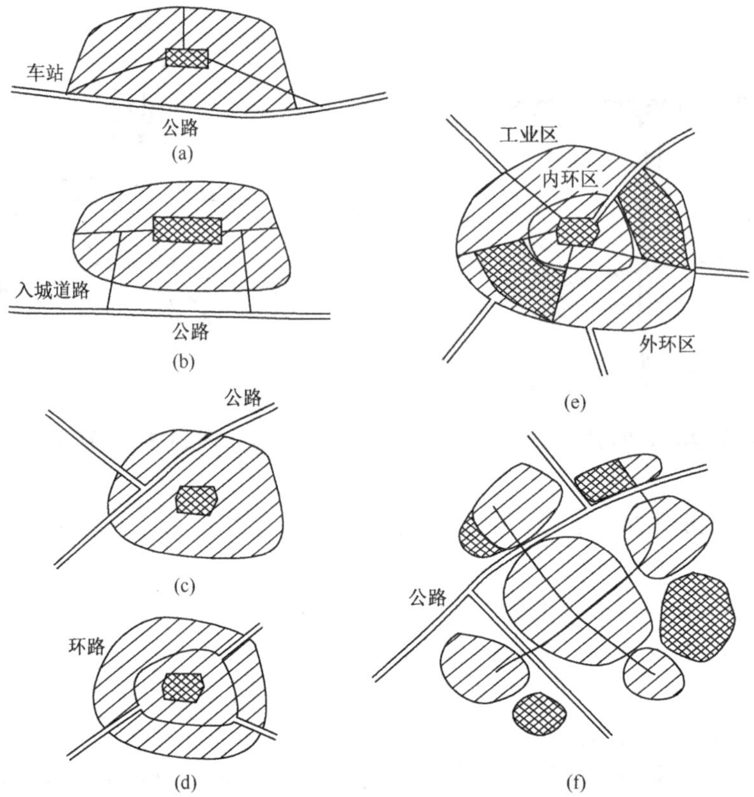

图 13.4　公路与城市的关系

(a) 过境公路交通引出，从城市外围通过，车站设在城市边缘入口处；(b) 高等级公路宜距离城镇一定距离，用入城道路与城镇连接；(c) 利用大城市的交通干道作为对外公路的交通连接线时，应与城市中心区相切，不宜过于深入；(d) 中心区外围设有环路的大城市，利用环路使过境交通不穿入中心区；(e) 特大城市以公路组成的外环路，可兼作城市近郊工业区之间联系的交通干道；(f) 公路与城市道路自成系统互不干扰，在一定的入口处与城市道路连接

d. 机场在城市中的布置

机场在城市中的位置，要从区域整体需要出发，研究合理的空间分布，做出客运量的经济论证，避免单一从城市出发，造成重复建设。机场位置选择应满足以下条件：①有充分的场地，合理设置跑道位置。②考虑自然条件，满足净空要求，如机场最适宜坡度0.5%~2%，地基条件良好，少暴雨、大雾和鸟类，对人工和自然障碍物的高度均有一定限制（在1500m内小于8m，500m内小于200m）。③与城市有合理的间距，既不影响城市环境，又能在30分钟内到达城市，一般要求机场距城市10km以外、40km以内，距离过近或过远均不合适。④与机场导航通信影响的干扰源保持一定的距离，如功率10kW的广播电台应离导航台5km以外，330kW以上的高压输电线应在2km以外。

3. 运网系统

一个国家或地区的运输网络由三维的非平面网络（如管道网和航空网）和二维平面网

络（如铁路网、公路网和水运网）构成。就平均运网而言，根据其在发展过程中点和线的组织状况，可分四种不同的类型：①单一径道网络。其特点是交通运输网中仅有两个点连成一条线，是最简单的运输网络，代表萌芽时期的运网类型。②树状网络。交通网中线路数目少于点的数目，任意相邻两点间都有、并且仅有一条线路连接。两端点之间的往返交通，只能通过一条道路实现，即只能是原道而来、原道而去，代表早期发展的运网类型。③回路网络。交通网中线路的数目等于或大于点的数目，两个端点之间存在两条以上的交通道路，有较高的联系性和运网效率。由树状网络发展而来，代表发展中期的运网类型。④格状网络。由多个闭合环路构成的交通网，线路的数目远远大于点的数目。其连通效率更高，代表成熟时期的网络类型。

运网的通达性（运网的功能），取决于交通网中点和线的数目、组合和空间连接状况。衡量运网通达性的指标很多，比较常见的指标有运网密度和运网连接性。

运网密度是衡量地区交通运输发达情况的重要指标，是地区各类交通线路的总长度与地区总面积之比值。运网密度越大，地区交通运输通达性越强；反之，运网密度越小，地区交通运输的通达性越差。运网密度指标的缺点是只能用来概略比较区域间水平的差异，不能回答运网中点的连接状况和它们的通达性。

运网的连接性是指交通网中点与点之间连接的完全程度。很明显，各点之间全部连接的网络具有较高的连接程度和较高的效率。美国经济学家伦斯基(R. J. Ransky)研究出一个表示运网连接的最简单的指数，β 指数（即连接率），其表达式为

$$\beta(\text{连接率}) = \frac{E(\text{运网中线路数目})}{V(\text{运网中点的数目})}$$

运网中 β 指数越大，连接状况越好，对于线路数目少于或等于点数目的网络，β 指数为 0 ~ 1；一个以单一回路连接的运网，β 指数为 1；一个包含几个回路的复杂的运输网络，β 指数必然大于 1，表现出较高的通达性（图 13.5）。

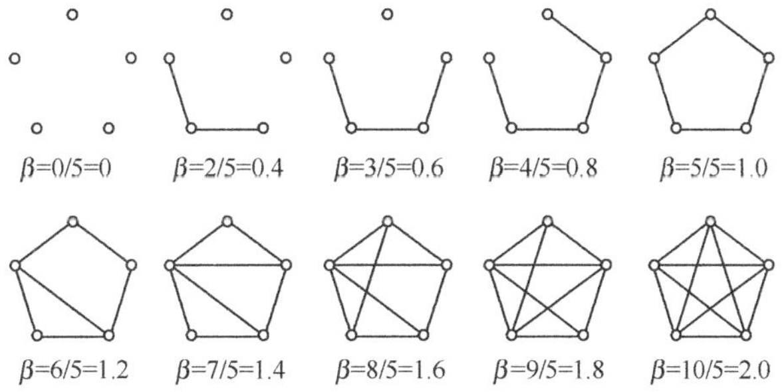

图 13.5　连接指数

13.3.3　交通运输发展规划中的几个问题

1. 交通设施建设应与地理环境相协调

交通设施建设应根据当地的自然环境选择适当的交通运输方式，按照“宜水则水，宜

路则路，宜铁则铁，宜空则空”的原则进行合适的交通运输设施配设，对交通发展资源进行系统整合，对各种运输方式实行统筹规划和一体化管理，形成布局合理、结构完善、衔接紧密的现代综合交通运输网络。

交通基础设施对地区经济增长、地区经济效率及区域经济一体化均有显著的直接推动效应和空间溢出效应，交通基础设施存量上升、覆盖面积扩大，以及交通基础设施客运量和货运量提高均能够促进地区经济的增长。交通基础设施建设将改变当地乃至附近区域经济活动的空间布局，在基础设施投资布局中，既要考虑当地经济发展需求，也要对周边经济落后地区采取必要的补偿措施，缓解地区间经济发展差异，促进区域经济的协调增长；根据各地自然经济特点，各有侧重，形成完整的运输体系，更好地发挥运输系统的整体功能和综合经济效益。

交通运输设施在建设、运营过程中会对生态环境（如区域的水土、植被、动物生存环境及人们的居住、生活环境和人文景观）带来影响；施工、运输过程会产生大气污染、水污染及噪声污染。交通设施规划建设应考虑资源环境的承受度，尽可能降低对生态环境的不利影响，按照节约能源、保护环境的要求统筹安排交通发展的规模、速度、比例和结构，规范交通设施建设、运营、管理和服务行为。通过铺设低噪声路面、设置隔音设施、合理进行道路规划减少噪声源、加强对排水系统的设计和维修、尽量减少对环境的破坏等把对环境的破坏降到最低。

2. 交通运输设施规划应满足交通流的需求

交通运输设施规划中最重要的是如何让人和货物有效流动，为促进社会有活力、有效率、可持续地健康运转提供交通保障和支持。随着人民收入水平的提高和私人小汽车的普及，交通需求结构将会产生越来越大的偏向。因此，满足基本交通流需求是交通运输设施规划中亟待考虑的问题，要保证交通运输系统发展模式的科学合理。

我国资源的有限性，决定了必须在资源约束条件下和人们追求物质享受中寻找平衡，实施运输需求引导战略，以有效满足运输需求为主要出发点来解决不断增长的运输需求和交通流拥堵问题。一是加快发展载运量大、占用资源少、能源消耗相对较低的交通方式，通过供给结构的调整和服务水平的提高，引导运输需求选择；二是通过价格等相关的使用政策进行引导。交通发展的选择也应是在承担得起的资源和成本消耗的情况下，较有效地满足人们出行和货物运输需要、支持人们生活和工作环境改善的交通运输体系，交通运输发展规划应有利于公共交通的发展。

3. 注意形成综合运输网

现行的交通规划基本上是以行政区划为单位，自上而下进行单纯的交通规划，与区域经济规划、城镇体系发展规划相关性不强，规划中重视行政体制内反映政治、经济隶属关系的上下二层节点的联系，轻视同一层次节点间的联系，且各个层次路网规划中缺乏协调、反馈机制。尽管在全国和各省的规划中，也考虑了城市之间的联系，但考虑的主要是两点之间的联系，而非区域内在的经济、城镇体系及产业发展所需要的交通联系。

随着区域经济和区域一体化成为一种发展趋势或规律，有必要在目前规划的基础上增加区域交通规划和区域交通干线这一层次，以打破行政区划和部门界限，协调区域内主要交通基础的规划布局，形成支撑区域整体发展能力提高和资源共享的交通网络，并使其成为区域内各主体希望实现的目标。对于未来交通需求量大的通道，应按不同的交通服务功能分别布局建设线路，不同交通服务功能的线路在设计速度、出入口间距、沿线汇入车流等方面采用不同的设计指标和服务水平，为使用者提供不同交通服务功能的使用选择，以满足不同的交通出行要求。同时，在规划建设交通运输设施时与现有交通运输设施联通，形成网络，提高网络服务效率和水平。

13.4　区域给水、排水规划

水利是国民经济的基础设施和基础产业，给排水规划则是合理利用和保护水资源，保障经济持续发展和居民生活用水，减少洪涝灾害的战略措施。我国是贫水国，虽然水资源总量居世界第六位，但人均占有量仅为世界人均量的1/4，时空分布不均，水利设施不足，污水处理不力，资源利用不当，造成了一定程度的水资源危机。例如，我国农业每年缺水约300亿，受旱面积15万km^2；缺水城市300多座，每年缺水量达58亿；全国每年污水排放量达360余亿吨，其中80%的污水未经处理直接排入江河湖泊，辽河、淮河、太湖、巢湖、白洋淀、滇池等河湖水系已遭到严重污染，90%以上城市水环境恶化，城市河流污染每年造成直接经济损失约300亿元。地下水资源由于严重超采受污，地面下沉、开裂，海水入侵，50%的地下水被污染。世界食品政策研究所的报告指出，淡水短缺问题将导致农业危机、食品危机、健康危机、社会危机。目前我国每年用水量为5000亿（农业80%，工业和城市20%），预计再过20~50年用水量将增长到7000亿。因此，加强区域给排水规划，搞好水利建设和给排水工程是克服水资源危机、保持社会经济可持续发展的重要措施。

13.4.1　区域给水规划布局

随着城市工业的发展和城市规模的扩大，城市需水量迅猛增长。许多城市为了解决供水问题，纷纷寻找水源，建设水厂、铺设管网、形成城市供水系统，但常造成不必要的重复建设和水资源的浪费。因此，建设区域供水系统是区域供水规划的重点，既能协调城镇供水需求和供水工程建设，又有利于统一排放经处理的污水，也有利于管理城市用水。

1. 需水量预测

区域用水包括城镇生活用水、工业用水、市政环境工程用水及农村用水。

（1）城镇生活用水

城镇生活用水随着城镇人口的增加、住房面积的扩大、公共设施的增多和居民生活水平的提高逐渐增加。用水水平与城镇规模、水源条件、生活水平、生活习惯和城市气候等因素密切相关。据世界部分主要大城市生活用水量统计资料，每人每天用水量较低的为100~200L，一般为300L，最高可达600L以上。我国一般大城市每人每天用水量为100~150L，最高达200~250L，最低为70~80L。规划时，可按远景人口规模和人均日用水量标准（200～400L/d）估算日常生活用水量。

(2) 工业用水

工业用水一般是指工、矿企业在生产过程中，用于制造、加工、冷却、空调、净化、洗涤等方面的用水，其中也包括工、矿企业内部职工生活用水。

工业用水不但占城市用水的比重大，而且增长速度快，用水集中，现代工业生产等尤其需要大量的水，是造成城市水资源紧张的主要原因。工业用水还与工业结构、工业生产的技术水平、节约用水的程度、用水管理水平、供水条件和水源多寡等因素有关。在规划时，可按万元产值用水量和远景工业产值进行估算，也可按趋势法和相关法进行预测。

如趋势法计算公式为

$$W = W_0(1 + D)^N$$

式中，W 为规划期工业需水量；W_0为起始年工业用水量；D 为工业用水年平均增长率；N 为预测期。

(3) 市政环境工程用水

市政环境工程用水可按占城镇总用水量比例（10%～20%）估算。

上述三者合计平均日总用水量和年总用水量作为今后水厂建设规模的依据，也可按人均综合需水量（600～1000L/d）计算。

(4) 农村用水

农村用水包括农林牧副渔及农村居民点、乡镇企业等总的用水量。其中以灌溉用水量所占比重最大。

农村用水受农作物生长期的有效降水量大小及土壤保水性能好坏的影响，受农作物构成、灌溉管理等人为因素的影响，用水面广量大，季节性强。可根据各种作物的灌溉定额乘以种植面积得出灌溉需水量，并选择好灌溉水源，协调好农业用水与城镇用水的关系。

2. 区域给水系统规划

区域给水系统一般由水源、取水工程、净水工程、输配水工程四部分组成。

1）水源。一是指地表水，包括江河水、湖泊水及海水等；二是指地下水，包括浅层水、承压水、裂隙水、岩溶水和泉水。此外，污水的回收处理再利用，也越来越受到人们的重视。

2）取水工程。指在适当的水源和取水地点建造的取水构筑物。其主要目的是保证城镇取得足够数量和良好质量的水。

3）净水工程。建造的给水处理构筑物，对天然水质进行处理，满足国家生活饮用水质标准或工业生产用水水质标准的要求。

4）输配水工程。包括由水源或取水工程至净水工程之间的输水管、渠或天然河道、隧道，以及净水工程和用户之间的输水管道、配水管网和泵站、水塔、水池等构筑物。

地下水、地表水、水库水等清洁水源（三类水以上）可作为供水的水源地，视其水量、分布和周围环境择优而定。一般应选择水量充沛、水质良好、便于防护和综合利用矛盾小的水源；同时，接近用水大户，有利于经济合理地布置给水工程。

水厂应根据水文地质条件，选在接近主要用户的水质良好的富水地段，取水构筑物位置应设在城镇和工业企业的上游；应选择在水深岸陡、泥沙量少的凹岸或河床稳定、水深流快的河段较窄的顺岸，接近用水集中的大户，布置在不受洪水淹没、安全可靠的城镇和工业区的上游地段。

区域性给水工程一般有以下三种形式：①长距离输水工程，如引滦入津、引黄济青等。②集中型布置，即若干个乡镇由一个水厂供水，如锡山市锡东水厂（新安水厂）由太湖取水，设计供水能力为 80 万 t/d，通过输水干管，统一供给该市东部 20 余个乡镇。江阴市也以长江为水源，修建 3 个大水厂，分区供给全市绝大多数乡镇。③分散型布置，各个乡镇和工业区各自取水就近布置输水管网。此外城市人口生活及工业生产用水量大，需要若干个水厂分区供水，可同时组成统一的输配管网，便于互相补充和调剂。

13.4.2　区域排水规划布局

城镇和工业区的排水可以采用雨污合流制，也可采用雨污分流制。由于工业污水和生活污水对环境污染日趋严重，一般都采用雨污分流排放制。其规划步骤如下：①污水量预测。按用水量的 80% ~85% 计，或工业污水和生活污水分别计算，如 1980 年全国每万元工业总产值废水排水量为 387m^3，各省（直辖市、自治区）中，广西最高（1203m^3），天津最低（104m^3）。南京生活污水按人均 200L/d 计。②污水管网规划，根据地形和水网划分排水区域，确立排污管走向、断面和泵站位置。③污水处理厂设置，一般选择距城镇工业区一定距离的河流下游。污水经物理、生物、化学等方法处理达到排放标准后，才能排入河道。此外，雨水排放按暴雨强度公式估算排水量，设计排水管网，就近排入河道。

就农业田块排水而言，要搞好排水渠系的建设，问题是农业地区涉及地域大，应与防洪排涝相结合，形成一个完整的防洪排涝工程体系。

13.4.3　区域给排水规划中的几个问题

1. 综合利用问题

水资源是一种多用途的资源，兼有航运、发电、灌溉、供水之功效。供水规划在水资源综合利用、统筹安排供需平衡的前提下才可能得到有效的实施，否则会形成抢水现象。为此应开展流域规划、河湖水系规划，建立水资源管理、协调机构，充分发挥水资源的经济效益，最大限度地满足各部门、各地区的用水要求，保证洪水排泄畅通无阻。

2. 开源节流，合理用水

解决干旱地区和城市水源不足的困难，需要广辟水源。主要方法有：①向地下要水，供给分散的居民和居民区、工业区，但只能适度开采，以免地面沉降。②海水淡化或用海水作为冷却水，但海水淡化的制水成本高，不易推广。③建立水源工程，修筑水库，扩大蓄水量。④人工降水，即在云层较厚或有降水的条件下，适量撒播能促进降水作用的凝结核于云层中，起到人工降水的作用，增加水库蓄水量。⑤跨流域调水，如南水北调，引长江水到黄淮流域，小型的有引滦入津、引黄济青等。⑥污水再利用。城市污水处理净化后，可用于一些工业企业的冷却用水、道路绿化浇灌和农业灌溉用水等。在开源的同时，更需要节约用水，如对大耗水量工业要改革工艺，更新设备，建立节水型工业，使工业污水利用率由目前的50%上升到70%～80%；对居民生活用水要制订合理的用水标准，实行超标水费制，推广节水型卫生设备，加强管网检修和跑冒、滴、漏的管理。对农业要提高北方农业灌溉水的利用系数（目前仅0.3左右），推行沟灌、喷灌、滴灌等新技术，节约灌溉用水量。

3. 加强水源保护和污水治理

首先要搞好水土保持，建立水源涵养林和水源保护区，严禁在水厂上游1km、下游100m处建厂排污；控制地下水过量开采，实行冬季回灌。其次要治理污水。应采取厂内治理和城市集中治理相结合的措施，工业污水排放必须符合工业废水排放浓度标准，城市汇集的工业污水和生活污水应经过污水处理厂处理达标后排入河流，要求近期城市污水处理率达10%～30%；应多施有机肥和生物农药，禁磷，减轻污染危害；在管理上应采取行政、立法、经济等手段，实行环境保护责任制，改浓度控制为总量控制和企业、部门定量排放制，收取排污费等措施，加强水源保护，加快污水治理，切实有效地推进水的循环利用。

13.5　区域电力规划

电力是国民经济的动力，是一种清洁的二次能源，便于传输、转化和控制，但不能储存，电力规划必须满足国民经济和人民生活不断增长的需要，构建经济、合理、可靠的电源和输配电网络系统。

13.5.1　电力规划的内容

电力规划应以大区域的供电系统为基础，结合本区域电源和电网现状、用电量和用电负荷结构，根据经济社会发展和人民生活对用电量的需求，制订电力系统规划。

1. 现状基础资料收集和分析

包括发电厂、变电所及输配电线路的主要设备规范、位置和接线方式，运行的经济性，扩建、改造的可能性和合理性；用电负荷的负荷结构、负荷分布；能源矿藏储量、分布、开采条件和经济合理性；交通运输现状和发展要求；国民经济发展、人口规模和居住生活水准、城市规划等资料。

2. 需电量预测

根据本区域社会经济发展和人民生活提高对用电负荷的需求，采用多种方法加以预测。一是增长递推法，按照历年电力增长水平推算规划期末电力增长水平。二是单耗法，按工业企业单位产品耗电量或单位产值耗电量计算出年用电量，也可以根据典型设计或同类企业估算该工业企业用电量。在工业发达区域，工业用电量常占总用电量的70%以上，从而可推算出总用电量。三是综合分析法，分别对工业、农业、运输电信和城乡生活用电进行预测，再加以综合，得出远景用电量。以上各种方法可互相检验、校正，估计出一个比较准确的负荷水平。

3. 电源建设规划

电源一般来自发电厂或变电所。根据需电量预测和电源的现状，规划电源建设。电源一般分为火电、水电、核电及风能、潮汐能电站等。我国电力行业应优先发展水电，适当发展大型火电，积极发展核电和其他电能。各地宜充分利用自身的优势能源进行电源建设，同时可以通过远距离超高压直流输电输送到消费地，如葛洲坝输电给千里之外的上海。

4. 电网规划

为了保障电力供应，必须完善电网，做到有电能输，有电能用。输变电网按其电压等级可分为低压、中压、高压和超高压，电压越高，输送容量越大，距离越远。因此，一个地区的电网结构要根据负荷量的大小和输送范围选择适宜的主网架和送配电网络。城市一级以 220kV 构筑主网架，县市一级以 110kV 构成主干环网，乡镇一级以 35kV 构成输配电回路（表 13.6）。

表 13.6　电压输送能力表

类别	电压/kV	输送容量/万 kW	输送距离/km
低压	0.22	0.01 以下	0.15～0.2
	0.38	0.01～0.01	0.25～0.35
中压	6	0.02～0.03	5～10
	10	0.03～0.05	8～15
高压	35	1.0～2.0	20～50
	110	3.0～6.0	50～150
	220	15～20	200～350

13.5.2　电力规划中的几个问题

1. 从可持续发展角度规划电源建设

可持续发展是世界各国公认的战略思想，电能规划也应以可持续发展战略为指导。我国 1996 年 10800 亿 kW · h 发电量中，水电只有 1880 亿 kW · h，占总发电量的 17.38%。核电、风力发电、地热发电、潮汐发电等微乎其微，其中核电在电能构成中只占 1.5%，而火电比重几乎占了 80% 左右。火电的大量发展，一是消耗了不可再生的煤炭、石油等能源矿藏；二是由于 SO_2、CO_2 的排放，增加空气中的微粒和飘尘，酸雨频发、温室效应加重、污染大气环境。因此，调整电能结构，发展清洁能源是可持续发展的重要课题。首先要重点发展水电，综合利用水资源，提高水电在电能中的比重，尤其是我国水利资源丰富的中西部应以水电开发为主，实行流域梯级开发和小水电建设。其次是大力发展核能。核能是一种高效益、少污染的能源。目前除大亚湾和秦山核电站外，山东、江苏、福建、湖南、湖北等10余个省份拟建核电站。再次，限制和改造火电建设（如广东省禁止在珠江三角洲地区建火电站），按市场经济手段淘汰一批小火电，促使供电企业实行规模经营。发展热电厂，实行热电综合利用。最后，因地制宜发展地方性能源，发展清洁能源，如新疆达坂城的风力发电场，产生了极好的环保效益和经济效益。

2. 电网建设与电源建设并重

我国的电力工业一般重电源轻电网，电网容量小，不完善，供电保障十分脆弱，电力富裕地区有电送不出，缺电地区又无电可用，因此必须改造已老化的城市电网和农村电网，避免重复建设和减少停电事故。

3. 调整电价促使耗电工业向电源生产地集中

由于发电成本增加，以及拉大电源生产地和消费地的差价，推行分级电费制等措施出台，城市生活、工业等其他领域用电价格将完全依赖市场调节。这样，一则可以减少电力浪费，二则有利于电力企业规模经济的发展，三则在消费地建立节电型工业，限制大耗电工业生产，把电石、磷化工、有色金属冶炼等耗电企业安排在电能生产基地，逐步实现耗电工业配置的合理化。

小　结

本章在分析了基础设施的特征和作用的基础上，讨论了基础设施三种不同的发展模式，即优先发展模式、滞后发展模式和同步发展模式。针对区域性基础设施的三大系统（交通运输系统、给水排水系统和动力系统）的特点分别讨论了它们在供需平衡分析基础上的地理空间布局。

本章重点讨论了区域交通运输规划，即在全国统一交通运输网的指导下，根据地区社会经济、人民生活和国防建设的需要，以及区内自然条件、自然资源和经济布局的特点，选择合适的交通运输方式和各运输方式之间的合理分工与协作，有秩序地构筑地域综合运输网。在综合运输网的地理空间组织中，重点讨论了运网中的线路布局（三要素），包括线路走向的确定、线路类型的选择、线路技术标准的确定和运网中的点（线路终站的港、站和枢纽）的基本特征和布局，特别是现代交通运输枢纽——城市枢纽（城市对外交通）的布局。

思 考 题

1. 如何理解基础设施的基本特征和作用？
2. 试比较分析基础设施的发展模式，提出我国基础设施应选取的发展模式，并加以简要说明。
3. 在构建区域综合运输网中，如何充分发挥各种运输方式的优势？
4. 交通线路布局中，如何正确确定线路布局的三要素？
5. 在城市中布置铁路，应如何处理好铁路与其他要素的关系？
6. 在公路布局中，应如何处理好公路与城市的关系？
7. 如何衡量地区综合运输网的通达性，常见的指标有哪些？

8. 如何理解区域给水系统规划中的供需平衡分析？
9. 为解决干旱地区和城市水源不足的困难，如何广辟水源？
10. 如何统筹安排地区水资源的综合利用问题？
11. 如何理解区域电力规划中的供需平衡分析？如何从可持续发展的角度思考电源规划建设问题？

第 14 章　区域城镇体系规划

14.1　城镇体系规划概述

14.1.1　城镇体系的特征

城镇体系（urban system）又称为城市体系或城市系统，指的是在一定地域范围内一系列不同等级规模、不同职能分工、相互联系、相互依存的城镇组成的有机整体，简言之，城镇体系是指一定空间区域内具有内在联系的城镇的集合（崔功豪和徐英时，2001；胡序威，2000）。根据发展程度与空间形态，城镇体系一般又可以分为三类：一是以某一大城市为核心，周围伴有不同等级的中小城市及卫星城镇的大城市地区；二是由若干规模相仿的大中城市及其周围城镇所组成的多中心城市群；三是以各级行政中心为依托，大中小各级城镇相互联系所形成的城镇体系。城镇体系具有所有“系统”的以下共同特征。

1）整体性。城镇体系是由城镇、联系通道和联系流、联系区域等多个要素按一定规律组合而成的有机整体。当其中某一个组成要素发生变化，如一条新交通线建成、某一项区域资源开发、某一个城镇发展迅速或日趋衰退，都可能通过交互作用与反馈，影响城镇体系。

2）等级性或层次性。系统由不同等级层次的子系统构成。城镇体系按区域系统及其作用大小可以分成若干等级，如全国的城镇体系由大区级、省区级城镇体系组成，再下面有地区级和县级的体系。这几个等级层次可以是按照行政区划对应的城镇体系，也可以是跨行政区划的特定地域类型城镇体系。制订某一等级层次的城镇体系规划时要考虑上下级体系之间的衔接。

3）动态性。随着区域经济发展和城镇化进程，城镇体系必然会发生相应的变化。这就要求城镇体系规划也要不断地修正、补充，以适应实际情况和新的认识。

就城镇体系的个性特征而言，它是兼有自然、经济、政治、文化等多种层面的自然社会经济系统。作为自然系统，城镇体系会受到自然条件变化和自然资源开发利用的影响，地震、洪水、泥石流、沙漠化、海平面升高、干旱缺水等都会影响某些城镇的发展进而影响城镇体系的格局，矿产资源、海洋资源、水资源及旅游资源的开发利用会促进某些城镇的兴起进而也会影响城镇体系的格局。作为社会经济系统，城镇体系容易受到来自外部的、难以预料的复杂影响，如人口流动、外来项目投资、政策变化、决策影响等，使之具有不稳定性。总体而言，城镇体系的演变是有一定规律性趋势的，但对于每个具体变动的阶段性反馈则有较大程度的不确定性。

在日常生活中，区别城镇和乡村似乎是轻而易举的事。实际上，至今世界上尚没有统一的城镇划分标准，一般以人口下限数量、职业构成和人口密度等指标中的一项或数项为标准加以划分，但具体数值不具有可比性。联合国区域发展中心规定 2 万人作为城市人口数量的下限，乌干达和丹麦规定 100 人的聚居地都可以称为城市，加拿大的设市标准为 1000 人、美国为 2500 人、日本为 10 万人。我国城镇的划分标准经历了 1955 年、1963 年、1984 年、1986 年和 1993 年等多次调整与变动，目前设市标准采用 1993 年调整后的标准。由于市镇标准变化较多，各次变动不能衔接，使得标准日趋复杂化，特别是引入了产值指标和在地域上整县设市、整乡设镇，使我国的城乡划分同其他国家的标准存在明显差异。

注释专栏 7　我国现行的市、镇建制标准

1. 现行的设镇标准

我国现行的设镇标准是 1984 正式颁布的。这一年撤销人民公社，恢复乡作为县以下的乡村基层行政单位。规定 20000 人以下的乡，假如乡政府驻地非农业人口超过 2000 人的，可以撤乡建镇；总人口在 20000 以上的乡，乡政府驻地非农业人口占全乡人口 10% 以上的，也可以撤乡建镇。县政府所在地均应设镇的建制。少数民族地区、人口稀少的边远地区、山区和小型工矿区、小港口、风景旅游区、边境口岸等地，非农业人口虽不足 2000，如确有必要，也可设镇。

2. 现行的设市标准

我国现行的设市标准是 1993 年调整后的标准，调整的要点是采取了分类指导的原则和增加了考察的指标（表 14.1）。

表 14.1　我国现行的设市标准

	指标	县级市			地级市
		人口密度/（人/km²）			
		>400	100～400	<100	
人口	县城镇人口中				
	非农产业人口	≥12 万	≥10 万	≥8 万	市政府驻地
	非农户口人口	≥8 万	≥7 万	≥6 万	非农户口人口>20 万
	县总人口中				
	非农产业人口	≥15 万	≥12 万	≥10 万	市区人口中非农
	比重	30%	25%	≥20%	产业人口>25 万
经济	全县乡镇以上				市区
	工业产值	≥15 亿	≥12 亿	≥8 亿	工农业产值>25 亿
	占工农业总产值	80%	70%	60%	工业产值占>80%
	全县 GDP	≥10 亿	≥8 亿	≥6 亿	市区 GDP>25 亿
	全县第三产业占 GDP	>20%	>20%	>20%	第三产业占 GDP>25%
	地方预算内	≥100 元/人	≥80 元/人	≥60 元/人	地方预算内财政收入
	财政收入	≥6000 万元	≥5000 万元	≥4000 万元	>2 亿元

续表

指标		县级市			地级市
		人口密度/（人/km^2）			
		>400	100～400	<100	
基础设施	自来水普及率	≥65%	≥60%		
	道路铺装率	≥65%	55%		
	排水系统	较好	较好	较好	

注：表中县城镇人口是指县人民政府驻地所在镇的人口。

改编自：许学强，周一星，宁越敏，1997. 城市地理学. 北京：高等教育出版社

14.1.2　城镇体系规划的基本内容

我国以往的城市总体规划基本上是以单个城市的合理发展为目标制订的，城市发展的区域研究常常被忽视。大量的经验和教训使人们认识到就城市论城市的城市规划不符合城市的本质特征。从20世纪80年代开始，城市规划和区域规划、国土规划在我国不约而同地受到重视，普遍开展，区域城镇体系规划也应运而生。1989年年底，全国人大常委会通过施行的《中华人民共和国城市规划法》明确规定“全国和各省、自治区、直辖市都要分别编制城镇体系规划，用以指导城市规划的编制”“设市城市和县城的总体规划应当包括市或县的行政区域的城镇体系规划”。1994年，建设部发布了《城镇体系规划编制审批办法》，对城镇体系规划的任务和内容都作了规定。城镇体系规划的任务是：综合评价城镇发展条件；制订区域城镇发展战略；预测区域人口增长和城市化水平；拟定各相关城镇的发展方向与规模；协调城镇发展与产业配置的时空关系；统筹安排区域基础设施和社会设施；引导和控制区域城镇的合理发展布局；指导城市总体规划的编制。

城镇体系规划的层次一般可以分为全国城镇体系规划、省域（自治区域）城镇体系规划、市域（直辖市、市和有中心城市依托的地区、自治州、盟域）城镇体系规划、县域（县、自治县等）城镇体系规划四个基本层次，规划区域范围按照行政区划定，期限一般为20年。除此之外，虽然城镇体系规划一般是按照行政区域划定，但根据国家和地方发展的需要，也可以编制跨行政区的城镇体系规划，如长江三角洲、珠江三角洲等。

在制定城镇体系规划之前，需要对区域的基础条件进行分析，主要包括区域发展条件和城镇建设条件。区域发展条件又包含了区域综合发展水平分析及区域发展优劣势分析，主要是基于城镇体系的社会、经济、科技等因素，通过单因子和复合因子相结合的办法，对综合发展水平进行评价，找出区域发展中有利与不利的因素，发挥优势，规避劣势，因地制宜、有的放矢地制订城镇体系规划。城镇建设条件主要指对城镇发展建设有影响的自然条件、资源开发与工业布局条件、交通运输条件、社会经济基础条件、农业发展条件、基础设施条件、投资环境条件、科技实力条件、生态环境条件等，这部分主要是对组成城镇体系的每一个城镇单元发展情况的把握。这样整体与局部分析相结合，既有利于分析整

体结构，也有利于明确每个组成单元各自的特色、优点及不足。这样才能在把握整体、分析局部的基础上整体科学、有效、全面、统筹兼顾地进行城镇体系规划。

城镇体系规划的具体内容一般包括：①综合评价区域与城市的发展和开发建设条件。②预测区域人口增长，确定城市化目标。③确定本区域的城镇发展战略，划分城市经济区。④提出城镇体系的功能结构（质量关系）和城镇分工。⑤确定城镇体系的等级和规模结构（数量关系）。⑥确定城镇体系的空间布局（空间关系）。⑦统筹安排区域基础设施、社会设施（点-线关系）。⑧确定保护区域生态环境、自然和人文景观及历史文化遗产的原则和措施。⑨确定各时期重点发展的城镇，提出近期重点发展城镇的规划建议。⑩提出实施规划的政策和措施（协调关系的激励机制）。

城镇体系规划要达到的目标，是通过区域人口、产业和城镇的合理布局，协调体系内各城镇之间、城镇与体系之间，以及体系与其外部环境之间的各种经济、社会等方面的相互联系，运用现代系统理论与方法，努力促进区域社会、经济、环境综合效益最优化，实现体系整体利益的不断增长。虽然相对于城市总体规划和城市分区规划来说，它更为粗线条，但却是战略性的，对于指挥全局的作用来说，无疑十分重要。

14.2　城镇发展的区域条件分析评价

14.2.1　分析中心城市的吸引范围

中心城市的吸引范围，也称中心城市的腹地，是指区域中心城市影响力的空间范围。一个合理明确的中心城市影响范围的划分，是保证区域内部各个城镇功能分析及社会经济联系的关键，是开展城镇体系规划的基础（王法辉等，2004；赵雪雁等，2011；郭庆胜等，2003）。这里需要强调的是城镇体系所在的区域是不能从大区域任意肢解或以若干个小区域任意拼接的，它应当是一个相对完整的区域，即这个区域应当和中心城市的直接吸引范围大体一致。在我国几千年的文明史中逐渐演变而来的省、地、县级行政区域，与自然和社会经济区域大多数都有高度的一致性，与中心城市的吸引范围也是基本一致的。但由于种种原因，仍有许多行政区域与中心城市吸引范围不一致的状况，并且，由于区域经济和中心城市发展的不平衡性，大区域弱中心、小区域强中心、一个区域多中心及城市密集区域等多种现象并存。

因此，在以各级行政区域为单元开展城镇体系规划时，必须首先分析中心城市的吸引范围，以确定所规划区域城镇体系是否完整。如果中心城市吸引范围明显小于或大于所辖区域，就不是一个完整的地域，因而也不能规划完整的城镇体系，在规划工作中必须说明其不完整性。规划中还可以提出调整行政区域的建议，提出跨行政区域或若干行政区协调规划城镇体系的建议。例如，江苏省的苏州、无锡、常州三市大体属于小区域强中心的状况，中心城市直接吸引范围互有交错，除了根据需要开展各市域的城镇体系规划外，还应当把 3 个市域合起来进行苏锡常地区多中心的城镇体系规划，这在许多方面更能符合这个地区合理建设的需要。

中心城市对腹地的影响是一个复杂多元的动态过程，包括资本、人口、信息、资金、商品、技术等多种要素的流动。中心城市影响范围通常采用实地调查、模型模拟和基于可达性的划分方法（车冰清等，2010；王丽等，2011；郭庆胜等，2003；王德和项昺，2006）。实地调查是指以中心城市与其腹地之间的人流、物流、信息流、技术流、资本流等实际流动为研究对象，设定调查指标，从流的方向、强度等确定中心城市的影响范围。模型模拟是指依据和改进数学模型，根据空间相互作用理论，模拟中心城市及其腹地之间的联系，常见的空间联系模型包括重力模型与辐射模型，然后根据断裂点理论对联系进行划分，基于模型的联系模拟往往需要使用实体联系进行验证，实际的联系也就是实地调查中所调查的人流、物流等联系；或者使用 Voronoi 图对城市吸引范围进行划分，Voronoi 图是 GIS 方法中广泛用于空间分割、空间邻域查找的方法。基于可达性的方法，主要是通过时间距离、空间距离或者经济距离的办法衡量各节点之间相互作用的机会大小，可达性方法认为，区域中的任何一点倾向于选择距离最近的另外一点作为目标点（相互作用点），作用点的集合，即为该城市基于可达性的影响范围。

14.2.2 城镇发展的基础条件分析

只有对城镇发展的基础条件有了透彻的理解，才能提出正确的规划指导思想，建立正确的规划目标，采取适当的发展战略，选择符合实际的空间模式。城镇发展的基础条件分析主要从以下两个方面着手。

1. 城镇体系发展的区域基础

城镇体系发展的区域基础分析目的是分析区域经济和城镇发展的有利条件和限制因素，它涉及自然条件与自然资源、人口与社会经济条件、地理区位条件、生态环境条件等广泛的内容。具体到特定区域不必面面俱到，应抓住要害，重点深入。

（1）地理区位条件

作为城镇发展区域条件之一的区位条件，包括整个区域城镇体系的区位和各城镇的区位。城镇既有与周围山川、水域等的空间关系，又有与周边区域、中心城市、工业基地、农业基地、道路交通、商品市场等的空间关系。影响区位条件的要素有：①自然要素，包括自然条件和自然资源。②运输要素，包括公路、铁路、航运等水陆交通条件，区位条件有时也成为区位交通条件。③吸引辐射影响因素，主要指区域内的中心城市、开发区、大型工矿基地、重要市场等的影响，以及区域外的影响作用。④边缘区位效应，位于城市边缘的城镇容易得到城市的人才、技术、经济等方面的辐射，发展乡镇企业和第三产业得天独厚，有条件得到更快的发展。

（2）人口与社会经济条件

影响城镇体系发展的社会经济条件主要是人口与劳动力、经济发展水平与产业结构、基础设施、教育与科技水平等四大方面。通过社会经济条件分析可以揭示城镇发展的基本动力，可以为下一步确定区域与城镇的发展战略，确定城镇化水平和城镇体系结构打下坚实的基础。

（3）生态环境条件

良性循环的生态环境是保证区域经济社会持续稳定发展的前提条件。因此，分析评价区域和城镇的生态环境状况，对以可持续发展为宗旨的城镇体系规划方案的确定，无疑是不可缺少的。根据城镇体系规划的需要，一般对整个区域主要是分析评价比较宏观的生态环境状况，对城镇主要分析评价环境污染状况，为规划期提出环境保护整治的措施提供基础资料，保证区域城镇体系的健康发展。

（4）城镇联系

城镇联系是指在城镇已有的社会经济发展基础上，区域内部城镇之间存在的各种各样的联系。运用社会网络理论对城镇联系进行分析，城镇联系可以分为基于日常通勤、劳动力流动、旅客流动等的人口联系，基于连锁公司、生产–销售、货物运输等的经济联系，基于学术交流、论文合作、非盈利性组织等的社会联系等（刘辉等，2013；杨永春等，2008；甄峰等，2007），这些联系并非是完全隔离的，它们有可能相互交织，将城镇紧密联系在一起。城镇联系的分析，有利于城镇系统中各个城、镇的功能地位。例如中心城市处于城镇联系网络的中心节点的位置，各类流动在此汇集，对其他城镇具有很大的吸引力，而边缘城市则处于城镇联系网络中的边缘位置，可能与其他城镇交流稀缺，或者只存在于要素外流的情况。

2. 城镇体系发展的历史基础

城镇的发展布局具有历史继承性，分析城镇体系演变的历史进程，目的是在城镇及其体系形成发展的历史过程中探索其成因、演变的动因和某些规律性，这对总结归纳现状特点，规划未来的城镇体系有重要作用。

历史基础主要从以下三个方面着手：①划分城镇体系的发展阶段。按照城镇体系的形成过程划分其发展阶段，研究其形成发展条件和因素，要重点分析对今后城镇体系发展有影响的基本动力因素。②主要城镇职能演变及其原因分析。行政区划变动、水陆交通条件、自然环境、经济地位变化及政策改变、外来力量干预等都会使城镇职能发生变化，这种变化对特定城镇的进一步发展仍会带来各种影响，需要总结历史经验，处理好继承和发展的关系。③在历史演变的分析中，要重视历史遗存、保留和挖掘城镇特色。城镇特色，主要包括产业特色、功能特色及建设特色。第一，产业特色：分析地区当前的产业发展现状及发展潜力，主攻最有基础、最有优势的产业，同时应当找准产业的独特性。第二，发展功能特色：是指城镇具有的生产、生活、旅游、观光等多种功能。功能的定位，需要结合地区的发展基础，例如文化历史底蕴、自然资源优厚的，就可以延伸发展旅游；农业生产发达的，除了发展农业，还可以发展田园观光。将产业、文化、旅游、社区等多种功能结合在一起，既可以产生功能叠加效应，又能提高地区社会、经济、生态等效益。第三，建设特色：主要指的是地区的自然发展和人文风俗中所呈现的特点。特色小镇的空间布局依赖于地区的地形、地貌，建筑特色则从地方独特的人文风俗中发展而来，如黄土高原的窑洞、恩施土家族苗族自治州的吊脚楼等，均为与地方自然风光紧密联系的特色建筑。总而言之，“特色”就是充分发挥地方的独特优势，使地方在产业社会、经济、文化、社区等方面的建设中凸显自己与众不同的一面，在众多地方中脱颖而出，从而带来产业集聚、吸引游客的良性结果。

14. 2. 3　城镇发展条件的综合评价

城镇发展受地理区位、交通条件、自然条件、城镇现状规模、经济发展水平、基础设施状况等多种因素的影响，这些因素对城镇的影响程度不尽相同，它们对各城镇影响作用的叠加，共同决定了不同城镇发展条件的优劣差异。因此，综合评价区域内各城镇的发展条件，是规划各个城镇发展速度、职能类型、等级规模及其城镇体系空间布局的重要依据。

综合评价就是选取与城镇发展密切相关的若干指标因素，通过定性和定量分析，利用数学模型计算的结果进行分析，以此评定各城镇发展前景的优劣，使规划决策定量化、客观化。综合评价的步骤一般为：①确定评价的指标体系。②选择综合评价模型。③确定评价指标权重。④计算确定各项指标的标准值。⑤评价分级并编绘评价图。

建立合理的评价指标体系是进行综合评价的前提和基础，在指标体系选择时必须考虑尽可能是已有的统计数据，以便于定量分析计算。表 14. 2 是根据在实际规划工作中的经验，选取的两个层次 20 个因子的评价指标体系，以供参考。

表 14. 2　城镇发展条件的综合评价

第一层次指标	参考权重	第二层次指标	参考权重
A_1城镇建成区规模	20	B_1常住总人口	8
		B_2户籍非农业人口（总量，比重）	6
		B_3其他常住人口（总量，比重）	3
		B_4建成区面积（总量，人均）	3
A_2经济发展水平	18	B_5国民生产总值或社会总产值（总量，人均）	7
		B_6工业总产值（总量，人均）	7
		B_7财政收入（总量，人均）	4
A_3商贸发展水平	9	B_8社会商品零售额（总量，人均）	4
		B_9集贸市场成交额（总量，人均）	2
A_4生活水平	6	B_{10}城镇居民人均生活费收入或农民人均收入	4
		B_{11}城乡居民储蓄余额（总量，人均）	2
A_5建成区基础设施水平	9	B_{12}建筑总面积（总量，人均）	3
		B_{13}道路铺装面积（总量，人均）	2
		B_{14}自来水普及率	2
		B_{15}电话普及率	2
A_6区域交通条件	12		
A_7地理区位	6		
A_8科教文卫事业发展水平	6		
A_9水土资源条件	7		
A_{10}矿产旅游资源条件	7		

摘自：崔功豪，魏清泉，陈宗兴. 1999. 区域分析与规划. 北京：高等教育出版社

14.3　城镇体系的职能结构规划

城镇的职能是指城镇在政治、经济、文化生活各方面所承担的任务或发挥的作用。城镇职能常由其主要经济活动的职能所体现。区域城镇体系职能结构及其作用的发挥取决于每个城镇职能发育程度和它们的组合状况。城镇的职能对应着城镇在城镇体系里承担的分工和所发挥的作用，城镇职能的分析对于城镇体系规划的确定和实施具有重要意义，科学的城镇职能分工，有助于城镇之间的协作，能够促进区域整体协调发展。

在一个规划区域内的不同城镇，由于发展条件的异同会表现出相同或相异的城镇职能，会以不同的程度对区域内外的政治、经济、文化发生各种作用。所以，对城镇体系内各城镇的职能进行共性研究和分类研究，从整个规划区域到更大范围甚至全国的全局来认识各类城镇的性质；结合社会需求和当地条件，选择最有利的职能类型组合作为城镇发展方向，使各类城镇优势互补，以获得最好的社会经济效益。城镇体系职能结构规划，同各城镇的发展规模、空间布局和城镇内的功能分区等项规划工作密切相关，在规划程序上，可以作为后几项规划的条件和依据。

14.3.1　城镇体系职能结构规划的层面

一般城镇体系职能结构可以在三个层面上进行分析、研究和规划。

1）从区域城镇体系总体职能这一层面进行分析研究。这是在城镇体系规划的区域发展战略和城镇体系发展的总体战略中需要解决的。这个层面主要是通过研究规划区域在大区域和全国的地位作用、区域城镇体系的发展建设对区域经济社会发展的作用这两大方面来明确城镇体系总体的现状和规划职能。区域发展条件、社会经济基础的不同，导致区域城镇体系职能的差异。例如，矿产资源丰富的区域，城镇体系一般以矿工型城镇为主；在水力、森林、旅游等资源丰富的区域，城镇体系职能则以水力、森林、旅游等资源开发为主；在经济比较发达、区位交通条件优越的区域，城镇体系以各类加工型城镇为主；经济比较发达的大城市，金融、商贸、科技、教育、通信等第三产业的职能日益突出。如果中心城市的地位作用突出，那么中心城市的主导职能在区域城镇体系的职能结构中也可能占据主导地位。

2）从较大的规划区域内划分出次一级的分区进行分析研究。根据分区之间的地域差异，规划相应的城镇体系的基本职能结构。次一级的区域分区等同于区域内的若干城市经济区，分区的资源分布和经济特点及分区中心城市的职能决定了分区城镇体系基本的职能。例如湖北省可划分武汉、宜昌、襄樊三大经济圈，各经济圈的职能是不一样的，在经济圈内部各城镇的职能又不一样。

3）具体研究确定每一个城镇的职能类型与组合。这是城镇体系职能结构规划的基本内容。这个层面的规划以上述两个层面的分析研究为基础，并以各城镇的现状特点、条件评价、发展前景及职能分工等方面的分析为依据，分类进行规划。城镇的职能一般不是单一的，其内部的职能分工也有所不同，例如武汉市，其蔡甸区的沌口以汽车为主，洪山区的葛店镇以化工为主。选择适当的城镇职能类型与组合，可以使城镇职能分工明确，有利于城镇的发展和作用的发挥。

14.3.2 城镇职能分类

目前，世界各国对城镇职能的分类至今尚无公认的统一方法，我国也在研究中。由于统计资料的限制，目前我国城镇职能分类多属于定性分类，可大致概括为以下三种类型。

1）具有多种职能的综合性中心城市。凡是县及县以上的区域政治、经济、文化中心都是这种类型，具体又可分为全国性、大区域（省际）、省域、地级市域和县域的中心城市。在中心城市的多种职能中，如果某种或某几种职能作用的范围大大超过其所辖的行政范围，这类突出的职能也是这个城市的优势专业化职能，可以作为这个城市职能结构规划和城市之间职能分工的基础。中心城市的职能都有双重性，既要强调优势专业化职能的发展，还要发挥作为区域中心的综合性职能，体现在政治、经济、文化等各个方面，两者是可以兼容的。在一些区域还会有一个或若干个区域副中心城市，这类副中心城市承担部分区域经济、文化等职能。

2）某种或某几种经济职能较突出的专业化城镇。这类城镇往往以工业生产为主，是全国或地区的工业生产基地，其中又可分为：①综合性工业城镇，如邯郸是以纺织、钢铁、机械为主的工业城市，常州是以轻纺、电子工业为主的城市。②单一性工业城镇，如石油城大庆、镍城金昌、锡都个旧。③工业卫星城，分布在大城市周围与大城市连为一体，如上海的金山卫、重庆的北碚等。④以交通运输为主的交通枢纽城，如宝鸡、徐州、鹰潭等为铁路枢纽城。

3）具有特殊职能的城镇，如风景游览城市桂林、杭州，革命历史名城延安、遵义，航天城酒泉、西昌等。

如上所述，各级中心城市与专业化城镇是兼容的。在省域和跨省的城镇体系规划中，往往把一些专业化职能突出的城市规划为各具特色的专业化城市，而作为区域中心的作用则退居次要地位。在地市域和县域城镇体系规划中面广量大的是县以下的小城镇。由于我国各地区经济发展水平差异很大，总的来说，多数地区小城镇的职能是比较薄弱、单一和雷同的，但在规划期的发展中可变性很大。因此，如果囿于现状经济基础和本地资源开发，只能是趋势型的演变，而在开放的市场经济运行机制导向下，一些突变因素会使小城镇职能更加多样化，可塑性也更大。所以，现阶段对多数地区的小城镇职能类型规划宜粗不宜细，在经济发展水平较低的地区，不宜把工业部门的职能分工一直规划到各级小城镇。

14.3.3 城镇体系职能结构规划的基本思路

1）针对城镇体系现状职能结构的特点和问题，根据区内外劳动地域分工的原理和区域发展战略，建立新的城镇职能分工体系，把许多雷同的内向型城镇职能转变为分工协调的外向型城镇职能结构，充分展示各类城镇的优势和特色。

2）完善城镇的职能层次分级。以地级市域为例，按照高级到低级的顺序把城镇的职能层次分为五级，即市域中心城市—市域副中心城市—县域中心城市—县内重点镇——般镇。城镇职能的等级不同，职能的类型组合就会有差异。

3）进一步确定规划期各城镇的职能类型组合。在上述市域中心城市，工业的优势专业化职能和第三产业的一些广义服务职能要同步发展，薄弱的交通、商贸、科技、教育、信息等中心作用要优先发展，与省会城市和大区域中心城市接轨。市域中心城市的优势专业化职能的作用要尽可能扩展覆盖到周边地区或更大范围。市域副中心城市的部分职能具有超出辖区范围影响几个县的作用，需要有较明确的优势专业化职能和比较齐全的基础设施及社会服务设施，分担市域中心城市的部分职能。县域中心城市应根据地方条件建立若干专业化部门，朝着专业化与综合发展相结合的方向发展。县内重点镇的影响范围一般达几个乡镇，使之既有较突出的专业化职能，又有一定的综合职能。现有的建制镇和规划的建制镇在规划期都要有适当的专业化职能分工，并通过加强基础设施和社会服务设施建设，强化镇域中心的职能，成为吸纳农村剩余劳动力的重要场所。

14.4　城镇体系的等级规模结构规划

在一个区域或国家，因各城镇所处的内外条件不同，会形成城镇不同的职能分工，同时也形成不同的城镇规模。城镇规模主要由人口规模和用地规模两个指标来度量，因前者资料比较容易取得而更为常用。据新华社北京 2014 年 11 月 20 日电，国务院印发了《关于调整城市规模划分标准的通知》，对原有城市规模划分标准进行了调整，明确了新的城市规模划分标准。新标准以城区常住人口为统计口径，将城市划分为五类七档。与原标准相比，新标准有四点重要调整：一是城市类型由四类变为五类，增设了超大城市。二是将小城市和大城市分别划分为两档，细分小城市主要为满足城市规划建设的需要，细分大城市主要是实施人口分类管理的需要。三是人口规模的下、上限普遍提高。小城市人口上限由 20 万提高到 50 万（不包括本数，下同），中等城市的下、上限分别由 20 万、50 万提高到 50 万、100 万，大城市的下、上限分别由 50 万、100 万提高到 100 万、500 万，特大城市下限由 100 万提高到 500 万。四是将统计口径界定为城区常住人口。城区是指在市辖区和不设区的市，区、市政府驻地的实际建设连接到的居民委员会所辖区域和其他区域。常住人口包括：居住在本乡镇街道，且户口在本乡镇街道或户口待定的人；居住在本乡镇街道，且离开户口登记地所在的乡镇街道半年以上的人；户口在本乡镇街道，且外出不满半年或在境外工作学习的人。

全新划分标准具体情况如下：①超大城市，城市人口 1000 万以上；②特大城市，城市人口 500 万～1000 万；③大城市，城市人口 100 万～500 万，其中 300 万以上 500 万以下的城市为Ⅰ型大城市，100 万以上 300 万以下的城市为Ⅱ型大城市；④中等城市，城市人口 50 万～100 万；⑤小城市，城市人口 50 万以下，其中 20 万以上 50 万以下的城市为Ⅰ型小城市，20 万以下的城市为Ⅱ型小城市。

14.4.1　城镇体系等级规模结构规划的内容

城镇体系等级规模结构规划的内容包括：分析各城镇人口规模的变动趋势和相对地位的变化，预测今后的动态；分析现状城镇规模分布的特点；确定规划期内可能出现的新城镇，包括某些农村集镇的升级和因基本建设而可能新建的城镇；结合城镇的人口现状、发展条件评价和职能的变化，对新老城镇做出规模预测，制订城镇体系的等级规模规划方案，形成新的较为合理的城镇等级规模结构。

城镇体系等级规模结构规划的具体步骤如下：①现状特点与问题分析。②城镇体系等级规模结构变动因素分析，包括原有城市及建制镇的人口增长、规划新增的建制镇等。③制订城镇体系等级规模结构发展方针。④各级城镇的人口规模预测和区域城镇化水平预测，各城镇的规划人口规模之和要与城镇化水平预测得到的城镇人口基本一致。⑤确定城镇体系等级规模结构和规划方案，包括设置新的城镇体系等级规模结构的等级、各等级的人口规模、城市（镇）个数、规划城镇人口数及其占区域总人口的比重等。

14. 4. 2　城镇体系等级规模结构的现状分析

城镇体系等级规模结构的现状分析主要分析其历史变动、现状特点、城镇密度及其地域差异、等级数量分布与位序-规模分布的合理性，提出存在的问题，揭示问题的原因。除了进行区域城镇体系的总体分析外，还有必要分县（市）进行分析，进行区域内外比较，为预测规模提供翔实的依据。

1）城镇现状人口的资料收集。城镇现状人口调查表的内容可包括城镇名称、建成区面积、户籍人口（非农业人口与农业人口）、其他常住人口、通勤人口、外来暂住人口等。

2）资料整理，划分城镇人口现状等级规模，编图。把调查的原始数据和校正推算后的数据编制成规模结构表，然后将各城镇人口按照规模划分若干等级，并计算各等级人口规模所占的比重。据户籍非农业人口、户籍农业人口、其他常住人口构成的城镇常住总人口数据画出城镇人口结构图。

3）城镇体系等级规模结构的现状分析。规模结构现状分析主要依据本地区在中上层次区域经济社会发展中的地位作用、本区的人口与经济发展需求，论证结构的合理性，并揭示原因。首先分析体系规模结构的首位城市人口规模，了解其在区域城镇人口中的地位，并据一般经验，说明其发展程度。若首位城市规模过小，则难以发挥组织区域经济社会发展的中心作用。其次，按照位序-规模法则，依次计算各位序城市的规模（见注释专栏 8），以此了解次级城市的缺失或发展状况。目前我国省、市、县城镇体系规模结构中，次级城市缺失或规模过小，是造成首位城市规模过大和地区经济不发达的重要原因。最后，根据同一法则，分析其余城镇规模结构状况。

14. 4. 3　区域城镇化水平度量预测

1. 区域城镇化水平度量

城镇化水平是指区域城镇化所达到的程度，是区域经济发展程度的重要标志，城镇化水平越高，区域经济就越发达。一般，城镇化可采用主要指标法（如城镇人口占总人口的比例）和综合指标法加以量度，其中主要指标法包括人口比重指标和土地利用指标，综合指标法主要是指综合社会的、经济的、政治的、基础设施等多方面的指标因素，建立综合评价指标体系，对区域城镇化水平进行评价。

主要指标法的具体度量方式如下。

(1) 人口比重指标

人口比重指标反映的是人口城镇化的变化方法，包括城镇人口比重和非农业人口比重(陈凤桂等，2010)。

城镇人口比重，是用区域内的城镇人口占其总人口的比重来表示该地区的城镇化水平，公式可以表示为

$$U=P_u/(P_u+P_r)\times 100\% \tag{14.1}$$

式中，U 为城镇化率；P_u 为城镇人口；P_r 为农村人口。

非农业人口比重，是指用区域内非农业人口占总人口的比重来表示该国家或地区的城镇化水平，公式可以表示为

$$U=P_n/(P_n+P_a)\times 100\% \tag{14.2}$$

式中，U 为非农业人口比重；P_n 为非农业人口；P_a 为农业人口。

人口城镇化率是城镇化水平度量的一个重要指标，它具有计算简单、直观明了、容易操作、统计便利等优点，但由于统计数据往往存在统计口径不统一的问题，人口城镇化率可能与实际情况存在偏差，而行政界线的变更也可能导致城镇人口的波动。

(2) 土地利用指标

城镇中土地利用方式随着城镇发展也在发生着变化，土地利用指标就是用区域内城镇建成区土地利用面积占区域总面积来反映当地的城镇化水平（李昕等，2012)。

$$U=A_u/(A_u+A_r)\times 100\% \tag{14.3}$$

式中，U 为城镇建成区土地面积比重；A_u 为城镇建成区面积；A_r 为城镇非建成区面积。

使用土地利用指标能够比较直观地反映城镇化水平，但是使用统计年鉴中的建成区面积，也存在统计口径不统一的问题；有些学者使用遥感数据通过影像解译的方法划分建成区，在划分界限上也存在统一的标准，而在有的区域，城市建成区蔓延式发展，虽然建成区面积较大，但相应的交通道路、基础设施等并没有配套发展，并不能说其城镇化水平就高。因此，用土地利用指标衡量区域城镇化水平也存在一定的局限性。

(3) 综合评价法

综合评价法是根据城镇发展特征，选择一系列指标，形成城镇化水平综合评价指标体系，再赋予评价因子科学合理的权重，对区域城镇化水平进行综合评价。一般选择能够反映人口结构、经济发展、基础设施、生活质量和社会进步等方面的指标建立评价指标体系。权重赋予的方法包括德尔菲法、层次分析法或综合平均法（吴耀等，2004；安晓亮和安瓦尔，2013；王洋等，2012)。

综合评价法相比于单指标方法，虽然涉及的指标众多，在指标统计、计算等方面比单指标方法更为复杂，工作量更大，但它能从多个方面更加科学、全面地度量、评价与分析区域的城镇化水平。

2. 城镇化水平预测

用主要指标法量度时，城镇化水平一般理解为城镇人口占其所在区域总人口的比例，不论及城镇化的质量水平，这对城镇体系规划的任务是比较合理的。区域总人口的预测因

基础资料丰富、方法成熟，相对比较简单；城镇人口的预测相对比较复杂，应该从农业人口向城镇转移的可能性和城镇对农业人口可能的吸引能力两个侧面进行预测和互校。如果采用城镇驻地的非农业人口作为城镇人口，有常规统计资料可用，比较方便，但口径偏小；若能加上在城镇的暂住人口或未落常住户口的户口待定人口，就更好一点，但资料收集增加了难度；若采用城镇驻地实际从事非农业活动的人口则最好，收集这一资料在目前就更困难了。但是，把现有市镇行政辖区的总人口作为城镇人口用于规划，在绝大多数的情况下是不正确的。

预测规划期的区域城镇化水平，首先要从自然增长和机械增长两方面预测区域总人口，然后预测规划期内的城镇人口。自然增长一般按照计划生育的要求，机械增长参照近10年人口的迁入迁出情况可采用趋势外推法。规划期内城镇人口的预测可采用以下三种方法：①时间序列趋势预测法。根据近些年城镇人口的变动情况，外推至规划近远期。②自下而上预测法。一种方法是将各城镇总体规划中的人口预测进行汇总平衡；另一种方法是对主要城市分别进行预测，再对其他城镇分类进行预测，然后进行汇总平衡，得到城镇总人口。③剩余劳动力转化法。在依据城镇和农村人口自然增长率的基础上，通过农村劳动力结构变动估计规划期的剩余劳动力资源，预测城镇可能吸纳的农村劳动力数量，考虑一定的带眷率，并根据历年区外迁入人口状况等因素，预测区域城镇人口数。城镇人口与上述预测的区域总人口数之比，就得到规划期的城镇化水平。

注释专栏8　城市规模化

城市规模问题可分解成两个相互关联有区别的问题，即城市的合理规模和规模分布。

关于城市的合理规模问题吸引了地理学家、经济学家、规划学家、社会学家和环境生态学家的关注。城市的合理规模是一个与城市发展历史一样古老的问题，早在古希腊的柏拉图和亚里士多德时代就开始研究从城市用地规模、现状及福利设施角度探讨城镇的合理规模。20世纪以来，许多学者对此都先后提出了研究成果，邓肯（Duncan，1956）认为便于管理的最优城市人口规模最高达100万人，贝克（Baker，1910）认为最低只有9万人。

决定城市规模的两个重要的经济原因是规模经济效益和聚集经济效益。整个城市经营过程中，效益和费用随着规模的不同而发生变化，超过一定规模，则效益递减，费用增加。城市经济学家巴顿给出了城市规模的费用效益曲线（图14.1）。

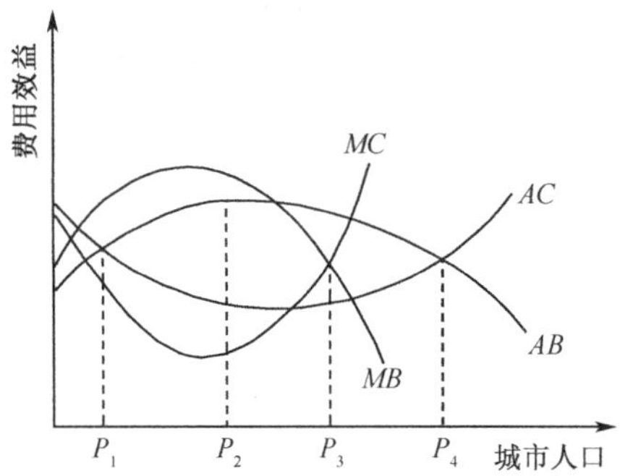

图14.1　城市规模的费用效益曲线

图 14.1 中，MC 是边际费用曲线，表示城市每增加 1 个单位成员应增加的费用，MB 是边际效益曲线。AC 是城市平均生活费用曲线，它随城市人口增加、城市面积扩大而趋于上升，但在人口极少的情况下，开始可能有所下降。AB 是平均效益曲线，表示城市规模扩大而导致平均效益初始迅速增长，后来上升趋势减弱，最后下降。P_1 是城市最小合理规模，人口少于 P_1 的城市是不经济的。P_2 是城市生活每人净效益最高时的规模，AB 与 AC 之间的差异最大，对现有的城市居民而言是最理想的规模，但这时 $MB>MC$，城市人口仍然要增加。P_3 是城市所得到的总纯效益达到最高时的规模，这时的社会效益最高，对决策者最理想，但此时 $AB>AC$，对个人来说，只考虑平均效益，因此人口可能继续迁入。P_4 处于 $AB=AC$ 时的交点，为城市最大合理规模，这时如不能制止人口增加，城市就将超出最佳规模的上限而不经济。

需要注意的是，理论模型中的曲线形状不是很确定，所以 P_1、P_2、P_3、P_4 也没有一个确定的数值。当城市人口规模达到相当数量时，由于人口密度过高，效益下降，人口会扩散，人口密度下降，城市地域扩大，这时会产生新的费用效益曲线，形成新的交点。

大量实证研究已证明，城市合理规模只能是一个相对的概念。从不同的评价角度和采用不同的评价标准，可以得出不同的最佳规模；最佳规模是时间的变量，随着时间的变化，技术水平在变化，人们的价值观及价值所构成的标准也随之变化，相同的标准也会得出不同的最佳规模。因此，对于某一特定的城市，在一定的历史时期内，根据具体条件，研究其合理规模是有必要的，而一个统一的、能被普遍接受的城市最佳规模至今仍然没有找到，也许它根本就不存在。

城市规模分布，是指一个国家或区域内，城市人口规模的层次分布。通过城市规模分布的研究，指导一个国家或区域的城市人口是集中在一两个大城市里，还是成比例地分布在不同等级的城市里。许多研究证实，一个国家或区域的城市规模分布明显地分为两种类型：首位分布（primary）和位序–规模分布（rank-size rule）。

首位分布是 1939 年马克·杰斐逊（M . Jefferson）提出的。首位分布是将一个国家或区域的最大城市称首位城市，应用首位度（即第一大城市与第二大城市的人口比值）来衡量首位城市的地位，研究表明多数国家城市首位度在 3 以上。首位度在一定程度上代表了城市体系中的城市人口在最大城市中的集中程度，这不免以偏概全。为了使首位度两城市指数简单化，又有人提出 4 城市指数［即 $S=P_1/(P_2+P_3+P_4)$］和 11 城市指数［即 $S=2P_1/(P_2+P_3+\cdots+P_{11})$］。正常的 4 城市指数和 11 城市指数都应为 1，而两城市指数应该是 2。显然，4 城市指数和 11 城市指数比只考虑两个城市更能全面地反映城市规模分布的特点。它们的共同点在于都抓住第一大城市与其他城市的比例关系，因此有些作者把它们统称为首位度指数。

位序–规模分布最早于 1913 年由奥尔巴克（F. Auerbach）提出。位列式分布可依据公式：

$$P_i=K/R_i \tag{14.4}$$

式中，P_i 为位序 i 的城市人口数；R_i 为第 i 位城市的位序；K 为最大城市（即首位城市）的人口数，是常数。

用 K 估算任意位序城市的人口数，如 $K=100$ 万，$R_i=4$，$P_i=100/4=25$ 万。这表明一个国家或区域的城市规模分布体系中，大中小城市均有，城市数目随着城市规模的减少而有规律地增加。

改编自：王万茂，韩桐魁. 2002. 土地利用规划学. 北京：中国农业出版社

14.5　城镇体系的空间结构规划

城镇体系空间结构是指体系内各个城镇在地域空间中的位置分布和组合形式的特征，是地域范围内经济和社会物质实体的空间组合形式，是地域经济结构、社会结构和自然环境条件在空间上的投影。具体而言，它是职能类型结构和等级规模结构在区域内的空间组合和表现形式。城镇体系空间结构的特征在相当程度上取决于城镇体系职能类型结构和等级规模结构的作用，同时也受社会经济条件、自然地理条件、城镇化水平及人文因素（如生产布局、城镇发展政策等）的影响和制约。

14.5.1　城镇体系空间结构规划的内容

城镇体系空间结构规划是对区域城镇空间网络组织的规划决策，它主要包括以下内容。

1）分析区域城镇现状空间网络的主要特点和城市分布的控制性因素。对城镇体系空间结构进行规划的基础，是对城镇空间结构现状进行分析和评价，并对控制城市分布的因素进行分析。结合城镇职能结构、等级规模结构的分析，对城镇体系中的各个节点进行划分，通常可以分为中心城市、次中心城市、一般城市、重点镇、一般镇等，还可以根据社会网络分析理论，通过人流、物流、经济流等将各个节点联系在一起的流分析，划分组团。

2）综合评价区域城镇的发展条件，以揭示地域结构的地理基础。对城镇体系中各个节点进行划分以后，需要对城镇发展的区域条件进行分析与评价，评价内容包括 14.2 节中所提到的中心城市的吸引范围、城镇发展的基础条件和综合条件评价分析。城镇发展条件的综合评价，有利于城镇在发展中发挥优势，因地制宜，统筹兼顾，扬长避短，改善不足，这在之后城镇体系规划的制订和实施的过程中是不可或缺的。

3）设计区域不同等级的城镇发展轴线（发展走廊），综合各城镇在职能和规模的网络结构中的分工和地位，对它们今后的发展对策实行归类，为未来生产力布局提供参考。区域城镇发展轴线可以分为整体发展轴线与局部发展轴线。整体发展轴线又可称为主轴，它贯穿城镇区域的大部分，将城镇体系中的主要节点联系在一起，通常依托于主要交通干道。局部发展轴线主要是针对局部地区，相对于主要发展轴更详细，对于节点的指导性更强。

4）根据城镇间和城乡间交互作用的特点，制定区域城镇体系空间发展战略，划分区域内的城市经济区，以充分发挥城市的中心作用，促进城乡经济的结合，带动全区经济的发展并提供地域组织的框架。

常见的区域空间发展战略包括依托主城式发展、点辐射式发展、点-轴渐进式发展等。其中，①依托主城式发展是指以中心城镇为中心，带动周边地区发展，中心城镇比其他城镇具有更高的文化教育、经济发展、科技进步、金融商贸等水平，以中心城镇为中心，加强其与周边地区的联系，使其完备的社会、经济、科学等方面的功能服务于周边地区，并带动周边地区的发展，城市圈的构建便是依托主城式发展的典型事例。②点辐射式发展主要是针对城乡关系的发展模式，现阶段的中国农村仍以第一产业为主，城市主要以发达的第二、三产业为主，城乡差异明显，点辐射式注重调整城乡产业、经济结构和生产力布局，促进城乡一体化的进程，提出城市社会、经济多方面的要素向乡村流动，以城市辐射带动农村的发展，促进区域协调发展，缩小城乡差距。③点-轴渐进式发展强调城镇节点之间的联系，该发展模式认为，社会经济的客体大多在点上聚集，通过线状联系而联成一个有机的空间结构整体。大大小小的城镇即为节点，节点向周围辐射其影响力，包括劳动力、技术、资本等，城镇影响力的扩散主要沿着一定的轴线进行，轴线一般依托公共交通等线状基础设施形成。

这些发展模式既可以是区域城镇体系空间结构整体模式，也可以是局部模式，一个区域中也可能多种发展模式并存，这需要根据各个城镇及区域整体的发展特征和发展要求确定。

城镇体系空间结构规划的具体步骤如下：①现状特点与问题分析。②分析城镇体系空间结构的影响因素，包括区域自然条件、人口分布状况、经济基础、城镇化水平、交通运输等，并分析这些因素对未来城镇体系空间结构的影响程度，便于有针对性地进行空间结构布局。③确定城镇体系空间结构规划的指导思想，包括城镇体系空间分布的重点、步骤与主要意图等。④选择并确定城镇体系空间结构规划模式。⑤城镇区域（城镇经济区域或经济协作区）的划分。

14.5.2　城镇体系空间结构规划的框架

区域城镇体系空间结构规划应突出“点-圈-区（带）-线”相结合的总体框架构思，使区域经济增长极核城市、重点发展城镇、促进发展城镇和一般发展城镇在区域地理空间中成为一个有机的整体。

1）“点”，指每一个具体的城镇。本书在城镇体系职能结构和等级规模结构规划中，对规划期的各类各级城镇都进行了分析评价和性质规模论证，可以在此基础上，首先明确区域的若干经济增长极核城市，这类城市是指区域中心城市、副中心城市和可能出现的新城市（发展潜力大的开发区）。经济增长极核城市有相对较好的投资环境和投入产出效益，对区域发展起着带动作用，加强这类城市发展，是我国现阶段经济快速增长时期的普遍需要。在人口规模增长方面，除少数超大城市需要严格控制外，大多数城市都有潜力并有客观需要迅速扩大人口规模，为提高我国的城镇化水平做贡献。其次是选择一部分重点发展的城镇。在地市级区域城镇体系规划中，县级市市区和县城是重点发展城镇。此外，一些区位交通条件优越的城镇、资源开发前景好的城镇、已经具有较强经济实力为进一步发展打下良好基础的城镇都应列入重点发展的对象。这类城镇作为县域中心、片中心和有特色有实力的城镇，城镇人口规模和经济发展速度明显高于区域城镇的平均发展速度，对推动整个区域经济发展和城镇化进程有重大作用。重点发展城镇的选择数以不超过城镇总数的1/4 为宜。最后，对一些现有发展水平不高，但区位条件好，或资源开发有较大优势，或在规划期交通条件有重大改善，或有条件布局重大项目的城镇，可以定为促进发展的城镇。这类城镇在发展中的不确定因素较多，但有可能抓住机遇上新台阶，需要有一些扶持措施促进其发展。这类促进发展的城镇的数量也以不超过 1/4 为宜。

2）“圈”，指中心城市圈和经济发展水平较高的副中心城市圈。我国百万人口以上的特大城市都有明显的城市圈，今后，随着科技进步和经济水平的提高，规划为50万人口以上的大城市也会有一个城市圈。在大城市较强的吸引、辐射双重作用下，城区周围小城镇的经济结构、社会经济技术联系都会显示出各种向心力和呈现卫星城镇性质。据调查分析，大城市圈的范围一般以城区中心或副中心到外围1小时左右的单程通勤距离为半径，其地域结构由内向外可分为城区、近郊区（城乡结合部）、中郊区和远郊区。城区是连片的、完全市街化的建成区。近郊区既有沿公路分布的带状建成区，也有交错分布的农田、林地，呈现半乡村景观。近郊的农业区基本应形成蔬菜、花卉、部分畜禽产品等的专业化生产区域，乡镇政府驻地几乎都与城区建筑物相连，少有独立的集镇。近郊区城市所属的企事业单位职工基本上是通勤者，城市公共汽车可直达。从远期发展来看，目前的近郊区大部分会逐步转化为完全的建成区。中郊区菜粮兼作，20世纪70年代以来在郊区新建扩建的企事业单位多在这个区位，这些单位与主城的通勤率为20%～50%，形成了一些半独立的工业区和卫星镇。今后，中郊区大部分会转化为近郊区，沿交通干线的一部分地区变成与城区连片的建成区。远郊区种植业以粮食作物为主，20世纪80年代以来，特大城市的卫星城多在此规划建设，通勤率在20%以下，形成较为独立的卫星城镇。

城市圈的形成有利于加强区域内部各部分之间的联系，进而推动区域整体发展，但城市圈的形成也有特殊的要求。通常都市圈形成的必要条件可以概括为区域因素、资源禀赋、发展水平与政策制度四个方面：①区位因素，包括地理区位与经济区位，地处江河交界、广阔平原或者沿海沿江的城市，区位优越，发展潜力大，同时区域内部基础设施齐全、交通发达的地方发展成为都市圈的几率也较大。②资源禀赋，都市圈的形成建立在具有一定发展水平的城镇基础之上，因而优越的自然条件和资源储备是都市圈形成的基础和载体，这里的自然资源，包括适宜的气候、优渥的土壤，丰富的水资源、矿产资源、能源等先天条件，这些自然条件影响着城镇的产业结构、人口分布、交通道路等社会经济景观的布局。③发展水平，都市圈是城市发展到一定的阶段，对腹地的社会经济等各方面的辐射力增强，在自身的影响下带动周边地区共同发展的结果，因此都市圈的形成要求城市有较高的综合发展水平。④政策制度，是指政府层面引导、调控区域内都市圈形成或发展的相关政策。

城市圈形成以后的区域也是在不断发展与变化的，其原因除了主城本身不断向外扩展“蚕食”郊区以外，更重要的是城郊之间的快速交通发展很快，随着地铁、高速公路等的建设，空间距离被“缩短”，1小时左右的通勤距离不断增加，大城市圈也就越来越大。按照不同的区位条件和经济发展需要，一些中等城市也可以划出规模较小的城市圈，以利于城镇体系的合理发展。

3）“区（带）”，指城镇密集区（带）。城镇密集区是一种独特的地域空间组织形式，是城镇化发展到中后期而出现的一种新的城镇地域空间组织方式。它是在一定的地域范围内，以多个大中城市为核心，城市之间有着密切的社会经济联系，城镇化水平高，城镇分布密集的城镇区域。城镇密集区突破了传统观念中行政界限的限制，注重于将区域内部各个部分的相对优势进行整合，以区域共同发展为目标，促进区域整体协调发展。它强调区域内各个城市之间、城镇之间和城乡之间的分工协作，依托于道路交通等基础设施的建设，深化、巩固区域一体化建设。城镇密集区是在城市发展到一定的程度形成的，它有利于发挥中心城市已有的社会经济等多方面的综合优势，带动周边地区的发展，提高区域内进一步城镇化、工业化和现代化的效率。促进城镇之间的交流联系，有利于完善区域城镇体系，通过分工协作，使得大、中、小城市及县市乡镇各司其职，更有效地进行生产与发展。

4）“线”，指沿着交通干线形成的区域产业带和城镇发展轴线。一般省域和地市域都可以划出 2～3 个级别的城镇发展轴线。一级发展轴线（如已有城镇密集区作为一级发展地域，就不必划一级发展轴）以区域内最重要的国道、高等级公路、铁路、重要的内河航道等为轴线。沿线应包括大多数县城及其以上的中心城市，还包括多数规模较大、比较重要的城镇。二级发展轴线多以省道、一二级公路、内河航道等为轴线，包括部分重点发展和促进发展城镇。三级发展轴线大多是县域内城镇发展轴线，主要以二级公路为轴线。重点发展的轴线不宜过多，以免重点不突出。在强调城镇沿轴线长藤结瓜式的宏观布局时，要尽量避免交通干线穿越城镇，城镇新区、工业区及开发区与公路干线的关系宜近而不靠，尽量在公路的一侧发展。

14.6　城市总体布局

城市总体布局的根本任务，就是在具有特定性质、规模的城市里，通过用地选择和功能组织，为城市居民的居住、劳动、学习和娱乐创造一个舒适、方便、清洁的环境。

14.6.1　城市用地选择

城市用地选择是城市规划和建设的一项重要的工作内容。它是综合了城市各项设施的建设和使用要求，根据城市所在地区的自然环境条件、技术经济条件及现有城市的分布情况和现状等具体的建设条件来进行选定的。新城市建设需要选择适宜的城址，而利用原有城市基础进行扩建或改建，同样也有选择城市发展用地的问题。城市用地选择是否恰当，直接影响城市的功能组织和规划布局，影响城市各项工程设施的建设和运输管理的经济合理性。

城市用地选择应考虑以下四条原则：①贯彻有关城市建设方针，尽量少占农田，不占良田。②用地选择要按新建与旧城改建、扩建的不同特点来进行。新城市的选址一般是在区域规划过程中，在区域范围内选定；而旧城扩建用地选择则往往需考虑与现状的关系，而有所限制。无论是新城市建设或旧城市扩建都应注意对现有城市现状的利用与改造。③城市用地选择，特别是新建城市，在选择工业用地的同时要考虑其与城市其他用地的关系，尤其是与居住用地的相互关系。④用地选择尽可能满足城市各项设施在土地使用和工程建设及对外界环境的要求，充分利用有利条件，考虑规划与建设的合理性和经济性。为了使用地选择比较合理，通常按照用地状况和用地组织的要求，不断调整，反复修改，通过方案比较来进行。

城市用地选择要按新城市建设与旧城改建、扩建的不同特点来进行。原有城市扩大方式主要有以下三种。

第一，城心部分集中性的城市化。由于建成区良好的基础设施、便捷的通信条件等吸引更多的人口、企业向城市中心部分集中，不断提高城市内部土地利用程度，是一种向心性的城市化，导致城心部分出现垂直变化（如建筑物的高层化，地下、空中交通线等）。

第二，扩散性的郊区城市化。城市内部建设自城市中心向四周扩散；且在时间和空间上有一定规律性，例如最早向外扩散的是占地面积较大、用水量大或有污染的特种工业（自来水厂、冶炼厂、煤气厂等），特殊单位（火葬场、监狱等），以及高等学校、科研单位，随后是居民住宅，接着是商业服务设施。郊区城市化在促使城市规模不断扩大的过程中往往起着很大的作用。

第三，飞地型城市化。是在地理位置上与建成区分隔，但又和中心城市保持一定有机联系的城市化。第二次世界大战以后，世界各国建立的卫星城多属于这种形态，如日本东京的筑波，我国上海市的闵行、金山卫和吴淞等。构成飞地核心主要是一些大型工矿企业，也有科研文教基地，或有特色的风景区、历史古迹、交通要道等。飞地城市化一般多在大城市周围。其产生原因除为缓和中心城市人口压力或因自然条件限制城市空间规模扩展外，还与交通运输技术的进步（如快速车道、高速公路的修建），缩短了时空距离有关。飞地型城市能促进以大城市为大中心的城镇群的迅速发展。

14.6.2　城市用地功能组织

城市用地功能组织是在城镇用地选择的基础上，按照城市各组成部分的功能特点和相互关系，统筹安排工业、对外交通、生活居住等各种用地。因此，它是一项涉及面广、很复杂的综合性工程，必须在地方政府的统一领导下，与有关部门密切协作进行。其基本目的是通过用地的安排来满足城市生产、生活的基本要求。

城市用地功能组织的基本方法是功能分区，即将城市各组成部分按其功能的不同，划分成不同的地带，即功能区，如居住区、工业区、对外交通枢纽区、仓库区及市中心区等。在规划时，将所有的建设项目，按其功能要求和用地适应性，分别布置在城市不同的功能区内。一个城市能不能正常地进行生产和生活活动，不仅取决于是否具备合适的用地、足够的物质设施等，在很大程度上还取决于城市各功能区之间在空间分布上的相互关系是否处理得恰当（表 14.3）。

表 14.3　城市用地评价

级别	一级	二级	三级
名称	适宜修建用地	需要工程措施的修建用地	不宜修建用地
标准	地面坡度：平原地区不超过 10%，山区不超过 20%	地面坡度：平原地区 10%～20%，山区 20%～30%	地面坡度：平原地区 >20%，山区 >30%
	地基承载力能满足一般建筑物地基要求	地基需要适当的处理	承载力少于 0.7kg/cm²，需要复杂的人工基地
	地下水位低于一般建筑物的砌筑或需采用简易排水措施	地下水位较高，需降低地下水位	地下水位高

续表

级别	一级	二级	三级
名称	适宜修建用地	需要工程措施的修建用地	不宜修建用地
标准	不会被100年（或50年）一遇的洪水淹没	易被洪水淹没，淹没水深不超过1m	常被洪水淹没，淹没水深1.5m以上
	没有大的活动性冲沟、滑坡和岩溶	有活动性不大的冲沟、滑坡和岩溶等，需要一定的工程措施	有强活动性的冲沟、滑坡和岩溶等
	没有沼泽现象，或用简易措施即可排除积水	地面积水或沼泽现象，需要采取专门的工程措施	大片严重的沼泽地
	非农田，或在该地允许占用的低产农田		其他限制条件（自然禁区，不能占用的农田等）

由于各类用地的特点和要求不同，各功能区的位置、强度与关系的具体含义也不一样，在进行城市用地功能组织的合理性分析时，应注意把握这一点。以下是对城市工业区、居住区、交通运输用地的分析。

（1）工业区

位置：①工业布局是集中还是分散，是否已组成工业区，主要分布在市区还是郊区。②工业区的范围大小是否适应发展需要，是否符合城市工业用地国家标准，就地扩建是否可行。③工业用地的自然条件是否适应工业发展的要求等。

强度：①工业区的土地利用率（实际已经利用了的面积占工业总用地的百分比）。②工业用地建筑密度，即各类建筑物基底面积占工业总用地的百分比。③多层厂房、仓库的情况和发展的可能性等。

关系：①每个工业区的性质是明确还是混杂。②工业区的组织是否满足生产协作的需要。③工业区与居民区是否配套、协调，职工上下班是否方便。④工业区与水、电、交通设施的位置关系，能否满足工业生产的水、电、交通的要求。⑤工厂企业之间，工业区对居住及城市其他设施干扰、污染的程度等。

（2）居住区

位置：①居住用地是集中还是分散，是否已形成完整的居住区。②居住区的范围大小是否满足要求，是否符合城市居住用地国家标准，是否有发展的余地。③工业用地的适应工业性。④生活区中福利设施、绿化、道路系统的分布等。

强度：①居住用地的建筑密度。②居住区居住面积密度和建筑层数比，平房、独院的范围和分布。③居住用的人口密度。④危房及使用价值差、急需改造的成片住宅分布区。⑤生活居住区内空地的大小、分布及适用性等。

关系：①居住区与工业区和其他劳动地点的距离、交通条件是否有利于职工上下班。②居住区对自然环境的改造利用，受工业区、交通污染及噪声干扰的情况。③居民区内部的各项福利事业，如商业、服务业、文化教育、医疗卫生、娱乐休闲等是否协调、配套，是否满足一定的服务半径的要求，方便群众生活等。

(3) 交通运输用地

位置：①城市各站场、码头的位置，主要交通线路的走向。②各站场用地的范围是否符合城市交通运输用地国家标准，是否有扩大的可能性。③各站场、码头用地的自然属性是否适应交通运输的发展等。

强度：①各站场的建筑物、构筑物布置是否紧凑。②铁路站场和线路形成的三角地等是否得到充分的利用。③仓库、堆场的利用面积、利用率等。

关系：①铁路、公路、飞机场、港口码头及仓库等各部分是畅通、便捷，还是阻塞、迂回。②铁路站场，港口位置、大小、线路走向与城市工业、居住、市中心及仓库等用地的关系，以及站场规模、运输能力是否适应工业生产和城市生活的需要。③过境公路线路走向、停车场地与城市居住区、闹市区的关系，客货站场的位置、大小、公路走向与城市工业、仓库、居住等用地的关系。④对外交通线路与城市道路系统的关系，各种交叉的处理。⑤城市道路网密度、功能分区及道路横断面、转弯半径等设计与城市交通运输、城市各类用地的关系。⑥交通运输对城市生活的噪声干扰和污染的程度。⑦从货物流量、流向分析评价工业区、对外交通、市内交通、仓库等的相对位置。

14.6.3 城乡一体化规划

1. 城乡一体化含义

城乡一体化是生产力发展到一定阶段的必然要求和人类历史发展的必然现象，指的是城乡之间逐渐形成统一规划、分工合作、互为依托、协调发展、共同繁荣的社会经济有机整体。其目的在于改善城乡功能和结构，实现城乡生产要素的合理配置和自由流动，协调城乡利益结构和利益再分配，从而加快工业化、城市化和现代化进程，逐步改变城乡分割、各自为政的城乡二元结构，缩小城乡差别。具体而言，城乡一体化的含义主要包括：①城乡经济活动一体化。城市先进的产品、技术、信息、管理方法等向农村传递，而农村的农产品或原材料等向城市输送，从而促进城乡商品流通及生产要素的合理流动和优化组合，以产业互补促进城乡双赢，推动城乡经济一体化。②城乡规划建设一体化，包括土地利用规划、基础设施建设、绿地建设、环保规划等。城乡用地统筹规划要求合理布局建设、住宅、农业等用地；城乡基础设施建设一体化要求统筹城乡基础设施建设规划，扩大基础设施的服务范围、服务领域和受益对象，让农民也能分享城市基础设施；城乡绿地建设一体化要求以城市大型绿地和郊区森林为基础，以环城绿带、风景名胜区和森林公园等为支柱，以各种防护林网为骨架，形成结构合理、布局均衡、城乡结合的绿色生态网络系统；城乡环保一体化要求对城乡的主要污染源实行统一管理和综合治理，工业污染物和农业污染物经处理后分开排放，城乡各自的生活垃圾和生活污水统一处理。③城乡资源利用一体化，包括水资源、旅游资源、人力资源等。例如，旅游资源利用方面，协调城乡的自然生态旅游资源和人文历史旅游资源，将城市公园游、文化游、购物游等与乡村农家乐式的生态游等相结合，进行城乡互补游，共同吸引游客。④城乡管理一体化，包括体现城乡一体化管理的财政支出制度、就业制度、户籍管理制度、教育制度、土地征用制度、社会保障制度等，实现城乡政策上的协调，使城乡居民待遇上平等。

2. 城乡一体化规划措施

城乡一体化是一个综合的社会、经济、空间发展过程，城乡一体化的规划也极为复杂，涉及诸多领域与部门，是一个由战略研究到实践的系统工程，是在将城乡作为统一体进行综合的社会经济分析的基础上，对城乡发展的空间、生态环境进行具体的布局安排，使城市平衡协调发展。因此，城乡一体化规划实质上是在综合考虑城乡关系的基础上的空间生态整体协调发展规划。城乡一体化规划的主要任务是：充分有效地开发利用当地自然资源和社会经济资源，合理布局生产力和城乡居民点体系，使各项建设在空间地域上相互协调配置，提高社会经济效益，保持良好的生态环境。

城乡一体化规划的主体，应该是以“城乡关系”为对象，重点通过加快城乡经济发展、完善城乡经济结构、加强城乡经济联系和优化城乡经济布局实现城乡经济一体化，以及推进城乡社会建设、促进城乡公共设施建设、合理配置城乡公共资源，实现城乡福利设施、管理制度上的平等，实现城乡社会发展一体化。城乡一体化规划的主体，区别于城市总体规划和城镇体系规划，虽然它们三者有所包含和交叉，但城市总体规划强调城市的建设与发展，城镇体系规划强调区域城镇之间的相互作用关系，其是城乡一体化的基础。

城乡一体化规划一般应包括：①进行城乡发展现状和条件评价，指出其优势条件和制约因素。②制订城乡一体化社会经济发展和空间发展的总体战略。③在科学预测城乡总人口的基础上，依据空间发展战略确定与社会经济发展相适应的城乡居民点体系。④与土地利用规划相协调，按照城镇建设用地、乡村建设用地、区域基础设施用地、生态用地、农业生产用地等功能类型，对城乡空间进行全覆盖性的安排，并对重点地区（地段）进一步规划。⑤统筹规划区域性的交通、能源、水利、给水排水、邮电等基础设施，使之成为城乡空间良性运作的有力支撑，并对城乡空间优化起到促进与引导的作用。⑥制订环境保护与治理规划，并结合地方特点，制订专项或综合的防灾规划。⑦提出分阶段实施目标和重点，安排好近期开发建设规划。⑧研究切实可行的城乡一体化规划操作机制。

20 世纪 80 年代中期，我国上海、广东、江苏等经济相对超前的省市相继实行了对中心城市与城市周边乡村地区的发展通盘考虑的城乡一体化发展战略，分别从城乡发展战略一体化、经济管理一体化、商品市场一体化、经济活动网络化、利益分配合理化等方面寻找促进城乡经济协调发展的新途径。

从我国部分经济发达地区城乡一体化发展的实践来看，各地根据各自不同的具体情况采用了不同的城乡一体化模式，其中较具代表性的主要有以下四种。

1）珠江三角洲“以城带乡”的城乡一体化模式。珠江三角洲城乡一体化，至今大致经过了三个阶段：①商品农业阶段，这一时期的农业现代化进程已进入了工业与农业互补、农村消费与城市消费弥合、城乡差距明显缩小的阶段，为农村剩余劳动力转移创造了条件。②农村工业化阶段，其重点是以农村工业化带动农村城市化，产业结构不断调整优化。③完善基础设施阶段，其重点是按现代化城市要求，构筑现代化城市的框架，建立完善的城乡基础设施网络体系。在城乡整体布局总体要求上，珠江三角洲以大中城市带动中小城镇和乡村，空间布局城乡一体。注重城市群体和城乡一体化的总体规划，使城乡基础设施共享、体现总体功能，共谋发展。经过十几年的发展，珠江三角洲已发展成为具有现代化文明的城市群体，形成城乡一体的新格局。

2）上海“城乡统筹规划”的城乡一体化模式。在城乡一体化和处理城乡关系的问题上，上海将其分为三个层次：第一层次是上海市区与上海郊区九县一区的关系，其特点是工农业产品的交换和横向经济联系较为紧密和直接，与行政管理区域相一致。第二层次是上海市区与上海经济区诸县市农村的关系，其特点是经济来往虽较为密切，但由于分属于不同的行政区域，经济来往中行政干预的因素比较少。第三层次是上海与全国广大农村的关系，其特点是直接的经济联系较少，主要通过多种流通渠道发生关系。上海城乡一体化的发展战略是以上海城乡为整体，以提高城乡综合劳动生产率和社会经济效益为中心，统筹规划城乡建设，合理调整城乡产业结构，优化城乡生产要素配置，促进城乡资源综合开发，加速城乡各项社会事业的共同发展，保证上海城乡经济持续、快速、健康发展。

3）北京“工农协作、城乡结合”的城乡一体化模式。“工农协作”是指城乡工业开展多层次、多渠道的横向经济联合，通过合资经营、合股经营等形式兴办工农联营企业，逐步形成经济协作网络。其具体方式是由城市工业提供设备、资金、技术、管理人员等，由县、乡、村提供厂房和劳动力，联营双方实行利润分成、按股分红，共同承担市场风险。“城乡结合”多属于纵向经济联合，如定点支农、来料加工、工艺性协作、产品下放、零部件专业化协作等。城市工业通过各种方式向郊区扩散零部件加工或下放产品，大力开展帮技术、帮管理、帮设备、帮培训的“四帮”活动，使城乡经济呈现出城乡协作、优势互补的局面。

4）以乡镇企业发展带动城乡一体化的苏南模式。苏南是指长江三角洲的苏州、无锡、常州。改革开放以来，这里是全国经济发展最快、最活跃的地区之一。尤其是苏南的乡镇企业，已成为苏南经济的支柱。乡镇企业的不断发展壮大，使苏南可以采取以工补农、以工建农的措施，来协调工农关系，稳定农业生产。他们在全区建立了优质、高效的农业生产基地，推动了农业机械化、良种化、水利化和服务社会化，保证了三大产业的协调发展。农村经济的发展，打破了传统的二元结构，引起了农村经济社会结构的深刻变化。一大批小城镇脱颖而出，成为连接城乡的枢纽，改善了农民的生产、生活条件和质量，加快了农村产业结构的优化和城市化进程。

目前在我国其他许多大中城市郊区，正在逐步将城乡一体化规划的思想方法付诸实践。郊区经济的快速发展预示着城乡之间的互动和需求将更为强烈。经济发达的郊区和城市经济事实上已形成了一种统一体。城市应该将其郊区和农村腹地的发展作为整个城市发展的一个重要组成部分，形成一个城市主导、城乡互为依托的城乡一体化发展格局。因而，区域规划工作者面临的重要任务之一，就是突破传统的城市和乡村发展相互分离的规划模式，形成覆盖全市域的空间规划，推动城乡协调发展。近几年来，城乡一体化规划方法在我国不同规模的城市总体规划中得到体现，一些城市还提出了明确的城市一体化规划方案，从城乡一体化角度来思考城市的空间分工和结构成长、发展方向和优先次序，以及开发建设与保护的重点和范围等。

注释专栏 9　城市用地分类与建设用地国家标准

为统一全国城市用地分类，科学地编制、审批、实施城市规划，合理经济地使用土地，保证城市正常发展，我国于 1991 年发布实施城市用地分类与建设用地国家标准。根据住房和城乡建设部《关于印发<2008 年工程建设标准规范制订、修订计划（第一批）>的通知》[建标（2008）102 号] 的要求，修订该标准。

1. 城市建设用地分类

城市建设用地分类按土地使用的主要性质进行分类，划分为 8 个大类、35 个中类和 43 个小类。

1）居住用地（R）。指住宅和相应服务设施用地。采用等级分类（评价分等），将居住地细分为一类居住用地、二类居住用地和三类居住用地，分类指标采用了市政公用设施、布局结构、环境、楼层等指标，如一类居住用地是指市政公用设施齐全、布局与环境良好的低层居住用地；二类居住用地是指市政设施齐全，布局与环境较好的多、中、高层居住用地；三类是指设施较欠缺、环境较差，以需要加以改造的简陋住宅为主的用地，包括危房、棚户区、临时住宅等用地，是规划和旧城改造重点考虑的地区。

2）公共管理与公共服务用地（A）。指行政、文化、教育、体育、卫生等机构和设施的用地，不包括居住用地中的服务设施用地。

3）商业服务业设施用地（B）。指商业、商务、娱乐康体等设施用地，不包括居住用地中的服务设施用地。

4）工业用地（M）。指工矿企业的生产车间、库房及其附属设施等用地，包括专用铁路、码头和附属道路、停车场等用地，不包括露天矿用地。与居住地一样，也采用等级分类细分出一类工业用地、二类工业用地和三类工业用地。一类工业用地是指对居住和公共设施等环境基本无干扰、污染和安全隐患的工业用地，如电子工业、缝纫工业、工艺品制造工业等用地。二类工业用地是指对居住和公共设施等环境有一定干扰、污染和安全隐患的工业用地，如食品工业、医药制造工业、纺织工业等用地。三类居住用地是对居住和公共设施等环境有严重干扰、污染和安全隐患的工业用地，如采掘工业、冶金工业、大中型机械制造工业、化学工业、造纸工业、制革工业、建材工业等用地。

5）物流仓储用地（W）。指物资储备、中转、配送等用地，包括附属道路、停车场及货运公司车队的站场等。采用等级分类细分出一类物流仓储用地、二类物流仓储用地和三类物流仓储用地。一类物流仓储用地是指对居住和公共设施等环境基本无干扰、污染和安全隐患的物流仓储用地。二类物流仓储用地是指对居住和公共设施等环境有一定干扰、污染和安全隐患的物流仓储用地。三类居住用地是指存放易燃、易爆和剧毒等危险品的专用仓库用地。

6）道路与交通设施用地（S）。指城市道路、交通设施等用地，不包括居住用地、工业用地等内部的道路、停车场等用地。

7）公用设施用地（U）。指供应、环境、安全等设施用地。

8）绿地与广场用地（G）。指公园绿地、防护绿地、广场等公共开放空间用地。

2. 城市建设用地标准

城市建设用地包括分类中的居住用地、公共管理与公共服务用地、商业服务业设施用地、工业用地、物流仓储用地、道路与交通设施用地、公用设施用地、绿地。这里给出的国家标准是城市总体远期规划用地的控制性标准。城市建设用地标准包括规划人均城市建设用地标准、规划人均单项城市建设用地标准和规划城市建设用地结构三个部分。

1）人均建设用地。新建城市的规划人均城市建设用地指标应为85.1～105.0m^2/人。首都的规划人均城市建设用地指标应为105.1～115.0m^2/人。边远地区、少数民族地区城市，以及部分山地城市、人口较少的工矿业城市、风景旅游城市等，可根据实际情况而定，但上限不得大于150m^2/人。

2）人均单项建设用地。编制和修订城市总体规划时，居住用地、公共管理与公共服务用地、道路与交通设施用地和绿地与广场用地四类主要用地的规划人均单项用地指标应符合以下规定：居住用地根据气候区划分，Ⅰ、Ⅱ、Ⅵ、Ⅶ气候区控制为28.0～38.0m^2/人，Ⅲ、Ⅳ、Ⅴ气候区控制为23.0～36.0m^2/人；公共管理与公共服务用地一般不少于5.5m^2/人；道路与交通设施用地一般不少于12.0m^2/人；绿地与广场用地面积不宜小于10m^2/人，其中，人均公共绿地不宜小于8m^2/人。其他各大类建设用地的规划指标可根据城市具体情况确定（表14.4）。

表14.4　规划人均城市建设用地指标　　（单位：m^2/人）

气候区	现状人均城市建设用地指标	允许采用的规划人均城市建设用地指标	允许调整幅度		
			规划人口规模≤20.0万人	规划人口规模20.1万～50.0万人	规划人口规模>50.0万人
Ⅰ Ⅱ Ⅵ Ⅶ	≤65.0	65.0～85.0	>0.0	>0.0	>0.0
	65.1～75.0	65.0～95.0	+0.1～+20.0	+0.1～+20.0	+0.1～+20.0
	75.1～85.0	75.0～105.0	+0.1～+20.0	+0.1～+20.0	+0.1～+15.0
	85.1～95.0	80.0～110.0	+0.1～+20.0	−5.0～+20.0	−5.0～+15.0
	95.1～105.0	90.0～110.0	−5.0～+15.0	−10.0～+15.0	−10.0～+10.0
	105.1～115.0	95.0～115.0	−10.0～−0.1	−15.0～−0.1	−20.0～−0.1
	>115.0	≤115.0	<0.0	<0.0	<0.0
Ⅲ Ⅳ Ⅴ	≤65.0	65.0～85.0	<0.0	<0.0	<0.0
	65.1～75.0	65.0～95.0	+0.1～+20.0	+0.1～+20.0	+0.1～+20.0
	75.1～85.0	75.0～100.0	−5.0～+20.0	−5.0～+20.0	−5.0～+15.0
	85.1～95.0	80.0～105.0	−10.0～+15.0	−10.0～+15.0	−10.0～+10.0
	95.1～105.0	85.0～105.0	−15.0～+10.0	−15.0～+10.0	−15.0～+5.0
	105.1～115.0	90.0～110.0	−20.0～−0.1	−20.0～−0.1	−25.0～−5.0
	>115.0	≤110.0	<0.0	<0.0	<0.0

注：气候区符合《建筑气候区划标准》（GB 50178—93）的规定。

3）建设用地结构。编制和修订城市总体规划时，应调整建设用地结构，使居住用地、公共管理与公共服务用地、工业用地、道路与交通设施用地和绿地与广场五类主要用地占建设用地的比例符合下列规定：居住用地占建设用地25.0%～40.0%；公共管理与公共服务用地占建设用地5.0%～8.0%；工业用地占建设用地15.0%～30.0%；道路与交通设施用地占建设用地10.0%～25.0%；绿地与广场用地占建设用地10.0%～15.0%。工矿城市、风景旅游城市及其他具有特殊情况的城市，其规划城市建设用地结构可以根据实际情况具体确定。

摘自：中华人民共和国国家标准《城市用地分类与规划建设用地标准》（GBJ 50137—2011）

小　结

本章在城镇体系基本特征分析的基础上，指出了城镇体系规划的意义和作用，介绍了城镇体系规划的基本内容；从中心城市的吸引范围分析、城镇发展的基础条件分析和城镇体系发展条件的综合评价等方面讨论了城镇发展的区域条件分析评价；重点讨论了城镇体系的职能结构规划、等级规模结构规划和空间布局规划，突出“点—圈—区（带）—线”相结合，使区域经济增长极核城市、重点发展城镇、促进发展城镇和一般发展城镇在区域地理空间中成为一个有机的整体，即一定地域范围内由一系列不同等级规模、不同职能分工、相互联系、相互依存的城镇组成的有机整体；最后针对确定了职能和规模的城镇，重点讨论了城镇在地理空间的布局（组织）——城市总体布局，主要包括城市用地选择、城市用地功能组织和城乡一体化规划。

思 考 题

1. 什么是城镇体系？为什么说城镇体系是地理空间中一个有机整体？如何理解城镇体系的基本特征和城镇体系规划的基本内容？
2. 城镇体系规划中如何考虑城镇体系发展的区域基础和历史基础？
3. 城镇体系职能结构规划中如何体现因地制宜/分工协作/地区专业化与综合发展相结合的基本思想（原则）？
4. 什么是城镇体系职能结构规划？区域城镇体系规划中如何确定城镇体系的职能结构？
5. 什么是城镇体系等级规模结构规划？区域城镇体系规划中如何确定城镇体系的等级规模结构？
6. 城镇体系的空间布局规划中，如何把握“点—圈—区（带）—线”相结合？
7. 城市用地选择时，如何把握“因地制宜”的基本原则？
8. 城市用地功能组织时，为什么要运用功能分区的方法？
9. 城市用地功能组织时，如何正确处理各主要功能区的位置、强度和关系？
10. 如何从城市用地选择和城市用地功能组织的角度来分析城市总体布局的合理性？
11. 在经济活动地理空间组织时，如何把握“城乡一体化”？

第15章 区域环境规划

在区域自然社会经济系统中，人类的经济活动和社会行为无不对环境产生影响。环境是支持系统，也就是人类赖以生存的物质基础和制约因素。因此在进行经济活动的地理空间组织时，应考虑经济活动对地理环境的作用与影响，以及地理环境对经济活动的反作用。即在确定经济活动的位置、强度与关系时，不仅要考虑有利于经济活动的开展，还要以不破坏生态环境为前提，使经济系统和环境系统协调发展。

15.1 区域环境规划概述

15.1.1 区域环境规划概念

区域环境规划是在一定区域范围内，人类为使环境与社会经济协调发展而对自身活动和环境所做的时间和空间的合理安排。从可持续发展的理念来看，环境资源是稀缺的、环境的纳污能力是有限的，它不仅为每个人提供了维持生命、身体健康和保障生活质量所必需的条件，是服务人类健康和福利的基础，还为经济活动提供所需的投入，是保障经济可持续发展的基础。

区域环境规划是区域规划的有机组成部分，是对一定时期内环境保护目标和措施所做的规定，其目的是在发展经济的同时保护环境，使经济与环境协调发展，实现区域自然、社会经济可持续发展。区域环境规划是一种基础性的规划，其他部门的规划中处处体现着环境规划，体现着区域环境管理的目标。

15.1.2 区域环境规划的任务和内容体系

1. 区域环境规划的任务

作为可持续发展阶段的区域环境规划的主要任务，一是摸清“家底”，即从区域发展的生态环境可支撑角度掌握生态环境的受损程度、污染的危害和根源、环境未来的承载压力和容量、区域生态循环可调节的潜力，以及污染治理、生态补偿的社会需求与经济、技术支撑的能力。二是从产业结构、土地利用结构和经济活动空间格局调整角度，在保障经济高效发展、社会稳定和人们生活质量持续提高的前提下，规划节约资源、减少污染排放、加强生态屏障和消解能力的建设，以及有序地调节产业的发展方向、完善区域基础建设与保护文化遗产和自然物种。三是要对环境灾害防治的方法措施进行研究，因地制宜制定针对区域特有环境灾害的防治措施，进行灾害防治工程建设。四是在不同时空域规划目标和方案确立的基础上，从社会、经济和生态调节机制与政策、法规、管理措施方面，探索和制订切实可行的对策。

2. 区域环境规划的内容体系

根据区域环境规划的任务要求，可将区域环境规划的内容体系概括为：区域环境系统调查与评价、区域环境规划目标的确定、区域宏观环境规划与专项规划，以及区域环境规划实施的对策与措施，如图 15.1 所示。由此可以看出，区域环境规划具有整体性、综合性、区域性、动态性和信息多源与海量性等特征。

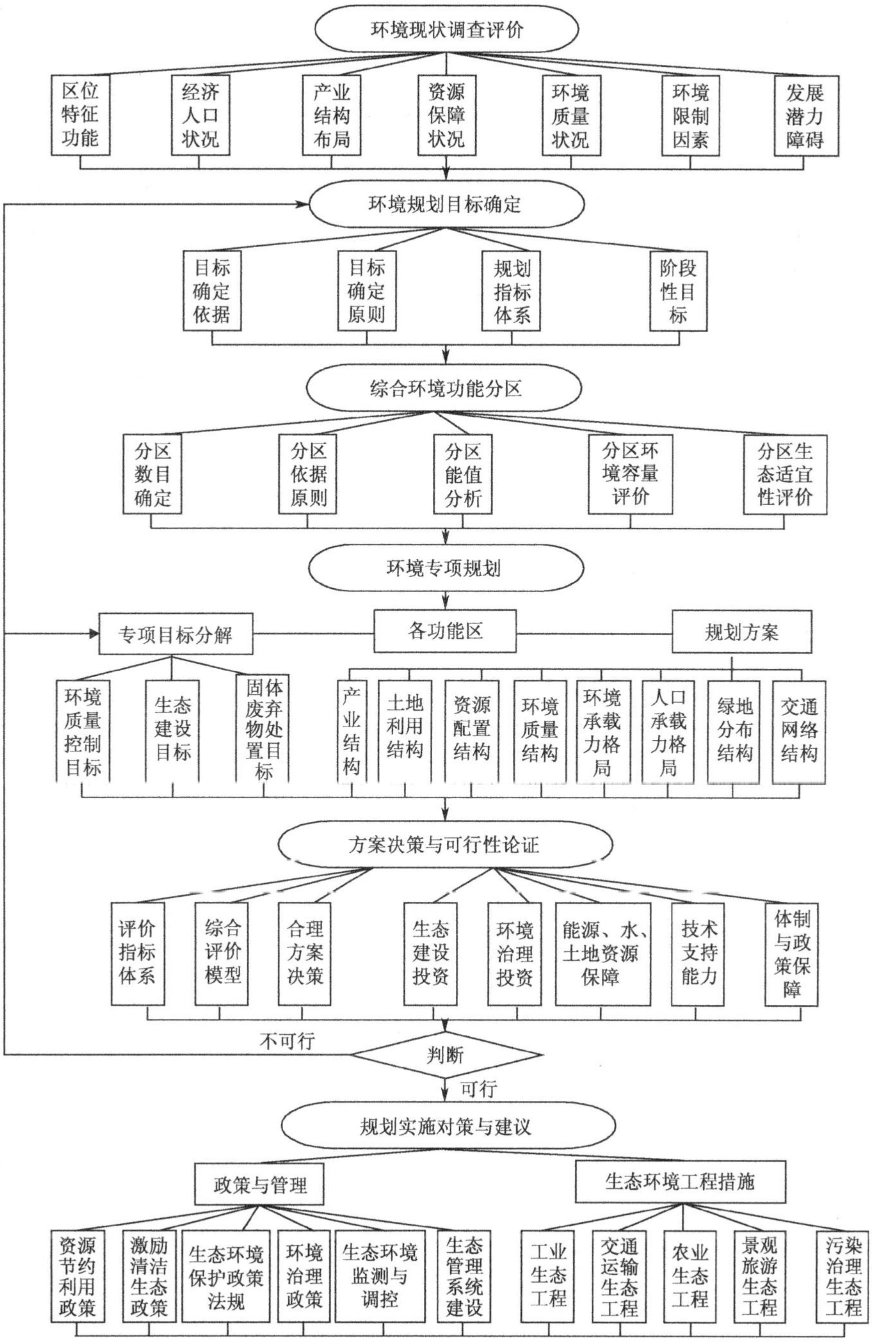

图 15.1　区域环境规划的内容体系

15.1.3 区域环境规划的类型

从规划内容方面来看，区域环境规划包括：区域宏观环境规划和区域专项环境规划，它们的内容既有区别也有联系。

1）区域宏观环境规划是一种战略层次的环境规划。主要包括环境保护策略、环境保护目标、环境功能规划、区域生态建设与生态保护等方面。

2）区域专项环境规划包括区域环境分要素规划、区域子空间规划和部门环境规划的编制，如区域水环境规划、区域大气环境规划等分要素规划、城镇环境规划、乡镇环境规划等区域子空间规划和工业部门环境规划（冶金、化工、石油、电力、造纸等）、农业部门环境规划、交通运输部门环境规划等。由于区域的地理分布、生态特征和环境特征，以及经济技术发展水平等各不相同，编制区域专项环境规划时一定要因地制宜。例如，滨海地区要编制具有区域特色的“近岸海域环境保护规划”。专项规划一般包括：大气污染综合防治规划、水环境污染综合防治规划、生态建设规划、城市环境综合整治规划和乡镇（农村）环境综合整治规划等。

对于区域环境规划的两种类型，将在以下两节中重点介绍。

15.2 区域宏观环境规划

随着社会经济的发展，有限的环境承载力迫使人们不得不对区域环境进行合理规划来满足日益增长的经济建设需求，维护社会经济的可持续发展。近年来，越来越多的规划管理体现了对生态环境保护的重视，区域宏观环境规划在宏观上指导着其他规划的制定和实施，其宏观性体现在环境保护策略的选择、对环境目标的总体控制、对区域环境整体的分区管控等方面。区域宏观环境规划最鲜明的特征体现在区域环境规划的目标与环境功能分区上。

15.2.1 区域环境规划目标

1. 区域环境规划目标及指标体系

环境规划目标是环境规划的核心内容，是对规划对象（如国家，城市和工业区等）未来某一阶段环境质量状况的发展方向和发展水平所作的规定。它既体现了环境规划的战略意图，也为环境管理活动指明了方向，提供了管理依据。

在理论和实践中，环境规划目标都是社会经济发展规划总目标的一个组成部分。因此它必须与社会经济发展总目标中的其他目标（尤其是经济发展目标）相适应、相配合。环境规划的总体目标即是要保障国民经济和社会可持续发展，促进经济效益、社会效益和生态环境效益的协调统一，体现了环境规划的根本宗旨。环境规划的目标既不能过高，也不能过低，而要恰如其分，做到经济合理、技术可行、社会满意。只有这样，才能发挥环境规划目标对社会经济活动的指导作用，才能使环境保护工作纳入国民经济及社会发展规划之中。

环境规划的总体目标需要通过一系列的单项目标的完成才能实现，通常用环境规划指标体系来表达环境目标，即一系列可度量参数的集合。区域环境规划指标体系一般包括环境质量指标、污染防治指标、生态建设指标、环境经济指标、管理能力指标和生态文化指标等，具体如图 15.2 所示。

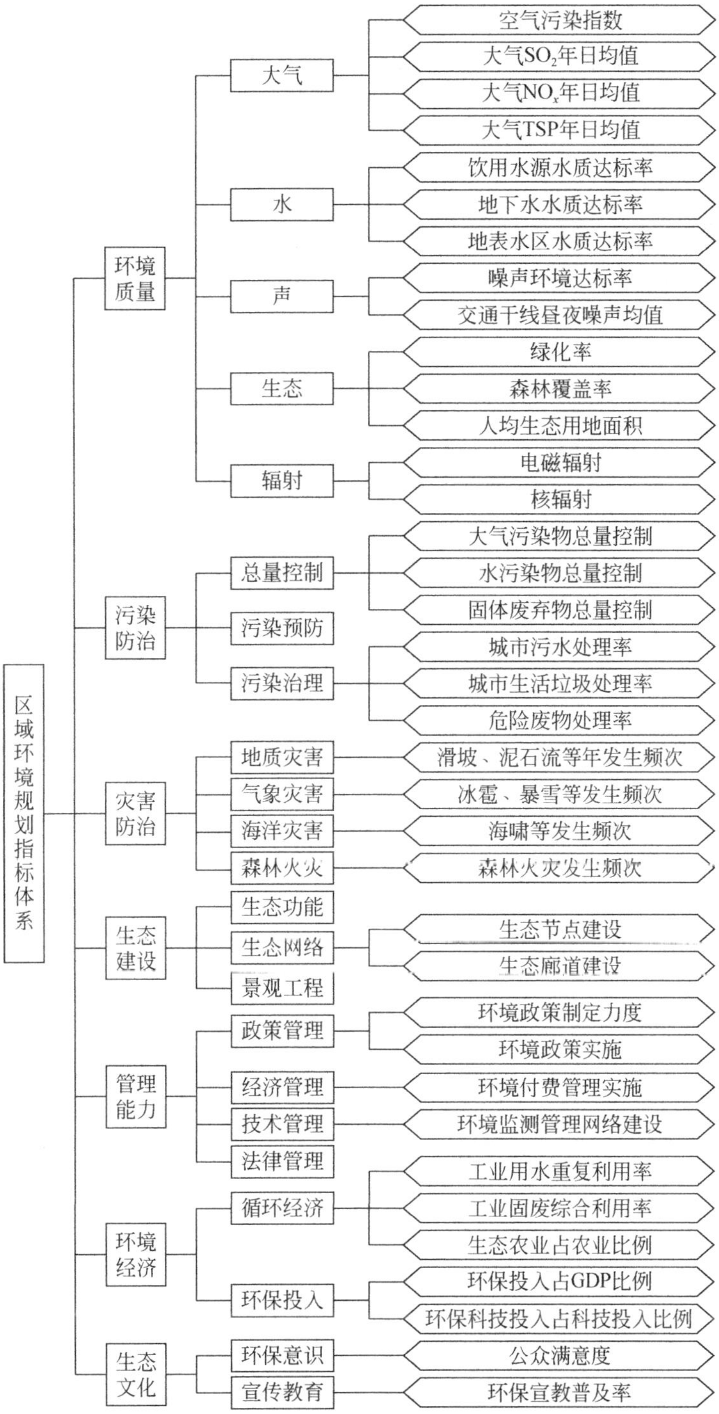

图 15.2　区域环境规划目标体系

环境质量指标包括大气、水、声、生态和辐射环境质量状况，其中大气、水、声和辐射等环境质量主要通过污染物（如 SO_2、NO_x、噪声等）加以度量。生态环境质量有多种衡量标准，其中绿化率和森林覆盖率是两个重要的度量指标。绿化率是指规划建设用地范围内的绿地面积与规划建设用地面积之比。一般用于城市生态质量状况的度量。森林覆盖率指一个国家或地区森林面积占土地面积的百分比。森林覆盖率表明一个国家或地区森林资源的丰富程度和生态状况，是衡量一个国家或地区生态环境质量的主要指标，也反映了林业生产的发展水平。森林面积包括郁闭度（指林冠的投影面积与林地面积之比）0.20以上的乔木林地面积和竹林地面积、国家特别规定的灌木林地面积、农田林网及村旁、路旁、河旁、宅旁林木的覆盖面积，适用于整个区域范围内生态质量状况的度量。

污染防治指标包括污染预防与治理两个方面，污染预防包括各种污染物的总量控制预防及其他相关的限制污染排放浓度的指标，如污染检出率、超标率等；污染治理反映水、大气、声、固体废弃物等污染治理措施和结果的指标、工业废水排放达标率、固体废弃物处置率等。

灾害防治指标可分为地质灾害、气象灾害、海洋灾害和森林火灾四种类型，可以衡量的具体指标包括灾害发生的频次、灾害发生的等级两个方面，这些指标的数值及历年变化情况，可反映出各类灾害防治的成效，从而针对区域的薄弱环节制定详细的防治方案。

生态建设主要是衡量生态系统的结构与功能的指标，包括生态格局建设与调整，生态功能的改善与提高，以及相关生态建设工程的实施情况。

生态管理能力指标包括政策管理、经济管理、技术管理和法律管理能力等方面，政策与法律主要是从相关环境保护与生态建设政策与法律的制订与实施力度等方面进行衡量；经济和技术管理能力主要是指区域围绕环境保护与生态建设采取的相关经济与技术手段。

环境经济指标主要是从区域对环境保护与生态建设的投入及相应的环境效益方面进行的评价与度量。

生态文化指标主要从相关的环保宣传教育和人口环境保护意识两个方面进行衡量与评价，具体的量测指标可根据各区域的实际情况选用。

2. 环境规划目标的确定原则

（1）以规划区环境特征、性质和功能为基础

确定目标要基于相应规划区的性质、功能，抓住其自身特征。对无能力防治和对污染特别敏感的区域，目标应高一些，而对环境容量大、承载能力强的区域，可以适当放低目标，推动经济发展，并最终反过来促进环境与经济的协调发展。过去在目标确定上过多采用“一刀切”的办法，许多区域目标过高或过低，造成资源浪费，经济和环境效益低下。因此应综合分析，抓住特点，区别对待，才能确定适合本区域可持续发展的最佳环境目标。

（2）以经济、社会发展的战略思想为依据

我国发展国民经济的战略思想就是社会、经济、科学技术相结合，人口、资源、环境相结合的协调发展，这就清楚阐述了发展经济与保护环境的关系。因为发展生产的目的是满足人民日益增长的物质文明和精神文明的需要。如果只有发展经济的目标，而无环境目

标，只有经济发展的规划，而没有保护和改善环境的规划，势必造成环境污染和生态破坏、资源衰退和枯竭，则经济难以持续发展。

(3) 环境规划目标应当满足人们生存发展对环境质量的基本要求

环境规划目标不仅要满足环境与经济协调发展的需要，还要保证人们生存发展的基本要求得到满足。一方面，确定目标应高于人们生活对环境质量的要求，尤其是符合要求的饮用水、清洁空气、适当的生存空间和娱乐休闲等生活条件要得到保证。另一方面，确定的目标也要高于生产对环境质量的要求，保证符合标准的生产用水、空气、生产用地、生产材料和能源等，从而保证生产顺利进行。

(4) 环境规划目标应当满足现有的技术经济条件

环境规划总是在一定的条件支持下才能实现。确定目标时应考虑现有的管理、防治技术和人才结构问题，要分析现有经济水平能够提供多少资金用于环境保护，这一点至关重要。正确的做法是把环境规划目标和经济目标协调起来进行综合平衡，以保证资金投入。不同地区技术经济条件不同，但都应在现有和可能有的技术与经济条件下，确定特定的环境规划目标。

(5) 环境规划目标要求能进行时空分解、定量化

无论定性目标，还是定量目标，都要把目标具体化，在时间和空间上能进行分解细化目标，形成易于操作的指标和具体要求，这样便于环境规划方案的管理、监督、检查和执行。

3. 区域环境规划目标的类型

区域环境规划目标的确定是在遵循以上原则、综合考虑区域环境状况和社会经济发展战略的基础上确定的。一般经济发展和环境保护存在一定的矛盾，过去西方发达国家的经济发展过程已经证明是以资源消耗和牺牲环境为代价的；现在可持续发展已成为共识，构建经济与环境协调发展的区域自然-社会经济系统成为区域发展的目标。权衡经济发展与环境保护，根据区域环境系统的特征，一般区域环境目标可以分为以下三种类型。

(1) 经济制约型

经济制约型环境规划是为了满足经济发展的需要。环境保护服从于经济发展的需求，一般表现为针对已发生的环境污染和生态破坏，制订相应对策的环境保护规划。这是早期发达国家走过的先污染后治理的老路，是为了解决经济发展所带来的环境后果而做出的规划。

(2) 协调型

生态环境与经济发展之间的关系，是随着经济发展进程而不断转化的。在城市或工业经济发展的初级阶段，生态环境保护和经济发展常常表现为一对矛盾，受经济能力限制，起初只能是“顾此失彼”，以牺牲环境换取经济的发展。随着经济发展阶段的上升，高质量的生态环境越来越成为人们普遍追求的目标，有时环境比经济目标更显重要，而且环境可以成为经济增长的重要条件。这样，二者的矛盾关系就转化成了互为促进的关系，或者说由负相关变为了正相关。协调型环境规划就是要实现经济发展与生态环境由负相关向正相关的转化，以提出经济和环境目标为出发点，实现这一双重目标为终点。

(3) 环境制约型

环境制约型环境规划是从充分、有效地利用环境资源出发，同时防止在经济发展中产生环境污染，建立环境保护目标，制订环境保护规划。这种环境规划充分体现了经济发展服从环境保护的需要，经济发展目标建立在环境基础之上，即经济发展受环境保护的制约。

15.2.2 环境功能综合分区

环境功能综合分区是从整个空间出发，根据特定区域生态系统的结构特征及其空间分布规律，结合自然生态系统和社会经济发展的实际条件，按照一定的准则和指标体系把该区域的环境空间划分为若干不同功能地域单元的一项综合决策过程。

环境功能分区从环境特征或环境承载力（容量）与人类活动和谐的角度将一定区域划分为若干功能区，分区协调环境、经济发展与人口增长的关系。一般是在调查评价和预测的基础上进行的，同时也是详细规划的基础。

环境功能综合分区主要以区域中经济活动方式及对环境的要求为分类准则。一般可分为重点环境保护区、一般环境保护区、污染控制区和重点污染治理区等。重点保护区一般指区域中风景游览、文物古迹、疗养、旅游和度假等综合环境质量要求高的地区。一般保护区主要是指以居住、商业活动为主的综合环境质量要求较高的地区。污染控制区一般指目前环境质量相对较好、需要严格控制新污染的工业区，这类地区应逐步建成清洁工业区。重点治理区主要指现状污染比较严重，在规划中要加强治理的工业区。新建经济技术开发区以发展速度快、规模大、土地开发强度高和土地利用功能复杂为主要特征，应单独划出，该区环境质量要求及环境管理水平根据开发区的功能确定但应从严要求。

15.2.3 其他相关宏观规划

区域环境规划是区域规划的有机组成部分，在各类区域规划协调的过程中，形成了与环境规划密切相关的其他规划，这些规划的目标不同，侧重点也有所不同，但在规划实施过程中却面临着不同规划之间的冲突与矛盾等问题。因此，厘清相关的规划，有助于在规划制定过程中尽可能地避免规划冲突，为实现经济、社会、生态效益最大化这一规划目标奠定基础。在区域宏观规划中，与环境规划密切相关的其他规划或约束性工作主要有：主体功能区规划、生态功能区划与生态红线划定等。

(1) 主体功能区规划

主体功能区规划是指在对不同区域的资源环境承载力、现有开发密度和发展潜力等要素进行综合分析的基础上，以自然环境要素、社会经济发展水平、生态系统特征及人类活动形式的空间分异为依据，划分出具有某种特定主体功能的地域空间单元。我国将国土空间划分为重点开发区、优化开发区、限制开发区和禁止开发区。同时，限制开发区又分为农产品主产区与重点生态功能区，禁止开发区包括国务院和有关部门正式批准的国家级自然保护区、世界文化自然遗产、国家级风景名胜区、国家森林公园和国家地质公园等。主体功能区分为国家和省级两个区域层面，是一种宏观的规划，它并非一种专门针对区域环境的规划，但其功能区的划分却以资源环境承载力为基础，限制开发区与禁止开发区的划定也对促进环境保护、实现区域协调性可持续发展具有重要意义。

(2) 生态功能区划与生态红线划定

生态功能区划是根据区域生态系统格局、生态环境敏感性与生态系统服务功能空间分异规律，将区域划分成不同生态功能的地区。以全国生态调查评估为基础，综合分析确定不同地域单元的主导生态功能，制定生态功能分区方案，是实施区域生态分区管理、构建国家和区域生态安全格局的基础，为全国生态保护与建设规划、维护区域生态安全、促进社会经济可持续发展与生态文明建设提供了科学依据。依据生态系统服务功能的重要性划分了 9 个生态功能类型。生态调节功能包括水源涵养、生物多样性保护、土壤保持、防风固沙、洪水调蓄 5 个类型；产品提供功能包括农产品和林产品提供两个类型；人居保障功能包括人口和经济密集的大都市群和重点城镇群两个类型。

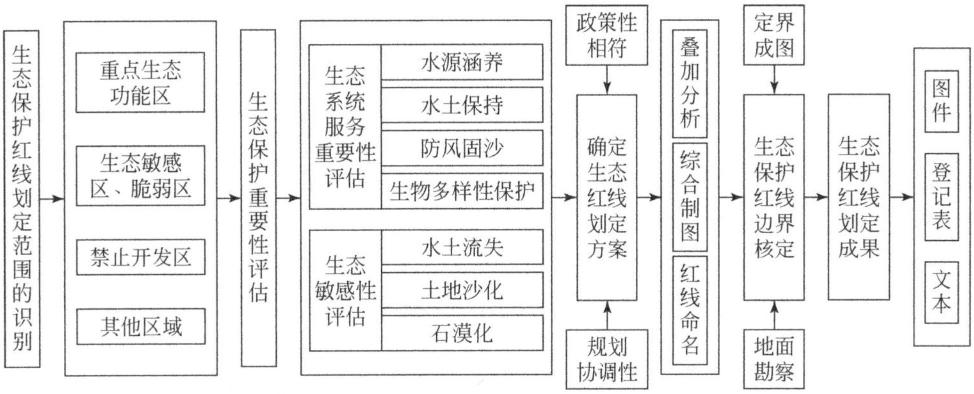

图 15.3　生态红线划定的技术流程

生态红线是在重点生态功能区、生态环境敏感区（脆弱区）等生态保护区域内划定的严格管控边界，是国家和区域生态安全的底线，生态保护红线所包围的区域为生态保护红线区，在我国环保部印发的《生态保护红线划定技术指南》中确定了生态红线划定的技术流程（图 15.3）。生态红线的划定对于维护生态安全格局、保障生态系统功能、支撑经济社会可持续发展具有重要作用。主体功能区规划与生态功能区划是生态红线划定的重要参考依据。生态红线有着严格的管控要求：①性质不转换，生态保护红线区内的自然生态用地不可转换为非生态用地，生态保护的主体对象保持相对稳定；②功能不降低，生态保护红线区内的自然生态系统功能能够持续稳定发挥，退化生态系统功能得到不断改善；③面积不减少，生态保护红线区边界保持相对固定，区域面积规模不可随意减少；④责任不改变，生态保护红线区的林地、草地、湿地、荒漠等自然生态系统按照现行行政管理体制实行分类管理，各级地方政府和相关主管部门对红线区共同履行监管职责。

15.3　区域环境专项规划

在制定和实施区域环境规划的过程中，形成了不同层次的环境规划和计划，除了宏观层次的区域环境规划外，还形成了以区域宏观环境规划为依据制定的专项环境规划，各个层次的区域环境规划都有其相应的地位和作用，区域专项环境规划是对区域宏观环境规划的目标、内容和方法的具体化，有如下的重要作用：①将宏观区域环境规划提出的本区域的重点环境问题，进一步调查评价、预测分析，制订出详细的规划方案和措施。②在制订专项环境规划的过程中，对环境问题调查评价、预测分析、可达性论证更加具体深入、可能发现宏观环境规划有不切合实际的问题，作为信息反馈，有助于宏观环境规划调整更加科学合理。

区域环境专项规划一般可分为区域大气环境综合防治规划、区域水环境规划、城市环境综合整治规划、乡镇环境综合治理规划和灾害防御规划等。

15.3.1 区域大气环境综合防治规划

1. 区域大气环境综合防治规划的内容

大气环境综合防治规划就是为了平衡和协调某一区域的大气环境与社会、经济之间的关系，以期达到大气环境系统功能的最优化，最大限度地发挥大气环境系统组成部分的功能。在大气环境规划时，应首先对大气环境系统进行系统分析，确定各子系统之间的关系；其次对规划期内的主要资源进行需求分析，重点分析城市能流过程，从能源的输入、输送、转换、分配和使用各个环节，找出产生污染的主要原因和控制污染的主要途径，从而为确定和实现大气环境目标提供可靠保证。

大气污染控制规划是实现大气环境质量规划的技术与管理方案。对于新建或污染较轻的地区，制订大气污染控制规划就是要根据区域的性质、发展规模、工业结构、产品结构、可供利用的资源状况、大气污染最佳适用控制技术及地区大气环境特征，结合区域总体规划中其他专业规划合理布局。一方面为区域及其工业的发展提供足够的环境容量；另一方面提出可以实现的大气污染物排放总量控制方案。对于已经受到污染或部分污染的地区，制订大气污染控制规划的目的主要是寻求实现城市大气环境质量规划的简捷、经济和可行的技术方案和管理政策。

该项规划的关键内容包括确定具体的大气污染控制目标和优化大气污染综合防治措施。其防治措施主要有：减少污染物排放量、改革能源结构、对燃料进行预处理、改进燃烧装置和燃烧技术、采用无污染或少污染的工艺、节约能源、加强企业管理、减少事故性排放、妥善处理废渣以减少地面扬尘等；治理污染物、回收利用废气中的有用物质或使有害气体无害化、有计划有选择地扩大绿地面积、发展植物净化等。

2. 区域大气环境功能分区

正确划分大气环境功能区是研究和编制大气环境规划的基础和重要内容，也是实施大气环境总量控制的基础。大气环境功能区是因其区域社会功能不同而对环境保护提出不同要求的地区，功能区数目不限，但应由当地人民政府根据国家有关规定及城乡总体规划划分为一、二、三类大气环境功能区。

15.3.2 区域水环境规划

水环境规划是对某一时期内的水环境保护目标和措施所做统筹安排和设计。其目的是在发展经济的同时保护好水质，合理地开发和利用水资源，充分发挥水体的多功能用途，在达到水环境目标的基础上，寻求最小（或较小）的经济代价或最大（或较大）的经济和环境效益。水环境规划是区域规划和城市规划的重要组成部分，因此，在规划中必须贯彻经济建设与环境保护协调发展的原则。

1. 水环境规划的内容

根据水环境规划研究的对象，可将其大体分为两大内容，即水污染控制系统规划（或称水质控制规划）和水资源系统规划（或称水资源利用规划）。前者以实现水功能要求为目标，是水环境规划的基础；后者强调水资源的合理开发利用和水环境保护，它以满足国民经济和社会发展的需要为宗旨，是水环境规划的落脚点。

（1）水污染控制系统规划

水污染控制系统是由污染物的产生、排出、输送、处理到水体中迁移转化等各种过程和影响因素所组成的系统。从广义上讲，它可以涉及人类的资源开发、人口规划、经济发展与水环境保护之间的协调问题。从地域上来看，可在一条河流的整个流域上进行水资源的开发、利用和水污染的综合整治规划，也可在一个小区域（或城市、工业区）内进行水质与污水系统处理，乃至一个具体的污水处理设施的规划、设计和运行。因此，水污染控制系统可以因研究问题的范围和性质的不同而异。

水污染控制系统规划是以国家颁布的法规和标准为基本依据，以环境保护科学技术和地区经济发展规划为指导，以区域水污染控制系统的最佳综合效益为总目标，以最佳适用防治技术为对策措施群，统筹考虑污染发生—防治—排污体制—污水处理—水体质量及其与经济发展、技术改进和加强管理之间的关系，进行系统的调查、监测、评价、预测、模拟和优化决策，寻求整体优化的近、远期污染控制规划方案。

根据水污染控制系统的特点，一般可将其分为三个层次：流域系统、城市（或区域）系统和单个企业系统（如废水处理厂系统）。因此，也可将水污染控制系统规划分成三个相互联系的规划层次，即流域水污染控制规划、城市或区域水污染控制规划和水污染控制设施规划。

（2）水资源系统规划

水资源系统是以水为主体构成的一种特定的系统，是一个由相互联系、相互制约及相互作用的若干水资源工程单元和管理技术单元所组成的有机体。水资源系统规划是指应用系统分析的方法和原理，在某区域内为水资源的开发利用和水患的防治所制订的总体措施、计划与安排。其基本任务是根据国家或地区的经济发展计划，改善生态环境要求，以及各行各业对水资源的需求，结合区域内水资源的条件和特点，选定规划目标，拟定合理的开发利用方案，提出工程规模和开发程序方案。它将作为区域内各项水工程设计的基础和编制国家水利建设长远计划的依据。

根据水资源系统规划范围的不同，可将其划分为三个不同的层次：流域水资源规划、地区水资源规划和专业水资源规划。

2. 水环境功能分区

依据《地面水环境质量标准》（GHZBI—1999）规定，地表水环境功能区分为以下五种类型。

(1) 自然保护区及源头水

未受污染的源头水及国家、省、市已法定的自然保护区水域均可为水环境功能区，执行Ⅱ类保护标准。

(2) 生活饮用水区

执行Ⅲ类或Ⅳ类标准，其标准值的制订依据以保护人体健康为基准。对集中式供水的饮用水地表水源，可核照不同的水质标准和防护要求分级划分饮用水源保护区。通常，将饮用水保护区划分为一级保护区和二级保护区，必要时可增设标准保护区。一般情况下，一级和二级保护区可分别按Ⅱ类和Ⅲ类标准保护。

(3) 渔业水域

执行Ⅱ类或Ⅲ类标准。其标准值的制订依据以保护水生生物为基准。我国管辖水域中鱼、虾、蟹、贝类的产卵场，索饵场、越冬场与洄游通道和鱼、虾、蟹、藻类及其他水生动植物的养殖场所均可列为本功能区。可划分珍贵鱼类保护区与一般鱼类保护区、分产卵场与养殖场等不同类别。而分别按Ⅱ类、Ⅲ类标准管理。

(4) 风景游览区

执行Ⅲ类或Ⅳ类标准。可分为人体宜接触的游泳区及人体不宜接触的娱乐用水区。在按Ⅲ、Ⅳ类标准分别进行管理的基础上，应注意悬浮物、透明度、水温和总大肠菌群等指标的补充规定。

(5) 工农业用水区及一般景观用水区

执行Ⅲ类或Ⅳ类标准。各工矿企业生产用水的集中取水点为工业用水区。灌溉粮食、蔬菜、水果等食用性作物的集中取水点为农业用水区。由于Ⅴ类标准的制订依据是以不发生急性公害为基点，以保护水生生物为依据。因此，农业用水区按Ⅴ类标准管理，较农灌用水标准严格，能保证一般景观用水质量要求。工业用水区按Ⅳ类标准管理，考虑工业用水需进行特殊处理，为预处理创造必要的条件。

15.3.3 城市环境综合整治规划

城市环境综合整治规划主要包括：城市土地资源合理开发利用规划、废弃物处置规划、城市绿地系统规划、城市生态环境保护工程和生态城市建设等方面。

1. 城市土地资源合理开发利用规划

粗放型与集约化土地资源开发利用模式的本质区别，不仅表现为城市用地结构和土地开发强度的梯度分布是否合理，还集中体现在土地空间利用合理化基础上的多种资源配置效率及其综合效益上，其中包括土地的投入产出比、土地资源存量和增量的价值增值率，也包括不同功能用地开发的适度性，以及由土地利用结构、土地开发强度的梯度分布等决定的城市环境本底质量。在城市生态保护规划中提出的土地资源合理开发利用规划，实质上是以生态理论为指导，为合理开发利用土地资源提出的建议方案。主要包括：土地利用开发度评价、生态适宜度分析、各类用地的开发时序安排。

2. 废弃物处置规划

固体废弃物处置规划是在资源利用最大化、处置费用最小化条件下，对固体废弃物处理系统中的各个环节、层次进行整合调节和优化设计，进而筛选出切实的规划方案，以使整个固体废弃物处置系统良性运转。通常固体废弃物处置规划有三个层次：操作运行层、计划策略层和政策制定层。其中，计划策略层是管理规划的重点。一般，该层次规划的系统主要由各固体废弃物产生源及各种处理和处置设施组成。

目前，我国对固体废弃物的处置控制缺乏系统规划的思想，仅仅是通过《固体废弃物污染环境防治法》及其他一些相关法规与行政管理来实现的。法律规定了全过程管理的原则，即对产生、排放、收集、存储、运输、处理和处置固体废弃物的全部环节进行管理。尽管这种全过程管理的原则和方式对解决固体废弃物问题非常必要，但由于这种管理模式不讲求效益，没有从整个处理系统的角度来考虑固体废弃物管理全过程中的费用效益问题，使得固体废弃物在收集、运输过程中白白耗费大量的人力、物力和财力，填埋场及其他设施的能力未得到有效的利用，废弃物的资源性价值也得不到最大限度的回收利用。

3. 城市绿地系统规划

绿地系统是城市生态系统的重要组成部分，是城市中唯一有生命力的基础设施，是改善城市生态环境的重要途径和生态城市建设的重要载体，在保持城市生态平衡、改善城市面貌方面，具有其他设施不可替代的功效。它具有防尘、滞尘、减噪、改善城市生态环境、安全防护、提供休息场所和城市绿化景观等多项功能，改善城市生态结构必须首先改善城市绿地生态系统。其主要内容包括：①恢复城市自然生态系统中被切断的物流、能流循环的自然脉络，促进生态系统内部的物质交换。为了保护生物多样性，还需要强调生态系统的内部联系和系统完整性，避免形成生态孤岛等不连续分布，构筑城市生态安全的绿色屏障，维护和提高城市的生物多样性。②构筑连续绿地生态系统，改善城市生境。通过符合生态原则的城市绿地网络的规划设计，健全气流通道，恢复城市外部生物基因的正常输入和城市内部生物基因的自然调节，恢复陆地生态、湿地淡水生态、海滩海洋生态之间的生态交换关系。③形成控制城市发展的绿色界限，阻止大规模建成区的无限制蔓延，为市民提供室外运动和康乐的场所和机会。

4. 城市生态环境保护工程

城市生态环境保护工程是城市环境综合治理与保护规划的重要内容，它是采用生态破坏和污水、废气、固体废弃物的防治技术，以及污染治理与环境监测的技术及其集成，进行的一些环境保护与治理的工程措施。具体包括城市污水防治工程、城市大气污染防治工程、城市固体废弃物处置工程和城市工业污染防治工程，以及相关的辅助环境调查与监测的工程建设项目。

5. 生态城市建设

生态城市建设是将区域内地球物理系统、生态系统及社会经济系统紧密结合在一起考虑，以区域内自然资源、社会资源和当时的技术经济构成为依据，并考虑地区发展的潜力和优势，研究确定城乡发展方向、规模容量和结构，统筹安排城乡各项建设用地，建立合理的生产和生活体系，使城乡建设符合生态规律，既能促进经济发展、社会进步，也能保持生态的良性循环。

与传统城市建设不同，生态城市建设是从城乡结合的角度来组织区域生态系统，保持区域总体承载力的平衡，而不是将城市的环境压力转嫁给乡村，即从区域整体的角度来协调、规划和共同行动，提高城乡与区域的协调能力和共生能力。因此，生态城市建设是城乡一体化建设的重要方面。在进行生态城市建设时要把握以下三点。

1）在确定区域经济活动强度时，要以区域环境容量、社会经济总负荷等方面的可持续发展能力为基本约束前提，运用环境容量对区域系统的应力、经济活动容量（主要指建设用地容量）、资源承载力和污染物承纳能力等方面进行系统分析，并考虑物质技术条件的发展，来确定区域经济活动的强度（宏观上表现为城乡适宜规模和极限规模）。

2）在合理安排城乡用地时，要强调城乡空间融合和城乡平等、协调发展，反映在土地利用上，就表现为节约、集约利用城乡每一寸土地，贫瘠、生产力低的土地可逐渐被城市建设用地所置换；对于高产优质农田、耕地要严格保护；对处于区域生态网络中生态节点、生态廊道的林地、草地、水源地等要进行坚决的保护。

3）在空间分布和形态上，要求城乡聚居地集中紧凑发展，尤其乡村应改变零乱、分散的状态，原来农村中的自然村人口、企业和设施应就近向城乡聚居地靠拢，耕地化零为整，由分散式向农场规模化经营转变。在空间形态上，应将城乡聚居地融合、组织到大自然的天然网络中，从而形成以城乡聚居地为节点的网络系统，使这种网络系统符合适度分散和相对集中的要求，也能体现人与自然共生的原则。

15.3.4　乡镇环境综合治理规划

乡镇环境即我国广大的农村环境，从生态系统的构成上来分析，它是一个复杂而广阔的复合生态系统。包括自然生态系统、农业生态系统、小城镇（村镇）生态系统、乡镇企业组成的人工生态系统，交叉组合构成了乡镇复合生态系统，这是一个非常重要的地域，是城市生态系统、区域生态系统可持续运行和健康发展的基础。

乡镇环境综合治理规划主要内容包括乡镇企业污染综合防治规划、农业环境保护规划和村镇生态建设规划。

1. 乡镇企业污染综合防治规划

乡镇企业污染综合防治规划主要内容包括：主要乡镇工业调查，主要污染物、重点污染行业和主要污染源分析评价，乡镇企业污染综合防治目标的确定，乡镇工业污染综合防治规划的主要措施（包括乡镇工业结构调整、乡镇工业合理布局、转变经济增长方式推进清洁生产及相关的乡镇企业综合污染防治工程与人工环保设施的建设等）。

2. 农业环境保护规划

农业环境保护规划涉及范围很广，在此仅就土地资源开发与保护规划、生态农业发展规划两个方面进行论述。

（1）土地资源开发与保护规划

土地是极其宝贵的自然资源，是农业的基本生产资料，可以说没有土地资源就没有农业生产。土地资源位置固定、面积有限而又不可替代，这是土地资源的基本属性。从农业生产的角度，利用合理、因地制宜就能提高土地利用率。如果利用不当，甚至进行掠夺式的经营，就会导致土地退化、生产力下降甚至使农业环境恶化。在农业环境保护规划中，土地资源的开发与保护主要有两方面：一是合理开发利用土地资源，严禁浪费，重点保护耕地；二是强化土壤环境质量管理。

合理开发、利用土地资源主要可采用三方面的措施，即编制土地利用总体规划，实施用途管制制度；运用生态学的理论和方法进行农业环境区划（生态区划），寻求农业用地的最佳土地利用方式，制订退耕还林、退耕还草规划，保护生态环境；严格保护耕地，实施耕地占补平衡政策，划定基本农田保护区，对基本农田进行重点保护。

在农业环境中，“土壤-作物”系统是农业生态系统的基本结构单元，既是环境的重要成分，又是珍贵的可更新资源；在“土壤-作物”系统中，土壤是作物生存的基础，保护土地资源，进行土壤环境质量管理，是农业环境保护的重点。强化土壤环境质量管理的目的，在于保证农作物生长所需要的良好土壤，使农作物（粮食、蔬菜等）能够不断地增加产量，并能向人类提供没有化学毒物残留的食品。因此，应该充分认识土壤环境质量管理的重要性。其主要内容包括：在进行相关利用和管理中严格执行土壤环境质量标准，明确土壤环境容量，通过控制输入土壤系统污染物总量或提高土壤环境容量的方式达到土壤污染控制的目的。

（2）生态农业发展规划

生态农业建设的主要内容包括推进区域农业可持续发展的综合管理、调整优化农业结构、提高食物生产和保障食物安全、农业资源可持续利用及农业生态环境保护。其中，调整优化农业结构应该调整农业内部结构，改进耕作制度，提高农业生态系统的生产力；制订合理的产业政策；开展农业生态工程建设。农业资源可持续利用应该保护、合理利用与开发自然资源；提高生物能的利用率和加强废物循环转化；开发农村能源。农业生态环境保护应该防治污染，扭转生态恶化，建立农业环境自净体系。

15.3.5　灾害防御规划

灾害一般是指自然界或人为活动所引起的、危害人类生命财产和生存条件的各类事件。进而又可以理解为由不能控制或未予以控制的自然界和人为活动破坏性因素引发的、突然或在短时间内发生的、超越本地区或本团体与个人防御能力所造成的人员伤亡与物质财产损毁的事件。

1. 灾害的基本类型

灾害根据其形成机理的不同可以分为自然灾害和人为灾害，自然灾害是以自然变异为主产生的灾害，如地震、海啸、台风、洪水等；人为灾害是指人类活动引起的灾害，如火灾、人口爆炸、环境恶化等。另外人类改造自然活动时，也会造成某些灾害事件的发生，将由人为活动影响所产生的，表现为自然态的灾害称为人为自然灾害，如过量砍伐森林引起的水土流失、过量开采地下水或矿产资源导致的地面沉陷等。

2. 灾害防御规划的基本内容

由以上灾害的定义及其分类可以看出，灾害直接危害区域自然社会经济系统的健康协调发展，为此在进行区域环境规划时，也应制订相应的灾害防御规划，以避免人为和人为自然灾害的发生，减轻灾害的影响，将灾害损失降到最低。不同区域自然环境条件和社会经济发展状况不同，导致各区域灾害防御规划的重点不同。灾害防御规划的内容一般应包括：①调查区域存在灾害的主要类型、分布状况、发生频率、危害程度、影响范围等基本信息。②研究灾害发生与人类活动之间的耦合关系，分析灾害形成的机理。③根据区域主要灾害类型进行区域灾害影响分区，如城市防御地震灾害的一级防震区、二级防震区等。④各分区内经济活动类型和强度的限制规定，如在山洪、泥石流多发区不宜安排开发建设项目和城镇居民点，在采矿区周围不宜建设永久性高层建筑等。⑤确定各分区内灾害防御的对策和措施，主要包括灾害预测预报措施、灾害防御工程措施和灾害防御的应急对策及政策保障措施等。

小　　结

在进行经济活动的地理空间组织决策时，必须要考虑经济活动对地理环境的作用和影响，以及地理环境对经济活动的反作用，特别是自然界的报复，即在确定经济活动的位置、强度与关系及在开发利用资源与环境时，要以不破坏生态环境、节约利用资源为前提。区域环境规划正是出于这一考虑。区域环境规划是在一定区域范围内，人类为使环境与经济社会协调发展而对自身活动和环境所做的时间和空间的合理安排。

本章在分析区域环境规划内容体系的基础上，介绍了区域环境的调查与评价的主要方面，重点讨论了区域宏观环境规划和区域环境专项规划的基本内容和方法。在区域宏观环境规划中，从区域环境系统整体角度，重点讨论了区域环境规划的目标体系、环境功能综合分区与宏观环境规划密切相关的其他规划等。在区域环境专项规划中，从区域环境系统要素和重要空间系统的角度，重点讨论了分要素、分区域的环境治理和保护工程规划。

思　考　题

1. 什么是区域环境规划？区域环境规划的主要内容是什么？
2. 为什么要进行区域环境规划或区域环境规划的作用是什么？
3. 为什么说区域环境调查与评价工作是区域环境规划工作的基础和前提？
4. 区域环境总体规划的目标主要体现在哪些方面？从环境活动的地理空间组织角度来看，区域环境规划实现目标的主要做法和措施有哪些？
5. 与环境规划相关的其他规划如何影响区域环境规划的制定和实施？
6. 区域环境专项规划一般包括哪些类型？它们各有什么特点？试简要说明。
7. 生态城市建设中是如何体现城乡一体化协调发展的？

主要参考文献

艾少伟，苗长虹. 2010. 从“地方空间”、“流动空间”到“行动者网络空间”：ANT视角. 人文地理，(2)：43－49

安晓亮，安瓦尔. 2013. 新疆新型城镇化水平综合评价研究. 城市规划，(7)：23－27

安晓亮，安瓦尔·买买提明. 2013. 新疆新型城镇化水平综合评价研究. 城市规划，37（7）：23－27

巴克 A. 2004. 如何成为更好的决策者. 北京：经济管理出版社

保继刚. 1996. 旅游开发研究——原理·方法·实践. 北京：科学出版社

保继刚，楚义芳. 1993. 旅游地理学. 北京：高等教育出版社

曹靖，李星银，陈婷婷，等. 2016. 基于空间增长模拟的安庆城市开发边界划定方法及管控策略. 规划师，32（06）：23－30

曹明明，李同昇. 2002. 城市与区域研究的理论和实践. 西安：陕西人民出版社

曹淑艳，谢高地，鲁春霞，等. 2012. 中国区域可持续发展功能评价. 资源科学，(09)：1629－1635

车冰清，朱传耿，杜艳，等. 2010. 淮海经济区城市空间影响范围与城市经济区划分. 人文地理（5）：86－91

陈才. 1987. 经济地理学基础. 北京：高等教育出版社

陈才. 2001. 区域经济地理学. 北京：科学出版社

陈才. 2003. 人文地理学. 北京：科学出版社

陈才. 2009. 区域经济地理学. 北京：科学出版社

陈凤桂，张虹鸥，吴旗韬，等. 2010. 我国人口城镇化与土地城镇化协调发展研究. 人文地理（5）：53－58

陈振汉，厉以宁. 1982. 工业区位理论. 北京：人民出版社

崔功豪，魏清泉，陈宗兴. 1999. 区域分析与规划. 北京：高等教育出版社

崔功豪，徐英时. 2001. 县域城镇体系规划的若干问题. 城市规划，25（7）：25－27

崔珏. 2009. 我国加工贸易产业结构的调整和优化. 北京：首都经济贸易大学硕士学位论文

邓宏兵. 2000. 投资环境评价原理与方法. 武汉：中国地质大学出版社

邓南圣，吴锋. 2002. 工业生态学——理论与应用. 化学工业出版社

丁桑岚. 2001. 环境评价概论. 北京：化学工业出版社

杜能 J H. 1986. 孤立国同农业和国民经济的关系. 吴衡康译. 北京：商务印书馆

杜宁睿. 2004. 区域研究与规划. 武汉：武汉大学出版社

樊杰. 1997. 从经济地理学角度对区域经济学理论体系的理解. 地理研究，16（1）：39－44

方创琳. 1999. 国外区域发展规划的全新审视及对中国的借鉴. 地理研究，18（1）：7－16

封志明，刘晓娜. 2013. 中国人口分布与经济发展空间一致性研究. 人口与经济，(02)：3－11

冯雷. 1999. 中国城乡一体化的理论与实践. 中国农村经济，(1)：69－72

冯云廷. 2013. 区域经济学. 大连：东北财经大学出版社

高湘昀，安海忠，刘红红. 2012. 我国资源环境承载力的研究评述. 资源与产业，14（6）：116

顾朝林. 1992. 中国城镇体系——历史、现状、展望. 北京：商务印书馆

顾红南，刘海. 2012. 城市空间结构的组团模式、城乡规划与环境建设，(02)：21－24

郭怀成. 2001. 环境规划学. 北京：高等教育出版社

郭建科，韩增林，耿雅冬. 2012. 我国不同区域城市空间联系的差异分析. 地域研究与开发，(01)：40－44

郭庆胜，闫卫阳，李圣权. 2003. 中心城市空间影响范围的近似性划分. 武汉大学学报（信息科学版），28（5）：596－599

国家发改委经济研究所课题组，刘树杰，宋立，等. 2012. 面向2020年的中国经济发展战略研究. 经济研究参考，(43)：4－34

国家自然科学基金委员会. 2001. 地球空间信息科学. 北京：高等教育出版社

郝伟伟，张梅青. 2014. 北京市产业布局与交通系统互动协调发展分析. 北京交通大学学报（社会科学版），(01)：23－30

何立春. 2015. 产城融合发展的战略框架及优化路径选择. 社会科学辑刊，(06)：123－127

何天祥. 2004. 区域优势理论的评述及其对西部开发的启示. 长沙铁道学院学报（社会科学版），5（3）：75－79
洪银兴，刘志彪. 2003. 长江三角洲地区经济发展的模式和机制. 北京：清华大学出版社
侯景新，尹卫红. 2005. 区域经济分析方法. 北京：商务印书馆
胡序威，等. 2000. 有关城市化与城镇体系规划的若干思考. 城市规划，24（1）：16－20
华东师范大学等五校. 1982. 经济地理学导论. 上海：华东师范大学出版社
皇甫晓涛. 2004. 城市革命——环境经济新战略. 北京：中国物资出版社
黄光宇. 1984. 区域规划概论. 北京：中国建筑工业出版社
黄光宇，陈勇. 2002. 生态城市理论与规划设计方法. 科学出版社
黄海丰. 2011. 因地制宜，发展山区特色经济——以广东省梅州为例. 现代经济：现代物业中旬刊，(9)：37－38
黄勇，周世锋，王琳，等. 2016. "多规合一"的基本理念与技术方法探索. 规划师，32（03）：82－88
简新华，魏珊. 2002. 产业经济学. 武汉：武汉大学出版社
江曼琦. 2001. 城市空间结构优化的经济分析. 北京：人民出版社
江勇，袁和平. 2002. 宏观经济管理学. 武汉：武汉大学出版社
金凤君. 2007. 空间组织与效率研究的经济地理学意义. 世界地理研究，16（04）：55－59
金相郁. 2004. 20世纪区位理论的五个发展阶段及其评述. 经济地理，24（3）：294－300
类骁，韩伯棠. 2012. 基于EG指数模型的我国制造业产业集聚水平研究. 科技进步与对策，29（8）：43－46
李边疆，王万茂. 2008. 区域土地利用与生态环境耦合关系的系统分析. 干旱区地理，(01)：142－148
李春雨，刘志彪. 2002. 区域经济发展与趋势预测研究. 统计研究，(11)：51－53
李德华. 2000. 城市规划原理（第三版）. 北京：中国建筑工业出版社
李计广，张汉林，桑百川. 2008. 改革开放三十年中国对外贸易发展战略回顾与展望. 世界经济研究，6：8－13
李敬，陈澍，万广华，等. 2014. 中国区域经济增长的空间关联及其解释. 经济研究，(11)：4－16
李芹芳，任召霞. 2010. 经济地理学. 武汉：武汉大学出版社
李小建. 2002. 公司地理论. 北京：科学出版社
李小建，覃成林，曾刚等. 1999. 经济地理学. 北京：高等教育出版社
李晓江. 2012. "钻石结构"——试论国家空间战略演进. 城市规划学刊，(02)：1－8
李昕，文婧，林坚. 2012. 土地城镇化及相关问题研究综述. 地理科学进展，(08)：1042－1049
李学鑫，苗长虹. 2006. 关中，中原，山东半岛三城市群产业结构与分工的比较研究. 人文地理，21（5）：94－98
李震，杨永春，刘宇香. 2010. 西北地级城市的行业分工测度研究. 地域研究与开发，29（2）：65－71
梁鹤年. 2003. 简明土地利用规划. 北京：地质出版社
梁吉义. 2009. 区域经济通论. 北京：科学出版社
林秀丽. 2007. 中国省区工业产业专业化程度实证研究：1988—2002. 上海经济研究，(1)：3－9
刘滨谊，马东跃，刘颂，等. 2008. 因地制宜建设特色城市森林——以无锡市城市森林建设总体规划为例. 中国城市林业，(3)：33－36
刘辉，申玉铭，孟丹，等. 2013. 基于交通可达性的京津冀城市网络集中性及空间结构研究. 经济地理，33（8）：37－45
刘珂，汤颂. 2015. 产业支撑视角下的新型城镇化建设路径研究. 河南师范大学学报（哲学社会科学版），42（02）：41－45
刘荣增等. 2011. 区域经济系统论纲. 北京：科学出版社
刘瑞娟. 2014. 基于空间视角的区域联系分析. 西安：长安大学硕士学位论文
刘天齐. 2001. 区域环境规划方法指南. 北京：化学工业出版社
刘彦随，王介勇. 2016. 转型发展期"多规合一"理论认知与技术方法. 地理科学进展，35（05）：529－536
刘艳芳. 1992. 经济地理学. 武汉：华中师范大学出版社
刘再兴. 1996. 区域经济理论与方法. 北京：中国物价出版社
刘再兴，祝诚，周起业，等. 1984. 生产布局学原理. 北京：中国人民大学出版社
陆大道. 1998. 区域发展及其空间结构. 北京：科学出版社
陆大道. 2003. 中国区域发展的理论与实践. 北京：科学出版社

陆大道，刘毅，樊杰．1999. 我国区域政策实施效果与区域发展的基本态势．地理学报，54（6）：496－508
陆军．2001. 城市外部空间运动与区域经济．北京：中国城市出版社
陆雍生．1999. 环境评价．上海：同济大学出版社
马仁锋，王筱春，沈玉芳，等．2009. 区域发展潜力理论研究：现状与展望．科技管理研究，(11)：118－120
麦伟．2004. 搞好特色经济促进区域发展．中央财经大学学报，(6)：64－67
毛锋，马强，邹积颖，等．2002. 城市生态环境规划的原理与模拟探析．北京大学学报（自然科学版），38（4）：563－571
孟庆红．1999. 论区域优势的演变规律．江西财经大学学报，(2)：13－18
纳特 B. 2004. 决策之难：15 个重大决策失误案例分析．刘寅龙，刁勇，冯桂媚译．北京：新华出版社
聂华林．2009. 区域系统分析．北京：中国社会科学出版社
牛文元．2012. 中国可持续发展的理论与实践．领域进展，27（3）：280－289
庞规荃．1992. 旅游开发与旅游地理．北京：旅游教育出版社
彭震伟．1998. 区域研究与区域规划．上海：同济大学出版社
齐康．1997. 城市环境规划设计与方法．北京：中国建筑工业出版社
曲福田，黄贤金，哈克瑞 N. 2000. 资源持续利用与经济持续发展．北京：中国林业出版社
任志远，张艳芳．2003. 土地利用变化与生态安全评价．北京：科学出版社
沈清基．2004. 规划环境影响评价及城市规划的应对．城市生态研究，28（2）：52－56
石忆邵．2003. 城乡一体化理论与实践：回眸与评析．城市规划汇刊，(3)：49－54
史捍民．1999. 区域开发活动环境影响评价技术指南．北京：化学工业出版社
宋永昌，由文辉，王祥荣．2000. 城市生态学．上海：华东师范大学出版社
苏重基．2002. 现代企业区位选择与布局．成都：西南财经大学出版社
孙久文．2005. 区域经济规划．北京：商务印书馆
孙施文，周宇．2003. 城市规划实施评价的理论与方法．城市规划汇刊，144（2）：15－22
谭崇台．2001. 发展经济学概论．武汉：武汉大学出版社
谭俊涛，张平宇，李静．2014. 三江平原垦区基础设施建设对区域城镇化的影响．地理研究，33（03）：501－508
唐建新，杨军．2003. 基础设施与经济发展——理论与政策．武汉：武汉大学出版社
同济大学，李德华．2001. 城市规划原理（第三版）．北京：中国建筑工业出版社
汪彩君．2011. 过度集聚，要素拥挤与产业转移研究．杭州：浙江工业大学博士学位论文
王必达，魏涛．2015. 过度集聚：形成机制、识别方法及破解途径——基于迂回生产分工模型的视角．开发研究，(3)：40－46
王德，项昺．2006. 中心城市影响腹地的动态变化研究．同济大学学报（自然科学版），34（9）：1175－1179
王法辉，金凤君，曾光．2004. 区域人口密度函数与增长模式：兼论城市吸引范围划分的 GIS 方法．地理研究，23（1）：97－103
王革非．2004. 决策力．广州：广东经济出版社
王辑慈．1994. 现代工业地理学．北京：中国科学技术出版社
王丽，邓羽，刘盛和，王江浩．2011. 基于改进场模型的城市影响范围动态演变——以中国中部地区为例．地理学报，66（2）：189－198
王万茂，韩桐魁．2002. 土地利用规划学．北京：中国农业出版社
王延中．2002. 基础设施与制造业发展关系研究．北京：中国社会科学出版社
王洋，方创琳，王振波．2012. 中国县域城镇化水平的综合评价及类型区划分．地理研究，31（7）：1305－1316
王铮，邓悦，葛昭攀，等．2002. 理论经济地理学．北京：科学出版社
王周户．2011. 公众参与的理论与实践．北京：法律出版社
韦伯 A. 1997. 工业区位论．李刚剑译．北京：商务印书馆
魏后凯．1998. 区位决策．广州：广东经济出版社
魏心镇．1995. 工业地理学．北京：北京大学出版社

文军．2013－10－16．城镇化的核心是人的城镇化．光明日报，11 版
吴殿廷．1999．区域分析与规划．北京：北京师范大学出版社
吴殿廷．2007．区域经济学．北京：科学出版社
吴殿廷．2013．区域系统分析方法研究．南京：东南大学出版社
吴国旭．2002．环境评价．北京：化学工业出版社
吴耀，牛俊蜻，郝晋伟．2004．区域城镇化综合发展水平评价研究——以陕西省为例．地理研究，23（1）：97－103
向世聪．2006．产业集聚理论研究综述．湖南社会科学，（1）：92－98
谢高地，鲁春霞，甄霖，等．2009．区域空间功能分区的目标、进展与方法．地理研究，（03）：561－570
徐建华．2002．现代地理学中的数学方法（第二版）．北京：高等教育出版社
徐肇忠．1999．城市环境规划．武汉：武汉测绘科技大学
许学强，周一星，宁越敏．1997．城市地理学．北京：高等教育出版社
杨芬，刘刚．2011．地区专业化，多样化与中国省区产业发展关系的实证分析．统计与决策，（6）：128－131.
杨晗．2011．论“因地制宜”原理在区域经济发展中的应用——以“玉溪烟草产业发展”为例．经营管理者，（21）：30
杨万钟．1999．经济地理学导论（第四版）．上海：华东师范大学出版社
杨吾扬．1989．区位论原理．兰州：甘肃人民出版社
杨吾扬，梁进社．1997．高等经济地理学．北京：北京大学出版社
杨永春，乔林凰，侯利．2008．土地利用强度的空间分布与行业驱动力研究——以兰州市为例．城市规划，32（09）：63－68
杨玉经．2015－07－24．空间发展战略规划的实践思考．中国建设报，3 版
杨治．1985．产业经济学导论．北京：中国人民大学出版社
于树江，李艳双．2004．产业集群区位选择形成机制分析．中国软科学，（4）：120－123
曾菊新．1996．空间经济：系统与结构．武汉：武汉大学出版社
张敦富．1999．投资环境评价与投资决策，北京：中国人民大学出版社
张汉林，卢进勇．1998．经济增长新引擎——国际直接投资方式规范与技巧．北京：中国经济出版社
张建平．2009．中国区域开发问题研究．北京：中国经济出版社
张鹏·BOLONG．总部经济时代 2011．北京：社会科学文献出版社
张荣天，焦华富．2015．泛长江三角洲地区经济发展与生态环境耦合协调关系分析．长江流域资源与环境，（05）：719－727
张文忠．2000．经济区位论．北京：科学出版社
张祥，杜德斌．2013．省际工业分工合作及其空间联系研究——基于中部六省案例．经济地理，（05）：89－97
张颖春．2015．发达国家政府决策专家咨询制度特征及启示．天津行政学院学报，17（05）：105－111
赵常兴．2009．因地制宜推进西部地区特色城镇化．经济研究导刊，（11）：88－89
赵纯凤，杨晴青，朱媛媛，等．2015．湖南区域经济的空间联系和空间组织．经济地理，（08）：53－67
赵民，陶小马．2001．城市发展和城市规划的经济学原理．北京：高等教育出版社
赵祥．2010．集聚还是分散——兼论中国区域协调发展的策略．产业经济评论，9：89－95
赵雪雁，江进德，张丽，等．2011．皖江城市带城市经济联系与中心城市辐射范围分析．经济地理，31（2）：218－223
甄峰，刘晓霞，刘慧．2007．信息技术影响下的区域城市网络：城市研究的新方向．人文地理，22（2）：76－80
中国科学院可持续发展研究组．1999．1999 中国可持续发展战略报告．北京：科学出版社
中国人民大学区域经济研究所．1997．产业布局学原理．北京：中国人民大学出版社
钟昌标．2002．国内区际分工和贸易与国际竞争力．中国社会科学，（01）：94－100
周璐红．2002．区位因素对城市地价影响的分析．南京：南京师范大学硕士学位论文
周年生．2000．流域环境管理规划方法与实践．北京：中国水利水电出版社
周起业，刘再兴，祝诚，等．1999．区域经济学．北京：中国人民大学出版社
朱磊．2000．城乡一体化理论及规划实践——以浙江省温岭市为例．经济地理，20（3）：44－48
朱敏，黄寰．2011．中国区域规划的战略思路及其对效率与公平的兼顾．中国市场，（03）：59－63
朱英明．2003．产业集聚研究述评．经济评论，（3）：117－121
卓勇良．2000．空间集中化战略．北京：社会科学文献出版社

Allen J, Scott. 2001. Global city - regions trends, theory, policy. Oxford: Oxford University Press

Burrough P A. 1983. Multiscale sources of spatial variation in soil. I. The application of fractal concepts to nested levels of soil variation. European Journal of Soil Science, 34 (3): 599 - 620

Dichen P, Lloyd P. 1990. Location in space - theoretical perspectives in economic geography. New York: Harper Collins Publisher

Hakanson L. 1979. Towards a theory of location and corporategrouth. Chichester: Wiley

Healey P. 1997. Collaborative Planning. Shaping Places in Fragmented Societies. London: Macmillan Press

O'Neill R V. 1986. A hierarchical concept of ecosystems. Princeton: Princeton University Press

Short J. 1998. New world new geographies. New York: Syracuse University Press

Tichy I, Muchova Z, Francakova H. 1988. Effect of nutrition on the technological quality of wheat, barley and sugar beet in dependence on nutrition. Agrochemia

Watts H D. 1980. the Large industrid enterprise. London: Croom Helm

Wilson A G, Bennett R J. 1985. Mathematical methods in human geography & planning. New York: John Wiley & Sons

附　　录

附录1　案　例　集

（用于研究型学习、合作型学习及互动型学习）

以原理方法与应用为主线，将经济活动地理空间组织的代表性实例汇集起来，旨在培养学生分析问题和解决问题的能力。在案例分析时，应注意理解和把握各类经济活动地理空间组织决策的原理、原则、过程、方式、基础、优势、合理性和特色等。本案例集可用于研讨型教学模式或案例分析实践教学环节中，有利于促进学生的研究型学习、合作型学习和互动型学习。

一、沃尔玛北京市石景山点选址分析

2003 年 7 月 11 日，世界第一大零售连锁集团——沃尔玛连锁公司旗下的山姆会员商店在北京正式开业，即沃尔玛石景山山姆店。它是沃尔玛在北京的第一家店，位于石景山八角社区。对沃尔玛来说，进入北京这个全国潜力最大、竞争也最激烈的市场标志着其在中国北方扩张的加速。然而，经过近两年的经营发现石景山店并没有取得预期的效果，一时也成为业界讨论的焦点。以下从经济活动选址的角度分析其决策的成功与失败（附图 1.1）。

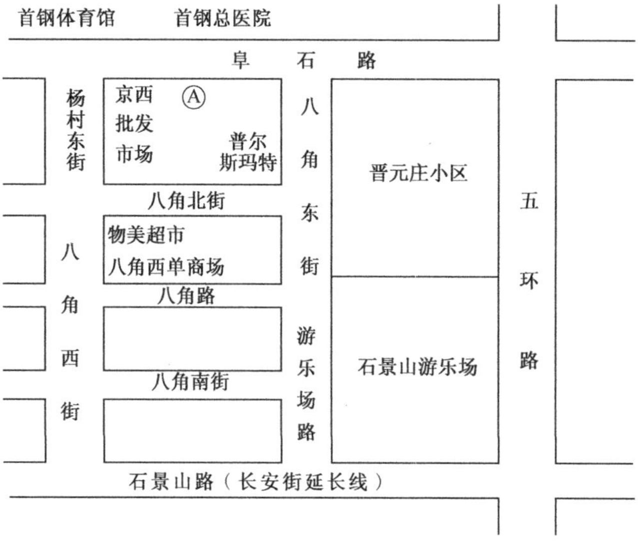

附图 1.1　沃尔玛北京市石景山店选址图

(一) 石景山店区位条件分析

1. 有利条件

1) 自然环境条件。拥有优越的购物休闲环境，石景山游乐园、雕塑公园、八大处公园、香山公园汇集于此，玉泉公园二期工程建成，凸显苏州园林式风格，保留了11棵百年以上的古柏。两园共占地43.1hm^2，成为长安街延长线最大的公园，让顾客在购物之余能享受良好的休闲环境。

2) 交通条件。由附图1.1可以看出，石景山区除了复兴路、阜石路两条贯穿东西的大动脉以外，一线地铁更被无车族看好，加上五环路，交通优势不逊于其他区域。一线地铁贯通后，从石景山方向乘地铁去市区上班的人越来越多，在地铁出站口附近将逐步兴起商业网点。石景山店位于最宽阔的两条干道（阜石路和石景山路）中间，接近五环路，在交通上能辐射海淀区，利于吸引客源。

3) 客源分析（市场需求）。西四环路外是生活居住的主要集聚地，距选址点一墙之隔的晋元庄小区的住户和南北两条交通大动脉上的中档收入人群将是沃尔玛的重要客源之一。面对着石景山区的众多机关与企事业单位也将是其另一重要客源。

4) 集聚因素分析。在选址区的斜后方坐落着规模庞大的京西批发市场，同时八角西街是石景山区规划的商业街，普尔斯玛特、华联商厦、小白羊等纷纷在此落户，因此，这里的商业气氛良好，人气较旺，能带来较大的商业集聚效应。

5) 投资成本分析。石景山区远离城市中心区，地价水平相应较低，有利于初期建设成本的投入，同时也符合沃尔玛的一贯选址原则。

2. 不利条件

1) 人口密度。零售业布局是与区域人口分布紧密相关的，人口密度直接决定市场的大小，而石景山区是北京市人口密度较低的地区，就近期发展来看，五环路以外的人口密度很难达到大型超市的需求。

2) 主力商圈消费不足。有效商圈主要集中在石景山区，而石景山是消费力比较低的区域。次主力商圈主要是农民、外地小商贩、部队家属。在本商圈内又存在一个本市最大的农贸批发市场，使这一商圈的购物人流大量降低。距有效商圈距离太远，交通成本过大。在其外围商圈有几大消费组团：①丰台消费组团，距沃尔玛15km，来回30km，油费10元左右，单程30～40分钟。②公主坟消费组团，距山姆店13km，来回26km，油费9元左右，但比较堵车，单程30～40分钟。③航天桥组团，距山姆店12km，来回24km，油费8元左右，比较堵车，单程30～40分钟。④中关村及泛中关村消费组团，距山姆店15km，来回30km，油费10元，堵车，单程40～50分钟。这种距离成本限制了潜在客源前来消费，从而导致商圈消费力不足。

3) 同类商业店铺的竞争压力。在其外围有大量的商业竞争者，丰台有岳各庄农产品批发市场，五棵松有华联、华普、旺市百利，航天桥以西有京城最大的农副产品批发市场，苏州桥有旺市百利、城乡、欧尚等。

(二) 选址决策分析

从目前沃尔玛石景山店的经营业绩来看，它是不成功的或者说至少在当前是不利的，其原因可概括为以下三点。

1. 成功经验之困

沃尔玛的郊区理念首先来自于其从小镇起家的成功经验。最初，因为缺乏资金与财务支持，沃尔玛无法与凯玛特、吉布森等颇具规模的公司竞争，不得不选择把店开在美国内陆各州5000～25000人的小镇上，也正是沃尔玛把握住了这一市场空白，避免了与其他大零售商的竞争。后来沃尔玛基本采取了“农村包围城市”的策略，从而闯出一片天地。沃尔玛山姆会员店主要凭借仓储价格向会员提供各种优质产品，会员在此购物时能享受到低于市价10%～30%的优惠，也因为低价的成本控制，会员店的地址必须选在城乡结合部以降低租金，整个店址其实也是仓库，因而称为仓储式商店。

2. 错误的预期

沃尔玛在北京开店前，曾耗时4年研究零售和物流系统。沃尔玛山姆会员店实际上是为购物者提供了一个商品批发场所，它非常适合于对商品价格敏感、家庭成员较多的消费群，主要面向中低收入家庭。但跟美国每百人拥有98辆汽车的国情不同的是，在中国汽车普及率远没达到美国的水平，甚至还属于奢侈品消费范畴，而中低收入家庭就更难拥有汽车了。要到偏远的石景山购物，目标消费人群只能依靠公交系统，而会员店大包装商品造成购物货品多而重，对购物者将商品携带回家是一个挑战。2002～2003年是汽车销售飞速爬升的时期，尤其在非典期间，有一大批人提前了购车的时间，这一现象促使沃尔玛对未来北京汽车普及率增长提高了预期，但实际上，2004年全市汽车销售下降了近40%。

3. 对竞争的估计不足

同时，山姆会员店要面临与临近商圈批发市场的竞争，丰台有岳各庄农产品批发市场，五棵松有华联、华普、旺市百利，航天桥以西有京城最大的农副产品批发市场。根据北京中海华通商业地产服务机构总经理吴焕贤的统计，石景山沃尔玛店辐射的次级商圈交通不便，耗时过长，也给消费者造成了交通困难。

（三）几点启示

1. 选址决策对经济活动开展的成败起着决定性的作用

沃尔玛作为世界第一零售连锁集团，拥有最先进的营销理念和管理质量，也难以消除选址决策的失误给企业经营带来的影响，这足以说明选址决策对企业成功经营的重要意义。

2. 在经济活动地理空间组织时一定要把握因地制宜的原则

石景山山姆店选址失误的一个重要原因就是在分析、决策的过程中没有把握因地制宜这一经济地理学的基本原则。沃尔玛不顾中国的国情而将其在美国发展的成功经验生硬地加以套用，导致经济活动与区位条件结合的不协调。

3. 在进行经济活动地理空间组织时，一定要把握系统的观点

系统的观点要求在分析、解决问题时要把握系统的结构层次性和综合性，用在具体选址决策时，就是除了要考虑微观区位条件的影响外还要考虑更宏观的区域条件的影响。八角街虽然有良好的自然环境、交通条件等微观区位条件，但石景山区却是北京市区域范围

内，从人口密度和购买力等条件来看，都是从事商服业、特别是零售业条件较差的区域，这也是沃尔玛石景山山姆店决策失误的另一个重要的原因。

改编自：www.yipu.com.cn/info/news/focus/2005.7.27/20050727C183901.html

二、欧洲迪斯尼乐园的选址决策

（一）选址决策与后果

沃尔特·迪斯尼公司与欧洲的情节渊源已久，迪斯尼的早期故事大多来源于欧洲的民间传说，因此，迪斯尼对于欧洲人来说一点也不陌生。在法国建造主题乐园的想法最早开始于1976年，但直到1982年，在法国政府高层官员陪同迪斯尼公司的要员去法国北部和东部进行选址考察后，才为人所知。不久之后，东京的迪斯尼乐园开放，便取得了巨大的成功，创造了新的游客人数记录。因此，一个新的欧洲迪斯尼乐园，似乎成了让迪斯尼公司首席执行官迈克尔·埃斯纳尔（Michael Eisner）的传奇再一次得以延续的加油站，他批准了对欧洲迪斯尼乐园的选址调查。公司先后考虑了200个迪斯尼乐园选址方案，很快将范围缩小到西班牙和法国。法国由于地处欧洲中心，与其他大多数欧洲国家都有四通八达的交通体系。另外，法国还提供了极其优厚的投资条件。他们认为，这些积极的因素足以抵消法国的恶劣气候和刁钻的民族个性所带来的负面影响。

这一次，迪斯尼公司决定吸取过去所有主题公园计划的教训。阿纳海姆迪斯尼乐园周围未开发的土地被投资者疯狂收购，影响了公园的扩建计划。奥兰多的迪斯尼公园拥有了足够的土地，但是公司却低估了饭店的需求量，因而在饭店利润方面丧失了巨大的机会。而在日本，迪斯尼公司不仅没能取得公园的产权，还失去了使用迪斯尼动画形象的版税。这次公司决心绝不重蹈覆辙。使这笔交易更具诱惑力的是，法国当局以20世纪70年代的价格向迪斯尼公司出售了4800acre的土地，相当于巴黎市区1/5的面积。迪斯尼公司相信，凭着低廉的地价和财产税，公司会在地产上大赚一笔。

但是，在修建公园并把公园建在巴黎附近这一决策上，迪斯尼公司对产生的后果显然估计不足。结果，欧洲迪斯尼乐园的利润远远低于预期水平。游客数量并没有实现预计的1100万人次，只是在大幅降低门票价格之后才勉强达到这个数字。饭店入住率只有37%，与预期的76%相去甚远。到1994年，乐园营业6年的亏损额已经高达4亿美元。

（二）选址失误分析

那么，迪斯尼公司在选址决策上犯了什么错误呢？欧洲迪斯尼乐园距巴黎不足70mile（英里，1mile≈1.609km），而巴黎却是世界上最著名的旅游胜地之一，这样一来迪斯尼乐园就成了人们巴黎游的其中一站而已。只有很少的游客需要或者愿意在迪斯尼乐园停留过夜。与美国相比，法国的公共交通更为便利，因此游客很自然地选择在乐园进行一日游以节省昂贵的酒店住宿费用。这个迪斯尼乐园并没有给欧洲游客带来全新的体验，而是重复了过去一贯的风格，其中很多文化理念已经广受质疑。迪斯尼公司的决策层确实降低了投资风险，但是他们没有能够在乐园风格上适应欧洲文化，因而没能创造出足够的收益来收回成本。早在过去的记者招待会上就有人明确指出过这一危险，但是选址法国的支持者没有给予充分的重视，而是使用了并不准确的预计来证明计划的合理性。对乐园和酒店游客量的估计过分乐观，掩盖了计划潜藏的危险。这一选址计划的目标是什么？是赚钱还是进军欧洲？由于缺乏明确的方向，公司制定决策时在关键问题上失去了核心原则，因而犯下错误。

（三）思考与启示

不能有效地解决决策引发的反对情绪，遭遇危机的决策者一般不会花时间耐心地倾听反对者的意见，也不会去关心他们的利益是否受到损害。决策者本可以邀请反对派参加决策程序，这样就可以把他们的对立立场转化为积极的动力。如果迪斯尼公司的领导这样做的话，应该是不难理解反对者的意见并加以解决的。在这次危机中，企业的发展方向不明确，具有误导性。埃斯纳尔兴建欧洲迪斯尼乐园的目的似乎是实现公司创始人沃尔特·迪斯尼进军欧洲的梦想，但是对其具体计划却从未给予过明确的解释。这样一来就使得人们按照自己对企业目标的理解各自行事。如果欧洲迪斯尼的决策中明确了以赢利为目标，企业内部就一定会有人发现选址问题上的错误。

分析研究不够，缺乏创新精神，在危机时刻决策者往往会只顾眼前。他们只要看到看似可行的解决办法就会抓住不放。迪斯尼公司只想在法国建设新公园，从而堵死了其他计划或选址。对评估的误用一旦找到了一个现成的解决方案，决策者就采取百般维护的态度，收集各种信息，证明计划的合理性。而迪斯尼的员工们认为，在选址法国的问题上，对埃斯纳尔青睐有加的计划提出异议不会产生任何结果。迪斯尼公司耗费了大量的时间与金钱对与法国政府的交易进行评估，却很少在如何赢利的问题上提出有力的疑问。在欧洲迪斯尼乐园的计划上，如果管理层预先确定了保证赢利的计划目标，就一定会有人对旅馆入住率和门票销售量进行最高与最低数额分析，以确定计划的赢利风险，并拿出分析结果，开诚布公地进行讨论。

改编自：纳特 B. 2004. 决策之难：15 个重大决策失误案例分析. 划寅龙等译. 北京：新华出版社

三、海尔的扩张之路

1984 年，海尔集团的前身——青岛电冰箱总厂引进德国利勃海尔生产设备的技术，从事电冰箱的生产和销售，此时的海尔还仅是一家街道小厂。但在短短 20 余年的时间里，海尔就取得了令人瞩目的经营业绩。2003 年集团营业总额突破 800 亿元人民币，由 1984 年销售收入 348 万元增长到 806 亿元，增长了 2.3 万倍，20 年中销售收入的年均增长速度高达 70% 。2004 年，世界品牌实验室评出“世界最具影响力的 100 个品牌”，海尔名列第 95 位，成为首个也是唯一一个进入世界百强品牌排行榜的中国企业。海尔的多元化经营和扩张堪称中国企业的成功典范。

根据国外理论对企业增长一般过程的概括，企业一般最先建立的是地方或区域性的基地，再成长为国家级企业，最后成长为国际性跨国公司。单就海尔集团扩张过程来看，可以分为五个阶段（附图 1.2）。在 1998 年以前，重点是在国内扩张，海外以产品销售为主，这个时期包括四个阶段：起步与奠基的单厂企业阶段（1984 年）；创国内名牌的国内市场渗透阶段（1984 ~ 1988 年）；相关产业的外部扩张及海外销售的开始（1988 ~ 1995

年)；多元化跨地区扩张阶段（1995～1998 年)。1998 年海尔开始实施国际化战略，到国外从事生产和经营，进入了向跨国公司迈进的新阶段，此为第五阶段（1998 年以来)。

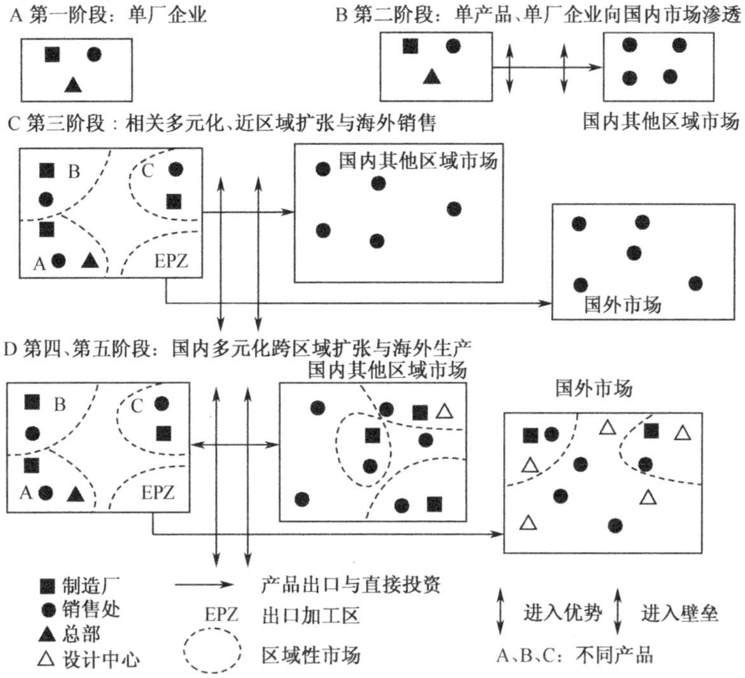

附图 1.2　海尔集团空间增长过程示意图

海尔将 1998 年前集团的发展概括为两个阶段：①名牌战略阶段（1984～1991 年)，用 7 年时间专心致志只生产一种产品——电冰箱，此时的海尔是一个专业化经营企业。通过做冰箱，实施了名牌战略，建立了全面质量管理体系，并形成了全国性销售与服务网络。②多元化战略发展阶段（1992～1998 年)，用 7 年时间从单一的电冰箱生产发展为生产制冷家电（电冰箱、电冰柜、空调)，再进入白色家电（制冷家电、洗衣机、微波炉、热水器）和黑色家电（彩电、VCD 等产品)，直至进军知识产业，从事塑料技术和新产品开发，数字技术开发和应用及 CAS/CAM/CAE 软件开发，成功地实施了多元化的扩张。

海尔集团的多元化扩张是根据行业相关程度，从高相关，到中相关，再到低相关发展(附表 1.1)。并且针对不同情况采取不同的进入方式：一是内部发展，主要依靠企业自身的经营资源进入新行业；二是外部并购，通过合并收购其他企业进入新行业；三是以合资合作为主的战略联盟，通过与其他企业建立合资合作等形式的战略联盟进入新行业。

1998 年后海尔集团进入国际扩张阶段。从附表 1.1 可以看出，海尔集团的空间扩张有明确的战略意向，其阶段性和市场导向性是在周密的空间组织下实现的。

从产品市场的观点来看，企业首先通过出口产品实现国际化，直接接触国外市场，了解国外市场动态及消费倾向。对于中小企业来说，通过销售商或代理可以建立与国外市场的间接联系，而对于大型企业集团来说，直接接触国外市场是非常重要的。海尔集团了解国外市场的形式有其独特之处，除产品出口以外，设计分部及信息中心的设立承担了相应的职能。如果按照国际化的比较宽泛的定义，海尔的国际化过程实际上从 20 世纪 90 年代初期就开始了，主要表现为产品的大量出口。产品海外市场的开拓，推动了产品设计的海外布局，从 1994 年 10 月到 2001 年 8 月，先后在国外成立了 18 个设计分部，分布在东京、洛杉矶、硅谷、里昂、阿姆斯特丹、蒙特利尔等城市。此外还在东京、洛杉矶、香港、蒙特利尔、维也纳、首尔、悉尼、阿姆斯特丹、台湾和硅谷设立了 10 个信息中心。

附表 1.1　海尔集团国际化扩张的原则、层次、步骤和特点

空间布局原则	“三个 1/3” 战略：①国内生产国内销售占 1/3，由国内的生产基地来实现；②国内生产海外销售占 1/3，由在青岛的海尔产品出口基地实现；③海外生产海外销售占 1/3，由海外集“设计、生产、销售”三位于一体的本土化海尔来实现
两个层次：海尔的国际化和国际化的海尔	①海尔的国际化是国际化海尔的一个基础，先做到海尔的国际化，再进一步实现国际化的海尔，而创建国际化的海尔才是其真正的目标；②海尔的国际化就是全面适应国际市场，全方位与国际竞争规则接轨的过程，具体体现为质量要达到国际标准，财务运行指标和运行规则同西方一样，营销观念和网络达到国际标准；③国际化的海尔不是单纯的出口企业和产品基地，而是拥有欧洲海尔、美洲海尔、东南亚海尔的跨国企业，青岛海尔也成为国际化海尔的一部分；④国际化海尔的发展目标是“设计、营销和制作”三位一体、富有竞争力，在国际上具备融资、融智两种功能的国际化大公司
三个步骤	①产品出口，海外销售，占领市场，即营销和服务的国际化；②采购和设计的国际化；③当市场区域有了一定的规模，销售量达到建厂盈亏平衡点时，就开办海外工厂
两个特点	①以产品出口为先导，以生产制造为主体，是市场指向型的国际化扩张；②采用的是“多国国内市场”或“多种本地化市场”的国际化战略，将每一个国家或地区的竞争相对独立起来对待，追求本土化设计、本土化生产和本土化销售

对于不同的扩张方式，有不同的区位选择要求，不同的区位因素对产品出口和跨国生产的作用是不同的。对于创新性产品来说，发达的消费需求和成熟的消费群体是必要的，所以海尔的国际化扩张，先是向德、美、日等国家开始产品的海外销售。但是对于跨国生产来说，心理距离与空间距离的接近一方面可以节约成本的形成，另一方面可以增加跨国运作的安全稳定性。海尔集团跨国扩张就是从东南亚开始的。1996 年 12 月，在印度尼西亚成立海尔莎保罗有限公司，此后相继在菲律宾和马来西亚建厂。借助于在东南亚成功的经验，又在中东和美国设厂，到 2001 年 4 月，海外设厂已有 10 家。1999 年美国海尔公司的成立，标志着本土化战略开始实现，完成了“三位一体”（设计中心在洛杉矶、制造中心在南卡罗莱纳州、营销中心在纽约）登陆美洲的战略布局，初步形成一个在美国的本土化的海尔，海尔扩张格局趋于成型。2000 年 4 月，第二个海外的海尔工业园在巴基斯坦奠基，目标也是“三位一体”本土化的海尔。“三位一体”的空间格局，成为海尔进行国际化扩张的典范模式。

海尔在短短的几年时间内就在全球建立了 13 个工厂、18 个贸易中心，产品出口近 100 个国家。至 2002 年海尔的海外市场销售营业额近 10 亿美元。

目前，海尔已在海外发展了 62 个经销商，30000 多个营销点，海尔发展的目标是 21 世纪初进入世界 500 强，创出中国的世界名牌。

改编自：薛汉喜. 2002. 区位进入理论与企业集团的国际化扩张——以海尔集团为例. 地理研究，(4)：519－526

四、用地平衡决策

以我国南方某市用地平衡方案的制订为例，分析实现区域各类各业用地不同尺度用地平衡的方法。

该地在过去20余年的发展过程中，受改革开放的影响及良好的区位条件，区域经济取得了快速的增长，近年来年均GDP增长速度更是达到近20%的增长水平，增长速度惊人，其变化曲线如附图1.3所示。

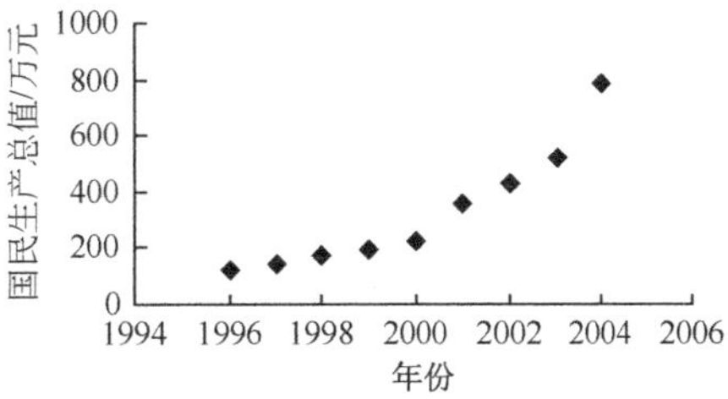

附图1.3　国内生产总值变化趋势图

然而长期注重经济的快速增长，忽视了自然-社会经济系统的协调发展，不注重各业各类用地的平衡配置与发展，导致了一系列的用地与环境问题，主要包括：①区域环境污染严重，区内主要水体都出现了不同程度的污染，大气和固体废弃物等污染都超出了区域环境容量的限制。②区域用地结构性矛盾突出，各类用地比例失调，空间布局不合理；工农用地矛盾突出，建设用地大量侵占农田；建设用地内部工矿用地比例过重，公共基础设施和公共建筑用地过少，如附表1.2所示，工业用地比例明显偏高，住宅用地、公共设施用地等偏低。按照国外大城市中心区的用地比例，工业用地一般不超过城市面积的15%，而该区的工业用地比例竟然高达43.31%。居住用地国外一般占到城市面积的45%，而该区只有18.78%。土地利用结构不合理，导致产业结构难以得到优化，2004年，该区一、二、三次产业的比例为0.90：74.74：24.36，第二产业过重，第一、第三产业过轻。农业用地内部，耕地面积比例偏低，园地面积偏高，毁林建园现象严重。③用地粗放，后备资源严重不足，特别是土地资源供应量严重不足将成为区域发展的瓶颈，全区可供建设的用地总面积为410km^{2}左右，而现状建设用地占用已超过370km^2，按近几年平均每年24km^{2}的增长速度，区内用地很快用光，到时将会面临无地可用的困境。

附表1.2　2004年该区建设用地内部结构表

建设用地类型	面积/hm^2	占建设用地比例/%
商服用地	1314.60	3.54
工矿仓储用地	16086.30	43.32
公用设施用地	1019.90	2.75
公共建筑用地	3490.90	9.40
住宅用地	6972.50	18.78
交通运输用地	5110.40	13.76
水利设施用地	2761.10	7.44
特殊用地	374.20	1.01
合计	37130.01	100

鉴于此，区域政府制订的下一规划期内，其区域发展的战略确定为环境优先战略，确定 GDP 增长速度放慢到 10% 左右，而更多的是加强区域环境保护的力度，加强用地结构的调整和提高集约利用程度，节约资源作为区域发展战略目标的重点。

在此目标和战略思想的指导下，确定了区域用地平衡的三个候选方案：①以生态环境改善为第一要务，进行各业各类用地安排。确定建设用地以现状规模为极限，加大生态用地规模，改善生态系统结构，提高生态系统的服务功能。在该方案下为达到经济增长速度要求和建设用地内部结构调整的需要，提出了以内部挖潜为主，进行旧城旧村改造和产业结构升级的具体措施。②在现状用地水平下，为达到经济发展速度的要求，继续采取建设用地规模扩张；在无法满足生态用地规模扩张的前提下，通过生态用地结构调整，如退园还林等措施进行生态系统升级，并辅以相应的生态工程措施，提高生态系统服务功能，达到改善区域生态环境的目的。③在兼顾经济发展速度和生态环境保护的前提下，通过提高新增建设用地的集约利用水平和改善生态系统结构，在少量新增建设用地和生态用地的条件下，达到经济发展速度和生态环境保护的目标，即一种可持续发展的目标模式。

在该候选方案的基础上，通过综合评价各方案中建设用地子系统的经济效益增长速度和规模，生态用地系统的生态结构和生态服务功能的改善，以及用地调整后人居环境、社会福利与公平等效益和实施这些方案的成本付出，如方案①的旧城就存在改造成本、产业结构升级成本等，以综合效益最优为准则确定最后的用地平衡方案为方案③。

改编自：深圳市国土资源和房产管理局宝安分局，武汉大学资源与环境科学学院. 2004 深圳市宝安区建设用地发展规模与布局研究（2004～2020 年）

五、服装名城——石狮（区域发展决策）

（一）石狮概况

石狮市地处台湾海峡中部西岸的闽南金三角沿海突出部位，位于文化历史名城泉州和经济特区厦门之间，市域三面临海，海岸线长 67.7 km，全市面积 160 km^2。这里与台湾一水相隔，处在便于联系国内外各地的海上交通位置，是古代海上“丝绸之路”出海的必经之地。1987 年 12 月经国务院批准，石狮由镇升级为省辖县级市，1988 年 9 月挂牌，现辖 7 个镇、2 个街道办事处，人口 30 万，外来流动人口 21 万。

石狮工业经济自成体系、独具特色。石狮市以乡镇企业和三资企业为主体，以市场为导向，形成了以纺织服装为主导产业，鞋业、体育用品、食品加工、电子机械、塑料五金为支柱产业的石狮特色产业体系。2004 年全市实现国内生产总值 142.5 亿元、工农业总产值 217.2 亿元、财政总收入 12.07 亿元，各项主要经济指标均比建市时增长 30 倍以上。人均国民生产总值和人均财政收入居全国县级单位第 6 名和第 8 名，从 1993 年起连年跻身全国经济综合实力百强县（市）之列，2002 年位列“全国 100 个最发达县（市）”第 16 位。

石狮是著名侨乡和对台窗口。全市目前旅外华侨和港澳同胞近 30 万人，祖籍石狮的台胞 30 多万人。广大侨胞和港澳台胞素有爱国爱乡的优良传统，热心于家乡的建设和发展，几年来捐办教育、医疗卫生、基础设施等公益事业的资金近 5 亿元。建市后，石狮充分发挥侨台优势，大力发展外向型经济，做活“对台经贸文章”。2004 年三资企业总产值

119.8 亿元，出口销售收入 3.18 亿美元，成为石狮经济发展的主力军。

（二）石狮经济特点及战略分析

发展石狮经济必须首先把握石狮的经济特点，附表 1.3 是对于石狮经济四个根本性特点的分析，这实际上包含了八个影响石狮经济发展的重要方面。这里优势和劣势并存，机遇与挑战同在。当前尤其应对发展石狮经济的机遇与挑战予以高度重视。

海峡侨乡和民营经济的特点是石狮市经济特点中最重要的内涵，这是由自然区位、人文风俗与经济运行的核心因素相互作用构成的客观条件所决定的，最能体现石狮经济发展的本质内容。发展石狮经济的机遇与挑战也主要由此得以产生和体现。

附表 1.3　石狮经济特点及战略分析

特　点	发展战略分析
（1）经济发展定位高与在国内外知名度较大的特点	（1）必要而且可能保持持续、健康、高速地发展石狮经济，并建设必要的形象工程
（2）海峡侨乡与民营经济的特点	（2）机遇与挑战同在，必须面对起落变化较大的经济形势，审时度势、灵活驾驭石狮经济运行规律
（3）陆地区域狭小与自然资源紧缺的特点	（3）必须有清醒的头脑，由于经济总量有限，宜发展轻型、中小型企业和走两头在外的外向型经济道路，并坚持实事求是、量力而行，做到有所为、有所不为
（4）科教支持还较乏力与产业结构仍属单一的特点	（4）依托环境优化、依靠科教发展、产业调整，进一步发展石狮经济，实现世纪之交的石狮经济的二次创业

海峡侨乡与民营经济的特色为石狮的经济发展提供了充分的条件，并将带来重大的机遇。论条件，概而言之有：①具有有利的依托内地，面向海外和港、澳、台的便捷的海上和空中交通条件，除石狮市各港口外，离厦门海港和泉州海港都不远，厦门国际航空港和晋江机场也近在咫尺。②有诸多的地缘、人缘和历史渊源关系的对外联系渠道，如产品加工、商业贸易、科技成果、投资资金、人才信息和其他资源的纽带联系。③石狮市民营经济发挥其机制灵活的优势，在全国实行改革开放的形势下，以敢为天下先的大无畏气派率先进行社会主义市场经济的改革试验，抢先获得了国家开放区经济政策优惠；抢先争得了商品经济运行中货源、销路和客户关系等诸多环节上的时空条件；抢先消除计划经济体制所遗留下来的许多影响市场经济发展的弊端。

（三）石狮经济发展模式

石狮是全国著名的服装名城、小商品集散地，素有“有街无处不经商，铺天盖地万式装”的美誉。2003 年，只有 30 万人口的石狮市，实现 GDP 123 亿元，财政收入 9 亿多，其中纺织服装及相关产业产值占全市工业总产值的 54% 。

服装业是石狮的传统产业，20 世纪 80 年代，沿海集镇的石狮就以服装款式新颖、种类齐全而成为国内有名的服装市场。1988 年石狮撤镇建市后，确定纺织服装业为该市第一支柱产业，经过17年的发展，已基本形成了以服装生产加工为龙头，集纺织、印染、辅料生产、成衣加工、市场营销、联运配送于一体的完善的服装产业链。石狮现有18条商业街，8个专业商品市场，10座商业城，8000个商铺，个体工商户近万户，在全国设立了3000多个营销网点，电子商务、特许加盟、连锁经营等新兴业态逐渐成为企业拓展市场的重要方式，全市有50多家企业启动全国统一营销网络，以特许加盟形式拓展市场。从小商品街到专业市场再到服装城，石狮人顺利地完成了服装营销的"三级跳"。

与此同时，石狮还有5000多家服装及配套生产企业，以服装为主的注册商标近2000个，涌现出"帝牌""金犀宝""拼牌""哈德利""野豹"等一批全国知名品牌，形成了从面料到成衣的服装生产格局和产业集群，并拥有在全国最具影响力的休闲服装板块和全球性的服装销售网络，名副其实地成为国际化、规模化、专业化、精品化相融合的全国著名的服装批发集散地和"中国服装休闲名城"。鸳鸯池布料市场、塔前服装辅料市场、洋下服装面料市场等初具规模，而占地1100亩（1亩≈666.67m^2）、投资10亿元的石狮服装城于2005年4月正式营业，并将成为国内外最大的服装专业批发市场之一。

石狮还每年举办海峡两岸纺织服装博览会（简称"海博会"），以推进海峡两岸纺织服装产业对接，提升石狮服装及原辅材料在全国乃至世界的辐射力。作为国内唯一以对台为特色、以休闲时尚为主体的纺织服装专业展会，海博会已经成功举办了7届，累计实现订货交易额达101.2亿元，对于推进闽派服装产业、推动海峡两岸产业对接、实现闽派服饰升级做出积极的贡献。从业内来看，海博会是国内较大规模、较高规格和较强市场辐射力的纺织服装专业盛会。随着组织规格的提升及对台经贸交流的活跃，海博会的会展内涵也将不断深化，从单一的商品展示到集贸易往来、文化交流为一体。在成功地打造出服装界的这个国际平台之后，石狮成为"海博会"最大的赢家。

服装城的繁荣正在带动印刷城、汽车城、五金城、鞋城、建材城、果蔬批发城和海产品批发市场的全面发展，形成推动石狮整个产业发展的支撑体系。石狮市目前已经形成了以纺织服装为主导产业，鞋业、体育用品、食品加工、电子机械、塑料五金为支柱产业的特色产业体系。

石狮的服装产业正在实现一个梦想，即把"先发优势"变成"持续优势"，让"率先崛起"变成"持续隆起"。

（四）思考与启示

特色产品是特色经济的核心，特色产品的特殊使用价值、特色内涵及产品供给的特定地域性都应该汇聚于产品的品牌上。根据自然区位、人文资源和技术等条件，石狮市因地制宜地选择纺织服装产业为其区域经济优势产业和特色产业来发展经济，取得了很大的成功。

石狮市以纺织服装为主导产业，构建了能有效发挥比较优势且有特色的以鞋业、体育用品、食品加工、电子机械、塑料五金为支柱产业的区域工业经济体系，形成了优势互补的区域分工格局，并集中力量开发和培育有市场竞争力的特色产品，逐渐形成完善的服装产业链和特色产业集群，取得了地区竞争的优势，推动了石狮经济的快速发展。

改编自：钟岷源. 2005. 石狮："民办小特区"的成败轮回. 南风窗，(7)：38－41

六、良性循环的农业生态结构模式

据陈烈调查，某县西北山地的中心屋村和相西村同位于海拔500m左右的半山腰，是资源条件大致相同的典型山区生产单位，但它们采取了不同的发展农业生产的途径，得到了相反的结果。20年来，相西村生产队充分利用占土地面积95%以上的山地资源，在抓好封山育林、保护水源、为农业创造一个良好生态环境的同时，充分利用山坡草场大力发展牛、羊等草食家畜，并在此基础上林牧结合，因势利导发展耕作业。目前各业协调发展，一个紧密结合山区特点发展的林牧业、耕作业和副业相互联系和促进的良性循环农业生态结构和经济结构已经形成（附图1.4）。生产步步上升，山区经济不断发展，人民群众生活节节提高。

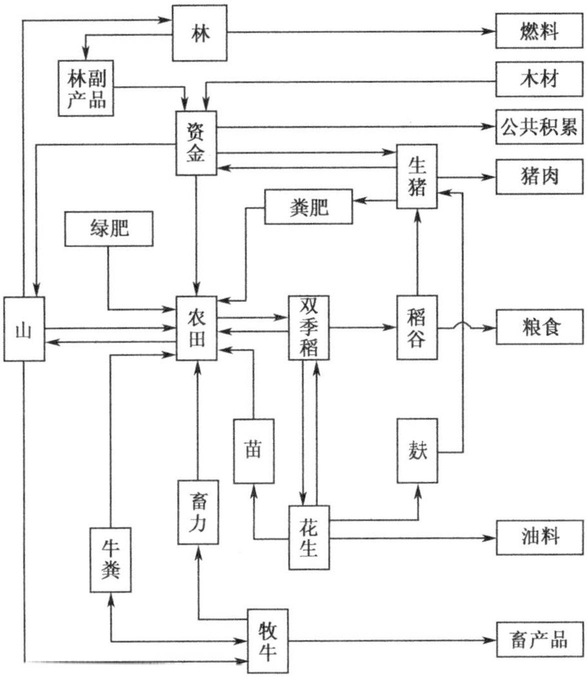

附图1.4　相西生产队林—牧—农良性循环农业生态结构

相反，在同一时期，中心屋生产队囿于粮食不足，竟放弃了对占土地面积90%以上的山地资源的经营，长期乱砍滥伐山林，把人力、物力、财力集中在占土地面积6%的耕地上，结果粮食生产多年无突破性进展，属省内最贫困的生产队之一。这是生态平衡遭受破坏，导致恶性循环的一个典型。

改编自：刘艳芳. 1992. 经济地理学. 武汉：华中师范大学出版社

七、北京市工业布局

（一）北京工业布局的目标

北京工业布局的长远目标是使北京工业布局体系与世界一流水平的生态环境要求相适

应，与历史文化名城和现代化国际城市地位相匹配，与建设首都经济的空间环境条件相吻合。同时布局要有利于充分发挥首都人才、科技和知识优势，有利于高新技术成为工业经济的主要增长点，进而成为支柱产业，有利于北京工业持续、健康、快速发展。

北京工业布局规划的近期目标是抓住建设中关村科技园区的机遇，加快北京工业高科技产业化和用高新技术改造传统产业的步伐，推进产业结构调整进程，加速建设环京高新技术产业带，建设好工业园区和各区县工业区，实现重点行业相对集中的布局框架。

（二）北京工业布局原则

北京工业布局主要有以下五项原则：①为加速建设中关村科技园区提供全方位的保证。②构筑以中关村科技园区为依托的高新技术产业布局结构。③充分发挥区县的地域和资源优势。④确保首都的碧水蓝天。⑤坚持布局调整与产业结构调整的有机结合。

（三）北京产业结构调整优化

新中国成立以来，北京市的产业结构有过数次变迁。20 世纪 80 年代以前，北京的发展目标是把北京建成中国门类齐全的综合性工业基地，在国家特殊的政策支持和物资、资金支援下，凭借全国独一无二的技术和人才优势，北京的经济在短短 30 年中得到了迅速发展，并形成了以重工业为主的赶超型产业结构，但除重工业以外的其他行业，特别是第三产业非常薄弱。1952 年，北京市第二产业在 GDP 中所占比重仅为 38.5%，此后，这一比重迅速上升，到 1978 年已增大到 70.2%，提高了 30 多个百分点，与此同时，第三产业在 GDP 中所占比重则迅速下降。20 世纪 80 年代初，在城市性质确定为政治中心和文化中心后，北京市开始逐步调整偏重的产业结构，近年来，北京市产业结构的总体变动趋势是第一、第二产业逐渐向第三产业转换，这一变动趋势对环境具有有利影响。但是，产业结构的调整是一个渐变的过程，时至今日，与世界上类似的大城市相比，北京市的产业结构仍明显地带有历史的痕迹：第一、第二产业比重相对偏高，第三产业发展明显滞后。

根据北京市的产业结构演变及基本特征，以及到 2010 年率先实现基本现代化的目标，今后一段时期至 2010 年，产业结构调整优化服从和服务于北京市的城市性质和功能要求，其主要目标包括以下两点。

1. 三次产业结构调整的基本目标

保持第一产业稳定增长，继续合理调整内部结构，走产业化发展道路，产业比重呈继续下降的态势，产值比重降到 2% 左右；优化、提高第二产业，振兴现代制造业，发展高新技术产业，适度提高工业发展速度，不断增加“五少两高”（能耗少、水耗少、物耗少、占地少、污染少和附加值高、技术密集程度高），工业比重（尤其是高新技术产业比重）增加值占工业 50%，年均增速保持在 20% 以上；第二产业比重基本维持不变或略微增加，达到 35% 左右；相应加快第三产业的发展，保持较高的增长速度，并较大幅度提高第三产业的比重，达到 63% 左右，内部结构大力发展金融、信息等新兴现代行业，推进运输邮电、零售贸易等传统服务业向现代化高层次发展。

2. 主导产业确立和调整目标

主导产业主要指对国民经济具有支撑作用，在国民经济中占有较大比重的产业。在选择主导产业的过程中，充分考虑了北京市《“十五”计划纲要》确定的重点产业及新的经济增长点的一致性。

主导产业的确立是以电子信息、生物工程和新医药、光机电一体化、新材料、环保五大行业为主体的高新技术产业，以及以信息服务业、金融业、房地产业、现代物流业、旅游业及文化产业为主体的第三产业。

调整的目标是继续弱化重化工业在工业中所占的重要地位，改变目前电子通信设备“一枝独秀”的局面，调整到以电子信息、生物工程和新医药、光机电一体化、新材料、环保五大行业的高新技术产业为龙头，以信息、金融、文化产业为主体的第三产业共为双翼的主导产业群。

（四）北京市工业布局

1. 中关村科技园区的中心区、发展区和辐射区工业布局

中关村科技园区的中心区要加强科技创新、成果孵化及高科技商务功能。因此，现中心区 13.61hm^2 的工业用地到 2010 年要调整压缩到 4.01hm^2。

中关村科技园区的发展区主要功能为高科技产业研究开发和成果孵化。目前，发展区呈组团式分布，组团一是上地信息产业基地、北大生物城和国家级软件园，组团二是西三旗新材料基地，组团三是回龙观地区，组团四是永丰科技城和航天城。发展区的主导产业定位为电子信息工业、生物工程技术工业、新材料工业、新技术工业和出口加工工业。发展区现状有工业用地 96.14hm^2。规划到 2010 年工业用地将增加到 132.2hm^2。

中关村科技园区在北京地区辐射的重点区域主要是沿“一环两线”分布的。

“一环”是指环市区的高科技工业园区，主要包括北京经济技术开发区、丰台科技园区、昌平科技园区、北京电子城，以及其他相关的高科技园区。其中，北京经济技术开发区是以生物工程和新医药为主导，环保产业、光机电一体化等高新技术产业具备一定规模，食品、饮料业有所发展的新型产业基地。丰台科技园区是以研制、开发、生产宇航应用技术及产品和生物工程技术及产品为主的产业基地。昌平科技园区是集生产、开发为一体的新型科技园区，其发展重点为生物工程、新医药、电子、信息、新材料等高新技术产业。北京电子城是以搞活、改造现有国家大中型企业为宗旨，利用现有产业基础，重点发展电子信息的产业基地，同时也是用高新技术改造传统工业的试验区。

“两线”是指两条辐射线，其中一条线是沿八达岭高速公路向沙河、昌平、南口方向辐射，另一条线是随着密云清华工业园的建立，向顺义（空港）怀柔、密云方向辐射。这一地区今后要重点发展高新技术制造业，并为中关村提供辐射延伸的空间。

2. 区县工业布局

从全市工业布局总体考虑，区县工业应根据各区县的区位条件、资源特点和产业基础，以已建立的工业园区产业为主导，积极创造条件，完善基础设施建设，为市属工业企业的搬迁和调整提供必要的发展空间，使之构成既符合北京工业总体布局，又各具特色的区县工业区。

1）北部。北部地处上风、上水方向，工业布局必须保证不对市中心区构成污染，如延庆经济技术开发区、延庆八达岭经济开发区应以轻纺、绿色食品加工、生物工程和新医

药产业为主。

2）东北部。该地区要重点保证密云水库、怀柔水库，以及京密引水渠水源不受污染。例如，朝阳望京新兴产业区应以电子、服装业为主；密云工业区以电子、环保产业为主；怀柔工业区以饮料、汽车业为主；顺义林河开发区以食品、饮料、汽车、机械业为主；平谷兴谷工业区、滨河工业区应以农产品深加工、饮料生产、矿产开发业为主。

3）东部及东南部。充分利用原有工业基础，形成市属产业定向转移的接纳地，如通州工业区、次渠工业区、永乐工业区应以机械化工业为主。

4）西部。要充分发挥地区资源优势，发展相关产业。例如，石龙工业区要以建材业为主；良乡工业区要以建材制品、机械为主；八大处经济区要以光机电一体化为主。

5）南部。南部要以已迁移的工业为基础继续发展，如大兴工业区、念坛工业区要以机械、电子、仪表、生物工程和新医药为主。

改编自：邬江．2000．北京市工业布局规划研究．北京规划建设，(6)：54－57

八、河北省环京津区域旅游发展规划

河北省环京津区域的旅游业发展，与京津两市密不可分，多年的实践证明，京津客源市场有利于该地区旅游业的迅猛发展，该地区的旅游资源也是京津旅游向高层次发展、疏解京津旅游点游人过度拥挤的最直接的场地。只有将京津冀北旅游资源统一规划、统一调配，才能培育世界级旅游品牌，发展都市郊野一体化的旅游产业，把京津冀北地区建成国际商务、国内购物、国内外会议展览、文化体育、都市郊野风光、休闲度假等专项旅游基地。

（一）资源——旅游业发展的基础

河北省环京津区域山岳型旅游区主要在北京市的西部太行山区，有野三坡自然风景名胜区、陵山——抱阳山风景名胜区和凉城风景名胜区。

河北省环京津区域的海滨旅游区位于渤海沿岸的河北省境内，主要有北戴河风景区、南戴河风景区、黄金海岸风景区、石臼坨岛风景区等。

河北省环京津区域内的历史文物古迹众多，仅 2000 年以前批准的国家级文物保护单位就有 21 处。其中，知名度最高的是承德避暑山庄、外八庙、清西陵、清东陵、满城汉墓、直隶总督署、李大钊故居、金山岭长城和燕下都遗址等。

河北省环京津区域还有国家级历史文化名城 3 座，承德、保定和正定；省级历史文化名城 4 座，山海关、蔚县、定州和宣化。另外，还有一大批省级及省级以下文物保护单位，这些文物保护单位大多具有旅游观赏价值。

承德旅游区以避暑山庄、外八庙为主，以承德市为中心，范围包括承德市所辖区、县。南起金山岭长城，北至坝上木兰围场，面积近 4 万 km^2。区内旅游景点 39 处。

本区旅游资源丰富，且分布面广、数量多。旅游业是未来经济发展新的增长点，加快旅游资源开发，强化城镇旅游功能，是河北省环京津区域城镇体系布局中的一项重要内容。

(二) 成因——潜在客源与旅游容量分析

1. 客源分析

河北省环京津区域客源市场宠大，1999 年本地区共接待国内外 1 日游游客总量为 3121 万人次，2 日游游客总量为 2281 万人次，旅游总收入为 78. 22 亿元（附表 1. 4 ~ 附表 1. 6）。从客源构成分析，1 日游的主要客源是本地区游客，为 1 日游总量的 74. 46%，占绝大多数；2 日游的客源以本地区游客和国内其他地区游客为主，分别占 2 日游总量 43. 67% 和 33. 93%。规划到 2020 年，预计国内外 1 日游游客总量为 10127 万人次，2 日游游客总量为 7409 万人次，旅游总收入为 482. 72 亿元，市场前景广阔。

附表 1. 4　河北省环京津区域不同规划年度本地区游客量及在本地区的旅游消费

年份	1 日游游客总数	2 日游游客总数	旅游总收入
1999	2324 万人次	996 万人次	43. 82 亿元
2005	2941 万人次	1260 万人次	76. 72 亿元
2010	3936 万人次	1686 万人次	107. 36 亿元
2020	7742 万人次	3317 万人次	221. 81 亿元

附表 1. 5　河北省环京津区域不同规划年度大北京地区以外游客量及在本地区的旅游消费

年份	1 日游游客总数	2 日游游客总数	旅游总收入
1999	332 万人次	774 万人次	14. 27 亿元
2005	420 万人次	979 万人次	23. 78 亿元
2010	596 万人次	1310 万人次	48. 24 亿元
2020	1172 万人次	2578 万人次	113. 67 亿元

附表 1. 6　河北省环京津区域不同规划年度国内外游客总量及旅游收入总表

年份	1 日游游客总数	2 日游游客总数	旅游总收入
1999	3121 万人次	2281 万人次	78. 22 亿元
2005	3960 万人次	2930 万人次	134. 34 亿元
2010	5277 万人次	3893 万人次	213. 77 亿元
2020	10127 万人次	7409 万人次	482. 72 亿元

注：外国游客旅游收入按 1 美元兑 8 元人民币计算。

2. 旅游容量估算

旅游容量，也称旅游承载力或特定范围内的合理旅游规模，是指在旅游景区的可旅游地段内，在不破坏旅游资源、不影响游客观赏心情和观赏效果的情况下，旅游区内的生态环境、景观环境能可持续利用的合理的游人规模。旅游容量又分为旅游心态容量（或旅游感知容量）、旅游资源容量和旅游生态容量。这三种旅游容量既不相同，又有一定的联系。

经估算，河北省环京津区域山岳型旅游区环境容量共 25 万人/d，其中野三坡 4 万人/d、凉城风景名胜区 3 万人/d；海滨浴场旅游区总容量 35 万人/d，其中昌黎黄金海岸旅游区 20 万人/d；草原旅游区 130 万人/d；文物古迹等历史文化旅游容量 2.5 万人/d；城市旅游容量 17 万人/d；其他旅游资源容量 15 万人/d，合计 209.5 万人/d。河北省环京津区域旅游容量巨大，即使在旅游高峰日，也不会出现人满为患的情况。但因游人的分布不均匀，一些旅游热点在旅游高峰日还必须注意对游人进行疏散引导，以确保旅游区的持续发展和游客的旅游质量。

（三）游线——旅游实现的依托

河北省环京津区域要努力建成以国家级风景名胜区为龙头，省级风景名胜区为基础，功能齐全、设施一流、服务国内、面向世界的旅游区域。

以高速公路、铁路和公路为客运通道，充分发挥京津区位优势，与京津密切合作，共同创建京津一体化的大旅游格局。以京津为中心，要重点培育好 8 条旅游主线路。

1）北京—清东陵—唐山—秦皇岛海滨风情旅游线。

2）北京—承德—围场清代皇家园林风景旅游线。

3）北京—怀柔—丰宁草原风光旅游线。

4）北京—张家口（包括怀来、涿鹿、崇礼、张北、沽源、赤城等县）生态环境旅游线。

5）北京—涞水—易县—涞源太行风光避暑度假旅游线。

6）北京—涿州—保定—白洋淀京南古文化及民俗旅游线。

7）北京—廊坊—沧州—吴桥民俗风情旅游线。

8）老龙头—金山岭—黄崖关—慕田峪—八达岭—大境门长城旅游线。

（四）基地——加强冀北各城市旅游服务功能

1. 一级旅游城市——秦皇岛、承德

秦皇岛要充分发挥碧海、蓝天、沙滩、阳光、绿树、长城、雄关等独特资源优势，大力开发海洋旅游项目，延长旺季时间，强化国际旅游意识，建成我国北方最好的集观光、休闲、度假、商务为一体的海滨旅游城市，在 2010 年前后接近或达到国际一流海滨旅游胜地水平。

承德要充分利用离宫、外八庙等世界级旅游资源，进一步改善空中和陆路交通条件，增加档次较高的接待设施和参与性、娱乐性项目，大力开发其北部旅游，森林、草原生态旅游及冬季滑雪、狩猎旅游，增强发展后劲，近期进入全国主要国际旅游热点城市之列，2010 年前后基本建成国际旅游城市。

2. 二级旅游城市——保定、张家口、唐山

保定是国家级历史文化名城、燕赵文化的发祥地，这里山水名胜荟萃，革命遗址众多。要充分挖掘名城潜力，发挥名城效应，以市区为依托，加大资源保护和合理开发力度，搞好旅游产品组合，构筑成配套的旅游经济体系。

张家口旅游资源丰富，潜力很大。要把发展旅游同扶贫攻坚结合起来，和承德坝上地区通盘考虑，以生态旅游为主，突出森林、草原、温泉、冰雪和观光农业。

将唐山建成以国宝清东陵、石臼坨省级风景名胜区为龙头，以革命纪念地、地震遗址、陶瓷、煤都等为特色的旅游城市。

3. 三级旅游城市——沧州、廊坊

要因地制宜，发掘各自优势，努力开发杂技、武术、风俗、商贸、工农业观光等专项特色旅游。

改编自：高文杰. 2002. 河北省环京津区域旅游发展规划. 城市，(3)：10－13

九、南京都市圈基础设施规划

规划范围包括南京市、镇江市、扬州市、马鞍山市、滁州市、芜湖市的全部行政区域，淮安市的盱眙县、金湖县和巢湖市的市区、和县、含山县，如附图1.5所示。

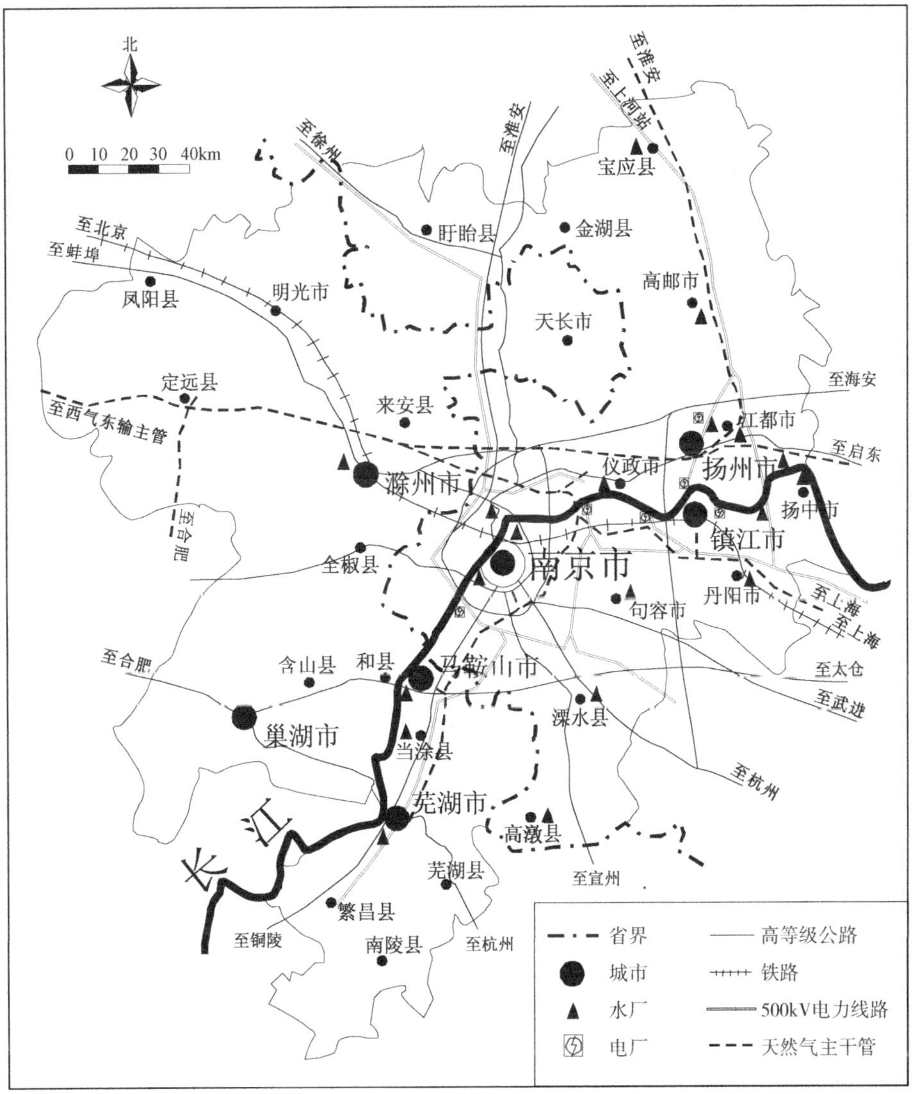

附图1.5　南京都市圈基础设施规划图

（一）总体原则

建设满足都市圈整体发展要求的基础设施网络，推进都市圈城市化与区域一体化发展进程；按照市场规则，促进区域基础设施共建共管和共用共享，避免重复建设和资源浪费；按照适度超前的原则，进一步完善基础设施；发挥基础设施对城乡建设、产业布局、要素流动的引导作用，集聚发展、集约经营。

（二）交通运输设施规划

1. 交通发展策略

总体策略是加强东西走廊、完善放射通道。

根据都市圈空间组织要求，以东西向为重点，建设都市圈沿江交通走廊，加强与上海、苏锡常地区的联系。完善核心城市对外辐射通道，加强核心城市与周边城市的联系。整合南京的区域性功能，建成区域性和国际性物流中心，增强辐射带动能力。

沿江地区实施“整体化”发展策略。整合沿江地区交通运输设施，优化长江岸线利用，协调南北过江通道建设。

核心圈层实施“公交化”发展策略。着重加大路网密度，加快普通等级公路环线建设。

紧密圈层实施“高速化”发展策略。完善核心城市与节点城市、主要节点城市之间的高速公路网络，满足都市圈紧密圈层交通联系“高速化”要求。

2. 公路

进一步完善都市圈高速公路网络和过江通道布局。高速公路网络包括建设南京至淮安高速公路、南京至蚌埠高速公路、南京长江第三大桥及南北接线、南京至句容快速通道等高级道路；增加都市圈过江通道，完善南京绕城高速公路及都市圈跨江交通体系。

加快干线公路建设与改造，进一步提升二级以上公路比例，完善路网结构，提高路网整体质量和容量。此外，还需重视农村公路建设。

3. 铁路

促进区域客运铁路高速化。建设京沪高速铁路（含上元门高速铁路隧道），合理布局高速铁路车站，与汽车站、轨道车站共同形成综合交通枢纽，提高交通可达性，扩大服务范围。

适时建设区域快速客运轨道交通网络。规划宁镇、宁扬、宁马快速客运轨道交通线路。快速客运轨道交通线路应与城市轨道交通系统合理衔接，并与区域性公共设施布局相协调。

与区域物流和产业布局相协调，有序完善一般铁路网络。电气化改造京沪铁路，新建宁杭铁路、宁西铁路、沿江铁路等线路，延伸和复线改造宁芜铁路、新建南京铁路绕行环线和大胜关铁路桥（隧道）。

4. 港口

大力推进南京港建设，进一步完善镇江港和扬州港。加强东西向公路建设，沟通江北、江南港区，促进港口整体协调发展和分工协作，在共有腹地中相互依存，在互补中形成规模效益。

5. 水路

提升部分省级干线航道等级，包括芜申运河、丹金溧漕河、通扬运河和秦淮河，重点整治京杭运河高邮至邵伯段、芜申运河、通扬运河、丹金溧漕河、滁河、秦淮河和仪扬线，开工建设沟通秦淮河和京杭运河的句丹运河工程。

6. 航空

加强机场和机场通道建设，促进航空运输快速发展。适时扩建南京禄口国际机场，增加国际定班航线，建设镇江、马鞍山、芜湖及常州等地区至机场的便捷、快速通道，推动机场共享共用。在南京、扬州和淮安之间预留都市圈第二机场的建设余地。在扬州与泰州之间建设扬州地方机场，发展国内支线运输。

7. 管道

保留鲁宁输油管线，建设国家西气东输主干管和滁（青山）扬泰通输气支干管。

（三）区域供水设施

严格控制长江水源、京杭运河水源等主要水源的污染源，保持Ⅱ类或Ⅲ类水质标准。

积极有序地鼓励和推动区域供水。结合水源情况、服务人口、经济发展水平等因素，确定各地区具体的水量需求，打破行政界线进行区域水厂设置。以完善和充分利用现有供水设施能力为主，发展区域管网设施；相对集中和规模化地扩建、新建若干区域水厂，提高区域供水覆盖率。

（四）防洪排涝设施

按照长江流域防洪规划，长江干流能够全面防御1954年型洪水，干堤达到100年一遇洪水加10级风浪的标准。秦淮河流域防洪全面达到50年一遇，排涝达到10～20年一遇，城区段达到相应城市防洪标准。淮河流域下游防洪标准近期达到100年一遇，远期不低于200年一遇。实施淮河入海工程，加固淮河入江水道、洪泽湖大堤工程，畅通流域洪水入江、入海通道。城市防洪方面，南京全面达到100年一遇，中心区达到200年一遇；扬州、镇江达到100年一遇；县城达到50～100年一遇，重点中心镇达到20～50年一遇。

（五）能源设施

1. 能源发展战略

结合“西气东输”战略，积极利用天然气能源，电源建设充分考虑国家西电东送和江苏省北电南送的战略特点，坚持总量控制、优化结构、协调发展，加快都市圈能源结构调整步伐。

2. 天然气设施

沿西气东输主干管道和支干管道建设青山、龙池、龙潭、镇江、江宁和扬州等天然气分输站。

建设国家“西气东输”工程南京至上海天然气输气主干管、滁州至南通的天然气输气支干管及南京至芜湖的天然气输气支干管。

3. 电力设施

以市场为导向，考虑城镇布局、经济发展特点及区域环境保护的要求，充分利用长江岸线资源、天然气资源，合理布置电源点。根据用电负荷增长情况，适当增加电源布点，扩建现有部分电厂。

电网建设兼顾电源建设，与区域基础设施走廊布局相协调，加强电力输送通道的建设，使电力输送交换流畅。

随着负荷的发展，在南京周边建成5座500kV变电站，通过东、西、北三个方向与华东及江苏电网连接，形成环绕都市圈核心圈层的500kV“C”字形环网结构。建设都市圈东西向及南北向电力输送通道，接受北电南送和西电东送的电力。

（六）信息基础设施

建设覆盖都市圈的光缆骨干传输网络，建设宽带城域主干网和光纤接入网。使南京等核心城市成为全省和长江中下游“信息高速公路”的主要结点，提升都市圈作为区域性“信息高速公路”枢纽的地位。完善和改造现有电信、广电等通信基础设施网络，逐步实现“三网融合”。

强化信息资源组织，综合和提升都市圈内各种信息资源，加快信息网络与全球信息高速公路的互联，培育发达的信息市场，实现信息资源全方位、大范围的开放、开发和共享。推进各领域信息化建成覆盖都市圈并与国内外信息网相连的高速度、大容量、社会化应用信息系统。以大型动态数据网络平台为依托，使各种行业的运行建立在以信息流为支撑的基础上。依托南京建立数字化都市圈区域，使南京在长江中下游地区和更广阔的区域内对人流、物流、信息流承担重要的服务和协调功能。

摘自：江苏省建设厅，江苏省城市规划设计研究院. 2002. 南京都市圈规划（2002—2020）

十、安徽省安庆枞阳县域城镇体系规划

（一）枞阳县概况

枞阳县位于安徽省西部的长江北岸，地处北纬31°01′~31°38′、东经117°05′~117°43′，在安庆市区东北部。枞阳县历史悠久，自西汉时设县，隋置同安县，唐改桐城县。1949年置桐庐县，1955年改称枞阳县。面积为118130hm^2，其中，耕地42130hm^2、山场34000hm^2、水面42000hm^2。现辖27个乡镇，431个行政村（居委会），人口95万。县域东南通过铜陵长江大桥与铜陵市跨江相连，西北通过合（肥）铜（陵）公路与合肥市相通，西南一隅与安庆市郊相邻；东部还有合（肥）铜（陵）黄（山）高速公路穿境而过，西有合九铁路依境而掠；境内长江水道74.5km^2。

枞阳县地势西北高、东南低，北部为低山丘陵，西部岗冲交错，东南为低缓圩区，境内河流纵横，水系发达。年平均气温为16.5℃，年降水量为1346mm，属亚热带季风气候区。枞阳县素称“鱼米之乡”，盛产水稻、棉花等。境内铁矿储量丰富，自然、人文等旅游资源在县域范围内具有良好的组合。

枞阳县经济欠发达，2003年工业总产值为24.5亿元（1990年不变价），农业总产值为10.94亿元（1990年不变价），农民人均纯收入1686元。县域南北经济发展不平衡；城

镇体系结构不合理；城镇特色不明显，缺乏支柱产业；基础设施建设有些滞后；现有企业经济基础较差，缺乏城镇发展动力。

（二）县域城镇发展战略

枞阳县目前城镇化水平还不足20%，属城镇化的初级阶段。针对枞阳县经济基础薄弱、城镇化水平较低、城镇化步伐相对缓慢这一现实情况，需采取非均衡式的城镇发展战略，并加快城镇化的步伐。重点发展县城及汤沟镇、浮山镇和横埠镇等3个中心城镇，以此带动县域城镇体系中其他节点乡镇的发展。

具体而言，应当重点抓好以下三方面的工作。

1. 完善城镇网络体系

1）充分发挥县城的中心地位及作用，注意与安庆市域城镇体系规划相衔接，完善区域城镇经济分工，带动县域城镇的整体协调发展。

2）按照国家关于加快小城镇发展的要求，有选择地重点培植和发展县域内有发展潜力的城镇，形成片区中心，使其承担起“二传手”的作用。

3）功能特色突出的城镇可建设成专业镇。

4）合理建设一般城镇，防止无序建设。

2. 加快基础设施建设

要不断加大道路交通等基础设施建设资金的投入力度，加快县域公路、阳港口码头、供水供电工程等设施的建设步伐，为县域经济的快速发展提供优越的区位优势和招商引资的发展平台。

3. 扶持和发展特色产业

枞阳县地貌、水资源、矿产资源、旅游资源、交通区位等条件地域差异明显，必须依照各乡镇的具体实际，因地制宜地选择发展适合本地的特色产业和优势产业，从而在市场竞争中占据有利位置。

目前，枞阳县在布匹毛纺、汽车零配件、建筑材料等工业产品上有自己的优势，必须加快产品生产基地的建设和工业园区的规划，使工业生产规模化和专业化，从而突出“工业立县”的发展战略。

此外，枞阳县的“白荡湖”大闸蟹、“云泉”荞麦糊等绿色产品已成了上海等城市居民的新宠，市场潜力大，应积极扶持种养大户，在特色、规模、档次上下功夫。

（三）县域城镇体系规划的主要内容

1. 人口和城镇化水平预测

据预测，2005年全县人口为97万人，城镇化水平为23.7%，2020年为103万人，城镇化水平为40%。

2. 城镇体系空间结构规划

进一步加强空间集聚，强化点轴系统的建设，合理组织城镇的点轴系统，形成“一心三点一带三轴四片区”的空间结构。

1）“一心”。枞阳县城，位于全县的西南部，为全县的中心。规划将铁铜乡全部及石矶、耦山、官埠桥等三个乡镇的部分地区并入，加强中心城区的发展，使其成为县域经济发展的核心层次。

2）“三点”。分别为县域的三个中心镇汤沟镇、浮山镇和横埠镇。

3）“一带”。指沿长江发展带，枞阳南部濒临长江，要充分利用长江水运优势，带动沿江城镇发展。

4）“三轴”。即沿合铜公路、安铜公路和桐枞公路的三条发展轴。

5）“四片区”。①西南部片区，以枞阳镇为中心，包括枞阳镇、铁铜乡、石矶镇、耦山镇和官埠桥镇。该区的发展基础和潜力较好。②中部片区，以汤沟镇为中心，包括仪山、长沙、凤仪、金社、后方。大力发展特色农业，无公害食品，提高农副产品的档次。③东部片区，以横埠镇为中心，其经济实力较强。充分利用交通条件对地区经济的带动作用，促进整个地区的发展。④西北部片区，该城镇群与桐城的联系最为密切，该区域内的浮山景区兼有火山地貌的自然景观，又有各朝文人骚客抒发情怀的摩崖石刻，具有良好的发展前景。

3. 城镇等级规模结构规划

规划综合考虑各种因素，确定按照中心城区—中心镇——般城镇进行等级规模结构规划。

1）县域中心城区。枞阳镇为县域中心城区，为皖西南二级中心城市和皖南旅游圈上风景旖旎的工贸旅游城市。规划2020年人口规模为15万~20万。

2）县域中心镇。汤沟镇、横埠镇、浮山镇为县域中心镇，规划人口规模为3.5万~5万。

3）一般城镇。其他6个镇为一般城镇，规划人口规模为1.5万~2万。

4. 城镇职能结构规划

1）县城。全县政治、经济、文化中心，安庆市域东北部的次中心，长江北岸工贸旅游城市。规划期内，将以枞阳镇为中心，并入铁铜乡全部及石矶、耦山、官埠桥等三个乡镇的部分地区，来加强中心城区的发展。

2）汤沟镇。县域中部的中心城镇，枞阳县的商贸重镇，沿江地区重要的小商品和农副产品集散地，可以带动仪山、长沙、凤仪、金社、后方等周围乡镇商贸、农副业和旅游业的发展。

3）浮山镇。县域西北部的中心城镇，枞阳县的旅游重镇，国家地质公园、国家森林公园、省级风景名胜区浮山就坐落在境内。

4）横埠镇。县域东部的中心城镇，枞阳县的工业重镇、交通枢纽城镇，枞阳县的中转及运输物流集散地，可以带动周围乡镇工业、农副业和运输业的发展。

5）陈瑶湖镇。县域东北部的一般城镇，枞阳县的水产大镇。

6）麒麟镇。县域北部的一般城镇，区域物资流通功能为主的集镇，城乡间的集贸中心，是仔猪等农贸产品的交易基地，带动周围畜牧业、渔业和旅游业的发展。

改编自：同济大学建筑城规学院．2002．枞阳县城市总体规划及城镇体系规划修编（2002-2020）

附录2　相关名词解释

1）空间：物质存在的一种客观形式，由长度、宽度、高度表现出来，是物质存在的广延性和伸张性的表现。与时间有不可分割的联系。就宇宙而言，空间无边无际，时间无始无终。就地球而言，空间是有限的、可度量的，必然落实到特定的区域。

2）区域：地域范围；自然社会经济综合体；地域生态系统。

3）结构：各个组成部分的搭配和排列或由关系将组成部分连接构成的整体。

4）体系：若干有关事物或某些意识互相联系而构成的一个整体，如思想体系、工业体系。

5）原理：带有普遍性的、最基本的、可以作为其他规律的基础的规律；指具有普遍意义的基本定律或科学道理。

6）原则：言行所依据的准则，也就是说话或行事所依据的法则或标准，也是规律客观要求的一般反映。

7）规律：事物之间的内在本质联系。这种联系不断重复出现，在一定条件下经常起作用，并且决定着事物必然向着某种趋势发展。规律是客观存在的，是不以人们的意志为转移的，但人们能够通过实践认识它、利用它。规律也叫法则。

8）理论：人们由实践概括出的关于自然界和社会的知识的有系统的结论，是系统化了的理性认识。

9）基础：事物发展的根本或起点。

10）决策：指确定策略或办法的过程（做法），或指所确定的策略（办法）。

11）标准（尺度）：衡量事物的准则、准绳。作动词讲是指符合准则、供同类事物比较核对的事物。

12）组织：安排分散的人或事物使之具有一定的系统性或整体性，如组织人力；按照一定的宗旨和原则建立起来的集合体；系统，配合关系。

13）机制（机理）：机器的构造和工作原理；有机体的构造、功能和相互关系；指某些自然现象的物理、化学规律，也叫机理；凡指一个工作系统的组织或部分之间相互作用的过程和方式。

14）方式：说话做事所采取的方法、途径和形式等。

15）环境：影响某一中心事件的所有因素的总和。

16）策略：计策、谋略，根据形势发展而制订的行动方针和方式。

17）方针：引导事业前进的方向和目标。

改编自：王继洪，陈鸣，任丽青．2001．现代实用汉语词典．上海：上海远东出版社

附录3 专有名词中英文对照

（用于双语教学）

安排	arrangement
比较优势理论	theory of comparative advantage
边际效应	marginal effect
变通经济发展战略	flexible economic development strategy
不平衡区域发展模式	unbalanced regional developing pattern
布局	distribution
布局决策	distribution decision-making
布局无序	distribution disorder
布局指向	distribution tendency
部门分工	department division
草地退化	grassland degeneration
产废度	degree of castoff producing
产品运费	transportation expense
产业（部门）经济地理学	Industrial Geography
产业结构的合理化和高度化	rationalization and advance of industrial structure
产业链	industry chain
产业链升级	industry chain upgrade
成本最小化	cost minimization
城郊结合部	rural-urban fringe
城市地理学	Urban Geography
城市对外交通布局	urban external traffic distribution
城市化水平	urbanization level
城市吸引范围	city domain of attraction
城市用地功能组织	functional organization of urban land
城乡一体化	rural-urban integration
城乡用地平衡	balance of rural and urban land use
城镇体系	system of cities and towns
出口替代发展战略	export substitution developing strategy
初级产品出口战略	primary product export strategy
创造能力指数	creative ability index
粗放型	extensive type
大地测量	Geodesy
大气扩散	air diffusion
大气污染指数	atmosphere pollution index
代际公平	generational balance
地表保护指数	land surface protection index
地方化	localization
地基承载力	ground bearing capacity

地理脆弱指数	environmental frangibility index
地理格局	geographic structure
地理环境	geographic environment
地理环境区位条件供给评价	supply appraise of geographical environmental location condition
地理基础	geographic basis
地理空间	geographic space
地理空间组织决策	geo-spatial organization decision making
地貌学	Geomorphology
地球空间信息科学	Geo-spatial Information Science
地区产业专业化	regional industrial specialization
地区生产专业化	regional production specialization
地区专门化与综合发展相结合	combination of regional specialization and integrative development
地区总部	regional headquarters
地图学	Cartography
地形地貌因素	topographic and geomorphic factor
地域变异	regional variation
地域差异	regional difference
地域分工	regional division
地域分异	regional differentiation
地域分异规律	law of regional differentiation
地域经济活动系统地理空间组织决策	geo-spatial organizational decision-making of regional economic activity system
地域经济整体	regional economy integer
地域生产综合体	regional production integration system
地域性	regionalization
地域组合	regional combination
地质学	Geology
地质因素	geological factor
点线面空间形态特征	point-line-area spatial shape character
点状分布要素	point distributing factor
定性分析与定量分析相结合	combination of qualitative analysis and quantitative analysis
动力供应	power supply
动力系统	power system
动态变化	dynamic change
动态变化特征	feature of dynamic change
动物地理学	Animal Geography
多尺度区域关联	multi-scale regional relevancy
多级扩张模式	multi-level distension pattern
多目标决策	multi-object planning, MOP
多样化	diversification

多样化扩张	diversified expansion
发展经济学	economics for development
发展速度指数	developing rate index
发展有限次序	limited order of development
飞地型城市化	the urbanization of enclave
非盈利性	non-profit
费用效益曲线	the cost-benefit curve
分工与协作	division and cooperation
分配	allocation
分区规划	subarea planning
分散	decentralize
分散化	decentralization
封山育林	forest reservation
高附加值化	high value-added
高级网络化发展阶段	advanced networking development stage
高加工度化	high-processing degree
给水排水	water supply and drainage
给水排水系统	water supply and drainage system
耕地资源指数	cultivated land resource index
工程适宜性	engineering suitability
工业环境容量	industrial environmental capacity
工业区	industrial park
工业区规划	industrial park planning
工业区规模	the size of industrial park
工业用地选择	selection of industrial land
公共产品	public product
公共物品	public goods
公共资源非排他性	non-exclusion of public resources
公平原则	principle of fairness
公司（企业）地理学	Corporation Geography
公司研究与开发	corporation research and development
公司总部	corporation headquarters
公众参与	public participation
功能分区	function zoning
关联产业	related industry
关税壁垒	tariff barrier
关系	relation
规划（战略）环境影响评价	strategy environment assessment, SEA
规模不经济	scale diseconomy
规模经济	scale economy
国际化战略	international strategy
国民生产总值	GNP（Gross National Product）

国内生产总值年增长率	annual increasing rate of GDP (Gross Domestic Product)
过度集中	excessive centralization
耗散结构理论	dissipative structure theory
和谐	harmony
和谐发展	harmonious development
河湖水系规划	planning of river and lake water system
横向联系	lateral linkage
横向一体化	horizontally integration
横向一体化生产	horizontal integrated production
宏观经济学	Macro Economics
后向联系	backward linkage
环境保护措施	environmental protection measurement
环境恶化	environment deterioration
环境功能综合分区	environment function integrated division
环境管理指数	environment management index
环境容量	environmental capacity
环境卫生	environmental sanitation
环境污染	environmental pollution
环境压力	environmental stress
环境自净能力	self-purification capacity of environment
灰色关联分析	grey association analysis
灰色预测模型	grey forecast model
回归分析模型	regression analysis model
加工型产业结构	processing-oriented industrial structure
机械增长	mechanical growth
积累与消费比例	the ratio of accumulation and consumption
基本农田保护率	protection rate of basic cultivated land
基础设施	infrastructure
基建投资	investment on capital construction
激励机制	incentive mechanism
极核发展阶段	pole-development phase
集聚经济	centralized economy
集聚-扩散阶段	clustering-diffusing stage
集约化	intensification
集约化指数	intensification index
集约型	intensification type
集中布局	centralized distribution
集中产区	centralized production region
集中性城市化	centralized urbanization
集中与分散相结合	integration of centralizing and diffusing
技术结构	technical structure
技术经济前提	technical and economic precondition

技术优势	technological advantage
建设用地结构	construction land structure
交通集聚	traffic centralization
交通运输	traffic and transportation
交通运输地理学	Traffic and Transportation Geography
交通运输系统	traffic and transportation system
交通最优原则	principle of optimum traffic
交易成本	trading cost
教育规模指数	education scale index
教育投入指数	education investment index
教育质量指数	education quality index
结构优化	improvement of structure (structure optimization)
进口替代发展战略	import substitution developing strategy
经济、环境协调发展	balanced development of economy and environment
经济成本指数	economic cost index
经济地理学	Economic Geography
经济高速增长战略	rapid economic development strategy
经济活动	economic activity
经济活动（企业）区位选择原理与方法	principles and approaches of location selection for economic activities
经济活动部门分工	department division of economic activity
经济活动地理空间组织的状态及过程	state and process for organizing economic activities in geo-space
经济活动地理空间组织基本原理（规律）	basic principle for organizing economic activity in geographical space
经济活动地域分工	regional division of economic activities
经济活动环境容量	environmental capacity for economic activity
经济活动区位条件需求分析	demand analysis of economic activity for location condition
经济效益	economic benefit
经济增长方式	manner of economic growth
经济增长极核城市	city of economic pole-growth
经济转化效率指数	economic conversion efficiency index
精耕细作	intensive cultivation
经营费用	managing expenses
竞争关系	competitive relationship
竞争力指数	competitiveness index
居住区	residential area
距离衰减作用	effect of distance attenuation
聚落地理学	Assembly Geography
决策背景分析	analysis on the background of decision-making condition
决策排列组合	permutation and combination of decision-making
决策优化	decision making optimization

绝对成本	absolute cost
喀斯特现象	KARST phenomenon
开发区规划	development zone planning
开源节流	broadening resource and reducing expenditure
科技产出指数	technological output index
科技贡献指数	technological contribution index
科技资源指数	technological resource index
可持续发展	sustainable development
空间的接近性	spatial adjacency
空间化社会关系	spatialized social relation
空间结构	spatial structure
空间区位选择	spatial location selection
空间特征	spatial feature
空间形态	spatial configuration
空间整体系统优化	systematical optimization of spatial entity
跨国公司	multinational corporation
矿产资源因素	mineral resources factors
扩散性郊区城市化	scattered urbanization in suburd
劳动地域分工	regional division of labor
劳动分工学说	doctrine of division of labor
劳动结构	labor structure
劳资投入指数	labor and capital investment index
历史地理学	Historical Geography
历史基础	historical foundation
利弊作用	effect of advantage and disadvantage
利益最大化	profit maximization
连片布局	continuous distribution
联合国环境规划署	united nations environment programme, UNEP
邻近布局	adjacent distribution
临空型	the activities which prefer to locate near airports
流域规划	valley planning
旅游地理学	Tourism Geography
旅游环境容量	tourism environmental capacity
旅游景观	tourism landscape
旅游区规划	tourism region planning
旅游需求	tourism demand
旅游者动机	the motivation of tourist
绿地覆盖率	greenland coverage rate
贸易壁垒	trade barrier
煤铁复合型	the activities which prefer to locate near both coal and iron fields
面状分布要素	area distributing factor

南水北调	south-to-north water transferring project
能耗度	degree of energy consumption
能量与物质转换效率	the conversion efficiency of energy and matter
农业环境质量指数	agricultural environment quality index
农业持续指数	agricultural sustainable index
农业地理学	Agricultural Geography
农业分配指数	agricultural allocation index
农业环境保护规划	environmental protection planning of agriculture
农业环境容量	agricultural environmental capacity
农业区位论	agricultural location theory
农业生态系统	agricultural ecosystem
农业水资源指数	agricultural water resources index
农业投入水平	level of agriculture investment
农业稳定指数	agricultural stability index
农作物生产基地	production base of crop
排斥关系	repulsive relationship
排放密度指数	emission density index
配置	allocation
平衡发展	balanced development
评价标准	appraisal criterion
评价单元	evaluation unit
评价目标	appraisal object
评价因素的选择和权重的确定	selection of evaluation factors and confirmation of their weights
评价因子的量化	quantization of appraisal factor
企业经济活动地理空间组织决策	decision-making on geo-spatial organizational for corporation economic activities
企业增长的战略	strategy of corporation development
气候变异指数	climatic variation index
气候学	Climatology
气候因素	climate factor
气候资源指数	climatic resources index
气象学	Meteorology
前向联系	forward linkage
强度	intensity
区际公平	regional equity
区际空间经济联系	inter-regional spatial economic connection
区位地租	location rent
区位论者	location theorist
区位条件的层次性	hierarchy of location conditions
区位条件的动态性	dynamic feature of location conditions
区位条件的开放性	openness of location conditions
区位条件的唯一对应性	unique correspondency of location conditions

区位条件的系统性	systematism of location conditions
区位条件的相对性	relativity of location conditions
区位选择	location selection
区域城镇体系规划	regional urban system planning
区域发展成本	regional development cost
区域发展潜力	regional development potential
区域发展水平	regional development level
区域发展战略模式	regional development strategic pattern
区域工业布局	regional industrial allocation
区域管理能力	regional management ability
区域规划	region planning
区域环境规划	regional environment planning
区域环境水平	regional environment level
区域基础设施规划	regional infrastructure planning
区域教育能力	regional education ability
区域经济地理空间组织	geo-spatial organization of regional economy
区域经济地理空间组织优化	optimization of regional economic system organization in geo-space
区域经济地理学	Regional Economic Geography
区域经济发展决策	decision-making of regional economic development
区域经济发展战略	regional economic development strategy
区域经济结构	regional economic structure
区域经济空间结构	spatial structure of regional economy
区域经济学	Regional Economics
区域抗逆水平	level of regional resistance to inversion
区域科技能力	regional technological ability
区域旅游规划	regional tourism planning
区域农业布局	regional agricultural distribution
区域农业经济结构	agricultural economic structure in the region
区域生态水平	regional ecology level
区域特色	regional characteristic/feature
区域条件	regional conditions
区域治理指数	regional pollution treatment index
区域资源承载力	bearing capacity of regional resources
区域综合发展水平	regional integrated development level
圈层结构	ring-shape structure
全球转移模式	global-transfer pattern
区域经济系统	regional economic system
热岛效应	heat island effect
人地关系	relationship between human beings and geo-enviroment
人均 GDP	GDP per capita
人均单项建设用地	single construction land per capita

人均负荷指数	per capita burden index
人均建设用地	per capita construction land
人均居民消费水平	per capita consumption level
人均社会商品零售总额	per capita total retail sales of social commodity
人均消费水平	per capital consuming standard
人口的分布和迁移	distribution and transplantation of population
人口地理学	Population Geography
人口构成	composition of population
人文地理学	Human Geography
人文发展指数	human development index
人文旅游资源	human tourism resource
森林覆盖率	forest coverage rate
商业地理学	Commercial Geography
商业组团	commercial cluster
社会安全状况	status of social security
社会保障指数	social guarantee index
社会成本指数	social cost index
社会公平指数	social equity index
社会结构指数	social structure index
社会进步动力	driving force for society progress
社会经济调控指数	social and economic control index
社会文明程度	degree of social civilization
社会稳定指数	social stability index
社会效能指数	social efficiency index
社会效益	social benefit
摄影测量学	Photogrammetry
神经网络模型	artificial neural network model
生产成本	production cost
生产费用最低决策模型	decision-making model based on the lowest production cost
生产技术因素	productive technical factor
生产能力指数	productivity index
生产生活混杂区	jumble section of industry and residence
生态工业园	ecological industrial parks, EIPs
生存持续能力	sustainable ability on subsistence
生存资源禀赋	gift of subsistent resources
生活质量指数	life quality index
生态调节机制	mechanism of ecological adjustment
生态环境资源	ecological environment resources
生态景观工程	ecological landscape project
生态农业发展规划	eco-agriculture development planning
生态适宜度分析	ecological suitability analysis
生态效益	ecological benefit

生态学	Ecology
生态约束	ecological constraint
生物多样性	biodiversity
生物学	Biology
生物转化效率指数	biotransformation efficiency index
生物资源指数	biological resources index
剩余价值学说	surplus value theory
时空特征	temporal-spatial features
市场表现指数	market condition index
市场地域扩大模式	market coverage expansion pattern
市场最优原则	principle of marketing optimum
适生区划分	zonation of favorable conditions
水土保持林	soil and water conservation forest
水土流失	soil erosion
水土流失指数	soil erosion index
水土匹配指数	water and soil suited index
水文地理学	Hydrography
水文因素	hydrologic factor
水源涵养林	water conservation forest
水资源承载力	carrying capacity of water resource
私人边际成本和社会边际成本	private marginal cost and social marginal cost
贴近度分析	approximation value analysis
通货膨胀	inflation
通论经济地理学	General Economic Geography
通信系统	communication system
同步发展模式	synchronous development pattern
同质性	homogeneity
统筹兼顾	making overall decision by taking all factors into consideration
土地荒漠化	land desertification
土地利用开发度评价	assessment on development level in land use
土地资源承载力	carrying capacity of land resource
土壤学	Pedology
退耕还湖	returning farmland to lake land
退耕还林	returning farmland to forest land
外部经济性与外部不经济性	external economies and external diseconomies
污染（物）环境容量	environmental capacity for pollution
污染预防	pollution prevention
污染治理	pollution treatment
物得其所，物尽其用	meet one's favorable need, put things to best use
物耗度	degree of material consumption
物能投入指数	energy and matter investment index
吸引关系	attractive relationship

系统动力学模型	systematical dynamics model
现代农业模式	modern agriculture pattern
线状分布要素	linear distributing factor
乡镇环境综合治理规划	comprehensive environmental treatment planning of villages and towns
相对成本	relative cost
相关投资	related investment
项目环境影响评价	environment impact assessment, EIA
消费市场	consuming market
消费者规模	scale of consumption
信息化发展战略	informationalization development strategy
行政最优原则	principle of administrative optimum
修编	modification
需求圆锥体	demand cone
需水量预测	water demand prediction
循环经济	recycling economics
沿海型	one prefering to locate coastally
异质性	heterogeneity
因地制宜	adjusting measures to local conditions/suit measures to local conditions
因时制宜	adjusting measures of time
因子指标体系	index system of factors
用地标准	land use standard
用地平衡	balance of land use
优化关系	optimizing relationship
优先发展模式	priority development pattern
有利和不利方面	advantages and disadvantages
郁闭度	canopy closure extent
运网连接性	connectivity of transport network
运网密度	density of transport network
运网通达性	accessibility of transport network
灾害防御规划	disaster prevention planning/anti-disaster-planning
占补平衡政策	compensation regulation for possessing cultivated land
占地补偿	compensation of occupying land
政府效率指数	governmental efficiency index
政治地理学	Political Geography
政治经济学	Political Economics
支柱产业	pillar industry
职能分工	functional division
职能结构	functional structure
植物地理学	Plant Geography
滞后发展模式	lag development pattern

中心地等级结构	arrangement of hierarchical central places
种植制度	cropping system
主次作用	primary and secondary function
主导产业	dominant industry
主导和次要因素	dominant and secondary factors
专项规划	thematic planning
专业化程度	degree of specialization
状态	state
准公共产品	quasi-public product
资本形成指数	capital formation index
资源承载量	carrying capacity of resources
资源耗竭	resource exhausted
资源型产业结构	resource-oriented industrial structure
资源结构	resources structure
资源优化配置	optimized distribution of resources
资源有效配置	effective allocation of resources
资源转化效率	resource conversion efficiency
自然成本指数	natural cost index
自然地理学	Physical Geography
自然环境因素	natural environmental factors
自然界反馈作用	effect of nature feedback
自然旅游资源	natural tourism resources
自然社会经济地域综合体	natural and social-economic regional system
自然社会经济综合体	natural and social-economic integration
自然与社会经济综合作用	integrated natural and social-economic effect
自然增长	natural growth
自然资源	natural resources
自然资源学	Principles of Nature Resource
综合平衡	integrated balance
综合平衡	comprehensive balance among all aspects
综合评价模型	comprehensive evaluation model
综合污染指数	comprehensive pollution index
综合运输枢纽	comprehensive transportation hub
总量控制	control of total amount
纵向一体化	vertically integration
组团布局	clustering distribution
最佳区位选择的技术经济论证方法	technical economy comparision methods for the best location selection
总部经济	headquarters economy
自组织理论	self-organizing theory